语言
人类最后的家园

◎ 钱冠连 著

商务印书馆
The Commercial Press

2019年·北京

（本项目获得广东外语外贸大学外国语言学及应用语言学研究中心及本校科研处资助）

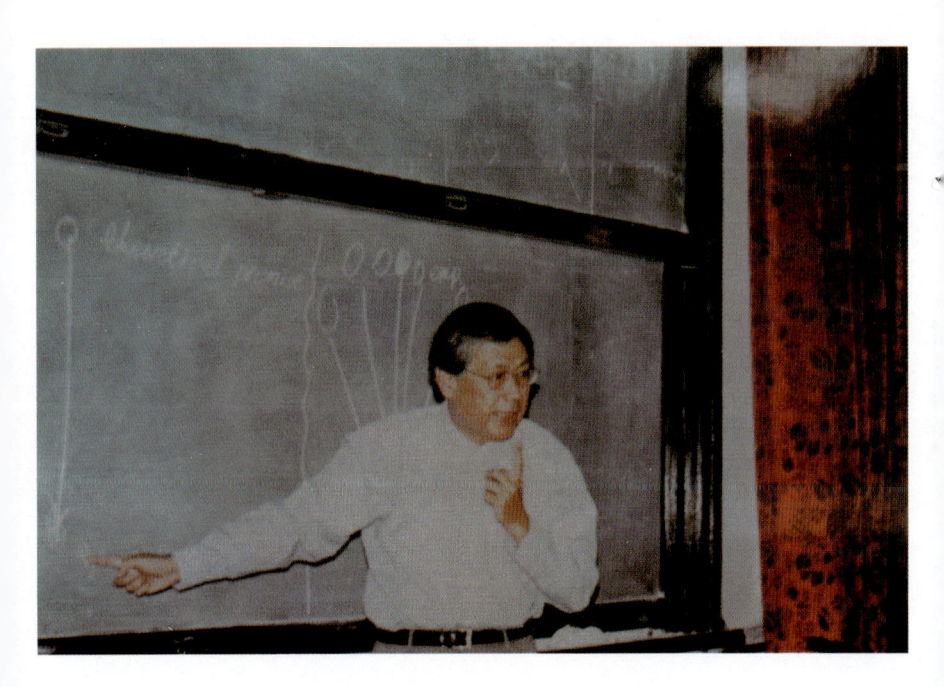

2002年作者在厦门大学讲学。

作者探访另一摩梭人家。

作者在神秘而美丽的泸沽湖畔。就在这个湖的四周，散落着母系社会摩梭人家。

作者与原汁原味母系社会（所谓女儿国）的一户摩梭人家的女主人交谈。详见本书 2.2.2.1 "民族认同中的宗教与语言"。

作者与霍永寿（博士，作者的学生）深入云南宁蒗自治县永宁镇的摩梭人家中访问。

目 录

序 1 ··· 1

序 2 ··· 6

序 3 ··· 10

终于回家
——作者自序 ··· 13

第一章 绪论 ··· 23
  1.1 "语言是存在之居所"与"语言是人类最后的家园"······ 23
  1.2 行为—语言行为—程式性语言行为 ························ 28
  1.3 "三活":人的基本生存状态 ································ 35
  1.4 语用学的中国转世投胎的两个标志 ························ 37

第二章 哲学、语用学如何介入 ································ 40
  2.1 哲学介入 ··· 40
    2.1.1 "语言是存在之居所" ································ 42
      2.1.1.1 海德格尔这一命题的本意 ····················· 42
      2.1.1.2 对海氏这一命题的讨论 ························ 46
      2.1.1.3 das Sein("存在")这个词 ······················ 56
      2.1.1.4 语言分析:解决千年哲学老题 ·················· 63
    2.1.2 哲学介入之一:存在把人从外到内地牵引到
          语言中 ·· 66

2.1.3　中国哲学精神的介入 ························· 68
　2.2　语用学介入 ····································· 70
　　2.2.1　语言使用与人类其他社会行为 ················· 70
　　2.2.2　活动类型的语用分析框架 ····················· 81
　　2.2.3　一个农村司法调解个案 ······················· 89
　　2.2.4　以三种类型的语用学来分析日常语言 ··········· 98
　2.3　小结："哲学的"与"语用学的" ····················· 103

第三章　语言：人类最后的家园 ···························· 105
　导言：词语缺失处，无人出场 ···························· 105
　3.1　人活在语言中 ··································· 107
　　3.1.1　人的主要行为寄生在言说上 ··················· 108
　　3.1.2　人活在话语场里 ····························· 115
　　　3.1.2.1　倾听与言说：人生在世的主要方式 ········· 116
　　　3.1.2.2　话语场的预先设定性 ····················· 122
　　　3.1.2.3　一两个句子控制我们一辈子 ··············· 132
　　　3.1.2.4　话语场的传承也就是历史在传承 ··········· 136
　　　3.1.2.5　小结 ··································· 153
　3.2　人不得不活在语言中 ····························· 154
　　3.2.1　语言本身就是生命活动 ······················· 154
　　3.2.2　语言是民族的最后的指纹与遗产 ··············· 160
　　　3.2.2.1　民族认同中的宗教与语言 ················· 160
　　　3.2.2.2　语言共同体的指纹意义 ··················· 170
　　　3.2.2.3　民族的最后的遗产 ······················· 177
　　　3.2.2.4　乡音认同：心理上的家园 ················· 198
　　3.2.3　语言：一个文明的溃散或者持守 ··············· 201

3.2.3.1	最有效的征服和同化	202
3.2.3.2	母语—母文化:一个文明最温暖的襁褓	208
3.2.3.3	语言中的不可共量性使一个文明稳定	215
3.2.3.4	语言与文字的稳定性守住一个文明	221
3.2.3.5	语言之间的"隔"守住了一个文明	223
3.2.3.6	语言之间的交流加强一个文明的活力	232
3.2.4	语言规定思想论及其机制	235
3.2.4.1	萨—沃假设	236
3.2.4.2	对萨—沃假设的讨论	245
3.2.4.3	语言规定思想的机制	263
3.2.4.4	语言是人认知世界的先在结构	273
3.3	人活在程式性语言行为中	277
3.3.1	程式性语言行为的界定与特征	277
3.3.1.1	定义:三个"基本固定"或者三种程式性共生	277
3.3.1.2	程式性与变异	280
3.3.1.3	程式性倾向	284
3.3.2	何以有程式性行为与程式性话语的稳定的配合	286
3.3.2.1	协作活动的结果	286
3.3.2.2	预先期望的促进	286
3.3.2.3	文化稳定性的推动	291
3.3.2.4	生命效度的驱动	294
3.3.2.4.1	程式与活动目的最相关	305
3.3.2.4.2	程式兑现活动目的最经济	314

3.3.2.4.3 程式利于协作效益最大化 …………… 315
　　　3.3.2.4.4 三种程式性共生的其他有效性 ……… 317
　3.3.3 程式性语言行为是如何推动人类交际的 ……… 319
　　　3.3.3.1 遵循程式的正效应 ……………………… 319
　　　3.3.3.2 不遵循程式的负效应 …………………… 320
　　　3.3.3.3 程式变异的二重性 ……………………… 321
　3.3.4 程式性语言行为的语用机制 …………………… 322
　　　3.3.4.1 话语场的牵制 …………………………… 323
　　　3.3.4.2 话语引导行为 …………………………… 325
　　　3.3.4.3 语用博弈论 ……………………………… 327
　　　3.3.4.4 目的意图的牵制 ………………………… 332
3.4 本章结论 ……………………………………………… 332
　3.4.1 哲学介入之二：人以言说使自己出场或现身 …… 332
　3.4.2 "家园论"的主要思想概括 …………………… 339
　3.4.3 中国哲学精神的涵摄 …………………………… 341

第四章 语言背叛人："家园论"的悖论 …………… 342
4.1 施害假信息 …………………………………………… 343
4.2 语言扭曲世界 ………………………………………… 345
4.3 我们不得不活在谎言、妄言或者谬言之中 ………… 347
4.4 "当语言休假时，哲学问题就出现了" ……………… 353

第五章 选择不说 ……………………………………… 362

后记：摘取我够得着的葡萄 ……………………………… 370

附录一：主要参考书目 …………………………………… 397

附录二：钱冠连学术著述目录 …………………………… 406

Contents

Preface 1 ·· 1
Preface 2 ·· 6
Preface 3 ·· 10
Here Is My Home ··· 13
Chapter One: Introduction ·· 23
  1.1 "Language is the house of Being" Vs "Language is the last homestead of human beings" ························ 23
  1.2 Behaviors-linguistic behaviors-fixed speech events ······ 28
  1.3 Three "to live in": one of the basic survival ways of human beings ··· 35
  1.4 The two symbols for China incarnation of pragmatics ······ 37
Chapter Two: Introduction: Philosophical and pragmatic perspectives ··· 40
  2.1 A philosophical perspective on this research ··············· 40
    2.1.1 "Language is the house of Being" ···················· 42
      2.1.1.1 The original idea of this proposition of Heidegger's ·· 42
      2.1.1.2 Discussions on this proposition ··············· 46
      2.1.1.3 The perspective on this proposition from

      the word "das Sein" ·················· 56
  2.1.1.4 The solution to age-old philosophical
      problems: analysis of language ············· 63
 2.1.2 "Being" drawing human beings into language
    in full ··· 66
 2.1.3 The perspective of Chinese philosophy on the
    present study ·· 68
2.2 A pragmatic perspective on this research ············· 70
 2.2.1 Language use and other social behaviors of
    human beings ······································· 70
 2.2.2 Frameworks for pragmatic analysis of activity types ······ 81
 2.2.3 A case of rural judicature-intermediation ·········· 89
 2.2.4 Analyses of everyday language in terms of the
    three types of pragmatics ························ 98
2.3 Summary: The philosophical and the pragmatic ········ 103
Chapter Three: Language: the Last Homestead of Human Beings ··· 105
Introduction: No man may be present where words break off ······ 105
3.1 Man living within language ································· 107
 3.1.1 Behaviors parasitic on utterances ················· 108
 3.1.2 Man living in the utterance-field ················· 115
  3.1.2.1 Listening and speaking: the main styles for
      human life ·· 116
  3.1.2.2 Pre-established utterance-fields ············· 122
  3.1.2.3 One or two statements being master of
      all one's life ······································· 132

  3.1.2.4 Transmission of utterance-fields from generation to generation: transmission of history ·· 136
  3.1.2.5 Summary ··· 153
 3.2 Man having to live within language ························ 154
  3.2.1 Language itself: a life-dynamic phenomenon ······· 154
  3.2.2 Language: the last fingerprint and bequest of a nation ·· 160
  3.2.2.1 Religion and language in a nation identity ··· 160
  3.2.2.2 Fingerprint hints in a language community ··· 170
  3.2.2.3 The last bequest of a nation ······················ 177
  3.2.2.4 The identity of native accents: a psychological homestead ·· 198
  3.2.3 Collapse or hold of a civilization in relation to language ·· 201
  3.2.3.1 The most effective conquest and assimilation ··· 202
  3.2.3.2 The warmest swaddle of a civilization: mother-tongue and mother-culture ·············· 208
  3.2.3.3 Incommensurability in language stabilizing a civilization ·· 215
  3.2.3.4 Stabilization of language and its letters/characters holding a civilization ················ 221
  3.2.3.5 Gaps between languages holding virtually a civilization ·· 223
  3.2.3.6 Intercommunion between languages strengthening

    the vitality of a civilization ············· 232
 3.2.4 The theory of language conditioning our thinking and its mechanism ············· 235
  3.2.4.1 the Sapir-Whorf hypothesis ············· 236
  3.2.4.2 An account of the hypothesis ············· 245
  3.2.4.3 The mechanism for language to condition our thinking ············· 263
  3.2.4.4 Language:a priori structure for man to cognize the world ············· 273
3.3 Man having to live within fixed speech events (FSE) ······ 277
 3.3.1 The definition and characters of FSE ············· 277
  3.3.1.1 FSE:fixed moves, fixed phrasings and their fixed co-occurrence ············· 277
  3.3.1.2 The fixity and variation ············· 280
  3.3.1.3 A tendency to the fixity ············· 284
 3.3.2 The why of the stable co-occurrence of fixed moves and fixed phrasings ············· 286
  3.3.2.1 Results of cooperative activities ············· 286
  3.3.2.2 Expectation as a driving factor ············· 286
  3.3.2.3 Cultural fixity as a driving factor ············· 291
  3.3.2.4 Effectiveness as a driving factor ············· 294
   3.3.2.4.1 The fixity:the most relevant to activity goals ············· 305
   3.3.2.4.2 The fixity:the most economic way to activity goals ············· 314

    3.3.2.4.3 The fixity: the maximum benefits of collaboration ·················· 315
    3.3.2.4.4 Other effects of the co-existence of the three ·················· 317
  3.3.3 The how of FSE driving forward human communication ·················· 319
    3.3.3.1 The positive effects of keeping fixity ·········· 319
    3.3.3.2 The negative effects of violating fixity ·········· 320
    3.3.3.3 The dual character of variation of fixity ······ 321
  3.3.4 The pragmatic mechanism of FSE ·················· 322
    3.3.4.1 Restrictions of utterance-fields ·················· 323
    3.3.4.2 Utterances leading behaviors ·················· 325
    3.3.4.3 Pragmatic Theory of Games ·················· 327
    3.3.4.4 Restrictions of intentions and goals ············ 332
3.4 Summary: ·················· 332
  3.4.1 Man making himself present by means of speaking ·················· 332
  3.4.2 The main idea of "The Theory of the Last Homestead" ·················· 339
  3.4.3 Chinese philosophical spirit embedded in behaviors of the Chinese people ·················· 341
Chapter Four: Language betraying human beings: the paradox of "The Theory of the Last Homestead" ·················· 342
4.1 Harmful false-information ·················· 343
4.2 Language distorting the world ·················· 345

4.3　We having to live in lies and absurd utterances ········ 347

4.4　"Philosophical problems arise when language goes on holiday" ··· 353

Chapter Five: Choosing to say nothing ····························· 362

Abstract

"Language is the house of Being" proposed by Heidegger is a philosophical proposition which is to strive for questioning the role of language for Being. It is only language that makes Being revealed, present and opened. However, "language is the last homestead of human beings" (short as the Theory of the Last Homestead) proposed by the author of this research is a synthetic proposition, philosophical and pragmatic, which is to strive for enquiring into the basic survival ways of man and into the relationship between language and human beings. This research is not directed to all the behaviors of man, but to his linguistic behaviors and fixed speech events. This philosophical and pragmatic observation is to eventually give an account of the reliant state of human survival on language, further, to give a philosophical rest-place for linguistic behaviors. However, the account is by no means to answer the question about the age-old western philosophical problems, i. e. "What is there?"

One of the survival ways of man, namely, the extremely heavily dependent state of man on language, is that (1) Man lives within language; (2) Man has to live within it; (3) Man has to live within fixed speech events. It is by the three kinds of basic survival ways that we live as we do, that we are as we BE, and especially that, by means of speaking, we make ourselves present or revealed, when making a thing in the world present or revealed. No man may be present where words break off. The presense of man is much more significant than of things in the world. It is the presence of man that makes that of things possible. This is the new thought of the Theory of the Last Homestead.

The above account is trying to be of theoretical significance and value in terms of explaining that (1) How language use can be life-dynamics of man; (2) How language can be the last fingerprint and bequest of a nation; (3) How language may be related to collapse or hold of a civilization; (4) What the mechanism for language to condition our thinking is; (5) On what occasions language betrays human beings; (6) Why man chooses to say nothing sometimes.

卷 首 语

　　蜗牛壳之于蜗牛是居留之所在,语言之于人也是居留之所在。

　　蜗牛将自己的家永远背负在身,人亦将自己的居家永远背负在身。

——本书作者

　　人对于语言须臾不离的依赖状态即人类的基本生存状态之一是:人活在语言中,人不得不活在语言中,人活在程式性语言行为中。正是以这三种样式的基本生存状态,我们如其所为地活着,我们如其所是地是我们自己,尤其是,我们以言说使世界中的一物(实体或虚体)现身的同时,也使自己在世上出场或现身。词语缺失处,无人出场。人在世上的出场比物的出场更具有意义。只有人的出场才使物的出场成为可能。

——本书作者(本书3.4.2"家园论"的主要思想概括)

序 1

江 怡

钱冠连先生承担的教育部人文社会科学重点研究基地 2001 年度重大研究项目《语言：人类最后的家园》顺利完成，可喜可贺！钱先生结项成书，嘱我作序，诚惶诚恐。两年前，我与先生还素昧平生，他通过网络和书信与我联系，方知先生在语言学界早已鼎鼎大名，更是语言学界开创语言哲学研究和教学的先驱之一。2003 年 11 月，先生诚邀我赴广州讲学，相见恨晚，遂结忘年之交。我钦佩先生的学问和人品，特别是他对语言与人类生存状态之关系的哲学理解，使他的整个研究具有了更深层次的意义。

众所周知，20 世纪的西方哲学发生了一场"语言的转向"。虽然这场转向并不意味着哲学开始走上语言学的道路，但哲学与语言学的关系却比以往更为密切了，以至于语言学家们纷纷把哲学看做语言学研究的"摇篮"和"基石"；而在哲学家们看来，"语言的转向"不仅仅意味着哲学研究的对象和主题从思维和理性活动内容转向了表达这种内容的语言本身，更重要的是表明，在语言的背后并不存在某种需要由语言来表达的所谓理性内容，相反，语言本身就是这些内容，所以，研究语言就是研究思想本身。当然，在当代西方哲学中，英美哲学家和欧洲大陆哲学家对语言的认识各不相同:英美哲学家偏重于把语言看做思想的逻辑形式或经验层面上的日常语言,但欧洲大陆哲学家则更强调语言对人的存在具有的本体论意义。无论语言在他们心中作如何理解,他们都承认,语言在比以往更大的程度上影响并决定着思想,甚至决定着人类自身的生存状态。从维特根斯坦的"哲学就是对语言的批判"到海德格尔的"语言是存在的家",这些说法都体现出了哲学家们对语言的忧患和反思。

其实,这种忧患和反思不仅反映在哲学家的思想中,包括语言学家在内的许多不同学科领域的专家也都对语言的作用提出了新的认识和理解,例如,乔姆斯基的语言观就是对莱布尼茨"普遍语法"观念的具体阐述,提出了关于纯粹理性主义的普遍语言和人类语言能力的思想;伽登纳对历史语言的重新解释,导致了当代历史研究中的语言转向;黑尔对道德语言的详尽分析,使得当代伦理学从规范主义走向了元伦理学的道路;宗教领域对宗教语言的诠释造成了当代宗教研究以及整个宗教传播在方法论上的转变,"太初有道"中的"道"更多地被看做语言所揭示的事物发展规律;当然,计算机语言研究和人类思维活动的关系,更是当代计算机科学和人工智能研究的核心话题。凡此种种表明,语言研究在当代人类思维中的重要作用愈发突现出来。

虽然传统哲学家同样认识到语言的重要性,甚至以往的语言学家更是以研究语言为自己的天职,但他们有一个共识,即语言的重要性是建立在语言所表达的思想之上的:由于表达了重要的思想,因而语言才具有了重要性,显然,在这里,语言不过是表达思想的一个工具和手段;澄清语言的意义,目的是为了使其更好地表达思想。然而,当代哲学发生了语言的转向之后,哲学家们对语言的认识就发生了前所未有的转变:在他们看来,语言不仅仅是(或主要不是)表达思想的工具或手段,语言就是思想本身,在语言的背后,并不存在任何隐藏的思想需要表达;我们对思想的理解正是在使用语言的过程中完成的,我们理解思想的过程就是理解语言的过程;语言不仅构成了我们的思想,而且构成了我们的生存方式,语言就是我们存在的最后家园。无论是英美的分析哲学家还是欧洲大陆的存在哲学家或现象学家,他们都不约而同地把语言看做人类存在的最后一块领地,虽然他们对这块领地的处理态度和方式截然不同。

在英美哲学家看来,语言既是人类认识活动的最后结果,也是人类认识活动的对象,因而,语言具有外在于人类自身的独立性和客观性;只有把语言看做对人类共同的、客观的东西,我们才能真正认识语言的性质和作用。同时,由于我们以往错误地理解或错误地使用了语言,导致我们的思想发生了混乱,因而我们从语言中找到了传统哲学混乱的根源,并且是这种混乱的最后一个避难所。所以,哲学研究的任务,就是要在澄清语言的意义和用法的同时,揭示语言的这种客观性和独立性,使哲学研究真正像自然科学研究一样达到严格和精确。在欧洲大陆哲学家看来,语言不是哲学研究的对象,而是哲学得以存在的依据,是人类存在的基础,是支配和决定人类思想的最后因素;所以,欧洲大陆哲学家从来不把自己的哲学看做一种语言研究,但他们都把自己的思想看做语言的自我显现,是语言自己在说话:不是人们在使用语言,相反,是语言利用人们的身体在说话,在说的过程中,身体是工具和载体,而思想则以语言的形式得以显露。可以看出,虽然英美哲学家和欧洲大陆的哲学家对语言的认识有所不同,但他们都把语言与思想紧密地结合起来，强调思想对语言的依赖性、不可分离性，甚至强调两者的合二为一。

当然，无论是把语言看做思想本身，还是把语言理解为存在的最后家园，这些都是对语言性质的全新认识，与传统哲学以及传统思维方式对语言的理解有了很大不同。如果仅仅从经验的层面观察，语言的工具性质似乎占据了主导地位，然而，只要我们稍微进一步分析一下就会发现，我们所观察到的语言活动绝不仅仅是在表达或传递某种其他的东西，它们本身其实就是人类的一种活动，是一种经过社会化改造的本能的活动。这正是钱冠连先生在这本著作中着重阐发的主要思想："人活在语言中，人不得不活在语言中，人活在程式性语言行为中。"

我们在日常生活中使用语言，初看起来是在表达自己的想法；但是要想听话者能够恰当地理解自己的想法，就是说，能够让听话者对自己的话语作出我们期望的反应，这就完全取决于我们的话语本身是否能够被听话者所接受。在这里，我们使用的语言本身是否能够以及如何能够让听话者接受，就成为表达思想本身是否成功的关键。进一步说，听话者对我们思想的理解和接受，完全取决于对我们所使用的语言的理解和接受，换句话说，我们的语言本身既是我们用来表达思想的方式，也是听话者理解和接受我们用语言所要表达的思想的惟一途径。然而，如果听话者所能理解和接受的只是我们的语言，那么，我们就不必过多地考虑我们应当如何表达思想，而是要更多地考虑我们的语言是否以及如何能够准确地表达我们的思想。在这里，更重要的是"语言"而不是"思想"，因为"语言本身就是思想"。从表达和交流的层面看，思想的表达和语言的交流是为了让听话者得到理解和接受，而这种理解和接受的对象不是"思想"而是语言,换句话说,"抓住了语言就是抓住了思想"。

而且,语言的结构直接构成和影响着思维的结构。我们的日常语言结构呈现出我们的一般思维结构:我们说出的话要得到理解,首先就需要符合语法要求和逻辑要求,而这种语法的和逻辑的要求正是我们思维结构的组成部分;同时,语法和逻辑也是思维结构的直接体现,对思维结构的形成和变化有着直接的作用。现代语言学和认知科学的研究表明,有什么样的语法形式,就会有什么样的语言逻辑,也就会有什么样的思维模式。语言结构的变化,意味着思维结构的变化,甚至语词上的变化也直接反映着人们的思维模式的变化。这正是钱先生在书中所说的"语言行为的程式性特征",也是我们常说的"语词的变化折射着时代的变迁"。我们更可以说,语词变化本身就是时代变迁的一部分。事实上,我们正生活在这样一个语词发生着重大变化的时代。

是为序。

江怡,中国社会科学院哲学研究所研究员,中国社会科学院研究生院教授,博士生导师,兼任中国现代外国哲学学会秘书长,中英澳暑期哲学学院中方委员会副主席。

序 2

王 初 明

钱老师让我给他的近著《语言：人类最后的家园》(以下简称《家园》)写个序，在惯于学术论资排辈的国度里，我的第一反应是：让晚辈给长者写序合适吗？此外，我视说外行话为做学问的大忌，语言哲学和语用学不是我的专长，如果信口开河，岂不糟蹋了钱老师多年用心血栽培的果实？但是，钱老师情真意切，告诉我书序有多种功能，不全懂书中内容也可写序，以序做个纪念吧。话说到此，我应允试着写。书序有多种功能，我同意。它或用于提携后学，或对书进行评价，或为读者概述书的内容，这些功能多半由作者邀请一位德高望重的前辈去完成，至少也要请一位资历深者，为书锦上添花。这算是学界的一个不成文的规矩吧。钱老师却反其道而行之，在国内学界里做了一件不同寻常的事，给书序增加了一个新的"纪念"功能，既表达了他为人的谦逊，也显示了他做事的创意。

钱老师"以序做个纪念"的话着实勾起了我对一段往事的回忆。我跟钱老师来往多起来，是学校的语言学研究中心跻身教育部百强重点研究基地的时候。在这个研究条件相对优越的研究基地里，我们为了一个最主要的共同目标工作——承担重大课题，产出重大研究成果。衡量工作成绩的标准自然就摆在大家的面前。如何判断研究成果的价值呢？在诸多标准之中，创新理应是核心，是科研工作的意义所在。没有创新，就没有重大成果可言，重点研究基地也就没有存在的必要。作为这个单位的资深研究员，在创新这个问题上，钱老师深感责无旁贷，他不断呼吁，反复强调。他不但这样说，还在努力地实践着。钱老师做学问的经历告诉我们：将工作目标明确锁定在创新，对所研究的问题，总以创新的眼光去观察、探索、分析、归纳，持之以恒，假以时日，终有斩获。今天，这本《家园》问世，正是他致力于创新的体现。

《家园》新在何处呢？它新在整本书的主题："人活在语言中，人不得不活在语言中，人活在程式性语言行为中。"这个论断，乍听起来，令人愕然，顿生疑问：语言真有如此之大的魔力？这恐怕就是伴随创新而来的初始震撼吧。读了此书之后，"人活在语言中"这个论点不由得你不信，它确有理据。钱老师引经据典，古今中外，娓娓道来。人可以活在许多事物之中，但并非什么东西都是必要的。语言则不然，它是人类赖以生存和发展的必不可少的认知和交流工具，如同空气，我们习以为常，感觉不到它的存在，谁敢说我们不是生活在空气里，可以不生活在空气里？试想：一旦失去语言，人类将面临的是一种什么样的局面呢？我们会有记忆吗？我们会有历史记载吗？我们会有和谐的社会吗？我们会有难以估价的包括文学艺术在内的精神文化宝库吗？我们能够合作开发高科技、建设人类文明大厦吗？失去了这一切，人类还剩下什么？人类跟动物又有何区别？《家园》让我们反思人类自己，让我们惊异会说话的灵长类动物的伟大，让我们了解语言除了基本的交际功能之外还能做什么。

读这本书,你会感到作者强烈的创新意识。为写《家园》,钱老师参阅了大量"洋"书,但他不人云亦云,拾人牙慧,满足于引进,止于综述介绍。他喜欢思考,也善于思考。他把思考的智慧种子播撒在中国这片肥沃的土壤里,催生出累累果实。他在消化国外语言哲学和语用学理论之后,路子走得更远,不忘建立自己的学说。他总是力图说出一些前人没有说过的话,书中妙语连珠,要言不烦。似乎生怕证据不足,他还亲自带领或指导学生,深入少数民族地区,观察于民间,调查于基层,采集第一手数据,验证自己的理论,书里采用的民间语篇例证,实实在在,分析在理,让人耳目一新,为我国的学界带来一股浓郁的民间乡土气息,令人想到什么是放眼世界,立足国内。

钱老师的著述不仅立意新,而且数量多。在重点研究基地成立之后的三年里,除译著外,他先后完成了两部专著,有一年还发表论文逾十篇,转载引用率相当高,引人瞩目,是单位里最多产的教授。他那种追求真理的执著,那股工作干劲,令我这个后辈自愧弗如。跟有些同事一样,我心里也曾嘀咕过,钱老师这样做学问累不累?对此,他有一段精彩的回答:"一个人东抄西抄地凑成一篇东西,永远说别人说过了的话,把写作当成一种包袱,他会感到没兴趣,于是,他感觉累;一个人走上发现之路时,找到一个新命题,创造一个新概念,发现一个新范畴,他只会有不断的惊喜,这是乐趣,窃以为不会有累的感觉。"做学问,只要立志创新,对人类有所贡献,往往给人带来无穷的快乐。这种乐趣,绝不是那些急功近利者能够体验到的,只有那些为真理而勇敢探索的人才有机会品尝,那是对勇者的回报。

写完这个序,心里仍不平静。把自己的名字留在这样一部创新之作里,实有掠美之感。谢谢钱老师给了我这个机会。

王初明,广东外语外贸大学教育部人文社会科学重点研究基地专职研究员,博士生导师,国务院学位委员会第五届学科评议组成员。

序 3

陈嘉映

钱冠连先生从事语言学研究已二十余年,成绩斐然,三部专著,论文无算。这几年来,钱先生对语言哲学产生了很大的兴趣,涉猎颇广。这也是自然而然的事,因为钱先生多在语用学上用功,语用学是一门新兴学科,它和哲学思辨有千丝万缕的联系。

在西方哲学中,钱先生似乎受海德格尔的影响最深,这部著作,就是从"语言是存在的家园"一语开始。不过,钱先生并不自限于诠释海德格尔的思想,更不是照搬海德格尔的文句,而是有自己的心得和推进。"绪论"中的一段话扼要体现了这一点:"在海德格尔心中,栖居在语言所筑的家中的看家人是思考者与诗人。而本书命题却指出:以语言为最后的家园者,是每一个普通人,是行为中的人,是语言行为中的人,是程式性语言行为中的人。"

最后这句提到的"程式性语言",是本书的核心概念之一,定义为"一定的行为与一定的话语配套,两者形成了稳定的配合"(3.3.1.1)。对程式性语言,历来研究不多,因此本书的这一部分(3.3),就笔者浅见,最宜视作钱先生的独特贡献。

我一向觉得,中国的学问家不大读真正的哲学著作,就理论创新而言,这可能是个缺点。实际上,中国学者在各门研究虽不乏出色的成果,却很少提出过具有普遍意义的理论。钱先生治学的路子,也许因此格外值得推重。不过,钱先生虽富哲学思辨,但本职是语言学者,这部著作也显示,对于钱先生,哲学更多的是一种精神,一个向导,书中的具体结论,却非出自思辨。他多年来注重语例的收集和调查,这一点也体现在这部著作中,书中引用了很多实录的语例,算命过程中的程式性语言、牛市上的程式性语言,等等。这样的研究,从实处开始,有案可循,无论读者是否同意其结论,都有进一步探讨的可靠基础,比较起从概念到概念的研究方法,其优点不言而喻。

确实,治学多年,钱先生已经培育起一套出自自家体验的方法论。他重视的三个"立足"即其一例:立足于理论建设,立足于母语语料,立足于原创性。拿这三条来对照自己这些年的工作,觉得从每一条看都差得太远。

从我自己关心的论题来说,读了钱先生的新著,也有一二遗憾之处。尤其是最后一章第五章"选择不说"。这是接第四章"语言背叛人"而来。这一章讨论了释放假信息尤其是有害的假信息、谎言、妄言等等"背叛"。第五章所要寻求的,就是如何从语言的种种堕落样态中自救,重返本真语言的家园。这一章借鉴了禅宗、维特根斯坦、海德格尔的思想,但似乎并没有多少新意,因此,对于"言无言"这个老悖论,仍有不了了之之感。

钱先生此前的几部专著,我从前只读过《语言全息论》,深为感佩钱先生理论创新的勇气和能力。今又有幸在正式出版之前读到《语言:人类最后的家园》,觉得钱先生的体系较前更其宏大,思路更其开阔,其中的思想,不是草草读一遍就能把握的。今先生命序,不敢应然,以上只是初步学习的体会。

陈嘉映,1993年起在北京大学执教,2002年到上海华东师大任博士生导师。

终于回家
——作者自序

面前这本书,是我的第一本在题目内标上"哲学"字样的习作。

回忆起 1998 年,令人难忘。那年,广州一进 7 月,就热风扑面,炎热难当。温度在 35℃上下,居高不下。可是,人是一种很奇怪的动物,偏要思考,而且可以在不利于人思考的状态下思考。糟糕的是,正赶上这段时间进入了最需神凝气定写作此书的核心阶段——第三章"语言:人类最后的家园"。奇怪得很,为全书作铺垫的第一章"背景:西方哲学的语言性转向"、第二章"从哲学追问语言:三个反思"(眼下成书时,这两章都不见了,原因见下)里的词语、命题、判断、真问题、假问题等等,老是跑出来,拉我回去重读和修改。身躯在经受冲凉、风扇和西瓜的洗礼,脑子里却全任"存在"(Being/Sein)、"言说"、"家园"等等撞来撞去。

此外,还有长江流域超过辛未年(1931)的洪水久困频袭,伴着本书的写作走过了难忘的岁月。

让我们回到本书。怀疑、困顿、阅读、灵感、修改。再怀疑、再困顿、再阅读、又发灵感、又修改。以言辞按住思想。思想锁定在言辞中。作为存在物的写作者,妥帖地栖息在言辞之中。诚然,不附着言辞,如望着天花板,望着座灯,望着青草地,当然可以思考,但相信那是原始的思考,片断的思考,破碎的思考(broken pieces of thought),绝不是铸成一个完整的思想链条(unbroken line of thought)的思考。"想清楚了才能说清楚"是假象。不可能全盘想清楚再一下子说将出来或写将下来。孔子也是东一句西一句地说,成书是后生代劳。也就是说,成书前他的思想是片断的、不连续的、原始的,当然也是真实的。柏拉图的 REPUBLIC 与亚里士多德的 METAPHYSICS 也未必是闷在肚里通通想清楚了再一股脑儿和盘托出一本书来。未必。事情是反过来:笔到意渐到,言显意渐显。"渐"是以言说或言辞不断规整思想的过程,是语言让存在归家,语言让思想落定的过程。不相信是想清楚了才能说或写清楚,而是说或写的过程才使思想逐渐沉淀清楚。我相信有不少学者反对这一观点,但实践却让我信而弥坚。

当初,全然没有想到会写这样一部书用来对人类的基本行为进行哲学与语用学的考察。与写《汉语文化语用学》有十年的思考垫底不一样,写《家园》之前,我不曾有过专门的准备期。当然,写这样一部书,不会是偶然促成,也不会是一次猝不及防的被裹挟的地狱之行,而是对语用学研究的深入这一渐进过程本身对我提出了哲学要求。

学习语用学之前,我对哲学的了解,仅限于唯心与唯物的两军生死搏斗,加上"文革"时代接受的两论,以及从童年时代起从中国思想、哲学的文献(这里的"哲学的文献"不是西方意义上的"philosophy")中获得的东鳞西爪的哲学感受。这样的底子居然也敢接受这个挑战,或者说甘心接受这次裹挟,正是因为我之不懂,不知深浅。"艺高人胆大",无疑是真;"无知也可胆大",确实道出了另一种真。

在20世纪80年代早期开始的语用学研究中,我发现相当多的东西是源自西方的分析哲学(语言哲学)。最表面的营养来自J. L. Austin 与 H. P. Grice 等人。这让我疑窦丛生,为什么哲学家做了语用学的台柱子?为了解开这个扣子,从此我就开始东一铲子西一挖锄地挖掘西方哲学。于是有一个意识闪了一下:想要将来源于西方哲学的语用学研究变得深刻起来,就得到西方哲学那里"寻宗"。所幸的是,这个意识闪了一下并未熄灭掉。寻宗的心思就这样埋下了。这便是上面说"语用学研究的深入这一渐进过程本身对我提出了哲学要求"的底里。

《汉语文化语用学》出世之后,1998年伊始,抛开一切旁骛,在老同事、老同学、老朋友一个个先后宣布领取退休金的时候,我却从头打理起西方语言哲学。这比"半路出家"还要迟,简直是"末路出家"。而且是否最终摸到路径,毫无把握。也许这还不是我一生中学术冒险的最后一次。可以不做哲学家,但朝理性地把握世界的方向前进一步,对我总是一次胜利。相信这里也有杨振宁的指引:"我学物理学到极限时,进入了哲学领域。"我既然意识到语用学的渊源在西方语言哲学,为何不去探探险呢?探险伊始,便从西哲"语言是存在之居所"(Heidegger,1982b:63)的命题中冒出了另外一个命题——"语言是人类的家园"。走到这一步,是从一个理论前提出发到另一个理论的猜想——证伪论(证伪法)。猜想,一步就可以到位。但一步到位的猜想可能为错。要避免这种明显的谬误,就需要少数事实的支持。我有少数——也只需要少数——的事实支持,因为这个命题的研究不是实证性的,是思辨性的、演绎性的与猜想性的。猜想(假设)做出来之后,就只好等待证伪了。这便是所谓的 conjectures and refutations (Popper

1968b):猜想与被反驳。

在处理资料的时候,作者总是问自己:人在多大的程度上依赖语言?这项工程开始的最初阶段,借用的主要资料是马丁尼奇(A. P. Martinich)编的《语言哲学》(The Philosophy of Language, Second Edition)提供的 37 篇语言哲学论文[1],以及中国的徐友渔、周国平、陈嘉映、尚杰等等几位先生的语言与哲学作品。当然,中国哲学也有对语言的探讨,为此,读了冯友兰与胡适。此书最初手稿中第一章的题目是"背景:西方哲学的语言性转向",那基本上是索引工作。引去引来,就是学去学来,想去想来。想去想来,就生出了怀疑与好奇。第一个怀疑与好奇,便是所谓西方哲学对存在探讨的三个阶段(两次转向),实际上只是变换了提出标志性的问题的方式,即变换了(对存在的)一个问法而已。第二个怀疑与好奇(本书最初手稿第二章),是了解语言性转向之后,对照国内外的语言学研究,产生了三个反思:从哲学追问语言:语言工具论批评;从两种哲学看两种语言;哲学轨道上的语言研究与语言学的语言研究 ——兼论语言学引进要讲清哲学渊源。我不知道,抄了别人的结论之后,提出自己的怀疑与好奇,能不能算是哲学味道。

但是,我没料到,《家园》的写作有了相当长时间的中辍。这一变故,在《语言全息论》的后记("一觉醒来")中交待了出来:

> 1997 年《汉语文化语用学》罢手之后,我开始着手思考、酝酿《语言:人类最后的家园》。写这部专著,参考的是西方哲学第三个阶段即所谓分析哲学(analytical philosophy)或语言哲学(the philosophy of language)方面的论文。开始动笔以

---

[1] 我现在手头上又有了此书的第四版,却变成41篇。

后,发现了其中的一个章"语言全息论"与《家园》的整个思想不合拍。用认知语言学术语来说,范畴化或者概念化出了毛病。于是认定,奠基在生物全息律、宇宙全息律和系统论之上的"语言全息论",与讨论语言与人的存在的《家园》,是两个性质完全不同的问题。于是,干脆将"语言全息论"拉出来发展成另外一套系统……

这样,2002年之前,我整个身心都转而投向中途冒出来的《语言全息论》之中。《家园》也就拖了下来。这就是为什么面对很多读者询问《家园》究竟什么时候出版而我无言以对的原因。

人生世事难料。2000年的3月,发生了我个人学术研究史上的一个重要的转折。我校的外国语言学及应用语言学研究中心通过竞争被认定为教育部人文社科重点研究基地,在外国语言学及应用语言学研究这一块儿,还是国内惟一的重点研究基地。我有幸调入。从此,在一个条件很好的基地图书馆内涉猎了大量的英美语言哲学。9月,我为博士生开西方语言哲学课。为了备课,只要我将主题词 philosophy of language, analytic philosophy,"语言哲学"、"分析哲学"中的任何一个,输入图书馆或者国内外的搜索网(如 yahoo.com 或者 Google.com)的目的框中,就会得到大量的线索。多到既令我高兴,又令我忙碌……。这些都为《家园》的写作,提供了较好的条件。从前重在相信历史的前进总是要以牺牲个人为代价,现在我增加了一个认识:历史的前进也可以为个人的命运创造良好的转机。这或许是历史的转变给人生带来的不确定性。"牺牲个人"也罢,"命运良好转机"也罢,我都会无悔于我对历史的投入,同时也无法拒绝历史对我的拥抱。

此书写作的另一个至关重要的变化是:在《语言全息论》付梓

等待出版并重新抽出手来写《家园》时,我成功地申请到了"教育部人文社会科学重点研究基地2001年度重大研究项目立项"的一个课题:"程式性行为与对应话语模式研究"(项目批准号:O1JAZJD740005)。我发现,"程式性行为与对应话语模式研究"的灵魂就在"语言是人类最后的家园"的身上,于是,这个申请到的课题便非常合拍地纳入其中,成为《家园》核心章节(第三章)的第三个小节"人活在程式性语言行为中"。全书的核心是三个子命题,三个子命题变成了三个小节:人活在语言中(3.1),人不得不活在语言中(3.2),人活在程式性语言行为中(3.3)。这对于全书是个重要的收获,重要的改造。这个重要的收获与改造,也有一点代价:只好割舍(而不"忍痛")最初手稿中文献综述(第一章)"背景:西方哲学的语言性转向"与由此而来的另外一章"三个反思:从哲学追问语言",因为这样两个章节与现在的题目大有隔离,与人类基本行为的哲学与语用学考察并不对路。将其割舍而无"忍痛"之感,来由在此。

2003年,在经受过了"非典"这场灾难的袭击过后,迎来了一个比1998年的热月更让人惊诧莫名的夏天。在这个史无前例的高热天气中,我一方面以流水作业的方式指导一个学生的博士论文写作;另一方面,仍在坚持《家园》的最后阶段的写作、琢磨与敲打。宁静的心战胜热烘烘的天,一如我所属的民族取得了对"非典"的第一个回合的胜利。脆弱的人类,原来可以产生一个并不脆弱的、出生入死的民族。但这个民族对生态环境的破坏与颠覆态度是非改不可了。

从1998年2月10日正式动笔写作开始,中途插进出版一本《语言全息论》,又回到《语言:人类最后的家园》上,一直到了2004

年的年初,写完最后一个字,我也终于回家了。这一本书,整个写作时间跨度为六年,如果算到出版,时间跨度为七年。也可以是另一种算法:七年的跨度中,一个学生写完两个作业本。

一个学生终于写完一次困难的作业,背起书包下学堂——回家。

按叔本华的说法:"人之所以成为一个哲学家,总是由于他自求解脱一种疑难。这疑难就是柏拉图式的惊异怀疑。""自求解脱一种疑难"、"用非常规的异样方式来观察"以及"纯粹的好奇心"基本可以廓清我冒险闯一闯哲学大门的心境。本书写作过程中,我才真正理解 Robins 在 *A Short Story of Linguistics* 里说过的一句话:哲学是语言学的摇篮与基石。我在这摇篮里打了一个滚儿。

现在回忆我写作四部专著所用的方法,对年轻的同事们或许有益。《美学语言学》,表面看起来,书上用了许多实例,好像用上了归纳法,其实它的理论体系的核心论点——语言结构是美的——是径直从另一个理论性前提——科学美是存在的[①]——猜想出来的,只是当时我不自觉罢了。《美》最后的部分是明显的猜想:语言小宇宙与自然大宇宙处处和谐,语言结构与宇宙结构合拍(钱冠连 1993:381)。那些实例,只是极少极少事实的支持,最终还要靠证伪说话。《汉语文化语用学》,基本上是以归纳的方法写成,倾向于实证性研究,因为它的核心部分即语用策略是靠实例概括出来的。但它的整个理论体系——语用学即人文网络言语学——也不依赖事实的统计,更不靠实验结果说话,它的主要理论仍然是思辨性的。《语言全息论》基本的方法是演绎性的,是从生

[①] 详见徐纪敏:《科学美学思想史》,湖南人民出版社,1987 年版。

物全息律(以及宇宙全息律)猜想到语言全息论,一步到位。眼下的《家园》的整个理论框架——"人对于语言须臾不离的依赖状态即人类的基本生存状态之一是:人活在语言中,人不得不活在语言中,人活在程式性语言行为中。正是以这三种样式的基本生存状态,我们如其所为地活着,我们如其所是地是我们自己,尤其是,我们以言说使世界中的一物(实体或虚体)出场或现身的同时,也使自己在世上出场或现身。"——也是演绎的与思辨的。虽然本书也用了一些个案,但整个命题却不是依赖个案。经验科学,如物理、化学、生物等等,甚至于在社会科学与自然科学之间的语言学(如心理语言学、第二语言习得等),需要的是耐心的实验、细致的调查、正确的数字、清楚的事实,从客观中抽象出形而上的东西来。这后面的一步抽象就是思辨的。但是,对事实的思辨,对经验的思辨,还不一定是哲学的。窃以为,哲学还要对思辨加以思辨,对现存的真理保持警惕与反思。难怪杨振宁说:"我学物理学到极限时,进入了哲学领域。"就是说要跨过对经验思辨这一道坎,走到对思辨加以思辨的这一步。"哲学是对于人生有系统的反思的思想"(冯友兰 1996:1),即是对思想的思想。而且,"哲学的本质不在于掌握真理,而在于寻找真理。""哲学就意味着在途中。它的问题要比它的回答更根本些,而每一回答都会成为新问题。"[①]

我的学生霍永寿博士,除了收集中医问诊、民事调解的个案以外,还起草了 2.2"语用学的介入",最后由我修改定稿;我的学生褚修伟(2002 届博士生)除了收集菜市、牛市、街头算命、阴历年年

[①] 雅斯贝尔斯:《哲学引论》,转引自谢劲松:"惊讶:理解哲学的一个维度",《华中理工大学学报(社科版)》,1997(3)。

夜饭、席间劝酒个案以外,还为3.3"人活在程式性语言行为中"提供了全部理论框架(最后仍由我行文)。我的学生王爱华、梁瑞清(2003届博士生)、梁爽(2004届博士生)对草稿提出了一些修改建议与有益的意见,梁爽还帮我处理了文本规范方面的一些问题。在此,我表示感谢。

我校科研处与我所在的文科重点基地(外国语言学及应用语言学研究中心)对此书的出版,给予了温暖的支持。这种支持,将会延续并深藏在我今后更加成熟的作品里。除此以外,我无以为报。

从1998年早春算起至2004年早春,六年内写完两部书(《语言全息论》与眼下的这本书是套着写的,故套着算),内心里多少有些惶恐。惶恐者,质量之虑也。本想多磋多磨再付梓,怎奈国内定期内项目结项制度催着作者交卷。这一制度虽然保证了出版基金,但是限短时内交卷,恐怕是有问题的。限时交卷虽然可以"拿捏"写作变成不写不作的现象,却又忽略了质量第一,因此,限时交卷还不是 个因病与药的办法。司马迁如果拼命赶时间拿出书来结项,恐怕我们就读不到不朽的《史记》了。不过出人意料的是,也是商务印书馆出版的拙著——纯理论的《语言全息论》——首次印刷居然在一年半内售罄,使我感到一丝欣慰,但也减轻不了对眼下这本书的担心。

这本书交出之后,我打算至少五年内不用汉语写专著,腾出时间补读西方哲学文献,特别是把心思花在学生的博士论文上。这个心愿在读了清代"扬州八怪"之一的黄慎的《蛟湖诗抄》之后,更为坚定。"一春忙过无诗草,却负墙东一树梅"。他说,忙了一个春天,未写一首诗,有点辜负墙东的一树梅花。如果说这是在催人勤于笔耕的话,他的另一句"今日归来深竹坞,春灯补读未完书"却分明是在提醒人"补读未完书",正点中了我的心思。

这样正好,我就可以将终于归家后的暂息,交给"春灯补读"。

钱冠连

2004 年早春二月,于冬收斋

第一章 绪论

语言行为虽不是人的全部生存状态,却是人的基本生存状态(即"三活"状态——人活在语言中,人不得不活在语言中,人活在程式性语言行为中。详见1.3"三活":人的基本生存状态)。而且,程式性语言行为又是语言行为的核心。所以,对程式性语言行为的考察基本上是对语言行为的考察,又是对人的基本生存状态的考察。本书的副标题——人类基本生存状态的哲学与语用学研究——由此而来。

为什么"三活"状态是人的基本生存状态?本书将以1.3节和第三章(核心章节)的全部篇幅予以阐明。

为什么说"程式性语言行为是语言行为的核心,所以,对程式性语言行为的考察基本上是对语言行为的考察"?请见1.2节的最末一段。

1.1 "语言是存在之居所"与"语言是人类最后的家园"

"语言是存在之居所"这个命题,由海德格尔通过《关于人道主义的信》提出来:

"思(想,考)完成存在对人的本质的关联。思并不制造与引起这一关联。思只是把这一关联作为存在交托给它自己的东西向存在供奉出来。这一供奉在于：存在在思（想，考）中形成语言。语言是存在的居所（Die Sprache ist das Haus des Seins.），人栖居在语言所筑之居所中。思者与诗人是这一家宅的看家人。他们通过自己的言说使存在的开敞形乎语言并保持在语言中；就此而论，他们的看守就是存在的开敞的完成。"①（着重号为引者所加）

在《关于语言的一次对话》中，他又一次重申：

"从前我曾经十分笨拙地把语言称为存在之居所。"②

这一段中，海氏除了展开"语言是存在之居所"这个哲学命题之外（请参见2.1.1），还指出了"人栖居在语言所筑之居所中"这个现实。问题就来了。既然海德格尔已经指出了这一点，那么本书再拿"语言是人类最后的家园"作命题岂不是部分地重复了么？

不是。

海氏命题"人栖居在语言所筑之居所中"与本书命题"语言是人类最后的家园"是两个分道扬镳的命题，有着三个方面的不同。

不同之一，两者终极目标不同。海氏提出"人栖居在语言所筑之居所中"这个子命题，只是对他自己上面提出的"语言是存在之居所"这个母命题给了一次支持。请看：他跳过"思者与诗人是这一家宅的看家人"这一句话之后，说的是："他们通过自己的言说使存在的开敞形乎语言并保持在语言中"；也就是说，看家人

---

① Heidegger, M., Brief uber Humanismus, *Wegmarken*, Frankfurt, Klostermann, 1978, p.318. 亦可参看徐友渔等著：《语言与哲学》，第155页，北京三联书店，1996年版。

② Heidegger, M., A Dialogue on Language, in *On the Way to Language*, New York: Harper & Row, Publishers Inc., 1982a. Originally published by Verlag Gunther Neske, Pfullingen, under the title *Unterwegs zur Sprache*, copyright 1959 by Verlag Gunther Neske. p.5.

完成的是"使存在的开敞形乎于语言并保持在语言中",看家人最后盯着的东西(海氏命题的终极目标)是:"就此而论,他们的看守就是存在的开敞的完成"。一句话,看家人的动作只是围绕着存在这个西方哲学的千年老题。正因为这样,提出这个命题的言说者只能是钟情于存在这个老题的西方哲学家。而本书的命题根本不是追踪西方哲学的老题,要说有什么追问,本命题追问的东西是:人如何依赖以及为什么如此依赖语言,到头来与西方哲学千年老题分道扬镳,只会走到人的行为—语言行为—程式性语言行为那里去。正因为如此,对本书这个题目感兴趣并确有发言权的人可以是哲学家、语用学家、社会语言学家、人类行为学家、交际理论学者。相信他们深入这个园地之后,不会空手而归。

不同之二,展开的线索不同。海氏命题的展开线索是:通过人的言说使存在开敞起来。而本书命题的展开线索是:人活在语言中—人不得不活在语言中—人不得不活在程式性语言行为中。

不同之三,家园的居民不同。请读者注意,当海氏提出他的命题时,他特别指出:"人栖居在语言所筑之居所中。思者与诗人是这一家宅的看家人。"每当他说到人在语言中时,他就反复提到这一家宅的看家人是思者与诗人。

现在提出若干证据如下:他在《诗、语言与思想》[①]中用了大量的篇幅,即用了"作为诗人的思者"(The Thinker as Poet)、"诗人何为?"(What are Poets For?)与"……人诗意地栖居着……"(... Poeti-

---

[①] Heidegger, M., Language, in *Poetry, Language, Thought*, The English Edition by Harper & Row Publishers Inc., New York, 1975a. Tr. A. Hofstadter. See China Social Sciences Publishing House, Chengcheng Books Ltd, Beijing, 1999.

cally Man Dwells...)三个篇幅,以及《通向语言之途》①中的"诗歌中的语言"(Language in the Poem),大谈特谈"思与诗的对话旨在把语言之本质召唤出来,以便终有一死的人能重新学会在语言中栖居(to live within language)"。②

这样类似的说法,还可以举出许多(海德格尔的语言,以吊诡而著称,在下面引用中,我作了简明的解释——我知道这样的解释会冒极大的风险)。仅以"语言"③一文而论,他多次提起诗、诗人:

"纯粹之言说乃是诗。"④他为了阐明存在是在语言中开敞,形乎于语言,并保持在语言中,他就得寻找语言。"找呀找呀找朋友,找到一个好朋友"(中国20世纪50—60年代儿歌),他认为,那个好朋友,真正的言说,原来在诗里。他认为诗里的语言就是纯粹之言说。

"我们在诗中寻找语言之说。顺理成章的是,我们所寻者在于道说之词所构成的诗中。"⑤再一次强调所寻者在于道说之词所构成的诗中。海德格尔的论文里,一会儿写"人在说(话)",一会儿写"语言在说(话)"(所谓"语言之说")——语言自己在说话,

---

① Heidegger, M., *On the Way to Language*, New York: Harper & Row Publishers Inc., 1982. Originally published by Verlag Gunther Neske, Pfullingen, under the title *Unterwegs zur Sprache*, copyright 1959 by Verlag Gunther Neske.

② Heidegger, M., Language in the Poem, in *On the Way to Language*, New York: Harper & Row Publishers Inc., 1982. Originally published by Verlag Gunther Neske, Pfullingen, under the title *Unterwegs zur Sprache*, copyright 1959 by Verlag Gunther Neske. p.161.

③ Heidegger, M., 1975a, ditto ④.

④ Heidegger, M., 1975a, ditto ⑤, p.194.

⑤ Heidegger, M., Language, in *Poetry, Language, Thought*, p.197.

而不是人在说话。这是海氏一个非常突出的观点。

"在诗的言说中,诗的想像为自己生成了话语。在诗中所说者,即是诗人自己所要阐明的东西。如此道说出来的东西,即是以阐明自己的内容在道说。诗的语言是多侧面的阐说。"①

"第一个诗段是通过令物到来而说话的。"②诗是怎样说话的呢？通过令物到来而说话。诗"令物到来"(by bidding things to come)在海氏的哲学中,至关重要。语言的作用就是令物来到。说去说来,又转了回去:语言使存在开敞,使存在形乎于语言并保持在语言中。语言报到了,物才能呈现,而诗乃是纯粹的言说(见第一条所引)。

"前面两个段落的诗的道说,是通过令物走向世界,令世界走向物而实现的。"③"令物走向世界"好解释,即令存在呈现出来,开敞出来,形乎语言。"令世界走向物"如何解释呢？现实世界与物是一体的。这样一去一回,竟是在诗的道说中实现的。

"道说出现在诗之所说中。"④道说是为了交待存在的,于是,在诗中交待了存在。

在海德格尔的心中,栖居在语言所筑的家中的看家人是思考者与诗人。而本书命题却指出:以语言为最后的家园者,是每一个普通人,是行为中的人,是语言行为中的人,是程式性语言行为中的人。这便是家园的居民的不同。

---

① Heidegger, M. , Language, in *Poetry, Language, Thought*, p. 197.
② Ibid. , p. 200.
③ Ibid. , p. 202.
④ Ibid. , p. 206.

27

1.2 行为—语言行为—程式性语言行为

只要一个人理智地活着,他就有行为。

在一切行为中,从语言是否能与其交织来衡量,有四种行为类型。

一是生理自发行为(新陈代谢等等),这种行为不需要语言配合就能发生,独立地完成。

第二个方面是做事情——需要语言配合的做事与可以哑言完成的做事。如生产(产出产品与商品)、建设、破坏等等行为,从根本上来说,是需要语言配合与执行的。但也有可以哑言完成的做事,如打开—关上、拧开—关上、开锁—上锁、搞糟—清理、移动—还原、安装—拆卸等等,也可以哑言完成,必要时仍需由语言配合完成。特别是由两人以上或集体完成的事情,尤其需要语言配合。

第三个方面是以言语来执行某种行为。如口里说"我警告你……"就是在执行警告行为,口里说"我宣布……"就是在执行宣布行为。不消说,这是靠语言来执行的。这是西方哲学家奥斯丁(Austin)等人使用的一个范畴:speech acts,即言语行为。[①]

第四个方面,纯精神行为。看起来不要语言,其实,不要语言就谈不上有什么成效的精神行为。如构思、概念化、范畴化、自省、静思、冥想等等行为,最终要靠语言才能出场。纯精神行为要靠语言才能产生真正被人把捉的结晶物。

还有其他种种行为,都是由上面这四种行为派生出来的行为。

---

① Austin, J. L., *How to Do Things with Words*, London: OUP, 1962a.

尤为重要的是,四大行为中,除了部分生理自发行为可以脱离言语之外,其他行为即做事、精神活动,尤其是以言语来执行的行为,终究都是寄生在言语行为之上的。所以,海德格尔曾说:"人的要素在其本质上乃是语言性的(linguistic)。"①在英美世界中流传着所谓"生活的黄金规则15条"②,看起来是随随便便凑起来的:(1)如果你打开了它,请关上它;(2)如果你拧开了它,请关上它;(3)如果你开过锁,请锁上它;(4)如果你打碎了它,请承认;(5)如果你不能安装它,请叫一个能干此事的人来做;(6)假如你借了什么,请归还;(7)假如你高度评价它,请爱惜它;(8)假如是你搞得一团糟,请理顺它;(9)假如你移动过它,请归还原位;(10)假如某物属于别人而你又想使用它,请得到允许;(11)假如你不知如何操作它,请别动;(12)假如这不关你的事,请不要提出问题;(13)如果某物不能拆开,就先别安装;(14)如果某事能使某人的一天愉快起来,请说出来;(15)如果某事将玷污某人的声誉,那就闷在你自己心里。其实生活的黄金规则远不止这15条,那我们别管它。我们感兴趣的东西是,这15条规则中,有多少条是离不开言语的。直接用言语来执行的行为有:第(4)条"如果你打碎了它,请承认";第(5)条"如果你不能安装它,请叫一个能干此事的人来做"(首先是以言语行为来请求别人);第(10)条"假如某物属于别人而你又想使用它,请得到允许"(你要首先请求别人才能得到允许);第(14)条"如果某事能使某人的一天愉快起来,请说出来";与言语行为有关(提醒不要使用言语行为)的行为有:第(12)条

---

① Heidegger, M., Language, in *Poetry, Language, Thought*, pp. 207—208.
② Canfield, Jack & Mark Victor Hansen, *A 3rd Serving of Chicken Soup For the Soul*, Health Communications, Inc. USA, 1996, p. 335.

"假如这不关你的事,请不要提出问题"(提醒你不要使用言语行为);第(15)条"如果某事将玷污某人的声誉,那就闷在你自己心里"(就是别对任何人提起此事,别说出此事,不要使用言语行为)。由言语来配合执行的行为有:第(6)条"假如你借了什么,请归还"(借物、还物时都要用言语行为来配合,不可能哑巴借、哑巴还);第(7)条"假如你积极评价它,请爱惜它"(积极评价某事某物,将这一评价说出来,就是有言语配合的;也有闷在心里评价的,那就毋需言语配合)。可以哑言完成的做事,如打开—关上、拧开—关上、开锁—上锁、搞糟—清理等等。这些所谓毋需言语配合的行为,属于上面提到的四大类(生理自发行为、做事情、以言语来执行的行为、精神行为)的第二大类中的可以哑言完成的做事,当然,也可以由言语配合来完成。

我们可以把不要语言伴随能独立完成的行为叫非语言行为,将一切需要语言配合或者由语言来执行的行为叫语言行为。

进而,语言行为中,有一种叫程式性语言行为(详见3.3:"人活在程式性语言行为中")。人在执行这种语言行为时,说话与行为的配合都有一定的程式,有为大家所约定的套路与固定的习惯。最简单的例子有三个。一如:在一个正式性的会议场合,主持人出来发出开场白:"请安静,现在我们开会了。今天会议的议程是……,首先……",会议进行过程中,会议主席经常使用的固定性话语是"那么现在进行下一项……","最后,……",一切事情讨论完结以后,又是会议主持人宣布:"现在散会"。二如:在武汉市,一家人每每在看完当晚的电视节目之后,几乎都要说上这么一句话:"洗了睡"。这是一套典型的程式性话语与行为的配合。每每这样做(看完当晚的电视节目之后洗脚),也每每这样说:"洗了睡"。三如:旧式结婚仪式上,由一人高唱"一拜天地",新郎新娘随之拜天地;二唱"二拜高堂",新郎新娘随之又拜父母;三唱"夫妻对拜",新郎新娘如此对拜;四唱"送入洞房",新郎新娘被人簇拥着进入洞房。这个程式性就非常地明显。1949年以后50年来结婚仪式的变化并不大,虽然中间插入了许多游戏性、取笑性的节目,但免不了还保留着高唱"拜高堂"随之新郎新娘拜父母,又唱"夫妻对拜"随之新郎新娘对拜,最后唱"送入洞房"随之新郎新娘被人簇拥着进入洞房。结婚仪式的变化,据我的观察,将一拜改成"一拜毛主席"(在某些农村为"一拜毛老")或者"一拜国旗"或者"一拜邓小平"(在某些农村为"一拜邓老"),加进了"向来宾致敬",插科打诨之后,最后一般是第十项(中国人的审美观念里喜欢凑齐十项,图一个十全十美)"送入洞房"。这就是说,结婚仪式这一程式性语言行为,基本上是稳定的。

又比如说,法庭辩论、法庭调查、商贸会谈、宣告(如外交场合)、谈判(如军事场合、国际会议),又如写信、介绍(两个以上的人见面)、推荐、表扬、命令、打报告、请示、请求、陈述理由、正式的辩护、外交抗议、种种面试、谈判、讲课、诊病、讨价还价等等言语事件,都是由一套制度性规定或非制度性但具有社会公约性(口头协定、游戏规则、默认)的程序来制约着当事人:说什么话,做什么事,都是有相对稳定的配合的。

于是,一定的行为(或活动类型,如民间牛市、中医问诊、中式婚礼都是一个个的活动类型或言语事件)与一定的话语配套,两者形成了稳定的配合。所谓行为与话语的稳定配合,指的是:只要某种行为或活动类型(或言语事件)不变,就会出现:一,基本固定的一套话语;二,基本固定的行为步骤;三,话语与行为步骤的基本固定的配合。这样,我们把具有以上三个基本固定形态的言语活动类型(或一个言语事件),称为程式性语言行为。就会出现基本固定的一套话语:一,不排除若干历时的变异;二,它是最低限度的语言使用,话语再减少就会妨碍交际的圆满完成。程式性语言行为中的程式性,不仅语言是程式性的,行为步骤也是程式性的,两者的配合也是程式性的。为了便于记忆,我们可以称之为三种程式性共存(详见3.3.1.1)。

这样,程式性语言行为发生在程式性言语事件中。前一个概念(程式性语言行为)的反面是非程式性语言行为(偶发的、不经意发生的、不期而至的语言行为),后一个概念(程式性言语事件)是指一个一个的言语事件,只是这样一个言语事件带上了程式性。程式性语言行为一定落实在程式性言语事件中,但是,本书叙述的出发点是人类基本生存状态(副标题叫:人类基本生存状态的哲学与语用学研究),当然要首先涉及人类行为,叙述的线索只能是行为—语言行为—程式性语言行为。因此,不能时时处处以"程式性言语事件"来代替"程式性语言行为"。因此,特别请读者注意:当我们说"程式性语言行为"的时候,它一定是落实在程式性言语事件中的。

在上述程式性言语事件中,从头到尾,有一套制度性规定或非制度性但具有社会公约性(口头协定、游戏规则、默认)的程序。尤其重要的是,这些程序中,除了行为配合之外,都有语言先导、过程中的语言伴随和最后的语言性收场先后发生。

在开会例中,语言先导是:会议主持人开场白"请安静,现在我们开会了"。过程中的语言伴随是:"首先……""其次……""最后……",讨论过程中各种各样的人的发言先后发生。语言性收场是:会议主持人宣布"现在散会"。

在结婚仪式一例中,语言先导是:高唱"一拜天地",过程中的语言伴随是:二唱"二拜高堂",三唱"夫妻对拜",语言性收场是:高唱"送入洞房"。

这两个例子大致上显示了程式性语言行为的范式(但是,我们暂时隐去了上两例中的各种变异)。

关于程式性语言行为请详见3.3:"人活在程式性语言行为中"。

当然,也有些言语事件是没有任何制度性规定,也没有社会公约性的程序的。这种非程式性语言行为叫作非程式性言语事件。即使一些言语事件程式化了,也会保留(事实上保留了)另一些言语事件的自由化。本书无意夸大程式性言语事件的限度、范围,只是指出与分析(哲学的与语用学的)这一现象对人类生存与发展的意义。本书同样关心某些言语事件的自由化现象(除了3.3"人活在程式性语言行为中"以外,其他各节都包含了大量的言语事件自由化现象)。言语事件的程式化与言语事件的自由化这两种现象并在,使人类的交流既富含效果(效益、效益最大化等等),又利于人类自身的个性成长。

本课题的研究,不指向人类的一切行为,只选定语言行为和程式性言语事件,也不是一般地接触语言行为和程式性言语事件,而是对它们进行哲学的与语用学的观察。这两样观察最终要说明:人类生存对语言的依附和人与语言的关系,也给语言一个哲学归宿(但绝对不是为了回答西方哲学的千年老题:存在是什么?)和语用学的说明。这样便关注了人的基本生存状态,也是人的基本行为:人活在语言中,人不得不活在语言中,人活在程式性语言行为中。人的基本生存状态便是人的这样"三活"。这对解释人自身的生命活动、语言是民族的最后指纹与遗产、一个民族的存在和一个文明的发展或崩溃、语言规定思想及其规定的机制、语言何时与为何背叛人,都具有重要的理论意义和价值。

对语言行为和程式性的言语事件,既可以从本课题所选取的哲学角度与语用学角度,也可以从社会语言学、人类行为学、交际理论的角度来研究。因此,本书作者希望,对行为—语言行为—程式性语言行为的研究吸引上述众多领域的学者注意。

最后,我们要回答:为什么说"程式性语言行为又是语言行为的。所以,对程式性语言行为的考察基本上是对语言行为的考察"?上面说过,人的活动中,也有非程式性语言行为(叫作非程式性言语事件)。即使一些言语事件程式化了,也会保留(事实上保留了)另一些言语事件的自由化。上面还说,言语事件的程式化与言语事件的自由化这两种现象并在,使人类的交流既富含效果(效益、效益最大化等等),又利于人类自身的个性成长。但是,我们不要忘记,主导人类语言活动的事件,一定是两种情形:一是重大的言语事件;二,虽然不是重大的却实在是生存所必要的基本言语事件。重大的言语事件如:结婚仪式、法庭辩论、法庭调查、商贸会谈、宣告(如外交场合)、谈判(如军事场合、国际会议)、外交抗议等等,生存所必要的基本言语事件,如写信、介绍(两个以上的人见面)、推荐、为自己辩护、种种面试、谈判、讲课、讨价还价、民间牛市、诊病与中医问诊等等言语事件。这两类言语事件,都不可离开制度性规定或非制度性但具有社会公约性(口头协定、游戏规则、默认)的程序,而且,越是重大的言语事件,越是生存所必要的基本言语事件,就越是要有程式性,即三个基本固定:(一)基本固定的一套话语,(二)基本固定的行为步骤,(三)话语与行为步骤的基本固定的配合。为什么?因为,越是重大的言语事件,越是生存所必要的基本言语事件,就越需要提高效率,越是需要协作活动、预先期望、文化稳定性、生命效度、相关性、经济性、效益最大化,越是需要正效应而避免负效应。所以我们认为,尽管人类的生活中发生了大量的非程式性言语事件,但程式性语言行为却是语言行为的核心部分。所以,对程式性语言行为的考察基本上是对语言行为的考察。

1.3 "三活":人的基本生存状态

有什么根据说,这样"三活"——人活在语言中、人不得不活在语言中、人活在程式性语言行为中——就是人类的基本生存状态之一?

人类最基本的种属特征,最突出的有以下几个方面:生理特征、社会—文化特征与思维特征。第一项,表明人是一个生命个体,这一点并不能决定人之为人。因为动物与植物也是生命个体。第二项,人类为了求生存与发展,个体的人必须参与他人的活动,两人以上的合作或敌对关系,便形成了社会活动或者社会关系。社会性不是人类所特有的,因为动物也有社会性。但是,从社会性到文化性,是一次有别于动物的大飞跃:只有人类能进行文化活动——精神活动、审美活动、符号活动与上层建筑活动,创造了只有人类才有的辉煌的文明。所以,"社会—文化特征"这一项,前面的是低层次,后面的是高层次。第三项,思维能力。思维能力是人的种属特征的最高层次。

这三项人类最基本的种属特征,如果没有语言调节和帮助,是不能最后启动起来的。最具有意义的事情是:人类三项基本的种属特征刚好与语言联系紧密。首先,人类的生理特征(第一项)在言语活动中表露无遗,贯穿言语里的声、气、息,就是生命活动。这个方面的详细讨论,请参见《美学语言学》"从言语的生命意识看两个动态平衡结构的吻合"①。其次,具有社会—文化特征。没有语言为工具,低级的社会交往可以实现,但高级的、有成效的交往断不可能。没有语言为工具,不要说高级的、有成效的文化创造不可能发生,就是低级的文化活动也断不可能。最后,具有思维特征。思维能力是人类所特有的能力。有人说,动物能动脑子取得食物,也算思维。那不算。真正的思维是逻辑的、语言的、范畴化的。只有语言成功表述的思考,才算思维。靠语言成功表述的思维才算是具有了逻辑的、概念的以至范畴化的形式。

也就是说,人类的基本种属特征靠语言才能激活到最佳状态。而且,第三项种属即思维特征是靠语言训练,靠语言提升的。这就是为什么断言人的"三活"——人活在语言中、人不得不活在语言中、人活在程式性语言行为中——概括了人类的基本生存状态。

研究"三活"状态,就是研究人类的基本生存状态。本研究的副标题就是由此而来。

研究"三活"状态,就是研究人的生活形式。维特根斯坦说:"想象一种语言就意味着想像一种生活形式(a form of life)。"②他

---

① 钱冠连:《美学语言学》,第62—73页,海天出版社,1993年版。
② Wittgenstein, L., *Philosophical Investigations*, trans. by G. E. M. Anscombe, Copyright © 1953 by The Macmillan Company. Reprinted from the English Edition by The Macmillan Company, 1964, p.8.

在解释"语言游戏"(language game)这个术语时说:"'语言游戏'这个术语意味着突出了这样一个事实:说出语言就是一种行为的一部分,或者就是一种生活形式的一部分。"①(着重号为原文作者所置)在这个问题上,马林诺夫斯基(Malinowski)与他的观点完全一致:"……应该以人类活动为背景,把语言的原始形式作为人类在实践中的行为模式(a mode of human behavior)来研究。……语言为从事实践的人所用;话语是嵌入其活动中的。"②他在另外一个地方说得更清楚、更干脆:"语言的主要功能不是表达思想,不是复制心智过程,而是在人类行为中发挥积极务实有效的作用。"③他在这里着力强调的东西是,语言是务实有效的行为。

1.4 语用学的中国转世投胎的两个标志

不错,语用学产生于西方语言哲学。哲学家研究的意义是为了从语言中看世界、看现实、看实体。可是,当把语句的意义慢慢寻找到说话人那里的时候,便引出了说话人的意图④,又产生了自然意义与非自然意义⑤的对比,由此逐渐产生出这样的看法:语句

---

① Wittgenstein, L., *Philosophical Investigations*, 1964, p. 11.

② Malinowski, B., The Problem of Meaning in Primitive Languages, in Ogden, C. K. & I. A. Richards, eds., *The Meaning of Meaning*, New York: Harcourt, Brace & World, Inc., 1923, p. 312.

③ Malinowski, B., *Coral Gardens and Their Magic*. London: Allan & Urwin, 1978 [1935], vol. 2, p. 7.

④ Austin, J. L., Performatives and Constatives (Chapter I) and Conditions for Happy Performatives (Chapter II) in *How to Do Things with Words*, Oxford: Clarendon Press, 1962b.

⑤ Grice, H. P., Meaning, in *Studies in the Way of Words*, Cambridge, MA: Harvard University Press, 1989. First appeared in *Philosophical Review*, 66(1957).

的意义是可以在使用语境中生成出来的。语用学主要就建立在这一认识的基础之上。于是,便产生了以固定分析单元为特点的英美语用学①和以语用视角为特点的欧洲大陆语用学——语用学不应有固定的分析单元,它不是语言资源(如音素、词汇与句子)的语言学,而是语言使用(在语言的每一个层面都可以有语用学的视角)的语言学②。

中国语用学的发展,在二十多年的时间之内,充分吸收了西方语用学的营养,于是慢慢发展出自己的一套语用学理论来。钱冠连的《汉语文化语用学》就是在这一背景之下产生的。《汉语文化语用学》从汉语文化的根基上提出了三带一理论:"语用学是一种语言功能理论,它研究语言使用人是如何在附着于人的符号束、语境和智力的参与和干涉之下对多于话面(字面)的含义作出解释的。"③史封尘、崔建新指出:"《汉语文化语用学》摆脱了西方语用学体系的羁绊,试图探索出一种切合汉语语言实际的新体系,这就是'三带一理论'。""这一体系,是一种创新的语用学体系,而我们的《汉语语用学》则试图走一条有别于钱氏语用学的新路子。"④

语用学的中国转世投胎,可能有两个标志。

第一个标志是表现在理论框架上。首先是《汉语文化语用学》中的理论框架,即三带一理论,发展到本书的理论框架。本书

---

① Levinson, S. C., *Pragmatics*, Cambridge: CUP, 1983.

② Verschueren, J., *Understanding Pragmatics*, London: Edward Arnold (Publishers) Ltd., 1999.

③ 钱冠连:《汉语文化语用学》,第10页,清华大学出版社,1997年版以及2002年版。

④ 史封尘、崔建新:《汉语语用学新探》,第9—11页,天津古籍出版社,2002年版。

中的理论既是哲学的,又是语用学的。

以哲学的视角而论,它大致上是,人对于语言须臾不离的依赖状态即人类的基本生存状态之一是:人活在语言中,人不得不活在语言中,人活在程式性语言行为中。正是以这三种样式的基本生存状态,我们如其所为地活着,我们如其所是地是我们自己,尤其是,我们以言说使世界中的一物(实体或虚体)出场或现身的同时,也使自己在世上出场或现身。人在世上的出场比物的出场更具有意义。只有人的出场才使物的出场成为可能。(详见 3.4.2 "'家园论'的主要思想概括"。)

以语用学的视角而论,大致上是:

语言使用与人类其他社会行为是连在一起的;人的活动类型可以分成若干语用分析框架;以三种类型的语用学来分析日常语言;人类在"三活"状态中使用语言;语用博弈论。

语用学的中国转世投胎的第二个可能标志是,使用了纯粹汉语文化的语料。这一点在《汉语文化语用学》中也表现得非常清楚。以本书而论,我们所用的语料是:(1)传统的结婚仪式;(2)闹洞房;(3)牛市买卖;(4)菜市;(5)街头算命;(6)春节团年饭;(7)民间口角调解;(8)中医问诊。发生在中国文化——世界上最古老的文明之一的文化——中的语言使用,从交际规则和语篇模式到语用策略,必然具备一种独特的性质(钱冠连,1997,2002)。我们无意说西方的语料对我们无用,我们只想用我们自己的语料去补充语用学的普遍原理。这大概是不会错的。

39

第二章 哲学、语用学如何介入

任何事物都可以从多角度观察。对人类基本的生存状态当然也能从哲学的与语用学的角度去观察。

2.1 哲学介入

我们对人类基本生存状态的打量,用了两种眼光。一是以西方哲学尤其是西方语言哲学的眼光,二是中国哲学的眼光。从篇幅上看,前者的篇幅非常大,后者几乎没有单独的篇幅。这是为什么? 我们将在2.1.3"中国哲学精神的介入"与3.4.3"中国哲学精神的涵摄"中交待。

"语言是存在之居所"是哲学命题,肯定的是语言对存在的意义:存在以语言为家。"语言是人类最后的家园"是哲学与语用学的综合命题,追问的是人类生存对语言的依附和人与语言的关系,也给语言一个哲学归宿(但绝对不是为了回答西方哲学的千年老题:存在是什么?)。这样便是"人以语言为家"。这两个命题的区别是显然的。这两个命题之间有一个转换过程。我们还是先从哲学命题"语言是存在之居所"开始,逐渐说到人类生存何以对语言如此依附(即语言是人类最后的家园)。

由于我们在下面要多次地提到"存在"。因此有必要交待一下,存在者或存在物(德文 das Seiende,希腊文 to on 相当于英文 the being,以及希腊文 ta onta 相当于英文 beings)①与"存在"(英文 Being;德文 Sein/sein)是不同的。"旧形而上学囿于'主体—客体'的模式,坚持有外在的对象,而外在的对象之存在与其出场—出现是有区别的,即是说,存在的东西不一定出场、出现于经验中。"②这就是说,"存在物"或"存在者"虽然可以理解为出场、出现了的外在对象,而"存在"与出场却不是一回事。承认存在可以不出场,非常重要。不然的话,就无法了解宇宙的第二层次。有没有这样的存在? 有。客观规律就是不出场的存在。"上帝"对它的信徒来说也是一种不出场的存在。信息现象也是不出场的存在。与存在物相对的是虚物(实物的对象性存在)。张青松指出③,虚物分为社会虚物与自然虚物。社会虚物包括物息(即物质源息)以及社会信息符号(包括形声的、思维的、文化的、语言的)等等。自然虚物包括电磁波、声波、生物波、引力波等波性物以及物息等信息。社会虚物一般以自然物(如电磁波、声波等)为寄存方式或以某种实物为载体。所谓虚物就是实物的对象性存在,一切实物(大到天体小到粒子)都是有形(实体)的存在,而虚物则是无形的存在和实体的无。实物的领域不过是宇宙表层(即第一层次),而虚物领域则为宇宙的第二层次。比如"上帝",作为一种观念虚物它只存在于其信徒的意识中,而谁也没有见过"上帝"的实

---

① 汪子嵩、王太庆:关于"存在"和"是",见《BEING 与西方哲学传统》(上卷),宋继杰主编,河北大学出版社,2002 年,第 17 页:"希腊文还在分词前面加冠词成为 to on,相当于英文的 the being,以及 ta onta,相当于 beings,可以译为'是的东西'。现在一般译为'存在事物'……"

② 张世英:"哲学的新方向",《北京大学学报》,1998(2)。

③ 张青松:"虚物主导性与唯物论第四形态探讨",《理论探讨》,1998(5)。

体是什么形状,因为它是一种实体的无。客观规律作为现象,它存在并不可改变,但却看不见摸不着。人的精神现象是一种观念虚物,但若解剖人脑,能看见的只是"物质"而绝对找不着"精神"。但无形存在也是存在,也能存在,如果不承认它们的存在(难道还能否认精神和信息现象的存在吗?),那么又如何研究它们呢?虚物就是一种无形的存在。

"海德格尔早期发现了形而上学史将存在者当存在,存在被遗忘。这一存在论的差异使形而上学误入歧途。"而关于"存在",写了《符号学与语言哲学》的蜚声欧美的意大利文学评论家、符号学家翁贝·埃科(1932—　)认为,"存在"由多种多样的方式表达,"存在"的最准确的定义是"语言用多种多样的方式所作的表述"。即是说,存在不是具体的东西被抓住(即有形存在物),而是一种语言表述(表述的对象如果是无形存在,也是存在,也能存在)。由此,我们也可以得到"语言是存在之居所"的最初灵感。

2.1.1 "语言是存在之居所"

我们从三个方面阐明"语言是存在之居所"。第一个方面:"语言是存在之居所"这个命题的提出者的本意(然后本书作者有三点讨论);第二个方面:从"存在"(das Sein)这个词来看这一命题的含义;第三个方面:分析哲学家把语言(分析)当成解决存在问题的根本。

2.1.1.1 海德格尔这一命题的本意

"语言是存在之居所"这个命题通过《关于人道主义的信》提出来之后,海德格尔又多次阐发,直接而又到位的阐明至少有八处。

第一处是：

"任何存在者的存在居住于词语之中。由此，下述命题也为真——语言是存在之居所。"①这一处的解释，以它的直接与到位，以它的干脆与明确，几乎可以当成西方语言哲学的宣言。尽管许多英美分析哲学家所编写的《当代语言哲学》(*Modern Philosophy of Language*)之类的选集鲜有收进海德格尔的著述的，但我以为，这种拒斥似乎否认不了海氏在语言哲学中的地位。如果有人问：西方语言哲学意义上"语言是存在之居所"何意？最简明干脆的回答是："任何存在者的存在居住于词语之中。"

第二处是：

"我曾把语言称之为'存在之居所'②。语言乃是在场(being present)之操持者，因为在场之显露已然委诸道说之栖居着的显示了。语言是存在之居所，因为作为道说的语言乃是栖居的方式③。这一处的关键思想是：语言乃是在场之操持者，在场之显露已然委诸道说了。

应该说，至此，就可以基本上阐明：是语言使存在得以呈现，得以出场，使存在开敞于并保持于语言中，是语言使任何存在者的存在居住于词语之中。这一思想在海德格尔那里是怎样一而再再而三地得到加强的呢？

下面便是他直接提到语言是存在之居所的第三处：

---

① Heidegger, M., The Nature of Language, in *On the Way to Language*, 1982b, p. 63. "The being of anything that is resides in the word. Therefore this statement holds true: Language is the house of Being."

② In Heidegger, *Letter on Humanism*, 1947. (Tr.)

③ Heidegger, M., The Way to Language, in *On the Way to Language*, 1982c, p. 135.

"在'存在之居所'这一说法中,我并不意指在形而上学意义上的被表象的存在者之存在(the Being of beings),而是指存在之到场或现身(the presence of Being),更确切地说,是指存在与存在者(Being and beings)之二重体①的到场或现身(the presence of the two-fold or Zwiefalt),但这种二重体是就其对于思想的重要性方面来理解的。"②还应该特别一提的是,他所说的"存在之到场或现身"确切地说是指"存在与存在者之二重体的到场或现身"具有非常重大的哲学意义。应该说,他有关二重体(存在与存在者)的到场与现身的阐述,解开了西方哲学中"什么是存在"的纠缠之结:将存在与存在者一旦区别开来,那么:

——相对于实体(实物)的虚体(虚物)就有了地位;

——存在可以不出场;无形存在也是存在,也能存在;

——"形而上学史将存在者当存在,存在被遗忘"的重大缺陷得到了纠正。

第四处:

"只有在合适的从而就是能胜任的词语命名某物为存在,并且把当下存在者确立为一个存在者的地方,某物才存在(*is* or *ist*)。这岂不是也意味着,只有在合适的词语说话之处才有存在吗?"③

---

① 有的学者如孙周兴(见《在通向语言的途中》,海德格尔著,孙周兴译,商务印书馆,1999,北京)将 the two-fold 译成"二重性",令人费解。因为,"二重性"是一个东西的两方面的性质表现。但是,the two-fold 明明白白地指 Being and beings 这两个对象,故本书尝试新译为"二重体"。

② Heidegger, M., A Dialogue on Language, in *On the Way to Language*, 1982a, pp. 26—27.

③ Heidegger, M., The Nature of Language, in *On the Way to Language*, 1982b, p. 63.

第五处：

"词语破碎处,无物存在"①指点出词与物的关系,它指明,词语本身就是关系,因为词语把一切物保持并且留存于存在之中。"倘词语没有如此这般存载,那么,物之整体,亦即"世界",便会沉入一片冥冥之中"(If the word did not have this bearing, the whole of things, the "world", would sink into obscurity)②。词语把一切物保持并且留存于存在之中,词语使世界明朗起来。

第六处：

"相应的情况是,如果词语能赋予物以'存在',那么词语也必须先于任何物而存在——也就是说,词语必然本身就是一物。我们于是看到的情景是,词语这个物赋予另一个物以存在。"③注意：他又提出了一个新问题：词语除了能够给出存在之外,词语本身也是一物。它同样是一个外在对象。为什么呢？他自己回答："说到底,我们每个人在文字和声音中看和听的都是词语。词语存在；它们能够像物一样存在,是我们的感官可以把捉的东西。"④

第七处：

"词语即是给出者。给出什么呢？……词语给出存在。"⑤

第八处：

"道说意味着：显示、让显现、既澄清又遮蔽又释放地把世界

---

① 最先说出这句话的是诗人 Stefan George, 其诗作 The Word 的最后一行为：Where word breaks off no thing may be. 海氏将其改写为陈述句："Kein Ding ist, wo das Wort gebricht." (英语为 No thing is where the word breaks off.) 可参见 Heidegger, M., The Nature of Language, in *On the Way to Language*, 1982b. p.60.

② Ibid., p.73.
③ Ibid., p.86.
④ Ibid., p.87.
⑤ Ibid., p.88.

呈现出来。"①

除了上述八处直接阐明这个命题之外,海德格尔的本意在许多地方得到多次的阐述。"由于把语言抬高到了存在论的地位,因此坚决反对把语言仅仅当成交流思想的工具,他认为这种看法大大贬低了作为逻各斯的语言的意义。伽达默尔对于语言的态度与海德格尔相似,认为语言不仅是人在世界上所拥有的东西,人正是因为语言,通过语言,才拥有世界。"②在海德格尔的思想深处持守着这样一个观念:说语言仅仅是人交流思想的工具,那是贬低了它的价值,它的更深刻的价值还在于,它是使存在出场的存在。

小结:

从上面引用的八处可以说明,海德格尔本意上的"语言是存在之居所"可以简明概括为:存在者的存在居住在词语之中。

2.1.1.2 对海氏这一命题的讨论

讨论一:存在者的存在居于词语之中的三种情形

以下的区分,不是海德格尔的原述,是本书作者对"存在者的存在是如何居于词语之中的?"问题的思考:语言如何可能是存在之居所的?

第一种情形是:具体的东西被语言抓住,语言表述之背后能找到相应实体的存在物。如"水"、"电脑"等等词语使实体水与电脑等可见、可触、可感的物质或者物体呈现。每一个活着的真实人都操持在他或她的姓名中。有些人名如 Socrates(公元前470—公元

---

① Heidegger, M., The Nature of Language, in *On the Way to Language*, 1982b., p. 107.

② 徐友渔等:《语言与哲学》,第235—237页,北京三联书店,1996年版。

前399年）、Plato（公元前429—公元前347年）、Shakespeare、李聃①等等虽然眼前都找不到相应的实体，但并不能否认这四个人名都抓住了曾经存在过的实体。

第二种情形：语言虚构出某种存在者或存在物，作为那个存在物（者）虽然不可见、不可触、不可感，但那个虚构的存在物，作为有意义的存在，是不可否认的。因为存在与存在物（者）（Being and beings）不是一回事：如词语"Hamlet"、"林黛玉"、"金山"、"火焰山"、"flying horse（飞马）"，虚构了一系列的人或物，它们没有实体，但你不能否认它们是一种有意义的存在。它们都实实在在存在于你的观念中，存在于你的精神里。

还有一种情形，是生动地注解了言说如何使存在开敞形乎语言并保持在语言中，任何存在者的存在如何居住于词语之中的。如高山峻岭被风剥雨蚀，形成各种形状，人们总觉得它们很美，它们活脱脱地像个什么东西，就是一时说不出。经过这样多次的试探之后，终于有一个人指着某个山岩形状说："看，乌龟探头！"另外一个指着另一处说："猴子探海！"又有一个指着另一处说："阿诗玛！"于是人们就为这些风景正式定名为"乌龟探头"、"猴子探海"、"阿诗玛"。此后，人们走到这里欣赏这三处风景就说，这里真是乌龟探头，真是猴子探海，真是阿诗玛。这里要问的是：人们是在欣赏石头的形状呢，还是在欣赏语言贴的标签呢？那个乌龟探头根本不存在（山冈上的石头根本不是乌龟，更不是它在探头），那个猴子探海根本不存在（山冈上的石头根本不是猴子，更

---

① 李聃[dān]，老子，胡适在《中国哲学史大纲》中，将老子置于孔子之前，认为他是春秋末期的人。

不是它在探海),那个阿诗玛也根本不存在(山冈上的石头根本不是阿诗玛,而且,阿诗玛是神话故事中的人物,是没有这个实体的),怎么语言标签一贴上以后,它们都存在了呢?到底存在的东西是什么呢?被人们欣赏的存在,既不是实体对象(石头形状),不是外在对象,也不是纯语言表述(在没有那山体石体时你说"看,乌龟探头!"或者面对一张桌子你说"看,猴子探海"时,人们会以为你脑子有毛病!),而是在眼看着那特别的石体山体,耳听着旁人说的"看,猴子探海"时,在你头脑里即时升腾出来的猴子探海的形象或图像。但是,眼看的实体与耳听的语言表述缺一则脑子里的相应的形象则立即消逝。当然,这个欣赏对象是一个空存在物(零存在物,不存在物),但它是一个有意义的存在!这个存在是由寄托体与语言标签合作炮制的一个存在。它不存活于寄托体上,也不完全存活于语言表述之中,但它也依赖寄托体,也依赖语言表述。有一点我们不能否认,这里是言说("乌龟探头"、"猴子探海"、"阿诗玛")使那些虚体在(欣赏主体在头脑中升腾起相应的那个形象与图像)开敞、形乎语言并保持在语言中了。这样的一个存在者——这里是内在对象,经验中存在的对象(如乌龟、猴子、阿诗玛)——的存在是居住于词语之中的!

第三种情形:纯观念、思考、思想、理念,被词语成功地范畴化、概念化之后就是一种存在了。"Language games"("语言游戏")、The Theory of Games("博弈论")、"逻辑思维"、"市场经济"、"生物全息律"等等。又如,现在在读者面前展开的这部专著,从头到尾的文字定稿之后,结晶出"语言是人类最后的家园"这一个命题,这一个范畴化了的、概念化了的思想,就是一种存在。当然,这样说不是指这部可见、可读的纸张缀定成的名叫《语言:人类最后的家园》的书（这是实体）。总之，语言将看不见、摸不着的经验开敞于语言、形乎语言，也是一种存在。一个文明如果有着越多的这样成熟的纯观念存在（实际上是语言表述），那个文明应该说是一个越成熟的、越高度发达的文明。

讨论二：词语赋予物以存在（海氏）——两种存在的区分表述

第五、六、七、八处反复提到词语给物命名，物才存在。这是一个值得争议的问题。这种争议不仅反映东西哲学观念的区别，反映实在论（唯实论）与唯名论的争论，还反映了诸如唯物主义与唯心主义的纠缠旧账。一个中学生都可以理直气壮地质问唯心主义者：火箭、原子弹、反应堆这些东西，难道是因为命名之后，才有它们自己的吗？命名之前它们就不存在吗？（这还涉及语言的"颠倒"或者"遮蔽"功能，我们将紧接着在下面第三个问题里进行再讨论。）海德格尔好像已经预料到人们会这样质问他，他自问自答说："但是，一个单纯的词语如何可能做到使某物存在呢？真实的情形倒是相反。让我们看看人造卫星吧，这个物之为这样一个物而存在，明摆着是无赖于那个后来加给它的名称的（所谓唯物论者就是这样看的，这是他们的典型看法——本书作者注）。……（下面还提到了火箭、原子弹、反应堆之类的物——引者）现代技术最不愿意承认那种认为是词语赋予物以存在的看法了。……如若这种设备的词语（the word framing that order and challenge）没有被谈论，那么，也就没有什么人造卫星：词语破碎处，无物存在。这就是说，始终有一种莫名其妙的事：语言的词语和词语对物的关系，词语对任何存在者——它所是和如何是（that it is and the way it is）——的关系。"（Heidegger,1982b:62）海德格尔回答这一诘难的思路是：一物要被谈论，那物才出场了。一个没有被命名的物无法被谈论,无法被谈论的东西,就无法到场,无法现身。他不是回避了那个实体(人造卫星、火箭、原子弹、反应堆)还在不在的问题。一个哲学家绝不会傻到认为一个未被命名的物体就不存在着(他自己不是也明白地说,"人造卫星这样一个物存在,明摆着是无赖于那个后来加给它的名称"的么?)。显然,西方哲学家所言的存在与存在物不是一回事。这就是海德格尔强调存在与存在物的二重体问题的原因。"言词本身即是关联,因为它把每一物拥入存在并保持在那里。"①每一物是如何保持在言词系统里?词语给每一物命名,而真正的命名是一种邀请,"它邀请诸物,使物之为物与人相涉。"②"命名才开始令一存在者就其存在显现出来,事物通过命名始成其所是而不成其所不是。"③命名(如"碗"、"知识经济"等等)就意味着开始令一存在者(如碗、知识经济等等)就其存在显现出来。命名之前那物存在不存在呢?这里没有说,但至少是它没有显现出来。我们在下面将对这种情形(命名之前的存在物[beings]的存在)作出描写。存在物在命名之时起才有存在的显现。事物成其所是皆肇端于命名,如碗是碗,而不成其所不是,如碗不是知识经济。这里,海氏已经有了存在现身在言词之中的想法。简言之,言词对存在有命名作用,存在的显现是由词呼唤出来的,"词语破碎处,无物存在",每个存在者的存在居于词中。

现在,结合海德格尔的叙述,我想将命名(扩大言之,以语言

---

① Heidegger, M. , Das Wesen der Sprache, *Unterwegs zur Sprache*, S. 176. 亦可参看徐友渔等著:《语言与哲学》,第 153 页,北京三联书店,1996 年版。

② Ibid. , SS. 21—22. 亦可参看徐友渔等著:《语言与哲学》,第 153 页,北京三联书店,1996 年版。

③ 徐友渔等著:《语言与哲学》,第 154 页,北京三联书店,1996 年版。

表述出来)之前的存在物(beings)的存在,与命名之后的存在物的存在,作一个区分。因为这个问题非常令人困惑。比如说,瓶子里封闭着氧气(存在物,即 beings),人们尚未能决定用"氧气"(或"Oxygen")贴上标签时,可以表述为:"氧气存在,但尚未出场"。瓶子里封闭着氧气,人们终于能决定用"氧气"(或"Oxygen")贴上标签时,可以表述为:"氧气存在,且已出场"。这样,刚才说到的人造卫星命名之前后的区分是:没命名的那个人造卫星的存在称为"人造卫星存在,但未出场";命名之后的人造卫星的存在称为"人造卫星存在,且已出场"。

它的一般表述形式是:前一种状态(命名之前的存在物的存在)可以表述为:"一物存在,但未出场"(如果用英文,可表述为 the existence of a thing but without the presence of the thing),后一种状态(命名之后的存在物的存在)可表述为:"一物存在,且已出场"(如果用英文,可表述为 the existence of a thing in addition to the presence of the thing)。

这样区分的好处是:既承认了确已存在着的存在物,也照顾到了海德格尔的下述命题:"'存在之居所'这一说法……是指存在与存在者(Being and beings)之二重体的到场或现身。"[①] 词语使"存在"显现出来的一个例子是实在论(唯实论)与唯名论的争论。唯名论认为,世上只有具体的人,张三、李四、这个男人、那个女人、

---

① Heidegger,M.,A Dialogue on Language,in *On the Way to Language*,1982a,pp. 26—27. 完全的叙述是:"在'存在之居所'这一说法中,我并不意指在形而上学上被表象的存在者之存在(the Being of beings),而是指存在之到场或现身(the presence of Being),更确切地说,是指存在与存在者(Being and beings)之二重体的到场或现身(the presence of the two-fold or Zwiefalt),但这种二重体是就其对于思想的重要性方面来理解的。"

这个小孩、那个老人,概括的人是虚名,不像张三李四那样真实存在。谁能见到抽象的人、概括的人、整个人类?这一派的想法称为唯名论。唯实论认为,概括的人或物是实在的(并非实体的所谓实体——本书作者注),而且比个别的人或物先有,更完全、永恒,因此真实。个别的人是这个实体的分化,具体化。不承认概括的人存在的唯名论说,"所谓实体全是虚名(话语),不是实在,离开个别就没有全体,不说全体,个别照样存在,个别是实,全体是虚,是名,是话语。"①我们得注意"全体是虚,是名,是话语"这个说法。我们说的"人类",英美人说的 humankind,并不存在,只是在我们这样用词语——诸如用"人类"、humankind 标定——之后才有了人类的。照唯名论看来,我们所说的存在,不过是我们用词语显现、召唤出来的。

讨论三:语言的"颠倒"或者"遮蔽"功能

应该说,这一问题在前面就已经提到了。人们质问到底是物本身存在呢,还是物被命名了才存在,当时我们分析了存在与存在者的二重体,把存在物与存在分开。但是这个问题是重要的,故另立一个标题重新加以讨论。

两条狗面对骨头——在场的、出现了的存在——是可以沟通的,但它们不能对骨头背后的东西——骨头是什么?是从何而来?有什么作用?除了可以供它们啃食以外,还有什么其他的用途?骨头的分子结构是怎样的?——进行沟通。人在电灯面前谈在场的电灯,更了不得的是,可以借助语言谈隐蔽在电灯后面的种种不在场的东西,未出现的东西,如电的方向,电的两极,电的流动,电

---

① 金克木:"逃犯的剃刀",《读书》,1998(12)。

引起的磁场等等。亚里士多德说：人是有逻各斯的动物。逻各斯，主要意思是语言。人有了"逻各斯"就能超越在场的东西，牵引到不在场的、未出现的存在里去，而人以外的动物则不能作这种超越。动物靠指示当前在场的东西而相互沟通，人则是因为有语言，能言说不在场的、隐蔽的东西，而相互理解、相互沟通，形成共同生活。张世英指出："语言的根本特点就是能表达出不在场的、隐蔽的东西。……思维只能在语言中进行。我们通过学习语言、学习讲话而成长，而形成概念，而认识世界。……语言、言谈也只有在隐蔽处才发挥其意义。……事实上，没有语言，也不能进行思维，形成不了概念，概念的构成受语言的制约。"[①] 语言这种对隐蔽的、不出场的存在的表达功能，使人成为人，使人区别于动物。所以，不仅可以说"存在问题将把我们最内在地牵引到语言问题中去"（存在是"语言用多种多样的方式所作的表述"），更可以说，只有语言才能使我们将最内在的不出场的东西牵引出来，简言之，语言不仅使在场的存在得以呈现，尤其使不在场的、隐蔽的存在得以呈现。正是在这个意义上说，思路在言路中前行。在一般情况下，人们认为，言路在思路中前行，那是说，思想跳到哪里，言语就表现到哪里。其实，将不在场的存在（思路）牵引出来的正是言路。

上面说的意思是，人虽不能超越时间与空间，语言却可以帮助人实现这种超越。不在人面前的事物与理念，被人们言谈时，语言可以代替它们出场。对于这个问题，人们历来就有些误解。这个误解表现在人们把语言帮助人们超越时间与空间的能力，把用语言进行抽象与分类的能力称之为"颠倒"或者"遮蔽"。汪丁丁说：

---

① 张世英："哲学的新方向"，《北京大学学报》，1998（2）。

"关于语言的遮蔽,邓少芒1994年出的《思维的张力》一书前几章对从柏拉图开始的语言的'颠倒'过程进行了阐述。语言的颠倒功能在亚里士多德哲学中可以看得很清楚。本来质料(matter)是在先的,古希腊人对事物类别的认识习惯于枚举法,如'人'这个概念是用张三、李四一个个活生生的人的集合来表示的。深受生物学分类法影响的亚里士多德用抽象的类概念来给事物分类命名,结果逐渐演变成先有一个抽象的概念、理念,然后才有一个个具体的事物,具体事物只是无限的理念在世间有限的实现,是相对的。这样一来,语言、观念的世界变成了先于现实世界的东西。这就是语言的'颠倒'功能。在黑格尔《精神现象学》中,当讲到'这是一棵树'的时候,实际上已颠倒了真实,把活生生的一棵树归于一个抽象的类概念之中。所以只要有语言,就可能有遮蔽。老子可能对语言和符号的遮蔽性有所认识,所以他说:大辩不言,大音无声,大象无形。"[①]在生活中,人只看见了一棵杨树、柳树、橡树……,不可能看见一棵树。"树"是概念词。我们不可能看见抽象概念。如果有人指着一棵柳树说"这是一棵树",那便实际上是一种将具体的东西(杨树、柳树、橡树……)遮蔽了,代之以抽象概念词的宣告。

事实上,个体的人对事物的认识一般都是从具体的个别的东西认识开始,最后才形成抽象概念:比如:咖啡+可可+茶+汽水+……=饮料。形成抽象、分类的概念的好处是,一便于科学研究,二帮助学习语言的人学习与思考,这个时候的过程才是从抽象到具体:比如:饮料=咖啡+可可+茶+汽水+……。语言只是帮助

---

① 黄平、汪丁丁:"学术分科及其超越",《读书》,1998(7)。

人将抽象与分类按印在头脑中。等待抽象与分类形成之后,隔在了人与现实世界之中间,看来是"语言、观念的世界变成了先于现实世界的东西"。这样说,是对整个集合的人来说的。而对个体的人的认知规律来说,"语言、观念的世界(如'饮料'……)"的获得,一般地说,是在人完成了一个个活生生对象(咖啡、可可、茶、汽水……)的认识之后,而不是在此之前。

但是,问题出在两种情况下,就发生了颠倒。一种是,某个人在接触一个个具体的事物之前,被强行灌输了(这种情形是非常多的,是正常的学习状态)一个集合或一个类概念,那么,他必须从类或集合概念出发,倒回去学习具体事物词,才能得知事物的具象。颠倒的另一种情形是:如果一个成年人指着一棵柳树对一个正在习得语言的幼儿说"这是一棵树",无疑地,这对那个幼儿来说,是一种颠倒与遮蔽。这个儿童将来还得在不断的学习过程中将被颠倒的顺序再理顺过来:"啊,原来,我看见的不是一棵树,而是一棵杨树或柳树或橡树或……但是我可以将这些一棵棵具体的杨树或柳树或橡树或……归到一个集合里去,那便是——'树'。"只有当他会说出这样一串话来的时候,他就完成了对当初被颠倒的纠正。

当人用言辞谈论那些对象时,使用抽象与分类将那些不能出场的对象(如知识经济)推出场,将那些不在此处(空间)的东西推到此处,将那些不在场的东西推到当场,比如在客厅里谈论昆仑山上一棵草,这是超越空间;将那些不在此时发生或存在着的东西推到此时此刻来谈论,比如现在谈500年前的事件,这是超越时间。人不能超越时间与空间,而语言帮助超越,是语言代替事物出场,一句话,是语言将存在推出场。

个体的人出生之前,抽象与理念的语言("先于现实世界的东西")已经存在着了,这可以说是某种颠倒。那么,是不是"只要有语言,就可能有遮蔽"？只能说,在具体的对象(体)面前,不宣称具体物,而作概念词的宣称,这才是一种遮蔽(如在一棵柳树面前不宣称"这是一棵柳树"却宣称"这是一棵树")。问题是,概念词帮助人们将世界分类,将世界进行范畴化,这应该算做概念词在认知上的功能,不能说抽象概念词是在遮蔽世界。是的,我们不能看见抽象概念,但我们能思考抽象,用概念去思考。而且,从认知规律上说,人们不可能跳过抽象概念词去进行成熟的思考。因此,用抽象概念词思考,不但不是遮蔽,反而是为对象非常成功地出场亮相作了准备。

人们早就承认,语言不是万能的。事理(包括"道可道"里的第一个"道")可以说("道可道"里的第二个"道")得清楚,但并非总是能说得清楚。这即老子的"道可道,非常道"。如果你将语言对事物的抽象、分类、描述不能尽善尽美称之为遮蔽,将"非常道"称之为遮蔽,那么,这样的遮蔽,显然是存在着的。对于语言的"颠倒"或者"遮蔽"功能,还请参考4.2"语言扭曲世界"。

2.1.1.3 das Sein("存在")这个词

另一种含义从"存在"(das Sein)这个词而来。

"这个'是'本身,是使存在者之为存在者的存在"。语言里充满了'是'与'不是'的判断,语言里"是"出现的几率非常多。

Die Sprache ist das Haus des Seins(语言是存在之居所)这个命题里的 das Sein(存在)是什么意思？德语(海德格尔是用德语提出这一命题的)里 das Sein,意为"是"、"在"、"存在"。英语是

Being。这个命题,在我们中国人眼里与西方话语体系中的人的眼里,其意义是有所隔阂的。关键在于,德语话语体系中的 Sein,一个词兼两义:"是"与"存在"两个意思。与 Sein 对应的英语中的 to be 也是一词兼两义:"是"与"存在"。这两者是一者,一者又是两者。二而一,一而二。但汉语话语体系中的"是"与"存在"是区别较明显的两个概念,就不是那种二而一、一而二的关系了。金克木指出:"'存在'这个词是外来词,是非常难办的一个词。在欧洲以及印度的语言里很简单。他们的'是'和'有'是一个字,而这个'有'不兼'所有'的意思。……汉语的'是'和'有'(是)没有统一起来的词。'有'又有歧义。所以只好译成'存在'。'存'是在时间中继续。'在'是在空间中定位。"[①]我们这里暂时不管对"存在"的时空定位,感兴趣的只是这样一点:欧洲以及印度的语言里,一个词兼有"是"与"存在",而在汉语里,"存在"与"是"由两个词分别表达的。

现在我们看汉语话语体系中的"是"。它的第一个义项为联系两种事物,表明两者同一或后者说明前者的种类、属性。如:《红楼梦》的前八十回作者是曹雪芹。又如:某某是人。第二个义项为,与"的"字相呼应,有分类的作用。如:木棉是红的。第三个义项为,联系两种事物,表示陈述的对象是属于"是"后面所说的情况。如:外面是闹哄哄一片,里面是世外桃园。第四个义项为表示存在,主语通常是表示处所的词语,"是"后面表示存在的事物。如:教学大楼前是两棵高大的红棉。还有其他一些义项,不再赘。再说汉语话语体系中的"存在"。它的第一个义项为事物持续地

[①] 金克木:《文化猎疑》,第 197 页,上海三联书店,1997 年版。

占据着时间和空间,实际上还有,还没有消失;第二个义项为哲学上指不依赖人的主观意识,不以人的意识为转移的客观世界,即物质(在西方哲学家的眼中,尤其在海德格尔的眼中,Being 可以不是物质实体)。这样一对比,在以汉语为母语者的心目中,"是"与"存在"的区别是大的。因此,面对译成汉语的"语言是存在之居所",中国人对"存在"的理解,更倾向于"客观世界",而远离了"是"。可是面对德语原文 Die Sprache ist das Haus des Seins,在操德语的人的心目中,后面的 Seins(对应于汉语的"存在")和前面的 ist(对应于汉语的"是")是出于一个东西,是一个东西! 也即是说,

Die Sprache ist das Haus des Seins.
⇓   ⇓
sein   Sein

海氏所指的 das Sein 正是这样。我们先看看陈嘉映的介绍:

> "海德格尔毕生所思的,是 das Sein,'是'、'在'、'存在'。……这个万能的'是'把个体和共相、实体和本质、概念和概念联系起来。……'是'是一个系词,通过这个系词,事物和事物、概念和概念、事物和概念'系'到了一起。……系词'是'所起的作用在这里已经够奇妙的了。但海德格尔最关心的,还不是'是者'及'是者'之间的联系,而是这个'是'本身,是使存在者之为存在者的存在。"[①]

"这个'是'本身,是使存在者之为存在者的存在"是很关键的话。我们马上就可以悟到,海德格尔所说"语言是存在之居所"其

[①] 徐友渔等:《语言与哲学》,第145—146页,北京三联书店,1996年版。这一部分由陈嘉映撰写。

实是"语言是'是'之居所"更贴切。语言是"是"之居所,语言里充满了"是"与"不是"的判断,即人每天的言说充满了"是"与"不是"的判断。人(主体)在做事之前,总是要对行事的对象(客体)进行判断,才能对对象行事。出声地说着"是",本来就够多了,无声地说"是"更是多得不计其数。因为人只要做任何一件事,都首先要作判断,是什么与不是什么,才谈得上往下做。我要进书房在电脑上写作一本书了,最先得判断我面对的房间是不是书房,如果不是,我得立即寻找书房;其次得判断我走近的物件是不是电脑,是电脑我才能打开,不是电脑我得赶快转向电脑;打开电脑之后,我要从众多的文件之中找到我正在写作的那个文件,如果不是,我要马上找到我正在处理的那个文件,如此等等。我每天要默默地说多少"是"与"不是",只有神灵才知道!所以,陈嘉映在说了上面那一段话之后紧接着说:"我们只要和存在者打交道,就已经听到存在的声音。首先听到的不是'井是……'而是'是井'。我穿过院子到井里去打水,虽然我一言不发,我却已经说着,这是院子,那是井。院子之为院子,井之为井,存在者之为存在者,这里面就有'是'在说话,就有语言。……人随时随地以各式各样的方式说着'存在'与'存在者',而最经常的是没有说出却说着'它是(Es ist)'。是'井',是'院子',进而会说'井就在院子外边'"(《语言与哲学》,第146页)。确实,我们的日常生活"最经常的是没有说出'它是',却时时地默默地说着'它是'(Es ist)"。

为了证明语言中"是"的普遍使用,下面我们援用一个调查资料。三个证明材料分别是:

(1)俄语。李锡胤在"事格与句义"一文里,为了说明三个世界(无生世界、生物世界、人类世界)引用了三段俄语短文,第一段其中有 9 处都可加上动词（"是"或"有"）的现在时第三人称形式；第二段有 5 处都用 есть（"是"）；第三段的动词五花八门。这说明，俄语里"是"动词出现得相当多[①]。

（2）英语。下面的短文的例子——必须说明，这个短文不是精心选择的，是随机的，即打开杂志（PRAGMATICS, June 1998）的第一篇文章的第一段：

Interviewing *is* a widespread social practice which many practitioners or institutional representatives carry out in their daily professional routines. In various institutional settings, clinical interviews *are* the most common devices institutional representatives use to establish a relationship with their clients and perform their roles. At a practical and descriptive level, clinical interviews can be defined as verbal interactions which aim at making a diagnosis, a therapy, or at eliciting information from a subject in a research setting. One common characteristic in this type of interviews *is* that they do not rely on a fixed and predetermined set of questions, even though they might be based upon some routines. Another common characteristic *is* that they aim at eliciting the interviewee's discourse and most of the time involve his/her emotional commitment or at least a reference to his/her personal experience, to such an extent that sometimes the interviewee him or herself *is* the main topic of the conversation. The construction of a relationship between institutional representatives and their clients, the way

---

[①] 由于本书作者的电脑里排不出俄文，这里只好直接借用李锡胤"事格与句义"一文中的俄文资料，见《外语与外语教学》，1998（7）。请读者注意的是，李文原意不在说明俄文中 есть（"是"，动词）出现的频繁。请读者见谅。

they make sense of the situation and construe the meaning of their discourse *are* thus essential features of clinical interviews.

这一段出现谓语动词 16 处,动词被动态中的 be 不算(因为它不表示"是"和"存在"),语义为"是"的 to be 占了 6 处,是全部动词的 1/3 强,剩下 2/3(弱)的比例让其他成千上万的动词去分配。不巧的是,这一段中的 to be 都未曾扮演存在的角色(there be)。即使如此,这一个动词占了这样的比重,也是大得惊人的了。说西方语言是"to be"("是")之居所,的确不是夸张。

这本杂志的最后一文的最后一段是:

The ninth chapter treats so-called 'nonnative varieties' of English around the world. The landmark against which these languages are commonly treated *is* not simply 'Standard' English, but rather, 'Western' English(es). Varieties that *are* spoken in and by the Western world but that are clearly remote from standard English never seem to count as 'nonnative' varieties, or they are simply given the status of additional standards — a privilege from which the non-Western varieties are excluded. The enterprise *is*, as such, fundamentally imperialist in nature: it always treats the 'nonnative' varieties as aberrations of the landmark, rather than vice-versa. The last three chapters deal with issues of lexicography, the synthesis of politics and linguistics, and probability theory, respectively. The book closes off with a general list of references and an index of names and languages.

作谓语的动词共 13 处,表"是"的 to be 共 3 处,占 1/4。又不巧的是,这一段中的 to be 也都未曾扮演存在的角色(there be)。尽管如此,这个比例也很大了。

(3)汉语。下面的两段汉语短文分别来自《新华文摘》1998/8期的倒数第三篇、第二篇、第一篇文章的最后一段(三个最后一段),因而是随机的,不是作者精心选择的:

例一:《三重火焰》是对爱情的充分肯定,是对西方爱情观念的理论总结和剖析,同时也是对爱情的基础——人与自由的坚定捍卫。对爱情这种人类精神如此重要的感情,帕斯通过本书提出了独到的理论见解,作出了诗意的贡献。这本书也可说是帕斯一生著述的总结,因为他所有著作的中心主题就是试图证明,人能够通过爱情和艺术创造性来克服他生存的孤独感。帕斯的书被翻译成中文的似乎不多,因而我们希望广大中国读者能通过这本书进一步认识和理解帕斯的思想和艺术。

这一段中,作谓语的动词的"是"有4处,其他作谓语用的动词(包括小句中的谓语动词)6处。"是"占了2/3,这个比例是惊人的。

例二:因此,对出书速度要作具体分析。一般图书尤其是时效性强的图书尽可能争取快,而对有的工具书就不能单纯要求快。工具书的特点之一是具有稳定性,这就决定了它不可能在短时间内有轰动效应。但它随之而来的生命力相对较长,"失效期"也来得较迟。因此,不同的图书有不同的规律、不同的出版周期,出书速度不能超越图书自身的规律,超越了会受到惩罚的。

这一段,作谓语用的动词总共有12处,作谓语的"是"只有1处,这个比例不算大。所以我曾经在第一章说过,现代汉语中的"是"也比西语中的"是"要相对少一点。

例三:我所以列举上述例证,并不是说马克思的理论是一成不变的,"同时胜利"的论点仍然是正确的。相反,任何理论都是不断发展的,马克思主义也不例外,只是为了说明理论要符合实际。

这一段汉语短文中,谓语动词总共(包括小句的谓语动词)有 6 处,"是"却有 3 处,占了 1/2。

援用上面三个资料,是想说明,三种语言中,быть(现在时 есть),to be(表示"是"与"存在")和"是"出现的几率都是非常多的。海德格尔说"语言是存在之居所"时,我们倒是可以说:语言是"to be"("是")之居所。

2.1.1.4 语言分析:解决千年哲学老题

从分析语言着手解决哲学的千年老题 ontology(存在论①)问题,是英美分析哲学得以形成的直接推动力。"'分析哲学'这个名称指的是从 19 世纪末叶到现代发展起来的一个特定阶段的哲学研究与理念。"②它们大部分是属于英美哲学环境,但在英美哲学的奠基人里头有一个明显的例外是:弗雷格(Gottlob Frege)是德国人,维特根斯坦(Wittgenstein)是奥地利人。但他们的影响却在英美扩大开来。进一步的情况是,"分析哲学风格如今已扩展到许多不同的国家。它们中的大部分有一个共同点:致力于对哲学问题的明确而细致的表述,在哲学答问中小心求证。大部分人都

---

① 本书对 ontology 的译法,不采用"本体论",而采用"存在论",其理由我在另外的文章中已经申述过,恕不在此重复。

② Sbisa, M., Analytical philosophy, in Jef Verschuren & Jan-Ola Ostman, Jan Blommaert, eds. *Handbook of Pragmatics Manual*, Amsterdam/Philadelphia: John Benjamins Publishing Company, 1995.

具有实验主义者的传统,认定只有确知为真的命题才是分析性命题。大部分人将哲学视为一种分析活动,或者将语言研究视为处理或解决哲学问题的必要手段"①(着重号为本书作者所加)。这后面的两个特征(实验主义者的传统,只有确知为真的命题才是分析性命题。将哲学视为一种分析活动,或者将语言研究视为处理或解决哲学问题的必要手段),也许对于理解"分析哲学"这个名称的来源是最重要的②。

据罗蒂(Rorty)③观察,许多哲学家,面对科学家合作而带来的科学的巨大进步(他们相互吸收了证实为真的结论),开始在哲学中寻找判断理性一致(rational agreement)的标准。怀揣这样一个目的,他们将注意力不是投向世上的人与事物等等,而是投向我们用以谈论这些人与事物的语言。要么是一种理想的语言,要么是对普通语言的理想的理解,才能避免哲学家的误解,从而推动理性的一致。玛·斯比莎(Maria Sbisa)④又说,这个过程牵涉到将最传统的哲学问题当做语言问题来加以重新考虑(着重号为本书作者所加)。例如,将基本的伦理问题"善是什么?"变为要弄清"善"的意义或者是"善"以何种方式才能具有意义的问题。存在论的提问方式"那里是(存在)什么东西?"(What is there?)变为一个何时与怎样才能指称对象的问题(提问方式的改变是哲学研究中心课题改变的外在标志——本书作者注)。达米特认为⑤区分分析

---

① Sbisa,M.,*Handbook of Pragmatics Manual*,1995.
② Ibid.
③ Rorty,M. R.,*The Linguisti Turn*,University of Chicago Press,1967,p. 15.
④ Sbisa,M.,1995,ditto.
⑤ Dummett,M.,What is a Theory of Meaning? (Part 2)in Evans,G. & J. McDowell,eds.,*Truth and Meaning*,OUP,1976,pp. 67—137.

哲学与其他学派的特点是两个信念,其一,思想的哲学解释可以通过语言的哲学解释得到;其二,能充分理解的思想解释却只能通过语言的哲学解释得到。

英美语言哲学的奠基人是德国的弗雷格(G. Frege),发展与流行在英语国家,如英国、美国、加拿大、澳大利亚、新西兰,不过,欧洲大陆国家也对此作出了许多贡献。这个转向的发动者还有罗素和维特根斯坦。摩尔(G. E. Moore)以耐心、细致推敲语句的微妙差别的方法搞哲学,开日常语言分析的先河。到了二战前后,以牛津的赖尔(G. Ryle)、奥斯汀(J. L. Austin)和斯特劳森(P. F. Strawson)为代表的日常语言分析已成语言哲学的主流,而维特根斯坦的后期名著《哲学研究》(*Philosophische Untersuchungen*)则是这种倾向的辉煌代表。在语言哲学较为晚近的发展中,格赖斯(H. P. Grice)、塞尔(J. R. Searle)把说话人的意图当成意义的重要因素,而意义是哲学的语言转向[1]以后的中心之题[2]。

总之,英美分析哲学认为:第一,研究人的思维活动和认识能力应让位于探究语言表达式的意义,因为后者才有公共性、客观性和直接性;第二,传统哲学大多是形而上学思辨的产物,揭露其谬误的最有效方法是指出其对于语言的误用;第三,即使对语言的地位、功用有不同的看法,最低限度可以同意,把语言所代表的对象的存在论地位搁置一旁,就大家有一致用法的语言加以比较,是避免无谓争论、有效探讨哲学问题的可取方法。

---

[1] 对于 Linguistic turn 的翻译,国内多译为"语言转向",窃以为这种译法容易引起"语言自己转向"的误解,故本书作者自己的叙述将采取"语言性转向",表明是西方哲学在转向。

[2] 徐友渔等:《语言与哲学》,第34—35页,北京三联书店,1996年版。

2.1.2 哲学介入之一:存在把人从外到内地牵引到语言中

让我们对"语言是存在之居所"这个命题的三个方面的含义稍作概括:(1)提出者本意是,"存在"因有了语言方开始显现;(2)人说得最多最频繁的一个词是系词 sein(名词 das Sein,相对应的英语是 to be)即"是,存在"。人是能说出"是"/das Sein / Being——使存在者之为存在者的存在——的动物。犹如人类因有了土地可以改造成田园,就可说土地是人类的家园一样,语言也可以是存在之居所。(3)分析哲学家把语言(分析)当成解决存在问题的根本出路。这样,"语言是存在之居所"就不仅仅是海氏一人的命题,也是西方哲学界的一个命题了。

海德格尔一方面说,语言是存在的家(Die Sprache ist das Haus des Seins.)。另一方面又说,人栖居在语言所筑之居所中。(《关于人道主义的信》)这就形成了存在—语言—人的重叠关系。深刻地理解这种重叠关系,对认识"语言是人类最后的家园"这个命题颇有帮助。

人本身是一种存在者,他是言说其他存在的存在物。人的外在是一存在物,人的内在,要对存在进行思考,思考又脱离不了语言。这样,存在问题就把人从外到内地牵引到语言之中去了。所以海氏说,"语言的命运奠基于一个民族对存在的当下牵连之中,所以,存在问题将把我们最内在地牵引到语言问题中去。"①

存在问题是否把人类从外到内地牵引到语言中,还要看这种

---

① Heidegger, M., *Einfuehrung in die Metaphysik*, Tuebingen, Niemeyer, 1953, p. 88.

牵引是不是涉及人类基本的生存状态。人的三活状态(见第三章,全书的核心)刚好是处处涉及语言。所以说,三活状态就是人类基本生存状态。这样,研究三活状态是最深刻的哲学介入:因为人的三活状态充分地表明存在问题是如何把人类从外到内地牵引到语言之中。在这种情况下,认为语言是人类最后的家园,是最自然不过的事了。

关于存在问题把人从外到内地牵引到语言中去的事,海德格尔后来在和别人讨论中又指出:"存在本身——这说的是:在场者之在场,也即在场与在场者的从两者之纯一性而来的二重体。正是这种二重体要求着人,召唤着人走向其本质。"当手冢富雄回答"这么说,人之为人,是由于他应合着于二重体之召唤,并在二重体的消息中见证这种二重体"之后,海氏说:"从而在人的本质与二重体的关联中占统治地位的和起支撑作用的东西是语言。语言规定着解释学关联。"①

为了清楚地理解上面这一段话,我们现在把(1)人的本质、(2)在场与在场者、(3)"占统治地位的和起支撑作用的东西是语言"这三者的关系,变成下面的一个关系图:

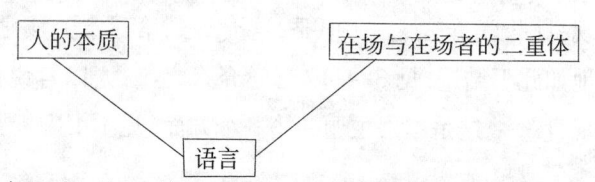

```
 ┌──────┐                    ┌──────────────────┐
 │人的本质│                    │在场与在场者的二重体│
 └──────┘                    └──────────────────┘
      \                            /
       \                          /
        \        ┌────┐          /
         ────── │语言│ ──────
                 └────┘
```

我们记得,海氏曾提到"存在与存在者之二重体的到场或现身"②,这里又提到"在场与在场者的二重体"实质是一致的。

---

① Heidegger, M., *A Dialogue on Language*, in *On the Way to Language*, 1982a, p. 30.
② Ibid., pp. 26—27.

从这个图中我们看出:语言是支撑物,这样,三种关系中,"占统治地位的和起支撑作用的东西是语言"就很容易地看出来了。存在问题把人从外到内地牵引到语言中去的这种状态,也很清楚地显示出来了。

存在—语言—人的重叠关系中,除了上面所说之外,不要忘了:语言本身是使存在物和存在得以现身的存在。

我们梳理一下存在—语言—人的重叠关系:

人是言说其他存在的存在物;

人的外在是一存在物(者);

人的内在要对存在进行思考,思考又脱离不了语言;

"语言是存在之居所";

语言本身是使存在物和存在得以现身的存在;

存在问题把人从外到内地牵引到语言中去。

现在,我们可以提纲挈领地说,对人类基本生存状态(尤其是"三活"状态)的研究,之所以可以是哲学的(也可以是生物学的、社会学的、历史学的,如此等等),是因为:一、存在问题把人从外到内地牵引到语言中去(哲学介入之一);二、人以语言使自己出场或者现身(哲学介入之二,但是,这要等到第三章完成之后,才能正式地如此下结论,见 3.4.1 "哲学介入之二:人以言说使自己出场或现身")。这是本书主题的第一个方面(见本书副标题)。

2.1.3 中国哲学精神的介入

我们说过,对人类基本生存状态的打量,用了两种眼光。一是以西方哲学尤其是西方语言哲学的眼光,二是中国哲学的眼光。从篇幅上看,前者的篇幅非常大(语言是存在之居所:海氏这一命题的本意,das Sein 这个词,语言分析:解决千年哲学老题),后者几乎没有单独的篇幅用来引述中国哲学的语录。这是为什么?

这有三个方面的理由。

第一,philosophy 这个词就是由西方的背景里产生的东西。它主要的部分是盯着世界发问,对 Being 发问。而汉语里没有 Being (das Sein)这个东西。

第二,紧接着,语用学是西方哲学尤其是西方语言哲学的"血亲产儿"。我们在一本书中既进行语用学研究,又进行哲学研究,我们不得不盯住语用学的"血亲母亲"——西方哲学。

第三,我们完全可以用中国哲学的精神对人类——至少是中国人即说汉语的人——的基本生存状态进行考察,为什么书里不给篇章呢?问得对。对此,我们的回答是,第一,一本书中,从这样两个(中国哲学与西方哲学)极有分量的方面层层对照人类语言行为,是力不从心的事。我们现在的这一本书取了一个独特的角度:看看能不能以西方哲学的精神之一,即"存在把人从外到内地牵引到语言中"与"人以言说使自己出场或现身",摄入说汉语的人的生活?这个工作是前人很少做的。而以中国哲学的精神看中国人的语言行为的工作,已经是多到无法数清了。我再去添一块砖,加一片瓦,不会有新的分量。第二,最重要的是,中国哲学的精神对中国人的语言行为的深入,是彻底的重合,根本不需要我们拿出几条来一一对照。不分给它单独的篇幅,不是藐视它,而是充分地重视了、估计了中国哲学的这一特质:所谓中国哲学的精神,就是中国的文化精神与思想的积淀,它对中国人的语言行为的渗透,是血与肉的混合。如果要写这种书,那就等于又多写一部关于中国文化方面的书而已。

那么,什么是中国哲学的精神呢？我大致上赞成下面的看法："中国哲学所注重底,是社会,不是宇宙,是人伦日用,不是地狱天堂,是人的今生,不是人的来世。中国哲学求一种最高底境界,但又是不离乎人伦日用的。这种境界,就是即世间而出世间底。这个问题的解决,是中国哲学的贡献。"[1]因此,我们用第三章的整个篇幅,给这一精神作注解,是正中目的的。

这大致上就是中国的文化精神。重视社会、人伦日用、今生今世。所谓中国哲学的介入,就是中国文化精神的介入。

2.2 语用学介入

2.2.1 语言使用与人类其他社会行为

"语言是人类最后的家园"对家园看门人——普通说话人的关注使这一哲学命题与语用学搭上了界。芸芸众生为语言注入了生命,使言说成为了人类特有的行为方式。语言依赖人得以存在,人依赖语言得以成其所是,得以成其所为。人在语言构筑的世界中生存,在语言成就的行为中发展。语言既是显示其他存在的存在,也是成就其他行为的行为。另言之,语言是人类最为基本的行为和生命形式。这便是语言得以作为人类最后家园的基础。

语用学的根本任务,按比利时语用学家维索尔伦(Verschueren)的说法,是联系语言现象在人类诸种行为中的使用对其

---

[1] 冯友兰:《中国哲学的精神——冯友兰文选》(张海焘主编),目录第2页提示,北京:国际文化出版公司,1998年版。

进行认知、社会、文化的综合性考察[1]。显然,语用学对语言现象、语言使用过程的考察是多维的,既涉及参与语言使用过程的认知因素,也涉及语言行为发生的社会、文化环境。更为重要的是,语用学对语言行为的考察是联系人类其他诸种行为来进行的。这在语用学的视野中,语言行为与人类其他行为之间就存在一种多维的、动态的、交互的关系。一方面,对语言行为的研究要参照其他诸种行为,语言行为是嵌入在这些行为的一种人类行为;另一方面,亦可从对语言行为的研究入手,进而达致对其他诸种行为的了解。正是在这个意义上说,研究语言如何是人类最后的家园,是一种"人类基本生存状态的语用学研究"。这是本书主题的第二个方面(见本书副标题)。

与对诸种行为的研究相比,语言行为的研究有诸多优势。优势之一便是语言行为的发生、推进与结束一般都有一定程式的语言表述相伴随(参见本书3.3"人活在程式性语言行为中")。这样一来,以语言形式为突破口,便可抓住语言行为,进而逐步通达对人类诸种行为的了解。这样说来,在对人类基本行为、基本生存状态的考察中语用学的介入便成为最自然不过的事了。

其实,在语用学正式诞生之前,人类学家就已经注意到语言与人类行为间的这种伴生、依附关系了。20世纪二三十年代,英国人类学家马林诺夫斯基(Malinowski)在深入到位于菲律宾的特罗不里恩群岛(the Trobriand Islands)进行人类学调查时,就发现传统的语法分析法无助于描写当地土语中词和句子的意义,因为这

---

[1] Verschueren, J., *Understanding Pragmatics*, London: Edward Arnold (Publishers) Ltd, 1999, p. 7.

些语言成分的意义在很大程度上要依赖于说话人的实际经验以及即时的发话语境。基于这样的观察,他认为:"原初形式的语言应作为一种植根于解决实际问题的行为方式并参照人类活动这一背景来加以观察和研究"①,因为"语言为从事实际工作的人所用,而且在这些工作中话语是嵌入到活动中的"。在这一基础上,他进一步指出:"从本质上来说,执行原始功能的、原初形式的语言具有实用的性质;它是一种行为方式,是人类协调性活动中的一个必不可少的成分"②。后来,他又把这一思想进一步表述为:"语言的主要功能不是表达思想,不是复制思维过程,而是在人类行为中起到积极、实用的作用"③。这种作用就是对人类的集体活动加以协调。有必要说明的是,马林诺夫斯基并不否认语言的其他功能(如表达思想),他只是试图说明原初形式的、执行原始功能的语言与人类行为、人类经验之间的关系。美国语言人类学家杜兰蒂④(Duranti)认为马林诺夫斯基对语言的人类学分析揭示了语言使用过程中的诸种语用学维度,并预见到了语用学的跨学科性质。本书3.3.2在回答何以有程式性行为与程式性话语稳定配合时,就反复提到了"人类协调性活动"。

马林诺夫斯基的早期观察在后来的语用学著作中得到了不同程度的反映。语用学创始人莫里斯(Morris)在语用学奠基作《符

---

① Malinowski, B., The Problem of Meaning in Primitive Languages, in Ogden, C. K. & I. A. Richards, eds., *The Meaning of Meaning* (pp. 296—336), New York: Harcourt, Brace & World, Inc. 1923, p. 312.

② Ibid., p. 316.

③ Malinowski, B., *Coral Gardens and Their Magic*, London: Allan & Urwin, 1978 [1935], vol. 2, p. 7.

④ Duranti, A., *Linguistic Anthropology*, Cambridge: CUP, 1997.

号理论的基础》(*Foundations of the Theory of Signs* 1938)一书中就明确表明,语用学是符号学中专司研究语言符号与符号解释者之间的关系的学科。后来,他又把语用学的任务具体化为研究"符号在符号解释者全部行为中的源起、作用和效果"[①]。在莫里斯看来,符号解释者的行为是相互性的,因而是社会性的。他把符号在人类社会行为中发出和接受这一过程称为交际(communication),并根据符号使用者或解释者达到共同目标的方式将交际分为冲突性、竞争性和共生性交际。交际在社会行为中进行,并与社会行为发生各种各样的联系。总的说来,这些联系分为两类。一方面,交际可增加个体在社会中的整合与社会化程度,从而促进社会行为的合作性;另一方面,交际不一定会促进个体在评价或行为方式上的一致性以及个体间社会行为的合作性,相反,交际还会增加社会行为中的冲突、竞争与控制,因为与他人共有一种语言的结果是使某人拥有最为微妙的、最为有力的控制他人行为为己所用的工具。但他认为,交际虽然无法保证合作,但却是达致、维持和扩展个体与社会整合的基本手段。交际的两面性反映了人类社会行为的复杂性与多样性。交际的合作性与交际的冲突性,在本书3.3.4.3"语用博弈论"中得到了客观的描写。

维特根斯坦关于语言与人类行为关系的哲学思考始自20世纪30年代。维氏对语言与人类行为关系的思考集中体现于"语言游戏"与"生活形式"这两个概念。按照维氏的早期定义,"语言游戏"是"使用符号的方式,这些方式比我们使用的高度复杂的日

[①] Morris, C., *Signs, Language and Behavior*, Englewood Cliffs, NJ: Prentice Hall, 1946, p. 219.

常语言符号的方式要简单",是"儿童借以开始使用语词的种种语言形式"①,是"完整的交际体系"②,研究语言游戏就是研究"语言的原初形式或原始语言"③。后来,他又进一步将其定义为"由语言及与语言交织在一起的各种行动构成的整体"④。至此,我们应该可以明白维氏所说的语言游戏乃是旨在完成一定交际目的的社会交往活动,用他本人的例子来说,就是"下命令,服从命令"、"描述一个对象的外观,或给出它的度量"、"报告一个事件"、"提问"、"致谢"、"诅咒"、"问候"与"祈祷"等活动。从结构上来看,游戏活动,无论是简单活动还是复杂活动,均由语言(或语言的述说)及与语言(的述说)相伴生的人类社会行为两部分构成。以上语言游戏的例子,发展到后来,就是语用学家所使用的"言语事件"(speech events)这样的范畴。3.3"人活在程式性语言行为中"的程式性语言行为,正是由一个个言语事件固化而成的。

"语言游戏"概念的提出为认识语言本质提供了一条新的思路。首先,言说作为语言游戏中的一个组成部分被看作一种活动,更为确切地说,是一种发生在主体间的活动。这样一来,语言的交际性和社会性在语言游戏中被凸显出来了。其次,"语言游戏"说为在主体间语言功能的描写提供了依据。在建筑工及其助手的对

---

① Wittgenstein, L., *The Blue and Brown Books* (ed. R. Rhees), Oxford: Blackwell, 1958, p. 17.

② Ibid., p. 81.

③ Ibid., p. 17.

④ Wittgenstein, L., *Philosophical Investigations*, trans. by G. E. M. Anscombe, Copyright © 1953 by The Macmillan Company. Reprinted from the English Edition by The Macmillan Company, 1964, §7.

话①中,师傅口中喊出的"石块!"、"石柱!"、"石板!"、"石梁!"这些词并不是单纯的词汇,而是实施了一定交际功能的语言单位。用言语行为论者的话来说,就是这些单词代替话语实施了言语行为(命令或吩咐打下手的递上用料),这一过程是在语言游戏中完成的。更为确切地说,词汇的这种交际功能来自于其母体即语言游戏中的人类社会活动:语言中的词汇(或其他东西)嵌入了这种行为,从而获得了其交际价值。与此相关的是,对语言意义的分析也不能仅限于分析语言结构,而应考虑语言与伴随语言的行动的交织和嵌套过程。更为重要的是,以语言游戏为起点,语言研究的视角就必然会投向生活在主体间的那些语言使用者,那些活生生的社会人,即人类最后家园中的看门人。

"生活形式"(a form of life)在《哲学研究》(*Philosophical Investigations*)中出现频率不高,但却是维氏语言哲学体系中的重要概念。在《哲学研究》中,这一术语通常出现于维氏对语言问题的思考和讨论中,如:"想像一种语言就意味着想像一种生活形式"②或"语言的述乃是一种活动,或是一种生活形式的一部分"③,但维氏并未对其加以明确定义。范坡伊森(van Peurson)认为生活形式"乃是特定时代、特定文化的人们所共有的行为方式"④。巴赫拉米恩(Baghramian)将其直接定义为"语言游戏得以进行(和解释)

---

① Wittgenstein, L., *Philosophical Investigations*, 1964, §2.
② Ibid., §19.
③ Ibid., §23.
④ van Peurson, C. A., *Ludwig Wittgenstein: An introduction to his philosophy*, Tr. from Dutch by R. Ambler, New York: E. P. Dutton and Co., 1970, p.69.

的社会语境"①,并以祷告为例说明这样一个语言游戏只有在宗教生活形式这个社会语境中才能得以理解。显然,无论是作为一种行为方式,还是作为一种社会语境,生活形式都是一个历史、文化、社会的概念,这一概念为语言游戏的参加者所共有,并使语言游戏的进行和解释成为可能。

盛晓明根据"生活形式"这一概念在《哲学研究》一书中的出现情况从四个方面对其含义进行了较为全面的概括。首先,他认为生活形式在内容上体现为人们日常的说话活动。其次,强调生活形式对于理解语言的重要性本身就突出了主体间性(intersubjectivity)②的地位。说话活动就本质而言是主体间的交谈行为,这种行为在主体间发生、发展。这样说来,生活形式就成了语用学研究的基本平台。再次,生活形式是语言游戏得以产生、解释的基础。最后,生活形式作为日常说话与交往活动的语境乃是特定语言游戏中参加者得以达成一致的基本情景条件,而非不同语言游戏间共有的、最低限度的情景条件。3.3"人活在程式性语言行为中",实际上就是这里所说的"生活形式"的稳定化结果。

这样一来,语言、语言游戏、生活形式三者就形成了一种嵌套、解释关系。前者为后者的组成成分,后者为前者发生和解释的母体。研究语言就意味着要研究作为其母体的语言游戏和生活形式,要了解一种生活形式或语言游戏也必然会涉及对语言的了解。

---

① Baghramian, M., *Modern Philosophy of Language*, Counterpoint, Washington, D. C., 1999, p. 87.
② 什么是主体间性?当代德国哲学家施太格廖勒(W. Stegmuller)说,如果人们只想着自己具有关于某物的思想,这成不了科学,只有当这种思想成为可交流的,即可以理解、讨论、争辩时,科学才能发生。换句话说,主体间性(intersubjectivity)或主体间的可交流性、可理解性,取代了人的认识能力、来源及界限,成了哲学的中心话题。

三者间的这种依存关系为语用学的研究提供了广阔的视野,也为语用学介入人类基本行为、人类基本生存状态的研究提供了一种独特的思路。

和维特根斯坦不同的是,奥斯汀是以分析哲学家的精细和严谨来介入纷繁复杂的日常语言的。像马林诺夫斯基、维特根斯坦一样,奥斯汀[①]也把语言看作一种人类活动的形式,用他自己的话来说,就是"说话就是做事情"。但他从语言分析入手把这种"做事情"的说话活动进一步区分为最小单位"行为"(act),并将其语言体现界定为话语(utterance)。这样,在言说活动中,说话人通过发出一个话语同时实施了三个言语行为:言事行为(locutionary act)、施事行为(illocutionary act)、成事行为(perlocutionary act)。言事行为是一种单纯的言说行为,其功能是发出符合某一语言的语音、语义、语法规范的语句。施事行为是通过言说达致改变事态从而使交际双方的关系产生某种变化的说话活动,体现了说话人的言说意图。成事行为指说话人通过施事行为试图在听话人的认识和行为中达到的一种意向中的反应和后果。三种行为的核心是施事行为,施事行为体现了说话活动的行事意图以及言说双方由于言语行为的实施而建立起来的交际关系。奥斯汀把这种潜在于言语行为中的意图或作用力叫作施事力量(illocutionary force),从而将其与语义学的意义区别开来。

在批评和发展奥斯汀和塞尔言语行为理论的各种理论中,联邦德国语言学家冯德里奇(Wunderlich)的研究无疑是独特的、卓有成效的。与奥斯汀和塞尔不同的是,冯氏一开始就把言语行为

[①] Austin, J. L., *How to Do Things with Words*, London: OUP, 1962a.

放到互动或主体间性这个层面上来考虑。在他看来,言语行为是人们相互之间在给定的语境范围内的一个行动步骤[1]。这样一来,要理解这样的一个行动步骤就必须参照人们相互之间发生作用的环境[2]。他把言语行为所处的这种行为和工作语境界定为一个始终由参加者产生和解释的社会过程。社会过程由交际和相互作用两部分构成。交际是用语言来达成理解的活动,而相互作用则是非语言的、以他人为指向的活动。由于言语行为是在交际双方相互作用这一社会过程中进行的,而且这一过程也并不是由说话人的意图单方面决定的,因此在考虑言语行为顺利实施的情景条件时就不能像奥斯汀和塞尔那样把适当或得体性作为衡量言语行为是否得到有效实施的条件。为此,冯氏[3]引入了"富有成效"这一概念。在他看来,"一个言语行为是否适当/得体是对某种预期的言语行为是否实现而言的(这主要涉及说话人);而只有当言语行为所引入的相互作用条件在相互作用的进一步发展中得到满足时,这个言语行为才是'富有成效'的。一个言语行为是否'富有成效',只有在它实现以后,在听话人接下来的举止中通过言语行为在相互作用过程中的作用得到证实"[4]。

显然,在冯氏的言语行为理论中,语言也是被当做一种行为方式来加以描写和解释的。所不同的是,他把言语行为作为社会过程中的一个沟通语言交际与非语言互动的行动步骤来描写。这

---

[1] Wunderlich, D., Sprechakte. In U. Maas/D. Wunderlich, *Pragmatik und Sprachliches Handeln.* Frankfurt(Main),1972, p. 117.

[2] Wunderlich, D., *Studien zur Sprechakttheorie*, Frankfurt(Main),1976.

[3] Ibid.

[4] 袁杰:"联邦德国语言学家 D. Wunderlich 的言语行为理论",《国外语言学》,第 185 页,1989(4)。

样,实施一个言语行为就激活了一系列相互作用条件,言语行为是否有效就取决于这些条件是否得到满足,取决于其在整个过程中的社会目标是否实现。由于把言语行为放到了主体间或语篇这一更高的工作层面上考察,冯氏就有效地解决了奥斯汀与塞尔"意图分析"中存在的问题,并推动了言语行为理论的发展。同时,把实施言语行为的人放到社会过程这一层面上考察更能揭示人作为社会人的本质。实际上,人类最后家园的看家人,那些普通的、处在语言行为甚或是程式性语言行为中的人,就是活在这一层面上的。

英国语言学家列文森(Levinson)也对语言与人类行为的关系作了深入的探讨。列文森对语言与人类行为的关注发端于他对维特根斯坦"语言游戏"学说及奥斯汀和塞尔的言语行为理论的思考[1]。他认为,言语行为的各种理论模型,无论是像奥斯汀和塞尔一样把语言使用简化为言语行为,还是像莱柯夫(Lakoff)[2]、刘易斯(Lewis)[3]、萨多克(Sadock)[4]等那样把言语行为简化为语言的命题核心,或是像斯坦纽斯(Stennius)[5]那样区分言语行为和命题内容并用维氏的"语言游戏"分析法来研究言语行为,都是试图用

---

[1] Levinson, S. C., Activity Types and Language, *Linguistics* 17, 1979, pp. 365—399.

[2] Lakoff, G., Pragmatics in Natural Logic, in Keenan, E. ed., *Formal Semantics of Natural Language*, Cambridge: CUP, 1975.

[3] Lewis, D., General Semantics, in Harman, G. & D. Davidson, eds., *Semantics for Natural Language*, Dordrecht: Reidel, 1972.

[4] Sadock, J., *Toward a Linguistic Theory of Speech Acts*, New York: Academic Press, 1974.

[5] Stennius, E., Mood and Language Game, in D. Hockney ed., *Essays in Philosophical Logic*, Dortrecht: Reidel, 1972.

言语行为这一概念解决维氏想解决的问题,即语言在人类社会性活动中的嵌入以及活动对语言(话语)理解的限制和制约作用。但这些理论都没有、也不可能完全反映出维氏"语言游戏"概念所暗含的那种对语言与人类行为关系的思考。言语行为和言语活动这两个概念之间存在着极为根本的联系,这种联系只有在一种彻底的语用学理论中才能得到充分的描写。在他看来,这样的一种语用学理论只能建立在"活动类型"(activity type)这一层面上,而不是像言语行为诸理论一样建立在话语或言语行为这一层面上。"活动类型"指"任何一种可以从文化上加以辨认的活动,无论这种活动是否和一定时间的言语相伴生,或者其中是否实际有交谈出现"[①]。另外,他还列举了教学、求职面试、司法审讯、足球赛、专题讨论会中的讨论活动、宴会等典型例子,来对这一概念(活动类型中引入了原形理论)作进一步的说明。这样,构成某一活动类型的所有成员就不再有整齐划一的成员资格,而是按一定的维度由中间向边沿表现出不同程度的变异。为了对这些变异作出描写,列文森提出三个参数:讲稿性(scriptedness),语言性(verbalness)和正式性(formality)。讲稿性的一个极端例子是活动中所有的语言都是事先写成讲稿,说话人按讲稿发言;另一个极端例子是在一次邂逅遇谈中,双方的话语都全部是即席的。语言性在活动中的变异表现在有些活动(如电话会话、讲座、电视访谈等)几乎全部由语言构成,而有些活动(如足球比赛)中又较少,甚至是不使用语言。正式性与语言使用的体裁或文体有关。文体的正式与否不但反映在词汇、句子选择方面的差异,还反映在诸如称呼语选

---

① Levinson,S. C. , Activity Types and Language, *Linguistics* 17,1979,pp. 368.

择方面的不同。显然,列文森的活动类型是一种锚定于一定社会文化环境中、有一定活动目标的交际活动。在这样的活动中,语言的使用与非语言的社会性活动经常是以不同的方式相互缠绕、难以剥离的。在这一点上,活动类型与冯德里奇的社会过程有异曲同工之妙。本书3.1"人活在语言中",3.2"人不得不活在语言中",也就是人活在语言游戏中,活在"生活形式"(生活场景)中,尤其是3.3中反复提到的程式性语言行为正是活动类型的高度程式化。

语言与人类其他社会行为相伴生、相缠绕;作为社会性动物,人生活在包括语言,同时也是由语言所成就的社会行为中。语言与人类其他社会行为间的这种复杂关系使研究人类行为的学科必然会把目光投向语言的使用,同时关注语言使用的学科也必定会对人类其他社会行为发生兴趣。在这一思想的指导下,本节回顾了语用学、人类学、哲学等学科对语言与人类行为关系的研究及其相关的主要理论。这样做的目的是为建立一个尝试性的、语用学介入描写人类基本行为、基本生存状态的理论框架作准备。

2.2.2 活动类型的语用分析框架

在讨论主题之前,我们先对"语言乃存在之居所"和"语言是人类最后的家园"这两个命题稍作回顾。

"语言是人类最后的家园"这一贯穿本书的哲学与语用学的命题涉及人类的基本行为或人类的基本生存状态对语言的依赖。人通过语言与他人建立起各种社会关系,并以言说为基础建立、发展、派生出其他各种形式的人类行为,人也因此而形成了风格迥异的社会群体。从这个意义上来说,人所生存的世界由其所从事的社会行为构成,社会行为的边界便是其生存世界的极限,而构成这一世界的行为从大处上来说是建立、寄生在言说行为之上的,语言的极限便是行为世界的界限。换言之,人,只要是社会中的人,就必然地、毫无选择地生活在语言所成就的行为世界中,并在其中成其所为。这一世界对每个社会人来说都是最为基本的、与生俱来的,同时也是最后的家园。居住在家园门口的,不仅仅是思者,也不仅仅是诗人,尤其是普通的说话人。对普通人言说行为的研究原本就是语用学的任务。这样,在对言说者行为和生存状态的描写中语用学的介入便势所必然。

基于上一小节的回顾及以上对人类基本行为或生存状态的思考,我们对语用学如何介入人类基本行为的研究提出如下设想。首先,我们接受列文森的"活动类型"这一概念及其有关思想,按活动的目标把人类基本行为区分为不同的活动类型。像列文森一样,我们也把活动类型看做一种锚定于一定文化的、由一定社会因素构成的而且是有一定边界的交际事件,同时也认为活动类型由于受自身目标的限制,也会在不同的方面表现出自己的特性。其次,为了对语言及与其相互缠绕的社会行为作出描写,我们假定任何一个活动类型都有一个活动结构,活动结构是语言行为及非语言社会行为间的一个界面。在活动结构这一界面上,语言行为与社会行为是同构的,这表现在,非语言社会活动的许多因素,包括活动的结构片段及结构程式,往往会通过这一界面而进入语言行为,从而使语言行为与非语言社会行为在许多方面有不同程度的相似性。同时,我们也认为每一个活动都有自己的一系列限制。除制约活动组织的结构限制外,活动的限制还包括人际—文化(社会)限制、认知—心理限制和情景—物理限制。每一个活动的实施都是参加者根据活动限制按活动特有的结构程式进行互动的结果(详见3.3人活在程式性语言行为中)。

这样,我们的描写框架主要由以下几个部分构成。我们暂且将这个描写框架称之为活动类型的语用分析框架。不消说,它是语用分析的;说它是活动类型的,是因为,它是处理以活动类型为主的种种目标与类型、变异与参数、结构与程式、限制与条件的。

活动目标与活动类型 在这一语用组织层面上,活动是旨在完成一定社会目标的社会过程和交际事件。活动与活动之间按交际目标的不同分为不同的类型,如中医诊谈、乡村调解、请客吃饭、司法审讯、商业遇谈(service encounter)、闹洞房、购物砍价、算命、劝架等等。有些活动类型(如中国文化中的中医诊谈、家族或家庭纠纷调解、闹洞房)只为某一文化所特有,有些活动类型(如商业遇谈)虽然在商业化社会中都会发生,但在不同文化背景中经常会表现出不同的特点。如同样是请客吃饭,在中国文化背景下主人一般都要给客人劝菜,甚至为客人布菜,同时还要就菜的质量、数量等向客人表示道歉,以示诚意,而西方人无此习俗。同一跨国商业纠纷案的司法庭审,在澳大利亚式的审理过程中显得轻松、活泼,而在中国式的司法过程中则显得剑拔弩张(当然,最后的判决是大致相同的)。同样的医疗诊谈,中医诊谈就要显得较为轻松、灵活,制度性较弱,西医看病相反就显得更为刻板、更具有制度性[1]等等。值得注意的是,中、西医诊谈活动间的这种差异既和中西文化的差异有关,也和两种活动类型各自的特点有联系。

类型变异及变异参数 类型变异指某一活动类型中成员间在

---

[1] 关于西医诊谈过程的制度化特点,可参阅Mey(2001)的有关讨论。

某些维度或参数上所表现出来的不同程度的差异。列文森[1]根据类型成员间在语言预备(或即兴)程度(讲稿性)、语言使用程度(语言性)、语体正式程度(正式性)方面的变异确认了三个参数,克拉克[2]又在此基础上区分了两个参数:合作性(cooperativeness)与支配性(governance)。在克拉克看来,这两个参数都不是整齐划一的,而是模糊的。合作性包括活动参加者从合作到竞争这样一个变异范围。支配性涉及活动参加者的角色和地位,包括从所有参加者在活动中都扮演平等的角色(在到达一个实习车间之前,学生老师在同一个车上笑谈时,此时无支配者)到由某一参加者支配、控制整个活动进程(一旦到达实习地时,老师的话就变成了指令,学生的地位变成了听从者)这样一个变异范围。这种角色的分配是由一定的社会规约决定的。我们认为,活动成员间存在的这种变异是开放的,而不仅仅只是表现在上述几个维度上。相反,随着分析范围的扩大,越来越多的参数会得到确认。

活动结构与结构程式 关于活动结构的组成成分,列文森[3]曾经区分了活动片段和序列两个概念(见上)。但实际上,活动结构还可以进一步区分为更小的单位,如在片段的基础上还可以区分出不同的相邻配对,在相邻配对中还可以区分出话轮,话轮中还可以区分出话语,话语还可以区分为其所实施的不同言语行为。与此相联系的是,活动的推进总是按一定的程式进行的。所以本书敢于断言人的"三活"方式之一是程式性语言活动(见3.3)。从存在论的角度上来看,活动的程式性是由活动的目标决定的

---

[1] Levinson, S. C., Activity Types and Language, *Linguistics* 17, 1979, pp. 365—399.
[2] Clark, H. H., *Using Language*, Cambridge: CUP, 1996.
[3] Levinson, S. C., ditto ④, pp. 365—399.

（见3.3.2.4.1以及3.3.2.4.2）。语言史研究[①]表明,早期人类为了适应生存和环境的压力而选择从事集体性活动。集体活动的顺利实施需要参加者以不同方式进行合作,合作的结果是各活动结构层面上不同程度的程式化以及语言符号系统中的规约化(见3.3.2.1)。活动的程式化与语言符号的规约化大大提高了集体活动的效率,从而增强了人类群体的生存能力(见3.3.2)。这一点也适合单个活动的运作过程。在活动推进的过程中,交际双方总是力求以最为经济、快捷的方式完成活动的目标(见3.3.2.4.2),总会选择最佳活动程式去实施活动、完成目标。如在正常情况下,典型的中医诊谈总是以问诊开始,经过望、闻、切过程之后,以落笔写下药方的方式为结尾,因为这一程式最有利于完成该活动的目标。

另外,需要说明的是,活动的程式性在每一活动层面上都有不同程度的体现。如在片段这一层面上,活动程式体现为活动的片段按一定的线形顺序和时间先后出现(见1.2与3.3.1.1)。再以中医诊谈为例。正常情况下,一个典型的中医诊谈活动总是以问诊开始,接下来是医生对病症的推断和确认,然后是针对病情开列药方,最后是医生对患者就关于如何煨制、服用汤药物进行指导。在相邻配对这一层面上,话轮的安排和轮换都有一定的程式。首先,话轮的安排也遵循一定的时间顺序,如每次只能一人说话。其次,某些活动类型中,不同片段内的话题轮换也按一定的程式进行。如在中医诊谈活动中,问诊片段相邻配对中的第一个话轮一

[①] Arndt, H. & W. J. Richard, The Biological and Cultural Evolution of Human Communication, in Lorscher, W. & R. Shulze, eds. *Perspectives on Language and Performance: Studies in linguistics, literary criticism and language teaching and learning* (Vol. 1), Tubingen: Gunter Narr Verlag, 1987.

般是由医生发动的,病人一般情况下只是回答问题,即便有个别病人以问题打头,医生也会设法夺回话轮主动权,以维持本片段诊谈活动的正常程式。但在治疗商谈片段(即最末一个片段)中,病人就可有更多的话轮控制权,如病人可以向医生询问有关如何煨药、服药的种种问题。此时,话轮推进的程式性就表现出不同程度的灵活性了。

程式性不但在同一类型的活动中以及同一活动的不同片段中会存在变异,而且在不同活动类型间也会出现不同程度的变异。如闲谈与正式的商务会谈在程式性方面就存在很大差异。虽然两者都有开始—主体—结束这一总程式(见 1.2 与 3.3.1.1),但商务会谈无论在程式的复杂性或是严格性都远胜于闲谈。显然,程式性也是一个原型概念。关于活动的程式性,本书 3.3 将作更为详细的讨论。

活动限制与限制条件　与活动的程式性相联系的是,活动的推进还要受到各种因素的制约。维特根斯坦的游戏规则、奥斯汀和塞尔的言语行为适切性条件、冯德里奇制约言语行为成效的相互作用条件以及列文森的活动类型结构限制,都是从不同层面、不同的维度对这个问题的探究。就本质而言,维氏的游戏规则是从主体间层面上讨论游戏推进的有效性,同时也涉及了游戏展开的社会维度和心理维度。奥斯汀和塞尔的适切条件是在主体或话语层面上讨论言语行为实施的有效性。这些条件也涉及了实施过程的程式性以及相关的社会、心理制约条件。和维氏一样,冯德里奇、列文森也在主体间层面上讨论言语行为或活动实施的制约条件,所不同的是冯氏探讨的是社会过程中相互作用条件对某一言语行为实施效果的制约,而列氏所说的限制是受一定目标驱动的活动对其内部要素组构方式的要求。上述情况请详见3.3.4"程式性语言行为的语用机制"。

基于以上的研究——活动目标与活动类型、类型变异及变异参数、活动结构与结构程式、活动限制与限制条件——我们认为,活动作为发生在主体间层面上的言说事件,其推进过程必定会受到作用于该层面上诸种因素的限制。除列文森①的结构限制外,活动的推进还受到社会—文化(人际)因素、认知—心理因素和情景—物理因素的限制。活动类型总是发生或锚定于一定的语言社区或交际语境,这样该社区或语境特有的社会文化因素必然会进入活动,从而对其实施和解释产生不同程度的影响。语用学历史上对限制语言使用的社会因素的研究一直是备受关注的课题,其中影响最大的是始于上世纪70年代末的礼貌现象研究②。另外,钱冠连③分析了汉语言文化背景下的许多语言使用现象,进而得出语用学是人文网络言语学的结论。陈汝东④则从伦理学的角度研究了汉语使用过程中的种种社会文化限制。可以说,至少在中国文化背景下,语言的使用总是与做人和社会责任相联系:说话即是做事,做事即是做人。"一言可以兴邦"、"一言可以丧邦"(《论语·子路》)以及"君子之为文学,出言谈也,非将勤劳其喉舌,而利其唇吻也,实将欲为其国家、邑里、万民、行政者也"(《墨子·非

---

① Levinson, S. C., Activity Types and Language, *Linguistics* 17, 1979, pp. 365—399.

② Brown, P. & Levinson S. C., *Politeness*: *Some universals in language usage*, Cambridge: Cambridge University Press, 1987 [1978]. In addition, Leech, G. N., *Principles of Pragmatics*, London: Longman, 1983.

③ 钱冠连:《汉语文化语用学》,第285—291页,清华大学出版社,1997年版及2002年版。

④ 陈汝东:《语言伦理学》,北京大学出版社,2001年版。

命下》)的古训是最好的说明。这是我们理解汉语文化背景下活动类型社会限制的出发点(详见3.3.4)。

认知—心理限制对活动实施的制约体现在两个方面。首先,从认知层面来看,活动的推进和展开随时都受到参加者认知能力的制约。具体表现在参加者从宏观和微观的角度对活动的感知与表征或概念建构、参加者对活动过程的规划及其工作记忆对活动推进的影响,这些因素既决定了活动的发生,也决定了活动的解释。其次,在心理层面上,参加者双方对活动的情感投入程度是活动得以发生、推进及至于结束的根本保证,这一点在具有公共制度特征性的活动类型(institutionalized activity type)中表现得尤为突出。与其他类型的活动相比,具有公共制度特征性活动的参加者双方在权位上存在明显的不对称(asymmetry),而且活动的制度化程度越高,这种权位上的不对称就越明显。这样一来,权位上的不对称就必然会对活动的推进产生不利的影响。社会语言学的研究[1]表明,在不对称语篇中,处于上位的一方倾向于主动采取策略(如附加疑问句)来调整下位方的情感,以保证活动顺利向前推进。

情景—物理因素指活动锚定于其间的情景和物理环境。任何活动都不可能在真空中发生,相反,任何一个活动都是在一定的时间、空间维度上展开的。活动所锚定的时间、空间的特点肯定会以不同方式、在不同程度上对活动的推进产生影响。如同样是问候活动,急匆匆的问候与悠闲时的问候肯定会有差异,远距离的问候

---

[1] Cameron, D., McAlinden, F. & O'Leary K., Lakoff in Context: the social and linguistic functions of tag questions, in Coates J. & Cameron, D., eds. *Women in Their Speech Communities: New perspectives on language and sex*, London/ New York: Longman, 1988.

与近距离的问候肯定会有不同之处。至于说上午时段的问候与下午时段的问候、就餐时间与非就餐时间的问候、在厕所邂逅与在其他公共场合见面的问候,其间的差别就更为明显了。

实际上,语篇推进模式本身作为活动的语言体现就是活动结构程式与活动各种限制因素互动的结果。互动是人的互动,活动是人的活动。人创造活动的过程,也就是活动创造人的过程。从这个意义上来说,人,只要是社会中的人,都是生活在一个个活动类型中,并在其中成其所是、成其所为的。这也就是说,人生活在活动中,人不得不生活在活动中,所以,下面的结论也就顺理成章了——人活在语言中,人不得不活在语言中,人不得不活在程式性语言行为中——因为这是他赖以生存的社会栖息地,也是他作为社会人所拥有的最后家园。

2.2.3 一个农村司法调解个案

下面我们用以上描述的语用模式来分析一次农村司法调解活动。严格地说,这种调解活动并不是真正意义上的司法调解,而是介于正式的法庭调解和非正式的民间调解之间的一种活动类型。这类调解过程中,调解员一般都不以宪法中的有关法律条文为基准来解决当事人的纠纷,而是根据当事人对纠纷所起的作用和应付的责任来调整、平衡双方的冲突,从而将调解做到双方都可以接受的程度。当然,这种调解也不是纯粹的民间调解活动,因为调解过程仍然遵循着一整套类似于司法庭审的活动程序和制度。但这种活动的公共制度特征化程度相对较低,因而其中调解员及当事人双方的活动空间就要大得多。当然,调解人员对调解的成功与否所起的作用也就相对重要得多。

调解活动是中国农村常见的一种活动类型。在广大农村，人们以村落、乡镇为单位组成社区，村、镇的周围便是农村人赖以生存的田地。这样一来，虽然自上世纪70年代末实行家庭联产承包责任制以来，村落、城镇已经不再是原来人民公社制时的那种生产单位，但仍然是当地居民的居住、生产与活动场所。活动、生产范围的狭窄既为人与人之间建立各种社会关系创造了条件，也增加了人们之间产生各种各样的纠纷、冲突的可能性。这样，家庭成员之间、家庭与家庭之间、本村村民与他村村民之间在赡养父母、财产分割、宅基田地等日常问题上发生不同程度的冲突便成了家常便饭。

有了冲突和纠纷，便要设法消除，以免升级，毕竟对于"抬头不见低头见"的村民来说，"远亲不如近邻"。通常的办法是请家族中辈分较高的长者来主持家庭纠纷的调解，家庭间纠纷的调解则经常由村干部出面主持调解，本村村民与外村村民纠纷由两村村干部与更高一级的干部出面协商调解。设若调解无效，则由乡镇法庭组织审理，按法律程序解决。但这样一来，便会给乡镇法庭增加不必要的工作压力，毕竟许多民事纠纷还不属于司法范畴，而且按司法程序办理，当事人双方也未必会满意。在这种情况下，近年来，在乡镇司法所出现了一个新的部门——社会矛盾调处中心。

社会矛盾调处中心出现不久就受到当事人的青睐。理由大致有二。首先，从共时角度来看，这种调解活动符合中国普通人，尤其是农村人的法律理念：建立在情、理基础之上的"法制"观念（建立在"情"的基础上的"法律"于是常常变味儿）。有了纠纷，就要谋求调处、化解；要化解纠纷，就要公平、合理；但这种公平不是法律意义上的公平，这种合理也不是合乎法理，而主要是情理上的公平,法律意义上的公平次之。按陈亚平①的说法,"情"既指有关的情节、情况、当事人的心情、感情,也可以指双方在具体情况下的"情面"、"面子"。"理"有通俗的道理、条理之意,也有儒家所谓"天理"之内涵。情、理既相互对立,又相互联系、相互补充,形成"情理",即中国式的理智或良知。同时,"理"在内涵上又与"礼"相重合,情、理、法三者形成中国传统司法制度的基础。这样说来,民事调解既反映了中国传统的法制观念,也切合于广大农村人的实际需要。

其次,从历时角度来看,传统的中国社会是一个建立在封建等级制度上的礼治社会。在这样的一个社会中,一切社会关系和社会秩序的规范都是由礼规定的,法律对人们行为规范的界定也以礼的规定为基准,礼治是法治的基础,也是中国人数千年来所奉行的理念。这种理念不但构成了中国历代法律制度的基础,也形成了中国人根深蒂固的法律理念。这种状况一直延续到20世纪初叶沈家本被任命为清王朝刑部侍郎,主持清政府法律改革工作之时,才第一次受到挑战。一百多年来,中国法律现代化前进的脚步声总是伴随着法理派与国情派的论战与斗争。时至今日,将西方现代法理与中国法制的本土资源相结合,以法制现代化推动国家、社会的现代化已经形成一种共识。然而法律制度的逐步形成和健全并不意味着现代法制观念已经完全取代传统的礼治观念,事实上这仅仅只是中国法制现代化的开始。"从沈家本开始的中国法制现代化,是以一种全新的新制度、新法理、新秩序和有着数千年礼治根基的旧秩序争夺中国社会的统治权的过程,它要从根本上

---

① 陈亚平:"情·礼·法:礼治秩序",《读书》,第69页,2002(1)。

重新构建中国人的社会关系结构,重新确立社会秩序的基本原则。实现法制现代化是以法制最终克服礼治为标志而不是别的东西,这将是一个漫长得或许要以千年为计量单位的历史过程"①。

如果我们不讨论法制建设的历史意义,不讨论传统法制观与现代法制观的是非优劣,那么我们就可以认为农村司法调解从性质上来看正好是现代法制观与传统法制观的结合,或者更为确切地说,是传统法制观在现代法律生活中的体现。更为重要的是,从哲学、语用学甚至是人类学的角度来看,这样的一种活动类型所反映的是广大中国农村人口的一种行为方式或生活形式。这样一来,关注这一活动类型对于本课题的研究就具有至为重要的意义了。

下面我们用农村调解活动为个案来说明语用学对人类基本行为的介入。个案②来自云南省弥勒县弥东乡司法所社会矛盾调处中心,调解事由为交通意外伤害纠纷。调解活动的第一步是发生纠纷的某一方向调处中心提出调解申请,然后由调处中心组织调解,并负责通知另一方按时参加调解。第二步是现场调解。第三步是由调处中心将调解结果写具"甘结"(旧时交给官府的一种字据,表示愿意承担某种义务或责任,如果不能履行诺言,甘愿接受处罚),并督促有关各方付诸实施。下面是一次现场调解的录音转写。当事人的名字均为化名。另外,当地的方言与土语照录,句法不顺之处也照录。

(调解员将申请书向当事人双方宣读,并宣布调解程序和纪律。)

---

① 陈亚平:"情·礼·法:礼治秩序",《读书》,第69页,2002(1)。
② 我们在云南一共采集了20宗民间调解个案,为节省篇幅,我们只拿出其中一个来详细分析。

1 问:郑家强,除了你申请书上所说的,格还有哪样要补充的?

郑:我的脚经过医院检查,有碎骨头在里面,还要动手术,这些费用要商量一下。其他不有得了。

2 问:高维云,郑家强申请书中所提出的内容,你有哪样要说的?

答:是郑家强催我(为他办)出院(手续)的。当时他只是回家养伤。至于说骨头咋个伤,那我想的不合我承担。

3 问:请你将事情发生的经过复述一下。

答:2月8日早上,我要到阿乌(弥东乡一村子)去拿针水,在面粉厂见着他们。他们请我将他们拉去雨补水库那边。在秧田村后的半坡上,我的刹车拉杆断掉,有四个人跳车。我把车开到半坡的一个石脚地基上挡住。由于地势不平,加上郑家强坐这边重,就翻了,伤着他们。

4 问:你认为这起事故的主要责任应由哪个承担?

答:当然是我承担。

5 问:郑家强申请中提出要你赔偿各种费用8683.05元。你认为如何?

答:我现在无能力,但按以前他家说过的500元,可以。

6 问:郑家强,你所提出的赔偿数目格还可以协商?

答:可以。

7 问:高维云,你所提出赔偿500元这个数目格还可以协商?

答:可以。

8 问:郑家强,你现在说说,要求高维云承担多少?

答:6000元。

9 问:高维云,你说说。

答:再承担300元,总共800元。

10 问:郑家强,格还能下点儿?

答:下1000元,按5000元算。

11 问:高维云,你上多少?

答:可以承担1500元。

12 问:高维云,你能承担多少,一句话说说。

答:2500元。只有这个能力。

13 问:那你们如何支付?

答:春节前付500元,其他的待6月份之前付清。

14 问:郑家强,高维云只愿意承担2500元。你格同意?

答:可以呢。我同意,但要一次性支付现金。

15 问:如果一次性支付不了,咋个整?

答:要求他先付1000元,余款4月底以前付清。

我们先来看现场调解过程的大致结构程式。和其他经过转写的调解活动一样,这一类型活动结构程式的第一个片段经常是由调解员向调解双方宣读申请人的调解申请书,同时宣布调解活动的程序和纪律(游戏规则)。然后是正式的调解过程。调解过程的第一步是由调解员就申请书的内容征求调解双方的意见。然后是就双方间的不同意见逐一进行调解,最后将调解结果写具"甘结",由双方签字、盖章或按手印。设若双方分歧太大,就需由两名调解员将双方分而调之,待达成基本一致,再行合而调之。应该说,这是实施调解、完成调解目标的最佳程式(见3.3.1.1"三个'基本固定'或者三种程式性共生")。

现在来看这一活动类型的推进过程中大致有哪些限制。

先看结构限制。从话轮组织方式来看,几乎每一个相邻配对都是由调解员发动的,而且一般来说都是由祈使句和是非疑问句两种句式体现出来的指令性言语行为,当事人一般只能按调解程序和纪律的要求回答问题或作出陈述。因而,每一个相邻配对都由调解员话轮和调解员用点名(naming)方式指定的答话人的话轮构成。从语篇角色来看,调解员的角色是中立的,他不能代表某一方说话,更不能对某一方表现出更多的亲和,这也是由活动类型的性质和目标所决定的。另外,调解双方按规定只能直接和调解员对话,相互之间不能直接对话。从个案中可以看出,调解双方虽然同处一室,但提及对方时均用第三人称。这样,在这一活动中,调解员和调解双方无论是在说话对象或是在说话内容方面都是由活动类型预先规定的。

从社会—文化(人际)限制来看,调解活动也有自己的一些特点。如从调解员角度来看,在整个调解过程中他都应该尽可能保持中立,即便是在遇到调解障碍时也不能诉诸制度性力量,而只能以情、理、法(主要是情、理)为原则来调整双方的分歧,以使之达到最佳平衡。在这种情况下,选择恰当的语用策略是最合适的解决方法。一种常见的策略是叙述事件过程。在本个案中,当调解员听到事故责任方不愿意承担责任(话轮1结尾处)时,他不是诉诸法律,而是请他叙述事故过程(情或情节),然后征询他事故责任的归属问题(理或道理),这样责任方只能按照常理承担了事故的责任(话轮3,4)。试想如果在本个案中调解员听到责任方不愿意承担责任时就直接表明其在事故中的应付的责任,那将会伤及对方的面子,从而影响调解活动的顺利进行。明确事故责任的归属就为调解过程的核心——赔偿额度——的商谈打好了基础。

关于认知—心理限制,这里我们只简要分析调解过程中的情感调控。情感投入程度是活动得以发生、展开和推进的心理保证。这一点在非对称性活动类型中尤为明显。非对称性活动类型的一个特点是互动双方权位分配不均衡,其结果是会话过程中发话机会不均衡,进而影响会话的合作程度。这样,为了保证活动的正常推进,权位的上位方经常会尽量减少自己的发话机会,同时增加下位方的发话机会。社会语言学的研究[①]表明,此时上位方经常采用的一种语用策略是弱化(mitigation),体现这种策略的语言手段是附加疑问句。本个案中,我们发现调解员是采用一种更为直接的方法,具体体现为疑问句或祈使句如"格还有哪样要补充的?"(1问),"你有哪样要说的?"(2问),"你有哪样要说的?"(5问),或"你现在说说"(8问),"你说说"(9问)。

另外,个案中情感调控手段的使用还和赔偿额度的协商有关。由于在这种活动类型中,情理因素多,法律因素少,而且情理又是相对的,所以申请人申请的赔偿额度一般会像市场上卖方的卖价一样大大高出实际价格或损失,而责任方所答应的赔偿额度也会像市场上买方的开价一样低下许多。在这种情况下,调解员的职责是设法缩小两者间的差距,以求得最佳平衡。如本个案中,申请人最先提出的赔偿金额为8683.05元,而责任方答应的赔偿金额仅为500元。在这种情况下,调解员一方面要保持中立,一方面要尽量缩小、拉近两者间的距离。为了达到这一目的,他采用了两种语言手段——是非疑问句和指小类表达式(diminutive expressions)。前者例子如"你所提出的赔偿数目格还可以协商?"(6

[①] Cameron, D., McAlinden, F. & O'Leary K., Lakoff in Context: the social and linguistic functions of tag questions, in Coates J. & Cameron, D., eds. *Women in Their Speech Communities: New perspectives on language and sex*, London/New York: Longman, 1988.

问),"你所提出赔偿500元这个数目格还可以协商?"(7问)或"格还能下点儿?"(10问)。这里,我们可以看出,这种语用策略使调解员得以在不伤及听话人情感的前提下以一种较为隐含的方式减少了言语行为所引发的强加程度(size of imposition),从而有效地减少了当事人双方的冲突,使调解的目标达到了一个最佳的、满意的位点,即当事人双方都可以接受的2500元赔偿金额。这一结果不一定符合某一既定的法律条文,但却是合乎情理的,因而也是当事人双方都可以接受的。

情景—物理限制在本个案中的作用并不十分明显,但若考虑本活动类型中的其他个案,则可发现这类限制对活动类型的制约作用也是很重要的。如本活动类型中,调解员及当事人三方同处一室,因而在调解过程中调解员与当事人某一方之间能说或不能说的话都会受到在场另一方的限制。这样,在双方分歧较大时,只好由两名调解员将当事人双方分而调之。在第三方不在场的情况下,调解员和当事人一方的交流就自由多了,可是这种"自由多了"的交流不一定会在日后得到第三方的认可。又如在本个案中,由于按调解程序的规定,当事人双方不得直接交谈,因而当事人双方在提及对方时,均不使用第二人称代词,目光也不与对方发生直接接触。物理环境对语言使用的限制,由此可见一斑。

我们现在要回答一个至关重要的问题:我们知道,对上述个案的分析,既可以是社会学家式的分析,也可以是人类语言学家那样的分析,也可以是行政司法式的分析,更可以是中国社会新冒出来的社区工作者那样的分析。凭什么说,上述的分析就是语用学的分析呢?

根据有二。第一,我们用了什么理论框架来进行处理。我们所用的理论框架正是奠基在维特根斯坦"语言游戏"、列文森的"活动类型"理论、冯德里奇"社会过程"与奥斯汀言语行为理论的基础之上的。这些框架正是语用学性质的。我们所谓的活动类型的语用分析框架——活动目标与活动类型、类型变异及变异参数、活动结构与结构程式、活动限制与限制条件,因而也是语用学的分析。第二,一般地说,涉及语言使用的研究,都可以纳入语用学的视野。

最后,我们将本节内容总结如下:①语言行为与非语言的社会行为相缠绕,构成人类基本行为或基本生存状态;②以语言使用的目的性为基点,可将人类基本行为切分为不同的活动类型;③活动类型作为一个语用组织层面构成基本的语用分析单元,是维特根斯坦"语言游戏"、冯德里奇"社会过程"与奥斯汀言语行为理论在语用学与人类行为这个交叉点上的结合与发展;④最后也是最重要的一点是,以活动类型作为基本分析单元,我们可以逐步揭示人类基本行为和生存方式的本质,从而进一步认识语言这个人类最后的家园。这样一来,语用学的介入不但是可能的,而且是必然的,富有成效的。

2.2.4 以三种类型的语用学来分析日常语言

三种不同类型的语用学,指的是,第一,有固定分析单元的语用学类型[①];第二,无固定分析单元只有语用视角的语用学类型[②];

---

① Levinson,S. C. ,*Pragmatics*,Cambridge:CUP,1983.
② Verschueren,J. ,*Understanding Pragmatics*, London:Edward Arnold(Publishers) Ltd,1999.

第三,以汉语文化语用学为背景的窄式语用学类型①。

在讨论不同类型的语用学的介入时,我们采集的语料是日常语言,其个案也是采自5个广州菜市个案与8个重庆菜市个案。为了节省篇幅,下面拿出来分析的,只是重庆菜市个案中的一个。

摊主:中年男子(下略作"卖")
买主:女青年甲(下略作"女甲"),女青年乙(下略作"女乙")
时间:2002年7月24日上午9点左右
地点:重庆市北碚天生菜市场
备注:坐摊
女甲:姜朗个卖嘛?{话轮1}
卖(正在看报,懒懒抬头):块五!
女甲:哎?
卖:块五的,块二就称。
(女甲低头看姜。)
卖(起身拿称):要啊?
女乙(对女甲):你买这个做什么?
女甲:泡噻!
卖:这个姜就是要泡起来吃才最舒服。好嫩嘛!你看哈儿!
女甲:少点儿!
卖:先看了东西了来。你们有些人一来就是不看东西好坏。
女甲:看了噻!
卖:你要泡姜就要买水嫩水嫩的这种。指拇儿一掐——哎!

---

① 钱冠连:《汉语文化语用学》,清华大学出版社,1997年版以及2002年版。

你莫掐重了哈——像梨儿一样的嫩,泡出来嚼起才巴实。

女甲:好多哎?

卖:块二!

女甲:一块!

卖:嘿!你这个人!我给你说先把东西看了再说!

女甲:一块钱!少点儿零头下来。

卖:说起来扯哟,你!我把这点儿零头给你少了,我们赚点儿啥子吃哎?不得行!

(女甲比较犹豫。卖开始往塑料袋里装姜。)

女甲:哎!哎!我还没说要!

卖:你先少买点儿回去泡。吃了再说!三天进嘴巴!你喜欢味道儿重点儿呢,就泡久点儿。你先吃了再说!你再也找不到更嫩的了!飘!(注:"飘",重庆方言,即"赌一把"。)

女甲:好好好……

我们首先用列文森(Levinson)为代表的固定分析单元(指示语、言语行为、隐含意义与对话等)语用学类型来进行分析。我们可以很快发现,第一,这个个案是一个三人参加的对话或会话型;第二,以言语行为来说,{话轮1}是询问。以隐含意义而论,卖主说"你莫掐重了哈——像梨儿一样的嫩,泡出来嚼起才巴实"隐含意义为:我卖的姜,质量是无可挑剔的。你要买就得买我这里的货,接受我的价。如此等等。

以维索尔伦的语用综观论看来,只要是联系语言现象在人类诸种行为中的使用对其进行认知、社会、文化的综合性考察无需固定分析单元,便是语用学研究。那么,我们就会发现,重庆菜市的砍价,除了会带上中国社会的一般特点,中国买卖双方共同的认知心理以外,重庆菜市砍价还会有自身的认知、社会与文化特点。首先需要分析的是砍价程式:买主问价语——卖主自夸语——买主压价语——成交或不成交。其次,注意不同的流行语:重庆人说"×××朗个卖嘛?"(对比:广州人问"丁(个)卖?"①),还将一元五角说成"块五",将一元二角说成"块二",将赚不到钱说成"赚点儿啥子吃哎",将"赌一把"说成"飘!"我们从这里可以观察重庆菜市上的买卖心理、社会与文化状况。比如说,广州菜市砍价到最后阶段时,只要顾客坚决离开摊位,卖主一般就会妥协,以买主给价为尘埃落定价。

钱冠连的语用学类型是三带一理论,按这个理论,由于有三个因素(即附着于人的符号束、语境和智力对语用含义推理的干涉)的分别或综合的作用,某种话语产生了一个多于话面的含义。这样,我们可以从这三个干涉入手,对这个菜市的对话进行分析,就会得到另一种景象——一个多于话面的各种隐蕴含义。

现在我们以霍永寿的语用调节论②来分析这个个案。作为语用调节理论的语用学,它的基本假设如下:

(1)作为人的社会行为的一种形式,语言使用嵌入人的其他社会行为之中,用以调节和管理这些社会行为形式的进展,以便取

---

① 广州的菜市上,有一个有趣现象:广州人与广州人之间,用广东话;广州人与外地人之间,卖主则主动用普通话迎客。原因是改革开放以后,大量外地人涌入,菜农适应了这种市场变化。尤其是看见面前的买主是知识分子,卖主尤其喜用普通话打招呼。一般都是买主先问价:"这个(手指着某种菜)怎么卖?"(另外的问价方式是"多大价?"等),广东本地人的问价方式是:"丁(个)卖?"

② 详见霍永寿博士论文 Mitigation and Pragmatics as a Linguistic Regulation Theory: The Case of TCM Clinical Interviews。由于尚未公开发表,故作为附类提出。

得各种形式的和谐;(2)语言发挥它的调节功能是在一个活动类型的范畴之内,把言语行为当做基本单元;(3)语言和它的使用有三种性质——变异性、协调性和适应性——使语言调节成为可能;(4)语言使用者的工具性意识可以作为语言调节的认知前提。

第一条可作为调节理论的目的:取得各种形式的和谐。这个重庆菜市个案最终以不伤和气地取得成交,便达到了求和谐的目的;第二条说的是在一个活动类型之内,以语言行为为单元,这个个案的活动类型是讨价还价;第三条说的是语言调节的可能性:这个个案充分体现了变异性(重庆菜市侃价,不同于中国其他地方)、协调性(双方通过讨价还价相互靠近)与适应性(卖方适应买方的质量要求与还价要求,买方适应卖方的自我吹嘘式的广告与报价)。

由于这三个类型的分析对于我国语用学界都已经非常熟悉,我们不再详细解剖,只是非常简略地提及。简略提及的理由是,首先,我们的目的只在说明三个不同类型的语用学范式可以介入,而不在于在本书中显示介入的整个的、详细的过程,那将是一个庞大的材料堆积(是本书读者不愿看到的结果);第二,我们拿出一个菜市个案,只是表明,我们非常看重日常的语用资料,因为语用学的一切分析过程都是在日常的语用材料中生根的。在语言性转向的哲学潮流(19世纪初开始直至20世纪的70年代)即分析哲学中,早期的维特根斯坦、罗素、弗雷格等先是不满于日常语言的粗糙、模糊与不精密造成哲学命题的误解与无意义,由此而生出寻找所谓理想语言的热情。但是,后来的哲学家们终于发现,日常语言就是能解决哲学的问题。后期的维特根斯坦一改早期对日常语言的抱怨,奉劝人们回到粗糙的地面上来,他说:"我们是在没有摩擦力的光滑的冰面上,从而,在某种意义上说这条件是理想的,但是,正因为如此,我们也就不能行走了。我们想要行走,所以我们需要摩擦力。回到粗糙的地面上来吧!"①(着重号为原书所有)他又说:"我们所做的乃是把词从形而上学的使用带回到日常的使用上来。"②西方分析哲学还是回到了以日常语言为研究对象的立场上来(以"牛津学派"或"日常语言(分析)学派"为标志,与"理想语言学派"或者"逻辑语言学派"相对)。语用学源于分析哲学,语用学更需要贴近"粗糙的地面"。

2.3 小结:"哲学的"与"语用学的"

语用学的研究应该是非常日常的,非常生活的。全书所有的语料都是来自日常生活的语言。这里有一个简单的逻辑:既然选取了人类基本行为与基本生存状态作为研究对象,那么哲学与语用学的介入就必须是非常日常的、非常生活的,但非常日常与非常生活的,未必就不是非常哲学的。哲学的分析不是徒托虚言,而是要老实地先在大实话中串门,然后翻一个筋斗③,在高层次上形成对思想的思想,对思考的思考。

---

① Wittgenstein, L., *Philosophical Investigations*, 1999 [1964].

② Ibid., 48e, section 116.

③ "翻筋斗"一说也不是虚言,海德格尔1953年出版的 *Einfuhrung in die Metaphysik*《形而上学导论》中说,旧有的形而上学只能把存在者思为存在者。它们为存在者寻求之所以是存在者的原因,但是两千多年来的寻求得到的结果依然是一种存在者。任何真正的理论,都是对它生长于斯的思想的反判,哲学只有通过本己存在的独特的一跃,而入此在整体之各种根本可能的形态之中。为此一跃,须具备三个条件:给存在者整体以空间;解脱人人都有而且暗中皈依的偶像;一心回到形而上学的基本问题中。参见程志民、江怡:《哲学新词典》,第296页,吉林人民出版社,2003年版。

说本课题是语用学的研究,是比较容易看出来的。拿现存的种种语用框架去分析,只要能成功,便说明是语用学的。但根据什么说本研究是哲学的呢?这个问题的回答,我们放在第三章最开端。

第三章 语言:人类最后的家园

导言:词语缺失处,无人出场

凭什么说本课题的研究是哲学的

当然,前面2.1"哲学介入"中,我们花了四个小节讨论"存在把人从外到内地牵引到语言中"(结论在2.1.2)是第一个根据。余不再赘。

第二个根据是,我们将展示,人以语言使自己出场或现身。为什么对人类基本生存状态的研究可以看成是哲学的?所谓"人类基本生存状态"就是第三章里全力以赴揭示的人的三种活法。这三种活法都指向一个东西——人以语言使自己出场或现身。海德格尔说,"只有在合适的词语说话之处才有存在"[1],他还反复引用诗人斯退芬·格奥尔格在《词语》一诗中的诗句"词语破碎处,无物存在"(Where word breaks off no thing may be[2]),以至很多人以为这句话是海氏所言。上面两处总的立意是,只有词语表述成功了,事物才存在了。但本书的哲学立意是:人以语言使自己出场或现身。这个立意与海氏的立意是完全不同的。

---

[1] Heidegger, M., *The Nature of Language*, in *On the Way to Language*, 1982b, p.63.
[2] Ibid., p.60.

整个第三章的描述,就是为了这个命题——人以语言使自己出场或现身——才设置的。可以这样说:没有整个第三章,人们就不会踏踏实实地将这种研究看成是哲学的。诗人斯退芬·格奥尔格反复说"词语破碎处,无物存在",本书的第三章实际上是在反复地说:词语缺失处,无人出场。虽然后者受到前者的启发,但毕竟是两个完全不同的命题:"词语破碎处,无物存在"说的是人发出的词语与物的关系,而"词语缺失处,无人出场"说的是词语与人自己的关系,词语对人自己的反作用——它使人出场或现身。

关于"最后"

"语言是人类最后的家园"里的"最后",不是时间维度,是一种空间表述。它表明了语言是人的最基本的生存状态,语言是人最可靠的依赖之所。犹如蜗牛背上背一个壳,壳就是蜗牛的居所,语言也是人背上的壳,是人的居所,而且,人走到哪里,这个家就搬到了哪里。钱钟书指出,"人走到哪里,哪里就是世界,就成为人的世界。"[①]这里可以加上一句:人的世界其实也是语言的世界,因为人生活在语言中。

人类不可能穷困到孑然一身。即使他相继损失了一切,他仍然还有一笔最可靠的、能安身立命的财产,即他最后的可守的家园——语言。它是人的生命存在的方式,是人寄居的场所。语言是温暖的、最适于人安顿的窝。——"最后"于是有了最可靠、最能安身立命的意思。"安身立命"不是在比喻意义上使用,而是在直接的意义上使用。我们可以这样理解:我们思考语言的时候,不仅意味着把握语言,而且将我们自身带入其存在的位置,以便开始

---

① 钱钟书:《钱钟书散文》,第460页,浙江文艺出版社,1997年版。

我们在语言中的居留。即我们在言说之中,而非在我们自身之中。① 这又回到了海德格尔的"语言(自己)言说"②的名言之中。他认为事物的动态性都具有自发性,人只是参与其中。

"语言是人类最后的家园"能否成立,在很大程度上取决于人是不是活在语言中,人是不是不得不活在语言中,人是不是不得不活在程式性语言行为中。

3.1 人活在语言中

我们生活在世,总是偏安于一所,不是我们不想占据所有的现实世界,而是注定不能。但是,我们有办法突破被囿居的一所。为此,我们得进入语言世界。语言既可以追古(时间维度)叙述古代,也可以言远(空间维度)谈论天边与天外。绝大多数的现实对于你来说是蒙蔽的、遥远的、虚幻的(只要你没有到过夏威夷,它对你就是蒙蔽的、遥远的、虚幻的、不现实的),但语言铺陈的世界,却是更真实。在语言中展开的生活,就是可靠的与具体的。当人追求有意义的生活的时候(动物不知道追求有意义的生活),除了语言的叙述,几乎没有别的办法,能使你感到什么是有意义的。正是词语,才真正向人揭示出比自然客体更接近于他的世界(人到死都只能接触到极小极小一部分自然客体);正是词语,才真正直接地触动他的幸福和苦恼(人一生所体验到的幸福与苦恼是人世间幸福与苦恼中的极小极小的一部分)。有人认为,"汉语的迷

---

① 杨寿堪:《冲突与选择:现代哲学转向问题研究》,第254页,北京师范大学出版社,1996年版。

② Heidegger, M., Language, in *Poetry, Language, Thought*, 1975b, p.190.

宫,危险的美的恩赐,是我最后栖身之处。……语言世界是比现实世界更真实的世界。……语言不再是现实的摹本,我们在语言的存在中比在现实的存在中更容易感受到生命的可靠性和具体性。……生活在语言中就是生活在更深刻的意义中,就是生活在存在所能展示的无限丰富的可能性中。"①

人,一生下来就哇哇大叫,稍稍有了半点感觉就冲着向他或她打招呼的一切人手舞足蹈,嘴里啊啊回应,这便是在冲向语言。冲向语言,就是冲向生活,冲向灿烂的生命。

言说真的是最具体的生活,因为大多数行为就寄生在言说上;言说真的是最现实的生活,因为人是活在话语场里。

3.1.1 人的主要行为寄生在言说上

人类几乎一切活动都寄生在言语活动之上。

人类文明的一切成果,是通过语言落实下来的。奥斯汀(Austin)的观点没错,他认为"一代一代往下传承的知识的普遍积累,是通过业已认定的语言用法进行的,是可靠的"②(但他同时指出,这也是哲学智慧资源的不完全的使用)。没有语言,人类就会像动物那样,无法将经验与智慧一代代地传下去。没有语言,就不会有精神活动的外化,例如,不会有对思考的思考——哲学(当然,就没有柏拉图的哲学言说、苏格拉底的思辨对话、孔子与其学生的入世教诲);例如,就不会有以数学为首的种种科学的建立与发展;例如,文学创作活动(动口的诗、歌、戏剧活动,动笔的小说与

---

① 吴晓东:"燕园诗踪",《读书》,第136页,1999(9)。
② Baghramian, M., *Modern Philosophy of Language*, Counterpoint, P. O. Box 65793, Washington, D. C. ,1999, pp. 107—108.

文章)就成为不可能;例如,就不会有宗教生活(当然也就没有基督传道、佛门讲经、禅宗对话)。没有语言,就没有生产活动的技术化(种种技术的发明与奠定);没有语言,就不可能进行任何家庭、家族、民族、乡村与城市的社会交往,于是公众的一切文化活动就会消失。今天的人类,飞上了天,飞上了月亮与火星,往往得鱼忘筌,将我们曾经并时时地栖息、混迹语言之中这个最基本的事实丢在脑后。所以,明晰这个最基本的事实,"语言是人类最后的家园"这个命题,就会自然地凸现出来。

人类活着的方式,主要的,一是生理自发行为(新陈代谢等等),二是做事情,主要是生产活动(生产出产品或商品),三是以言语来执行某种行为,四是精神行为(精神行为可以言说,但纯精神行为可以没有言说,也可以极少言说)。还有其他种种行为,都是由上面这四种行为派生出来的行为。例如,交换商品(行为),自不待言,是由生产派生出来的;打仗,也是由生产派生出来的——用武力抢夺别人的生产成品或资源(大到土地、人口和大宗资源,小至石油什么的)。旧时开庙会,是生产行为(借机做买卖)与精神行为(焚香敬神、求愿、敬祖等等)的混合;现代人开各种学术研讨会,显然也是由精神自省与创造行为派生的。例子成千上万,不胜枚举。

尤为重要的是,四大行为中,只有部分生理自发行为可以脱离言语之外,其他行为即做各种事尤其是生产行为、一部分生理行为、精神自省(有人以为精神自省可以脱离语言,那是误解,分析见下)与创造行为都是寄生在语言行为之上的。人的存在实在是依赖社会,依赖于一个与他人共享的社会前提,即言语关系或语言关系。语言如同一张大网,它既是社会交往的基础,又构成人类文化各种象征体系,如文艺、宗教、科学、意识形态——即上面所指出的精神自省与创造行为。雅克·拉康(Jacques Lacan,1902—1981,法兰西学院教授,后结构主义代表之一)在通过语言突出语言关系中的互主性,消解人的主体性时,指出:人作为说话动物,通过言语达到彼此承认,而"言语总是一种契约,一种协议,个人通过它进入合同关系,并成为其中一员"①。人的自我舍此不能成立,也不能脱离网络独自兀立。言谈不是独白,说听二者又须不断转换位置,因而主体乃是一种相对而言的"短暂现象"。依据互主性逻辑,双方经由语言进入契约,建立起交换承认的互主关系。我们现在撇开拉康消解人的主体性的意图不谈,将问题集中在"人的活动大都寄生在言语行为之上"这一命题,就可以发现,生产活动与精神自省与创造活动不能须臾离开语言。集体生产和大生产活动需要语言去协调生产者之间的关系,通过语言去实现生产所需要的联合行动,否则,大生产会整个儿崩溃。个体生产也需要语言去协调这个生产者与那个生产者之间的关系或情感,以便更有惠于个体再生产。精神创造(阅读、文学创作、艺术创作、录史,如此等等)看来是独立的思考活动,但是,创造之中和之后的交流与鉴定是绝对需要言语行为与别人合作进行的。就是看来最能独立进行的精神自省与思考,也是需要借助语言进行的。如果要简略地说出精神自省对语言的依赖,可以作出如下概括:以言辞按住思想。思想锁定在言辞中。你可以不出声,但是你不得不默默使用语言形式。作为存在物的自我,是妥帖地栖息在言辞之中。诚然,不附着言辞的思考是原始的思考、片断的思考、破碎的思考(broken

---

① 赵一凡:"拉康与主体的消解",《读书》,1994(10)。

pieces of thought),绝不是铸成一个完整的思想链条(unbroken line of thought)的思考。不可能全盘想清楚再一下子说将出来或写将下来。事情是反过来:笔(言)到意渐到,言显思渐显。"渐"是以言说或言辞不断修正思想的过程。语言让存在归家,语言让思想落定。

依附语言活动之上的生产活动,精神自省与创造活动,都是寄生活动,寄生在言语行为上的活动。所以,卡施尔(Kasher)说:"不把握语言也就不可能把握人的存在的基本因素。"[1]

人能用语言做事,是守住了下面这个模式的:

言说+生产活动、精神自省或创造活动=用语言做事
(依托体)　　　(寄生活动)

上面这个模式中的"依托体"是指言说(speaking,开口说着,与奥斯汀所说的 speech act "言语行为"是有区别的);"寄生活动"是指寄生在语言活动之上的活动。也即是说,人类活动中,根本不存在着所谓纯言语活动!哪里存在着一个只开口说着,不执行某种行为,不产生行为后果的说话呢?一开口便是向对方承担(commissive)什么(如许诺、恐吓等等),宣告(declarative)什么,指示(directive)什么(如建议、请求、命令等等),表情或表态(expressive,如道歉、抱怨、感谢、祝贺等等),描述(representative)什么(如断言、主张、报告等等)[2]。西方语言学家宁愿将我们说的"人的主要

---

[1] Kasher, A., Philosophy of Language, in Jef Verschuren & Jan-Ola Ostman, Jan Blommaert eds. *Handbook of Pragmatics Manual*, Amsterdam/Philadelphia:John Benjamins Publishing Company,1995.

[2] 关于言语行为理论可参见:John R. Searle:What is a Speech Act? *Philosophy in America*,Max Black,ed. (Ithaca:Cornell University Press,1965), pp. 221—239. 以及 J. L. Austin:Performative Utterances, in J. O. Urmson & G. J. Warnock, eds. *Philosophical Papers*, 2nd ed. ,(Oxford:Oxford University Press,1970), pp. 233—252.

行为寄生在言说上"称为"言语行为"(speech act),他们认为"说什么就是在做什么"(Saying is doing something)。维特根斯坦说:"我们用语句做大量的各种各样的事情。"①伴随上述这些千差万别的行为,就会立即产生同样千差万别的事情及其结果来。如一阵谈判之后,接着战火就停下来了(这种事古代就有之)。墨子和公输般在楚王面前演习了他们的进攻和防守之后,公输般技穷,就与墨子展开了一场舌战。公:"我知道怎样打败你,但是我不愿意说出来。"墨回答说:"我知道你的办法,但是我也不愿意说出来。"谁都知道公输般的意思(杀死墨子)。楚国还是打消了攻宋的念头。这算不算战争不必在战场上见胜负的最早一例?几分钟的电话商量之后,货物就运来了;一阵大声嚷嚷之后,对方就哭了或笑了;听了佛门讲经之后,某人不再行窃了;听了一阵耳语之后,某人就杀了一个人;经过教师若干年的训练以后,某人能讲一口流利的英语了。也就是说,劝人求真,教人行善,导人爱美的言说之后,就有相应的行动或行为。当然,也有一大把以言说教人作假,怂人行恶,唆人逐丑的例子。于是有人说,语言是一把双刃刀,能杀敌,也能伤害自己和伤害朋友。又有人说,是非、烦恼、厌恶、风波、误解是舌头拨弄的,应该把舌头斩断。历史上真有斩断舌头(自咬其舌)以求斩断烦恼的传说或史实。希腊与此有关的哲人言论多的是。中国的一个禅宗故事也是这么说的:船夫在江边推船入江时,一路压死许多螃蟹、螺虾,一位居士故作虔诚地问一个禅师:"这是乘客的罪过,还是船夫的罪过?"禅师答:"既不是乘客的罪过,

---

① Wittgenstein, L., *Philosophical Investigations*, 1999[1964]. 或者参见:维特根斯坦:《哲学研究》(中译本,李步楼译),第20页,商务印书馆,1996年版。

也不是船夫的罪过。"那居士一派得意扬扬地说:"两者都没有罪过,那么是谁的罪过呢?"禅师圆睁两眼,戟指大声喝斥:"是你的罪过!"禅师的道理是这样的:船夫讨生活推船,乘客为办事搭船,虾蟹为藏身被压,三者都无罪过。因为"罪业本空由心造,心若亡时罪亦无",无心,不算造罪业,纵有罪,也是无心之罪。反而是世人(这个故事里指那位得意的居士)幸灾乐祸,喜欢无中生有,兴风作浪,制造口舌是非与人情灾祸。[①] 祸从口出,即从人出,从人的幸灾乐祸、无中生有、兴风作浪而出。"语言是一把双刃刀"这一比喻,是委屈了言说的。言说不过是寄生活动(生产活动、精神自省或创造活动)寄生其上的依托体,行为的后果不是由言说这个躯壳决定的,而是由行为的出发者决定的。总之,不管是哪一种情形,不可能只有纯言说而无跟着的行为与后果。这便是,人的主要行为以言说为家,语言是人类最后的家园。反过来说,当我们说"语言是人类最后的家园"的时候,我们也就是在指"人的主要行为以言说为家(依托体)"。

人的这种生活模式——言说(依托体)+生产活动、精神自省或创造活动(寄生物)——使我们想起了维特根斯坦的语言游戏论,并对之有了进一步的体会。或者说,我们研究了人的这种生活模式之后,再回头看维特根斯坦的语言游戏论,才真正有所领悟。"语言游戏是人类活动和编织于其中的语言所组成的整体"[②],他所说的"人类活动和编织于其中的语言"不正是我们上面模式中所说的"言说"(依托体)+"生产活动、精神自省或创造活动(寄生

---

① 方杞:《人生禅》(上卷),第220页,中国青年出版社,1996年版。
② Wittgenstein, L., *Philosophical Investigations*, 1999[1964], §7.

活动)"吗？其实,这正是话语场。我们在这个话语场里讨价还价、侃大山、板起脸来教训人、合作与捣乱,如此等等,都是在遵循一定的规则,游戏也正是在遵循规则的基础上才能成其所是。总之,一句话,我们是把自己的行动(活动)托付给言说了。既然这样,我们说"语言是人类最后的家园"的时候,又有什么奇怪可言呢？

人的主要行为寄生在言说上,还有一个旁证。那便是：社会生活中的人有什么样的行为,语言结构里就会有什么样相应的句式。句式是社会生活中的人的行为的反映。列文森在提及语用学的功能性解释时指出：

> 你可以观察到一个事实：几乎世界上所有的语言都有三个基本句式,即祈使句、疑问句和陈述句(Sadock & Zwicky)。看来它们有这样的使用范式,是分别对下达命令、发出询问与作出宣称做出的呼应。基于此,你可能辩驳说,这样说对于寻找这三个句式产生的语言内动力(internal linguistic motivations)并未切中要害。这三个句式出现在世界语言中,是因为人们也许特别关注语言的三个具体功能——组织别人的行动,引发出(别人的)信息,表达出(自己的)信息。(如此解释当然会被怀疑为 post hoc[①]：我们需要的是能独立说明问题的证据,即这三个行为真的是社会生活中占支配地位的行为。)[②]

他认为切中要害的解释是从语言三个具体功能着手的。尤其是说：需要证明这三个行为——组织别人的行动,引发出(别人的)信息,表达出(自己的)信息——真的是世界上人类社会生活

---

① 所谓 Post hoc,是一种普通的逻辑上的谬误：发生于其后者必然是其结果。
② Levinson, S. C., *Pragmatics*, Cambridge: CUP, 1983, p. 40.

中占支配地位的行为。这三个行为之所以是占支配地位的，仅仅是因为人要活得下去，并且活得好，必须要"组织别人的行为"（引出命令句式），"引发出（别人的）信息"（导引出疑问句），"表达出（自己的）信息"（导引出陈述句）。实际上，我上面的判断，即"社会生活中的人有什么样的行为，语言结构里就会有什么样相应的句式"，是无须找出特别证明的。如果句式不反映人的行为，人造出这个句式不是自累自吗？人是根据自己的需要造出句式的，这与根据自己的需要筑房建屋、造出蒸汽机、减肥药是一样道理。反过来说，人类的主要行为总是要寄生在言说之上的。仅从人的主要行为寄生在言说这一条路径，我们也可以认定，语言是人类最后的家园。

3.1.2 人活在话语场里

人发出话语，又生活在话语场中。话语场是指人与人的言语交流网络关系，以及由此而形成的对说话人永远（包括未说话时）有影响力的话语积淀。这种话语积淀有时是即时生成的，有时是既定的并附有一定场景的语言用法（见 3.1.2.4："话语场的传承也就是历史在传承"）。

人其实是不得不说话，因为一生下来就面临一套已存在的话语模式，即话语场。对这种情形，你可以定性为：这是儿童习得语言的天生环境，也可以定性为：这是迫使我们接受的一套话语模式。承认不承认这一点至关重要。

以一个人而论，说话时，话语场开始；说话结束，话语场仍在继续着。这与语用学中的研究的成事性语言行为（perlocutionary act），有相通之处。这是语用学介入本研究的妙处。

"天下文章一大抄"，对极了。这里不是指那些以剽窃为宗旨的文章,首先就是指老实文章,甚至名著。任何名著都是与别人合写的。不可能有单一的作者。作者生活在某一个话语场里,他无时无刻不在从这个话语场里引用资源,使用别人曾经用过的话语,否则他就不可能和别人交流。他的创造只是两点:一,创立了的新概念;二,论述了新思想。当然,一个人能有这两点创造就已经是一个创造者了。岂止文章一大抄!天下说话亦一大抄也。言说就意味着使用公共的规则,公共的词语。很多哲学家否认世上会有仅为一人所说之语言。事关语言与规则之联系。语言交流乃规则管约之行为(rule-governed behavior)。既然世上没有仅为一人所说之语言,便是大家说大家的。这不是互相"抄袭"吗?言说中的创造只表现在两处:一是个别新词(新概念),别人接受须有一个接受过程,这便是审美选择的过程[①];二是新的思想与意见。这种天下文章一大抄、天下说话一大抄的情形,正好道出了话语场的存在。说话人、写书人都活在话语场内。你可以不是写书人,但你总得是一个说话人。你生活在话语场内,这一点无商量余地。

话语场并非只有一个。一个大的场内有许多小场。小场的一种划分是根据职业、生活圈、知识状况确定的。

小场的另一种划分是根据事件。有法庭判决的,讨价还价的,战争谈判的,贸易洽谈的,等等。

3.1.2.1 倾听与言说:人生在世的主要方式

奥斯丁认为,"一代一代往下传承的知识的普遍积累,是通过

---

① 钱冠连:《美学语言学》,第212—219页,海天出版社,1993年版。

业已认定的语言用法进行的,是可靠的。"①

听话与说话,构成了人生在世的一种主要"活着"方式。"话"必须在"说"的流动中才有意义。

人类活着的方式,主要的,一是生理自发行为(新陈代谢等等),二是做事情如生产(产出产品与商品),三是以言语来执行某种行为,四是纯精神行为。还有其他种种行为,都是由上面这四种行为派生出来的行为。尤为重要的是,四大行为中,除了言语行为之外的三种行为,只有部分生理自发行为可以脱离言语,其他行为即做事,如生产行为、一部分生理行为、纯精神行为终究都是寄生在言语行为之上的。这点还要在"人不得不活在语言中"(3.2)、"人活在程式性语言行为中"(3.3)详细讨论。

人的其他特点当然是相当重要的,谈到人与动物区别的时候,人们还是认为自己能说话是最抢眼、最突出、最先浮现到脑子里的特点,比如希腊人把人定义为 Zoon logon echon——会说话的动物。听与说(文明兴起以后发展到读与写),构成了人生在世的一种可见可感的"活着"方式,也是主要的活着方式。

人的社会,应该说,是由人构成的。但庄子有一个观点却很有趣:人籁由人类社会所说的"言"构成②。他不说人的社会由人构成,却说由"言"构成,这是一竿子插到了底,让言语浮到人的上头盖住人(与上面希腊人关于人的定义,可谓不谋而合)。冯友兰③的分析如下:在《齐物论》里,庄子开始是描写风,风吹起来,有种

---

① Baghramian, M., *Modern Philosophy of Language*, Counterpoint, P. O. Box 65793, Washington, D. C., 1999, pp. 107—108.
② 冯友兰:《中国哲学简史》,第 97 页,北京大学出版社,1996 年第二版。
③ 同上书,第 97 页。

种不同的声音,各有特点。《齐物论》把这些声音称为"地籁"。此外,还有些声音名为"人籁"。人籁由人类社会所说的"言"构成。人籁与由风吹成的"地籁"不同,它的"言"由人说出的时候,就代表人类的思想。它们表示肯定与否定,表示每个个人从他自己特殊的有限的观点所形成的意见。下面,冯先生的分析强调了每个个人意见的有限性。这是对的。我们这里不提。我们感兴趣的只是:他为什么说"人籁由言构成",直接让言语浮到人的上头?窃以为,这正是看到了人生在世活着的主要方式是言语行为,那么,这岂不是与"人生活在话语场里"曲异而工同!

正是言说参与创造了一个适合人生存的奇妙的物质世界和意义世界。这是人活在话语场内得到的一个报酬。一个人一生中要说多少话语! 即时生成(spontaneous speech)的问与答,暂时不论,咱们只说一个人一生要对别人讲多少事情、事件、故事、案例呀。我们可以转述明朝开国皇帝的家乡的18个农民在70年代之末(1978,11,24)将土地私分到户,或者叙述某某人的地里长出62公斤重的西瓜[①],或者哄传某某县长的女儿与某某个体户私奔之后被县长派某某公安干警抓了回来,或者传播哪儿发现了一个长得酷似人形的植株[②],如此等等。讲述的人从来没想到自己讲的事件(包括事情、故事、案例,下同)会对这个物质世界及意义世界增加什么分量或影响。他从来未曾意识到他的讲述,是在支持或否定一个经济政治学(在中国也许应该为"政治经济学")理论(土地私分到户),发现什么生物基因突变现象(62公斤重的西瓜,酷

---

① 据1998年11月21日中央电视台二套晚间节目。
② 据1998年11月中旬某日,广东珠江电视台。

似人形的植株），主张或者反对一个法律条文如婚姻法（县长派公安干警抓回自己女儿与私奔的个体户）。可是在专家的眼光中，每一个事件的讲述者都是在用他个人的经验对现成的意义世界作出他的修改。汪丁丁指出："对各种理论的检验必须从一代人接续到下一代人，在积累着的经验中判断理论孰优孰劣。这就是'传统'。当我讲一个'故事'时，我的'故事'的意义在于它将新的经验加入了某个知识传统，它会合了其他人的'故事'，要么支持某个理论，要么反对某个理论。在这个意义上，我的'故事'可以改变某一理论在传统中的'可信度'也就是被认为正确的'概率'。……'说'必须在一个'说'的传统中才有意义。同样，'思'也必须在传统里才称得上是'此在'的思。……必须在具体存在的传统中去'思'和'说'。"①从每个人嘴里说出来的事件，都在改变着传统，都在对某一理论（意义世界）起着建设或消解的作用。比如说，你每转述一次"一个长得酷似人形的植株"见闻，便在事实上支持了"宇宙全息律"②——"宇宙中每一个全息元包含着另一个全息元的全部信息"；当你说某个词组发展成了一个句子的时候，你便在事实上支持了"语言全息律"③——"语言的某一个层次上的结构单位（音素、音节、单词、词组、句子、段落直到语篇）包含着另一个层次上结构单位的全部信息和上一个结构层次上的结构单位（"音节"是"音素"的上一个结构单位）的全部信息。"第一个人讲了利用电脑犯罪的案例，另一个讲了利用电脑传播电脑病毒毁坏硬件在全世界引起骚动的案例，第三个讲了电脑"多管闲

---

① 汪丁丁："讲故事的逻辑"，《读书》，1997(10)。
② 王存臻、严春友：《宇宙全息统一论》，山东人民出版社，1995年版。
③ 钱冠连：《语言全息论》，商务印书馆，2002年版。

事"的故事:对占有五行的英语句子打上了红线——错误提示线,"质问"(即点开)"工具"(菜单中)里的"拼写和语法"我何错有之,回答是"句子过长",要我改写!真是胡说八道。正式英文文献里,不要说五行文字不算长,就是十行也不算长的。上了一百个单词的英语句子也有的是!每逢五行长的英文句子它就来一大溜红线,烦人不烦人!第四个人讲了利用电脑进行性骚扰的案例,第五个谈了在网上贴大字报的事件,第六个人讲了电脑引起的另一起苦恼的事件,第七个人侃了电脑引起的又一桩痛苦的故事,第八个人报告了任何人都可以在网上发表肤浅至极的所谓"高论",致使知识分子增加了失落感,也就是剥夺了他们在正式文本上发表文章的高贵感和剥夺了在正式刊物上发表论文以取得高稿酬以增加家里一件高级电器的自豪感,也就是剥夺了他们一生赖以建功立业的成就感的事情,……安知这一个个的讲述不是在酝酿于25世纪消灭电脑作舆论准备呢?因为每多一个这样的讲述就等于减少一次电脑的"可信度"。当然,也极有可能的是,另一类人的第一位列举了电脑如何好,第二位讲电脑如何妙,第三位,第四位,……第X位,安知这一个个的讲述不是正在设计出一个26世纪的"超人电脑"或"超人脑电脑"的新方案哩。因为每多一个这样的讲述就等于增加一次电脑的"可信度"。

如此看来,正是说话(言说)参与创造了一个适合人的奇妙的物质世界和意义世界。

听人说话是活在话语场的一个重要部分。听人说话也是一种生活。有两种听话。一种听话是为了与人对话先必听人的,即先让出话轮(西方语用学家称为 turn)再占有话轮(take the floor)。另一种听话是只想取得信息的听,不想听后拿回话轮的。听人讲课,听专题报告,旁听法庭调查与审讯,听政府发言人发言,听某人就职演说,听故事,听收音机,听(看的同时也在听)电视,进茶馆(大部分人进茶馆不是为了去说而是为了去听)等等,就是这种取得信息存放在自己大脑里无须对话的听取。按目的分类,听人说话,一是为猎取信息,二是为了享受,把别人的话当做一种资源享受,三是既为了猎取信息又兼得享受的。很多人回忆过听钱钟书大师谈艺,就是这种听的一个例子。很多学人回忆,钱钟书先生在清谈中,当评论某一古今人物时,不但谈论他的正面,也往往涉及他们的种种荒唐事,通过他们的轶闻趣事,表露得比他们的本来面目更为真实,更加真人相。这里告诉我们,个人的谈话也可以是一种资源。我们身边的大大小小的话语场里有许多这样可资享受或者可资利用的资源。因此,听人说话也是一种生活。

听话当成享受的特殊一例,是电视台举办电视辩论会。与其说享受辩论是一种活在话语场内的典型证明,不如说它是人活在话语场内的一种方式。不管电视台的目的如何,以观众而论,大约有如下两种目的:一是为了听辩论的道理本身,把辩论的问题自己搞懂弄通,至于谁说得如何(最后是否捧奖杯),他并不感兴趣;二是欣赏辩论之才,思辨之美。也就是说,将辩论的问题本身置之不理,或者对问题本身早已谙熟于心,只是把辩论当成审美对象。辩论而成"竞赛",辩论而成欣赏。窃以为,这是人类文明高度成熟的一个象征。且不说几千年前的希腊的辩论早已发生但尚未到达如此高度,就是近代发达国家的辩论习惯也还是以实用目标在前(虽然是好事),即让听众知道,谁能当总统,某项庞大开支是否合理,某个地区是否应该并入某个国家。这时的辩论尚未当成审美对象。不幸的是,在太长太长的年代里,公开辩论却被国人骂为

"虚假的民主"。中国的百姓一向重实,打心眼里瞧不起耍嘴皮子的。"身教重于言教",这样说的前提是把言当成虚空。"听其言,观其行"的重点落在"观其行"而小看"听其言",因为言可能为假。"先别吹"是最常听到的贬斥言说的提醒与警告。阿Q在这样的祖宗传统之中,也只好夸自己"真能做",不敢说自己"真能吹"或"真能说"。到了20世纪60年代来了一个急转弯,全民大辩论。七亿人民成了雄辩家、演说家,走上街头,慷慨陈词,振振有词,娓娓动听。说着说着,便动起手来,后来干脆用枪炮"说话"。这时才颇为不妙地发觉,"文革"中的这个雄辩,才真正是虚假的"民主",以损害人格、践踏法律为乐事。认真而论,世上有些事,光靠说不行,如粮食说不出来,信息高速公路说不出来。但是,世上有些事,不说也不行。有些事,不说个清楚明白更不行,如什么是判断真理的标准,如腐败如何反才能真见效、见真效。如今,中国将辩论也可视为审美对象,到了这一步,不能不说是"活在话语场"进入了它的高级阶段。

3.1.2.2　话语场的预先设定性

本书的3.1.2大致上描写了话语场的界定:话语场是指人与人的言语交流网络关系,以及由此而形成的对说话人永远(包括未说话时)有影响力的话语积淀。这种话语积淀有时是即时生成的,有时是既定的并附有一定场景的语言用法。在人未说话时,庞大的话语场早已存在。这个事实,比说话时的小话语场开始存在更具有意义。话语场有超语言效应。人并未离开过话语场。其原因是:话语结晶出观念,观念又总是集体意识的。这些成为集体意识的观念,往往又是统治人们的统治思想。这就是做事之前或之中或之后的所谓"我想起……"现象。这个"我想起什么"现象,就是人活在话语场中的明证。做事总是凭一个什么理念,一个教导,一个经验,一个……,而这些理念、教导和经验等等,刚好是通过话语结晶在人们的头脑里的。"人不为己,天诛地灭"、"知己知彼,将心比心"、"酒逢知己千杯少,话不投机半句多"、"一日为师,终生为父",如此等等,被不同人生观的人拣去当做自己的终生行动指南。"己所不欲,勿施于人"、"毫不利己,专门利人"、"一寸光阴一寸金"、"知识就是力量"、"失败是成功之母",如此等等,俨然是统治思想教导人、训练人。"上国际互联网"、"走高速公路",如此这般,俨然是流行的口号鼓动人、引诱人、操纵人(详见3.1.2.3:"一两个句子控制我们一辈子")。这些意识与信念,都是通过话语结晶而在的。那是时代思想的结晶,是经济、文化、政治、道德、智慧的积淀,是各种制度的结晶。

即使没有说话,人其实仍然处在某一种话语状态之中的一个证明是,话语场中有各种方言区(块)或者叫语音区(块),有最早习得的(母语)方言块,也有后来学会的母语标准话(块)和外语(块),这些语音块往往伴随人的终生。它们在潜意识中活着。人在感情失衡时讲话,如在愤怒、喜悦、恐惧时讲话,可以把埋藏在头脑深处的"休闲"着的最亲近的语音使用起来。某人多年不讲某种方言(或母语),在情急之下骂人时,却用起了它。这固然说明乡音或母语对人的最深情感的终生附着性,这同时说明,人一刻也没有离开过某一种话语状态。只要有刺激,话语场中的各种语音块就活跃起来。

人就降生在预先设定的话语场之中。活在传统中,就是活在预先设定的话语场,活在话语的积淀之中。

每一个时代都有自己的名言和警句,作为一种特殊的预先设定的话语场,来指导人们思考(特殊时期内,甚至可以代替人们思考)、生活与行动(一句名言甚至产生一连串的行动),在一个特定时期之内,人们甚至成了这些名言警句的奴隶。有记录在案的名言和警句,如孔孟著作中"忠孝、仁义、仁政、王道;三省、绝四、慎独、爱人;己所不欲,勿施于人;老吾老以及人之老,幼吾幼以及人之幼";宋代以后在理学专著中出现的"正心、诚意、修身、齐家、治国、平天下";又如民国初年出现的《增广贤文》、后来出现的各种《语录》本本等等。更多的是一代代人口耳授受相传的,即未曾上书的。现在,如果谁认为语录只是记录在书上的字,那他一定会被认为是大傻瓜了。字,可以而且已经从书中走出来。在中国"文革"那种特定条件下,万民尊一言,"语录随身带,随时学起来"。革命委员会的主任用,被圈定的"黑帮分子"也用。一条语录,可以产生多少后果?条条照办,又可以产生多少后果?一条语录可以产生旷日持久的行动,例子如"阶级斗争一抓就灵",一共抓了多少阶级敌人!一条语录可以产生多少事物,例子如"革命委员会好"、"人民公社好"、"赤脚医生好",于是,随后有多少革命委员会、人民公社、赤脚医生,冒出神州大地?那个时候,我们活在那样的语录里,正如我们也曾经生活在那没有上书的警句嘉言里。80—90年代起,"落后就要挨打"这句名言激起了中国科学技术工作者、老百姓和行政官员多少个实实在在的计划、行动和工程?我们是活生生地切实地生活在话语场中。

实际上,我们是生活在变动不居的各种"说法"里。就像一篇论文或者一本专著的学术思想结晶为关键词一样,一个时代的价值判断、价值标准、感情强度也都结晶在各自的话语场的关键词里。其实,我们都是活在这些关键词的指导之下,正如看一篇论文的读者是自觉或不自觉地受关键词的指引一样。1998年的7月开始,全中国的老百姓与长江流域的人民都受"抗洪"、"严防死守"、"解放军"、"保住大堤"、"支援"和"捐献"等关键词的指引,9月10日以后,中国老百姓又生活在"打击走私"、"8%的增长"、"痛(水灾)定思痛"等关键词中。关键词的变迁,就是生活、事件与思想的变迁,就是话语场切换了"屏幕"。

"人未说话时,庞大的话语场早已存在"还凝固在历代的印刷物之中。印刷物可以看成是"凝固的话语场"。如在老百姓中流传甚广的《增广贤文》、《善书》(一种专门讲述为别人做好事、善事的韵文故事书。书中好人则恂恂守礼,其嘉言懿行常使人感激涕零;坏人则阴鸷狠毒,读者或听众无不恨得咬牙切齿。本书作者在童年时代就常常听我的家人照着各种版本的善书朗读,这不也是一种"活着"?),更不必说构成中国文明支柱的《论语》、《老子》、《庄子》及种种语录、种种选集、种种典章了。

这个凝固的话语场对阅读的人是存在的,于是阅读竟成为社会上知识人和企图成为知识人的一种活着方式。凝固的话语场,可以是专业对口的刊物。这种情况下的阅读活动,便成了与生产相关的职业活动:获得特定的信息(为了某一发明、创造、发现或理论突破),取得最大的生产效益(发明物带来最大的经济效益,理论突破带来巨大声誉,声誉又落实在实实在在的职称、或虚或实的头衔和有虚有实的奖励上)。此时的话语场成了他们的资本,帮助他们建功立业。这样的阅读是功利性的阅读。不消说,它给社会带来巨大的进步。凝固的话语场也可以是思想文化杂志和娱乐杂志(不要以为"思想文化"杂志就不能娱乐)。这种情况下的阅读,是非功利性的阅读。阅读者所要达到的目的,基本上是为了获得精神享受,接受精神洗礼。他们的这种阅读,尽量摆脱一切可能约束他们的社会话语体系,甚至是为了逃出与自己终生相伴的职业话语体系,图一个清闲,图一个找乐,图一个旁观,图一个在台下看戏的感受。他们就这样在阅读中活着,终生乐此不疲。这种阅读既不是为了创造发明,也不是为了理论声誉,更不是为了养家糊口。他们接受刊物对他们的选择,接受对他们表现出来的亲和力。或者,他们是为了从阅读中发现另外一个世界,另外一种生活,另外一种人物——有别于自己的熟知的一切。或者,他们是为了在阅读对象里印证自己的知识趣味,欣赏行文风格,领略某种思想风貌。而且,对伟大作品的感动,可以成为一个人体验人性尊严的一个途径,假若他在实际生活里没缘体验到这种尊严的话。一句话,阅读本身可以是一种活着的方式。人们生活在凝固的话语场中。但是,对没有阅读习惯或能力的人,阅读是不存在的,阅读作为一个"活着"的方式也当然不存在了。因此,阅读,作为"活着"的一种方式是一种可能的方式。随着一个民族文明程度的提高,可能的方式将变为必然的方式。

对一个没有阅读能力或阅读习惯的个人或群体来说,话语场是通过口耳授受这一更具有本质意义的方式存活的。这一点后面还要提到。

话语场还是社会的校正机制。社会有人为善,也有人作恶。中国几千年的历史中,一般老百姓读不起也不读圣贤之书,又缺少宗教精神(与西文社会几乎人人将自己托付给宗教相比),他们的不端行为靠什么纠正呢?家庭教育即长者教育是一法,另外一法,也是最根本的一法:靠话语场来纠正。他们口耳授受着流传极广的话语即教言,如"善有善报,恶有恶报,不是不报,时候未到,时候一到,一切都报"、"为人不做亏心事,半夜不怕鬼叫门"、"多行不义必自毙"、"污染环境就是打掉子孙的饭碗,断送我们的子孙"等等,来校正他们心中的成本收益分析(善事善还,恶事恶还,是最基本的成本收益分析),扼住他们再做恶事的欲望。这些流传话语,晓以利害,引导人心向善,比家庭教育或长者训导更有威慑力。遍布中国农村的春联,也是一种凝固的话语场。它也起到了校正机制的作用。如"积善之居所,必有余庆"(作者本人在1949年的湖北沔阳县沙湖镇农村所见,后来在其他更多的农村时有得见),看来说的是劝人行善,其实,这一联还隐含着另外警恶的结论性话语:"积不善之居所,必有余殃。"

话语场也是核查机制。个人并非完全被动地生活在"名言"、"警句"、"说法"、"语录"和"关键词"里。也就是,上述的这些东西,并非总是成功地代替个人的思考。话语场里还存在一个核查机制。名言警句与督查机制是对话关系。对话也可以阻止说法与语录的偏激乃至谬误。"总之,任何一个结论出场之际,都不可能完全摆脱必要的监核与校正。这将阻止某种结论沿着一个斜坡愈滚愈快。有了对话的制约,尽管某些个别意见可能走到极端,但无数话语的聚合、交汇却基本使整个社会维持了大多数人合理认识的水准。"[①]

如果说一个时代有一个时代的统治思想的话,一个时代也有一个时代的一套统治话语。统治话语往往是共识的标记,我们是在共识中生活的。"统治",不一定是政治上的统治,也可以是意

[①] 南帆:"阐释与对话",《文论报》,1998年3月12日。

识形态的、经济的、文化的统治。下面让我们检查一下,所谓"统治话语"是不是就是当时的统治思想—统治话语(这个概括怎么这样别扭?见下)。下文的引用中,顶格的话语为统治最深的第一级,退两格的为第二级,退四格的为第三级。我这里分级标准只有一个,那便是:普及程度,即流行广度与深入人心的程度。我们将不以价值观念为判断标准。(暂时将价值观念这个因素隐蔽起来,不管这些话语是积极的还是消极的,是好的还是坏的,是有益的还是有害的。)一部分话语由王蒙提供[1],一部分是有确定的文字资料,因而作者可考,更多的则是未曾上书的口耳代代相传的话语。

忠孝、仁义、仁政、王道;
　　三省、绝四、慎独、爱人;
己所不欲,勿施于人;
　　老吾老以及人之老,幼吾幼以及人之幼。(以上所谓孔孟之道)
知之为知之,不知为不知,是知也。(孔子)
祸兮福所依,福兮祸所伏。(老子)
　　道可道,非常道。(老子)
正心、诚意、修身、齐家、治国、平天下(所谓宋明理学)
天下为公。(孙中山)
人不为己,天诛地灭。
　　砍头不要紧,只要主义真。
　　敌人不投降就叫他灭亡。

---

[1] 王蒙:"嘉言与警句",《读书》,第117页,1997(7)。

为革命而××(种田,学习……)

　　为了世界上三分之二的没有解放的人民。

　　人有多大胆,地有多大产。

兴无灭资。

毫不利己,专门利人。(毛泽东)

　　个人主义是万恶之源。

一不怕苦,二不怕死。

一人当兵,全家光荣。

　　敢想敢说敢干敢闯。

鼓足干劲,力争上游,多快好省地建设社会主义。

活到老,学到老。

　　见荣誉就让,见困难就上,见先进就学,见后进就帮。

　　脱裤子割尾巴。

共产党的哲学是斗争哲学。

　　三年超英,五年赶美。

　　宁要社会主义的草,不要资本主义的苗。

理解的要执行,不理解的也要执行。(源于林彪)

　　革命不是请客吃饭……(毛泽东)

　　造反有理。

活学活用……(林彪)

念念不忘……(林彪)

振兴中华。

四项基本原则是立国之本。

实践是检验真理的惟一标准。

　　解放思想,实事求是。

　　　　不惟上,不惟书,只惟实。(源于陈云)
　　　　空谈误国,实干兴邦。
不管白猫黑猫,抓住老鼠就是好猫。(源于邓小平)
摸着石头过河。(源于邓小平)
　　　　不搞无谓的争论。(源于邓小平)
　　胆子再大一点,步子再快一点。(源于邓小平)
　　一人结扎,全家光荣。(滑稽至极!老汉与不懂事的儿女光荣得起来么?)

观念更新。

走向世界。

打假。

反腐倡廉。

　　　　转换机制。

时间就是金钱。

质量就是生命。

　　　　搞活经济,搞活企业。

　　　　精英意识。

　　　　使命感。

　　　　超前意识。

　　　　宽容。

知识经济。

WTO

奥运。

小康。

三个代表。

学术泡沫。

海龟派(音喻:海归,从海外归国的学人)。

非典。

你能分得清上面的话语是一个时代的统治思想呢,还是一个时代的统治话语?统治思想在流行话语里结晶,流行话语使统治思想得以呈现。所以,在上面的行文中,作者使用了"统治思想—统治话语"这样一个组合,想来就是这种分不清的解决方式。但是,这样的一种组合方式却道出了这样一个事实:一个时代的统治思想与统治话语是分不开的。正是在这个意义上我们可以说,我们受统治思想的统治,就是受统治话语的统治。我们是活在统治话语的话语场里。

有些话语最终没有足够的条件汇入统治思想,但却是流行的情绪与价值观念。政治笑话、时事顺口溜,也是一种话语场。人类也是活在这样的话语场里的。在某些特殊的年代,人们真的只有靠这些笑话活着。一个典型的例子是1997年《星》杂志第七期[1]发表了以往年代在苏联流行过的"哲学笑话(嘲讽)",题为《对专政哲学的嘲讽》。俄罗斯民族是一个极富幽默感和极具讽刺才能的民族,即使在最艰难的时期,他们也能"笑"对现实,用"哭"、"笑"相加的"讽刺"和"笑话"道出他们内心的苦闷和不平。苏联时期那些脍炙人口的"政治笑话",曾在世界上广为人知。

诸如此类的笑话,何以会让人活在其中?人活一世,一为创造(从中得到幸福与乐趣),二为享受(物质与精神财富),三为体验痛苦。有的人为享受而活,有的人为创造而活,没有人为体验痛苦

---

[1] 参见林杉:"《星》:对专政哲学的嘲讽",《读书》,第45页,1998(9)。

而活但是必须去体验，有的人就是为活着而活。一般地说，物质享受不需要智慧作为前提（这就是一般人甚至是糊涂人和为非作歹者极易投入享受而容易走入误区或者犯罪深渊的原因之一），而创造与体验痛苦，都需要巨大的智慧（这就是能够进行创造和敢于自找苦吃都是人格高尚并且兼有智慧的原因之一）。尤其是体验与排除痛苦，更需要高度的智慧。人的一生，幸福与痛苦几乎是一对一。所谓活着，应该说有一半时间去体验与排除痛苦。排除痛苦根本出路在于消灭痛苦的源头（如以医疗或药物治好某种疾病）。但消灭痛苦的源头往往要付出更痛苦的代价（如在欧洲中世纪去消灭专制与黑暗）。在暂时无法斩断痛苦源头的条件下，以幽默的话语从心理上排除苦闷，吐出内心的不平，是有效的途径甚至是主要的途径。在第二次世界大战时期的战俘营里，战俘主要是靠说笑话讲幽默故事排解生理与心灵上的痛苦。在特殊情况下，人们更需要直接地活在话语场里。

3.1.2.3 一两个句子控制我们一辈子

一两个句子可能控制你大半生甚至一辈子。你听命一个句子的吩咐，一听就是大半辈子甚至一辈子，就算你改变主意，你还是得听命于另一个句子。

有的人相信"马无夜草不肥"，他就一辈子都在弄这个"夜草"。有的人相信"无毒不丈夫"，一直弄到身败名裂。当然更多的人听命于这样的句子："平安就是最大的幸福"、"奉献就是乐趣"、"难得糊涂"、"不是自己的，多拿一分钱也咬手"、"全靠自己救自己"、"走你自己的路，让人家去说吧"以及"不必等待天堂开门，做你自己的事"，等等。如果一旦相信上"与天斗其乐无穷，与地斗其乐无穷,与人斗其乐无穷",不消说,就是一辈子奋斗下去了。曾几何时,整个中国就是这样一个"其乐无穷"实验的场地。后来才知道,与天与地更多的是和谐相处而不是巧取豪夺,与人也不必一味地斗下去。等我们明白这个道理时,国家的经济已到了崩溃的边缘,文化也"革"得几乎无"命",于是,我们又转而听命于另外两个句子:"发展是硬道理"与"保护环境就是保护我们自己"。

你可以说,这不是听命于一个句子,这只是在恪守一个信念。你可以这样说。但是,我们不知道,你怎样才能守住这个信念?一个模模糊糊的、碎片似的念头,你怎样去恪守?我问你:"你一生恪守的信念是什么呀?"我逼着你告诉我,你一生乐意守住的那个信念是什么时,你必须告诉我一个句子。于是,你搜肠刮肚反复尝试,终于说出了一个句子,并将这个句子告诉了我。这种情况,就是海德格尔所说"只有当表示那物的词语找到时,那物才是一物。只有如此,那物才存在(着重号为原文所有)。顺理成章的是,我们必须作出如下的强调:词语即名称不出场时,无物存在。只有词语才使那物存在"①。海德格尔由此生发出"语言是存在之居所"。你将你的句子明白无误地告诉了我,我才明白无误地知道你是在恪守一个什么信念。你说不出那个句子,你就是还没有明晰地形成你所宣称的那个信念。正如达米特(Dummett)所言:"我们的思维的能力与我们使用语言的能力是分不开的;也就是说,在得到语言之前,成熟的思想是不能得到的。"②如此说来,你守住的东西不是一些赤裸裸的信念、价值观念、生活样式、心理状态或者精神追

---

① Heidegger, M., The Nature of Language, in *On the Way to Language*, 1982b, p.62.
② Dummett, 参见 Baghramian, M., *Modern Philosophy of Language*, Counterpoint, P. O. Box 65793, Washington, D. C., 1999, p.310.

求,你实实在在持守的东西不过是一个一个句子。你可以换掉你一时不想持守的信念,但你不能换掉的东西还是能说出来的句子。听命一个句子,也说是听命于一种以语言成功地表达出来了的价值观念、生活样式、心理状态与精神追求。当然,我们最后还是得说,我们是听命于一个句子,受一个句子控制,这对于我们认知一个对象,并没有什么不好。对于这种有点儿神秘的过程,本书作者经历过一次。这一经历可以作为一个个案:家父于 1975 年去世,离世时无疾无痛,我曾经非常努力地概括出这种死亡,并称这种死亡为"智慧的死亡"①,但一直未能说出一个最能概括这种精神的句子。28 年过后,直到最近(2003 年 9 月 2 日清晨)翻阅《英语沙龙》We Learn and We Laugh Together(我们在一起学习,在一起欢笑)栏目,美国人 Dr. Robert S. Herman 说,We are not always able to choose how we are going to die. But we can decide how we are going to live.②读到这里,当即就在心里反驳他说,My father is able to choose how he is going to die, and to wisely die.(家父就能选择如何去死,且是智慧地死去。)这样就逼得我再一次试图用一个句子概括出来,那便是:"选择了简单无奢的生,便是选择了安乐无痛的死"。作为个案,这个句子同样可以供他的儿子持守。问题是,一个模糊的信念,存放了 28 年,逼迫着自己说出来的时候,它才能变成一个句子。人不逼迫说出它,它仍然是一个模模糊糊的信念碎片。

表示信念或者生活样式或者价值观念或者精神追求的一个句子,就是能控制人的一辈子。培根哲学中一个最出名的部分就是

---

① 钱冠连:"智慧的死亡",深圳《街道》月刊,1995(7)。
② 意思是:我们并非总是能选择我们如何去死,但我们能决定我们能如何而生。

他列举出他所谓的五种"幻象"(idols),其中的"市场幻象"(idols of the market-place)是关于语言虐制人心、心意难摆脱话语影响的幻象[1]。

王蒙在谈到中国的嘉言和警句时,他是这样清理与区分的[2]:(一)有些话语组成了中国传统文化的主流价值观,至少是传统文化价值观的最普及部分。举例有:"学而时习之,不亦说乎,有朋自远方来不亦乐乎,人不知而不愠,不亦君子乎?""吾日三省吾身……","朝闻道夕死可也","吾十有五而志于学……","舍生而取义","人生自古谁无死,留取丹心照汗青","天降大任于斯人也,必先苦其心志劳其筋骨……"。(二)许多文学语言组成与美化了国人的感情方式、表意方式直到心理状态。如:"举头望明月,低头思故乡","贫贱夫妻百事哀","但愿人长久,千里共婵娟","僵卧孤村不自哀,尚思为国戍轮台"。(三)民间有些嘉言,对形成国人的精神面貌作用极大。例子有:"一寸光阴一寸金","守身如执玉,积德胜遗金","一言既出,驷马难追","大丈夫四海为家","种瓜得瓜,种豆得豆","家贫出孝子,国难显忠臣","家有良田千顷,不如薄艺随身","只要功夫深,铁杵磨成针"等等。(四)亡命之徒或黑社会气的恶言、狠言或庸言流传,也是一种生活式样。依我看,这些并非"嘉言"也非"警句"的话语对研究社会却是非常必要的。例子是:"量小非君子,无毒不丈夫","最毒妇人心","马无夜草不肥,人无外财不富","好死不如赖活着","官不打送礼的","礼多人不怪","少说话,多磕头",如此等等。

---

[1] Russell, B., *A History of western Philosophy*, New York, 10020: Simon and Schuster, 1972, p. 544.

[2] 王蒙:"嘉言与警句",《读书》,第117页,1997(7)。

(五)名言、智语或俗谚也呈现出异域的生活式样。这实际上表明了话语场冲破一个民族的界限。举例如:"知识就是力量","天才即是勤奋","失败是成功之母","在某某的字典上没有'难'字","物竞天择,适者生存","好话是银,沉默是金","不自由,毋宁死","生命诚可贵,爱情价更高,若为自由故,两者皆可抛","民有,民治,民享","吾爱吾师,吾更爱真理","天助自助者",等等①。他的这种区分中的第一、第三、第四与第五点与我们讨论的听命于一个句子的看法,有着很大的关系。

其实人的一辈子就是在不断地变换着服从一些句子的教导与安排。我们就是这样活在这些句子里的。

3.1.2.4 话语场的传承也就是历史在传承

每一个民族的历史只有一套,传承的方式却有两套。一套是以书传史,一套是以言传史。"书"包括孟子之"文"与庄子之"书",总之是用文字写成的书;与之相对的是"言",口头言语,包括庄子所谓的"言"与孟子所谓的"辞"("辞"从"舌",本来就是口头的言语)。

以书传史。如《史记》记下了种种历史人物,《资治通鉴》记下了治理国家的经验与教训,历史透过封尘,让后人知道久远的大地上发生了什么事情。这样传下来的历史,有两个问题。其中之一

---

① 谁能在这个嘉言警句宝库里加上一句话就是大家,王蒙是如此认为的。世界上有许多大家是不留名的,因为这些留传下来的警句往往找不到第一作者,不知某个嘉言的版权该给谁。本书作者也想在这里冒狗尾续貂之险,加上一句话。那便是:少忍一口气,多丢十个运。这话与"小不忍则乱大谋"有派生之嫌。少忍则多丢,讲的是不会忍受(冤、怨、不公)就把自己前面的生存之路逼窄了,也是从反面教训着手的。可供高人一哂。不是嘉言,自然就会被淘汰。

是先天缺陷——"书不尽言"(先秦思想家们就认识到了这一点),书本记录不完人们口中的言谈。岂止是记录不完,简直就是万不及一!没有录入的话语永远比录入了的话语多得多!世代流传的经验与知识无法被文字作穷尽性的搜罗。搜罗漏万,绍承仅一。问题之二是一个后天缺陷,人为的缺陷:落于言诠的历史往往被缩减或被夸大,不准、不确,甚至有意或者无意被歪曲、被篡改。当鲁迅活着时,常有一事涌上心头,那便是"重写历史":"中国学问,待重新整理者甚多,即如历史,就该另编一部。古人告诉我们唐如何盛,明如何佳,其实唐室大有胡气,明则无赖儿郎,此种物件,都须褫其华衮,示人本相,庶青年不再乌烟瘴气,莫名其妙。"①重写历史者,因其虚假也。因为有了这第二个缺陷,历史不仅可以使人变得明白起来,历史也可以使人越来越糊涂。而且历史使人糊涂的地方多于使人明白的地方。但是,历史的这种靠书传承的方式,积极之处还是多于消极之处。文字的产生才使得人类迈进了文明时代。此前只有口耳相传的历史、知识与技艺,开始靠册、策、典、章、籍(眼下则成书成本成光盘成唱碟成影碟成胶片等等)在时间上流诸长久了,在空间上传之悠远了。有人认为,"汉字自然不是源于战国时代;但文字和书写代替歌谣、传说和神话,成为知识和历史的主要传承手段,则无疑是完成于战国时代,传统世官(口传身教的专业人士)制度的瓦解导致了口传知识传统的终结。"②

以言传史。且不说战国之前历史主要靠口传,就是战国开始"文字和书写代替歌谣、传说和神话,成为知识和历史的主要传承

---

① 散木:"一个空白的选题",《读书》,2003(9)。
② 刘宗迪:"文字原是一张皮",《读书》,2003(10)。

手段"之后直到现在,应该说,历史主要是靠言传,虽然言传的问题很多。问题之一就是言不尽意(也是先秦思想家开始注意到了)。关于言不尽意,即说的话不能把人所思所想都表述(representation)干净,亦即钱钟书所说语言非万能,现代语言学已经讨论过许多,此不再赘。问题之二是言不能存留于更不能超越时空,这个问题最大。一个经验与教训只能靠父传子,邻人传邻人,隔着两个山头喊话,喊而不及不闻,即告结束。这是空间的局限。时间的局限更大,爷爷的话要传到孙子那里,时间就够长的了,还别说传到别人的孙子耳朵里要费多长的时间。正是由于言不能存留于更不能超越时空这一先天缺陷,人类文明史借口语下传的形式总是浮不出水面,得不到公认,甚至不被人察觉。如果说到历史应该有口耳相传的形式,还会认为这简直是个天方夜谭!即使我们百般呼吁历史的口耳相传应该占有一个地位,也是于事无补。最直接的原因是:口传形式不曾存以"历史"的面貌浮出水面。郭于华等人的工作便是一个旁证。陕北骥村是他们从事"20世纪下半期中国农村生活口述资料收集与研究计划"的调查地点之一。在访谈中,婆姨们当被问及关于政治动员、土地转移和家庭财产计价等相关问题时,很难像男性村民那样给予明确的讲述。他们面对的仿佛是历史迷雾后面无从明确表述的感受与记忆。在现实生活中,集体化对乡村女性而言,最大的改变就是她们从户内走向户外、从家庭私领域进入村社集体、从"转锅台"到"下地劳动"。他们在调查中发现,这里却是一种"无事件境":大量的日常生活的细节无序地混杂在一起,没有清晰的时间界限和逻辑关系,也似乎看不出与重大历史过程的意义关联。然而正是在对这类日常生活细枝末节的讲述中,农村女性所经历的集体化过程和属于她们的历史渐渐浮出地表。女性对这段历史的记忆只有当这些经历与她们有切身的关联时才会显现出来。具体而言,这段历史是通过她们对身体病痛的记忆、对养育孩子的记忆和对食物的记忆而得以再现的①。从这里,我受到的启发是两个:第一,没有一个正宗的历史教科书、历史卷宗或者历史档案会记录下女人"对身体病痛的记忆、对养育孩子的记忆和对食物的记忆"。可是,正是这些东西印证出那个时代里发生的农业合作化运动,"从单干变为集体的过程对所有农户都是一次革命性的转变,它是财产所有制的转变,也是劳动生产方式和收入分配方式的转变"②。言诠的历史或许会记下类似这里的这段文字,可是,口耳相传的"身体病痛、养育孩子和食物"却已消失在遥远的、渺茫的时空中。历史中有那么多的无奈!第二,口述的东西,就是有人记录下来,又会怎么样?记录总是一种加工。而且,越是负责的记录,往往越是被加工。原生态的口耳相传的历史我们是永远无法逮住的。但是,我们应该承认,虽然每一个民族的历史只有一套,传承的方式却有两套。一套是以书传史,一套是以言传史。承认了以言传史,就是承认了话语场留住了人们摸不着、看不见的特殊形态的历史。以言传史的问题之三是,政事、家事中的保密,尤其是高超技艺的"只可神会不可言传"的困扰,也使口耳相传打了折扣。以言传史,文明的酝酿就会慢之又慢。尽管有这么多问题,口耳相传的形态依然是历史传承的本质性形态。只是这个本质形态无法被人发现、被人相信、被人证实。中国战国时代之前,历史不就是这样在"传"在

---

① 郭于华:"口述历史:有关记忆与忘却",《读书》,2003(10)。
② 同上书。

"承"吗？即使到了今天，信息的传播被人们喻之为"爆炸"，而且我敢断言，信息爆炸也网罗不尽所有的话语，垄断不了所有话语的传承。比如，说了没有录下来的话一定多于录下的话（成书成本成光盘成唱碟成影碟成胶片等等），即使录下来了最终没有传承下去的话必定多于传承下去的。朝戈金①对"口述历史"的性质阐述如下："按照阅读规则总结出来的美学原则，并不总是适合那些为'听'而创作出来的作品。这里绝不简单是个接受器官的转移，它连带着产生了规则的转移。我们有时意识到书面语和口语之间有某些差别，但却未深究其间的缘由。口头传统的即时性、互动性和高度依赖语境的性质，就决定了它的审美属性与某些'听觉'效果有内在的联系。就说程式化表达——套语，对于阅读而言往往不忍卒读，但对于聆听，就不仅不是问题，还往往造成某种特殊的审美效果。"（着重号为本书作者所置）

以书传史与以言传史，可以是相辅相成的。但是，"人们长久以来过于关注与书写相关联的精英文化产品，而轻视民间口承文化传统。这种偏见会造成人类不可挽回的损失。联合国教科文组织倾听了这些意见，就形成了若干文件，如《关于保护传统文化和民间文化的建议书》"②。继续轻视口传历史是对没有浮出水面的历史的继续无知。本书特别重视话语场留住了历史，就是对这种无知的一个反驳。

话语场留住了历史，话语场的传承也就是历史在传承。

历史的延续也是在话语场的传承之中。与久远的历史能直接

---

① 朝戈金："口头·无形·非物质遗产漫议"，《读书》，第21页，2003(10)。
② 同上书，第18页。

对口的东西只有三个。一是考古发现,二是化石,三是语言(第一个层次上的语音系统和第二个层次上的文字系统)。动物、植物与人骨的化石是生命延续的铁证——其实应该是"石"证。于是,生命的传承找到了"石"证。那么,有什么能够证明我们现在用的语言就是久远之前的语言的延续(尽管有变化)呢？不提出证据,说"能与久远的历史直接对口的包括了语言"岂不是空话？可能的证据是:语言里的文字记载系统——甲骨文,铜器文,铜鼎文,汉字字体的变化,如此等等。文字记载是一个方面。可是,文字记载的是字形,并不是声音(语音)的记录。有什么能够证明我们现在的语音就是由久远以前的语音变来的？答曰:通过实在的方言(不是文字)的历时研究。真正的活的方言当然可作为原生态的东西。这是一个方面。

能不能设想有原生态的话语往下传呢？或者这样问:历史的传承是处在一定空间中的人的行为的传承;人的行为的传承又是在时间中流动的;时间的流动业已得到物理方法的证明,人的行为的传承用什么方法证明呢？即是说,人的行为中的话语的传承是靠什么证明的呢？

不管我们事实上是否发现了这些原生态的话语场,可以推论到的是:只要一个民族的历史是久远下传的,那个民族的话语场也一定跟着往下传。明明有久远的历史,却不见话语往下传是不符合事理逻辑的。也就是说,历史靠话语的传承而往下传承,或者说,历史也是一种话语场的传承。话语场也就是形形色色的既定的附有一定场景的语言用法。巴赫拉米恩在评价分析哲学家奥斯汀的工作时指出:"奥斯汀认为,一代一代通过既成的语言用法往下传递的知识的普遍积累是可靠的,但是却没将哲学智慧的资源用够用全。"①上面这个命题的两个预设的子命题是:(1)知识的共同积累是一代一代往下传递的;(2)知识的共同积累一代一代往下传递时,是通过既成的语言用法进行的。第一个子命题说的正是历史传承的情形;第二个子命题说的正是历史传承的方式——通过既成的语言用法往下传递。

典籍可以证明话语场的传承。不错,典籍中很大一部分是话语的记录,如《论语》中记录了老祖宗孔子与其门徒之间的对话,这便是当时话语场中的话语。这样的对话是通过文字的传承,肯定有文人修改、加工、润色的痕迹,但大致可窥见当时的话语场情景,虽然毕竟不是原生态的语音的延续(这就启示了我们,现在,我们就应该为几千年几万年以后的子孙留下话语录音带、碟等等设备,以备后代的语言学家考察)。而且,典籍中有相当一部分甚至是大部分不是话语的记录,而是思想的记录,思考的记录。思想(思考、思维或思辨)的记录与话语的记录不是一回事。

黑格尔的《美学》断言"中国没有民族史诗",前几年出版的一本讲中国文学概论的书仍然持此观点,这真让人百喙莫辩。不要说现在已经发现了中国一些民族有自己的史诗——一个民族原生态话语的重要方面,就假想现在尚未发现,我们也可以根据"明明有久远的历史,却不见话语往下传,这是不符合事理逻辑的"推断,找到这种原生态的话语。

最能证明话语的传承的是各个民族的口口相传(所谓"口耳相传"就是"口口相传")的原生形态的古歌(历史歌与故事歌)、

---

① Baghramian, M., *Modern Philosophy of Language*, Counterpoint, P. O. Box 65793, Washington, D. C., 1999, pp. 107—108.

史诗(英雄史诗与神话史诗)、神话、民间传说等等。比如说,苗族过去是没有文字的,但苗人却熟知他们祖先的历史。靠的是什么?就是靠口头演唱的古代歌谣、神话、传说。为了便于人们口头传下去,不致断线,这些东西都带上了韵,但也有散文。这些东西几千年代代相传,始终活在民间。活在民间的这些东西就是话语场传承的证据。

证据之一:最近,"贵州民间文学选粹丛书"、"贵州民间文化研究丛书"二十多本出版,就向我们提供了原生态的话语(话语场)记录。以下罗列的材料是根据《读书》(1998·10)段宝林文章"民间的精英"一文提供的:

(1)《苗族古歌》,长达五千多行。包括"开天辟地歌"、"人类起源歌"、"洪水滔天歌"、"跋山涉水歌"等13首长歌。还有"盘古"、"杨亚射日月"、"蚩尤与苗族迁徙歌"等8部。还有"远古纪源:世界之始"、"除锷斗皇"。

(2)《贵州民间长诗》,收入了彝族、水族和侗族的神话史诗。

(3)《布依族摩经文学》,神话古歌专集,有神话史诗、历史歌与故事歌。

(4)《苗族神话故事》,收入了"蚩尤神话"、"盘古开天地"、"伏羲兄妹造人烟"等古史神话。

(5)《彝族叙事诗》,故事诗。

(6)《贵州民间故事》。

(7)《贵州民间歌谣》。

(8)《水族双歌》,对唱的故事诗。如"龙女与渔郎"中龙女唱:"钓鱼人,常在河边;/打渔人,常在深潭。/我龙女,水中游玩,/常见你孤孤单单。/空肚皮,看守渔竿;风雨里,无人照看……"

（9）《侗族大歌瑟琶歌》,侗族大歌是多声部合唱的和声歌,优美动听,曾去巴黎演唱,引起轰动。

证据之二是我家乡的个案:我的童年时代,就会唱上几代人唱过的民谣。上几代人,又是跟谁学唱的呢? 爷爷,爷爷的爷爷,爷爷的爷爷的爷爷……这样推下去不就是推到历史的源头了吗? 我作为一个证人,可以负责任地说:下面的几首民谣或民歌不是从书上念到的,是口口相传的本地(湖北仙桃市沙湖镇)歌谣原生态记载。这就是说,我们得到的东西是与久远的历史能直接对号的语言的语音系统。这些民谣越是粗糙,字音上越是有误有讹有歧义,作为原生态的话语就越是可信。因为粗糙、有误、有讹、有歧义,说明它们不大可能是文人的雕刻之作。对下面的记载,先作以下说明交待:(1)最大限度地保存原样,误、讹、歧、别,一律不改。属于我自己的推测与考察的,仅在注解里交待。(2)注上的汉语拼音为湖北仙桃市沙湖镇方音,与普通话的注音不一样。这一点交待非常重要,因为按普通话不押韵的字口,按本地方音却是押韵的。(3)前面缀★的,不仅小儿唱,大人也是经常唱或念念有词的。

★"天皇皇,地皇皇,我家有个小儿郎,过路君子念一遍,一觉睡到大天光。"

（哪一家小孩夜晚睡觉啼哭不安,便用给鬼魂烧纸钱用的黄纸写上这么一段话贴在大街上,过路人见了便上前念一念,念的人越多,小儿睡得越安稳。）

（以下几首歌谣由久居湖北仙桃沙湖镇的高中教师、生于1945年的钱冠枝先生提供并作解释,他还对上面一首歌谣和一首儿歌的解释也作了订正。）

"月亮哥,跟我走,走到南山买巴篓①。巴篓巴②,换糍巴③。糍巴软,换竹片。竹片尖,杵[chǔ]上天。天又高,好打刀。刀又快,好切菜。菜又甜,好过年。……"

★"背砣砣④,换酒喝。酒冷了,换茶喝。茶冷了,把尿你喝。"

"牵杆杆⑤[gāngān],卖枣枣,卖到河那边狗子咬。狗子狗子你不咬,买个粑粑你过早。"

"三岁的娃,会推磨,推的粉子磨⑥不过,做的粑粑甜不过。婆婆(祖母)吃了两三个[guò],半夜起来摸茶喝[huō],炊子(炊壶)撞了前脑壳,门闩撞了后脑壳。嚷的嚷,喊的喊,婆婆到了田中间[gān]⑦。"

★"地米菜⑧,蒸蒸菜,好吃婆娘来碗来。"

"摇摆手,家家[gāga]的(外婆家)走。搭洋船,下汉口,搭不到洋船步路走(双脚步行在旱路上)。"

★"沙湖沔阳州,十年九不收。要是收一年,狗子不吃糯米粥。"

从上面这几首歌谣中,我们可以看出1949年以前湖北仙桃市沙湖镇人的一些话语场情景:首先,有语言崇拜(第一首),以语言

---

① 巴篓,一种用细柳条去皮编织而成的浅口篓,现已绝迹。
② 第二个"巴",我猜测是"背,[bēi]",动词,"巴篓巴"意即背篓好背。
③ "糍粑"即用糯米做成的一种熟食,方块状,或圆形,加温即软,可煎可烤。
④ 砣砣,是碾砣,还是秤砣? 不清楚。
⑤ "牵杆杆",如何"牵杆杆"? 这就是本地语音异化了,一代代误读下来。推测应为"杆杆"才与儿歌合拍,儿童不可能背很重的"缸缸"。再说"缸缸"也不好"牵"呀。
⑥ 根据下面的歌词推测,此处的"磨",应为吃了不好消化,引起病痛。
⑦ 婆婆怎么会到田中间去呢? 原来是婆婆去世后棺材埋在田地中间。
⑧ 地米菜,学名为荠菜,野生,初春青黄不接时,可挑采来作菜肴。

145

来镇邪压鬼,求得小儿平安。这样的告示给整个镇子造成一点神秘可怖气氛。第二,用语(最典型的是"糍巴"、"过年")与现在(本书写作、付梓与上市之际)相差无几。仍然称祖母为"婆婆",称外祖母为"家家[gāga]",称炊壶为"炊子",称荠菜为"地米菜",至今不改其名。几个与现在不同的词语是:沙湖镇人现在已不用巴篓,当然也不再说它了;以"过春节"代替"过年"的情形多了起来;现在已没有人再用"天皇皇,地皇皇……"这样的民谣来给自家的小孩治病了,这是一个进步。再也没有人称轮船为"洋船"了(不幸的是,可供轮船行驶的通顺河因为修了几个不当的拦腰截断的闸,把轮船也给"闸"住了)。再没人称沙湖镇为"沔阳州"了。第三,儿歌最能体现一个民族的道德传统。如果成年人认为某一个道德条律是非传承不可的,他们就会以口口相传的儿歌形式将其传承下去。如三岁的娃娃推磨磨粉做粑粑孝敬祖母。第四,从民谣看出当地社会与经济的变化与发展。"沙湖沔阳州,十年九不收。要是收一年,狗子不吃糯米粥。"这是一首通过三棒鼓流传最广的歌谣,直到上个世纪七八十年代当地水利设施已使水流而患去,仍有一些省内外的老年人偶尔还是唱吟,表明先前这地方多水患,但土壤肥沃,出产丰富。那个时候的湖北江汉平原(正是原始歌谣本身透露出来的地域信息:"搭洋船,下汉口")的生产力无非是走到南山买巴篓,买糍巴,换竹片,打刀,菜甜好过年,这一套农耕生活图景。最能让人享受的现代文明也不过是乘小火轮下汉口,而且还有赶不上航班的苦恼与不便("搭不到洋船步路走")。对比之下——歌谣的历史价值,一经两个时代对比,便显现无疑——当代的沙湖镇人的生产状况远不止干这些事儿了。至于商业交通方面,每天下汉口做生意的人多到无法统计。

遗憾的是,过去可船行武汉的通顺河早已不能行船。更为严重的是,如不采取得力措施,通顺河本身的消失在即,我们就端了子孙的饭碗,毁灭了子孙的乐趣。我们何以再传吟那令人心驰神往、温馨可心的"摇摆手,家家的走"？第五,只要是真正的口耳相传的歌谣,总是充满了一种幽默感,而幽默感是一个民族文化气质的最优秀的成分。如:"茶冷了,把尿你喝。""狗子狗子你不咬,买个粑粑你过早。""地米菜,蒸蒸菜,好吃婆娘来碗来。"其实地米菜是佳肴,见了地米菜怕是人人都愿做"好吃婆娘"。第六,最令人欣慰的是,留住了历史的语音系统还在往下传,往下"流"。我家乡几岁的小儿还在唱着"月亮哥,跟我走"这样姝姝自悦的歌谣。久远的话语场断不了脉络,这是非常重要的事。因为这标示着历史还在往下传。如果歌谣不再以口耳授受的形式往下传承,那将是非常严重的事。之所以一再强调口耳授受的形式,是因为文字记载东西往往看不出原生状态。要知道,那些上了书的经过文人改造过(应该视为"破坏过")的儿歌、歌谣,老奶奶、妈妈和大姐姐们(女人们)绝对不会买账的。原因是,文人的改造将原始的生动的汤汤水水、原汁原味抹掉了,也就是说,将历史的本相"修改"掉了。故乡沙湖镇的小儿会唱的歌谣与儿歌,一查,就知道是老奶奶、妈妈和大姐姐们(女人们)口头上教的。这里有一个中继现象:由女人们教唱。当然,最终还得小儿爱唱。小儿爱唱的关键是:儿歌必须有趣,有韵能上口。因此,下面这个看来是驴头不对马嘴的说法却是符合规律的:要想儿歌活,就得女人唱。歌谣的传唱亦是如此:要想歌谣活,就得女人唱。看来是男人女人共唱的歌谣,其实是女人教的。这个道理并不复杂。书本上编写得无懈可击、四平八稳、有模有样的东西,没有人口耳授受,其作用都是要打折扣的。而且,我敢说,由文人一厢情愿编写新儿歌与新歌谣,绝对是做了无用功。儿歌与任何种类的歌谣如古歌(历史歌与故事歌)、史诗(英雄史诗与神话史诗)、神话、民间传说等等,一定是在民间自自然然地产生,一代一代地积累,一代一代地口口相传。任何以"主旋律"去引导编写出来的东西,无论主观愿望多么好,都将是劳而无功的。世界各民族的史诗,中国有些民族的史诗,无不是以口口相传的形式保留下来的。文字记载都是后来文人的工作。印度的《吠陀》经就是口口相传的永恒经典①。不失真的记载当然是有功的,有积极意义的。但是,那种随意修改的记载,他们很可能将历史上最真实的东西"修改"掉了。

证据之三:某些地域(如少数民族封闭地、山地等等)与社团的口头文本(记录口头言语的文本),依然没有脱离口头文化传播的语境,或者脱离了仪式性的语境便无法解释。

各个民族都会有神话、史诗、故事这样一些具有固定程式的口头文本流传下来,如讲唱、咏唱、颂说,都是代代相传的活动。因为是代代相传的,也就是历史的活动。我的童年时代,在江汉平原一带,如我的故乡湖北省仙桃市沙湖镇一带,我就听到过"说善书"。这一活动就是以本本讲唱为基础的,劝人家行善积德,听来声声入耳。有的说唱熟练之极,以至抛开善书本本,效果颇佳,听众多有动容者。又比如超度亡灵时对死者一生功劳业绩的评述,过去是行佛事,开道场,又讲又唱,把场面搞得很大很热闹。现代是开追悼会,仪式还是有,只是产生了变异:减少了唱,由一个人照稿子

---

① 金克木:"历史并未过去",《读书》,1995(2)。

念,传达了官方对死者一生的评价,情感的寄托反而放在了第二位。真正的民间追悼会,我只参加过一次,便是对我长兄的追悼。虽然没有官方的人出场念讲稿,却也学了官方的办法,由他生前的一位好友先写好了稿子再照念,由于毕竟是好友,念的话入情入理入事,使在场的人无不痛哭流涕或者唏嘘掩面。这些内容天荒地老地重复经年,世代传颂。这些口头文本,现代人大多不能解释,主要是因为支撑这些文本的语境——求雨、求佛拜神、做道场、嫁女、迎娶、祭祖、送灵等等都是仪式化的语境——大多不再重现,依附于语境的这些仪式性活动也就丧失了立足之地。可是它们作为历史的传承,硬硬实实存在过。有的仍然如故地保存下来。如在少数民族山地、保护地内,这些演唱性的活动(讲唱、咏唱、颂说),仍然流传下来。这些"口述的历史"自身有其特点。可是随着时光变迁,农村的城市化进程加快,这些原始性的讲唱、咏唱、颂说有多少能保留下来,实难料想。为能否保留下来惆怅莫名者,是因其记录了人们有声有色的生活。

话语场的产生和发展只能是自自然然的,一代一代积累式的,本质上是口口相传的。从以上情形看来,我们可以说,话语场留住了历史。话语场的传承也就是历史在传承。

作为话语场的结晶,词语也就留住了历史。考察词语就是考察历史。这便是词语的"化石"功能[1]。

经常在广州的报纸、广播、电视上看到一些死灰复燃的词,看

---

[1] 以下的事实,请见钱冠连:"词语的化石功能",《词库建设通讯》(香港中国语文学会),1986(8)。

起来新,其实是旧。于是就有了一个有趣的比喻:这些重新出现的新词按其功能颇像化石。上文已指出过:人类与昨天能直接对上号的三个东西,一是考古发现,二是化石,三是语言(通过语音系统和文字系统)。能给久远的物质文明史、自然界的历史作一个一锤定音的解说的证物是化石,虽然它的发掘带上了或多或少的偶然性。语言与化石对历史的解释功能有着惊人的相似性。

旧事物的称呼死灰复燃,就是旧词的重新出现。在广州、上海、香港、澳门、深圳等城市,可以听到"经纪人、股民、顶上"等等旧词新用(这些词语对今天的读者已是耳熟能详了)。前面几个词大家都很熟悉,需要解释的是在广州听到的"顶上":仿"顶好",上世纪50年代以后大陆已不用,1936年移居美国、1966年在台湾定居的林语堂在他的小品文中用了"顶上的补喉糖片"(《我的戒烟》)。如今它在广东一带又出现了,如"顶上泰国香米"(商品袋上字样)。

这些死灰复燃的词语就是活化石。以"经纪人"为例:

////////////////////////////////////

1949年以前:　　经纪人

////////////////////////////////////

　　(空白层)

////////////////////////////////////

1990年以后:　　经纪人

////////////////////////////////////

这中间有40年左右(1949—1990)的空白层。为什么?现在我们假设300年以后,有人在文献中连续40年看不到这个词语,而发现1949年以前大量存在和1990年以后又开始出现,人们马上就会和空白层的这40年的社会历史联系起来。一旦联系起来就会发现许多有趣的问题。空白的40年刚好是搞计划经济的年代。搞计划经济不需要经纪人、跑街先生(上门兜售的推销员)之类,90年代开始搞市场经济却少不了这类职业人。从词语看经济就是看历史的发展,看社会的发展。又比如"股民",也是类似情况。这一类死灰复燃的词能有化石作用就因为它曾经"死"过。"死"过之后再冒出来,便有了考察价值。

有些新词语(如"群死群伤"之类)出现之后可能会很快消失,也可以当做化石看。例如,某些新词语出现之前可以当做空白层。这个新词出现之后,它存活的年代可能很长,也可能很短,不管怎么说,它还是一个定量或说常数。过了这个定量阶段之后,又是一个空白层。两个空白层中间夹一个活跃期,这就有了考察意义。这类新词语可能会随着它代表的事物的消失而消失。正因为它可能消失,才具有化石作用。如果是一去不复返,人们就会挖掘它为什么会一去不复返;如果是埋没一段时期以后又复生,人们也会问它一个为什么。这两种情况都有化石功能。

现以"群死群伤"为例加以说明:

　　　　空白
//
1994 年 春 节 之 前 至 ? 年 : " 群 死 群 伤 "
//
　　　　空白

上图中的?号表示这个词消失的年代为未知数。

若干年之后回头考察"群死群伤"盛行年代是1994年至某某

年之间,1994年之前没有,某某年之后也没有。这个情况与"经纪人"的断层年代刚好相反。人们就要问一个为什么。各类专家都从这里发现了自己感兴趣的情况。经济学家发现了:由于改革开放深入,经济进一步发展,城市化的步伐加快,农村劳力进入市场,于是才有内陆省份的民工大量流入广东打工,大家赶在春节之前回乡引起交通紧张,于是发生车毁人亡事件;研究交通的专家发现的却是,当时交通大大制肘了流通,造成所谓瓶颈现象,运力极大的不足以及贪婪愚蠢的车主为了赚钱不顾生命财产安全大量超载又加上疲劳驾驶,才会有群死群伤现象伴生;法律专家认为,当时虽然城市化的步伐不可阻挡,但用工法律不健全,加上西部的相对贫困,不能吸引成千上万的农民流向西部(西部当然也没有法律上的优惠政策),只是一个劲儿地流向沿海城市,不能合理地以法律引导劳力市场的合理分布;经济学家还认识到,当时的农村政策不合理,严重的三农问题长期得不到实际上的改观,没有实行保护农民的经济政策,农民大批弃耕从商从工;社会学家却饶有兴趣地发现,中国人为春节大团圆付出了大代价,不顾春节之前交通紧张的巨大危险,辛苦了一年的民工拼命赶回家乡与家人吃团年饭,交通不堪负担,引起群死群伤现象;文化学家却从中研究出中国春节大团圆的吸引力,作为社会细胞的家庭的吸引力。如此多角度的研究成果,这不也显示了新词语的巨大的活化石功能吗?

　　词语的活化石功能是说,好比自然界里的化石,可以从中窥见人类若干年前的气候、地质、动物、植物状况一样,也可根据词语发现人类社会当时的生产力、生产关系、文化、技术等等状况。

　　如果一个词语总是活跃着,总是被使用着,具有稳定的意义,它就不可能有被埋没过的文化意义。每一个民族语总是有一批这样稳定的词语,我们就不要指望它们会有化石式的功能①。

考察话语场内的词语,也就是考察了历史。

3.1.2.5 小结

关于人活在话语场,我们是从下面四个方面论述的:听话与说话,构成了人生在世的一种主要"活着"方式;"话"必须在"说"流动中才有意义;在人未说话时,庞大的话语场也存在这个事实,比说话时的小话语场开始存在更具有意义,这是话语场的预先设定性;一个民族的嘉言与警句,实际上是当地人们生活样式(范式)的区分;话语场留住了历史,语言以它的语音系统(主要的)和文字系统(次要的)留住了历史,话语场的传承也就是历史在传承,话语场内的词语记录了历史。

从人的直接存在方式的讨论中,我们追查到的东西是:我们活在语言中,活在话语场中,无论是从历史还是从现实看,语言都是人类最后的家园。

关于活在话语场,最后还有一个小小的交待。禅宗反复警告过,"有句则死,无句则活"以及"死在句下"。"死在句下"是话语场潜伏着的危险,活在话语场的危险性。所以,在"活在话语场的意思之二"里,我们专门提到了话语场的校正机制与监督机制。

---

① 新词语的编年本(如中国社科院语用所主编)和《词库建设》(香港中国语文学会)的工作很有益。一本一本地,先不必过分抠它规范不规范,把事实按在纸上再说,即所谓"抓拍"。年代一长,就可从这些"化石"中窥知中国有关年代的极为生动的经济、政治、社会、文化状况。但是,不仅每年一本账,还应十年一大本。十年本可以优选。年代越是久远,十年本的效益越有后劲。有些欧美国家以及日本,有新词语的编年本,但不一定有十年本,我们可以抢在前面做这一工作。这种十年本工作量很大,但给久远以后的中国人所带来的社会文化学效益却是无法估量的,巨大的,值得我们一试。

这是因为：第一，每一个时代的话语场中都不可避免地混入暂时蒙蔽了、远离了、歪曲了真理的话语；第二，即使正确或者反映了客观真理的话语，死抠也是会走入死胡同的。钱钟书指出："那种简洁利落的公式套语（诸如'门户开放'、'走向世界'等等）很便于记忆，作为标题或标语，又凑手，又容易上口。但是，历史过程似乎不为历史编写者的方便着想，不肯直截了当地、按部就班地推进。在我们日常生活里，有时大开着门和窗，有时只开了或半开了窗，却关上门，有时门和窗都紧闭，只留下门窗缝和钥匙孔透些气儿。门窗洞开，难保屋子里的老弱不伤风着凉；门窗牢闭，又防屋子里人多，会闷气窒息；门窗半开半掩，只怕在效果上反而像男女搞对象的半推半就。"①我引用钱钟书先生这段话的意图无非是说明，就是所谓"嘉言或警句"也不必死抠，不必"不理解的也执行"，照办不误总是要坏事的。——稍稍离题，就此打住。

3.2 人不得不活在语言中

3.2.1 语言本身就是生命活动

"语言本身就是人的生命活动"这个命题里的"语言"应该看做"言语活动"。

在生物学家眼里，人的存在方式是血肉之躯，血肉之躯是存在物。

在哲学家眼里，实践（活动）是人的存在方式。其后果可化为可见的物质产品与精神产品。这两种产品，都可独立于人而存在，

---

① 钱钟书：《钱钟书散文》，第461页，浙江文艺出版社，1997年版。

同时也可从中反观人的力量。

可是,"存在"是"语言用多种多样的方式所作的表述"[1]。即是说,存在不是具体的东西被抓住,是一种语言表述。语言又与可见的血肉之躯同时存在,因此,语言可以看成是人的直接存在方式。人与语言不可分离,人栖居在语言中。由于语言(被创造之后)先于个体的人而存在,儿童才可以习得语言(language acquisition),在无师教授的情况下可以学会说话,原因就在于先存在着一个语言的海洋。诞生于世,就是被抛于语言这个大海之中。

断言语言是人的直接存在方式,惟一的理由是:语言本身就是人的一种生命活动。

观语言,就可观人的生命活动。拙著《美学语言学》为这一观点提供了大量证据。通过这些证据我们可以得到这样的结论:研究语言就是研究人自身。我们在这里,只是把这种证据[2]迅速地清理一遍,以便没有读过此书的读者有一个大致的印象:

言语活动本身就是人的一种生命活动。它可以从听和视两个方面感受出来。"可听表现"是发音里的声、气、息,而声、气、息是与生命律动和情感变化对应和同步的,是一种生命状态。"可见表现"是指与话语和谐配合着的说话人的面相与身势。面相与身势就是与说话同步发生的说话人的生命状态。

话语的声、气、息有五个特征:可区别性,或称"指纹"现象和独有性(一人一个样);某些无标记的句子配上两种对立的生命意识的声气息,就会有两种对立的语义;某些无标记的句子配上不同

---

[1] 张学斌:"写小说的符号学家",《读书》,1996(11)。
[2] 钱冠连:《美学语言学》,第62—72页,深圳海天出版社,1993年版。

的声气息就会有多种不同的语义;言语的"可听表现"与"可见表现"与话语形成不可分割的三项配合;说话人生命衰竭或死亡,话语停止,声、气、息一齐消逝。

面相与身势,话语的可见部分。面相身势能独立于语言之外,因为不说话的时候也有面相身势,但是,言语不可以不要面相声势,即言语永远不能独立于面相身势之外。说话的时候,面像与身势不是可有可无的,它们只能"可有",不能"可无"。

生命不谐,则声颓;生命和谐,则声振;那么,语音、语调乃至整个话语的和谐反过来就观照了生命的和谐。说到底,语言的美的效应就应该是人的生命和谐的效应的一部分,因语言里各个层次上的审美选择分别观照了生命的和谐状态。

简介就到此为止。下面的叙述是最近发现:钱钟书对声气息有零星论述。他认为:"气息是流动在人身内的节奏,譬如说六朝人文讲究'潜气内转'。气压是物理界的譬喻,气息是生命的譬喻;一个是外察(extravert),一个是内省(introvert)。"[①]这里说的气息,并未指出就是潜藏在话语里的气息。但是,难道还会与《美学语言学》里所讲的气息有什么不同吗?拙著说,言语(活人说话)里的声气息是人的一种生命状态,钱钟书说,气息是流动在人身内的节奏,潜气内转,是生命的譬喻,是内省的。应该说,两者如出一辙。在同一本书里,钱钟书在谈到文如其人时指出:"顾尔蒙认为,文章是生理作用的产物(un produit physiologigue),健康、饮食、居住以及其他生命机能都影响到文章,也不就是人化或生命化。顾尔蒙只想以作者的生理来解释作者的文笔,生理是文笔外面或

---

① 钱钟书:《钱钟书散文》,浙江文艺出版社,1997年版,第403页。

背后的东西,而我们的文评直接认为文笔自身就有气骨神脉种种生命机能和构造。"①"文笔"同言语当然不是一回事,但两者的相通是显而易见的。文章就是人化或生命化,言语活动更是通盘的人化或生命化。说话时内摄中气、骨髓和神脉。想想洛玉笙83岁(1998年在中央电视台表演)时,说话仍能声如洪钟,拖腔气如游丝,这还不是一种地道的生命现象?"文章就是人化或生命化"与上面说的"气息是流动在人身内的节奏,潜气内转,是生命的譬喻"两者合观,它们共同的指向是:语言是人的一种存在方式。

这里补充两个《美学语言学》上未曾用过的例子。钱钟书说:"眼睛是灵魂的窗户,我们看见外边,同时也让人看到我们的内心;眼睛往往跟着心在转,所以孟子认为'相人莫良于眸子',梅特林克戏剧里的情人接吻时不许闭眼,可以看见对方有多少吻要从心里上升到嘴边。我们跟戴黑眼镜的人谈话,总觉得捉摸不住他的用意,仿佛他以假面具相对,就是为此。"②戴黑眼镜,将说话人本来就有的面相与身势中最具灵性的一个点遮盖住了,实际上就将他的生存方式遮盖住了,看不到生命意识的流动,你当然摸不着他的用意何在。

又比如,龙应台讲过这样一个故事③:有个晚上在奥地利,她用德语朗读自己的作品。结束之后,听众纷纷前来握手。一个中年的德国妇女深深地注视她,说:"我一直在看您的眼睛,您说话的时候,我总觉得您的眼神那么熟悉,就好像我们欧洲人的眼神:您是不是长期在西方住过?"龙应台还说,我分辨得出他们眼波里

---

① 钱钟书:《钱钟书散文》,浙江文艺出版社,1997年版,第394页。
② 钱钟书:《钱钟书散文》,浙江文艺出版社,1997年版,第16页。
③ 龙应台:"干杯吧,托马斯·曼!"《读书》,第53页,1996(2)。

流动的是揶揄还是欣赏,是幽默还是嘲笑,……是轻视还是喜爱,是狐疑还是肯定。我听得懂他们最微妙的笑话,也探得出他们试图隐藏的厌倦。如果眼神是一种语言,是的,那么我显然在不自觉中就用了欧洲人的眼神在和他们对话。……还有身体语言,也就是举手投足。我这个在西方生活了将近二十年的中国人,和一个没有西方经验感染的中国人,已经有了明显不同的走姿、坐态,表达同意或反对的手势,与人谈话时所习惯保持的身体距离,告别时握手或拥抱的刹那决定……这个观察敏锐的德国妇女觉得对我"熟悉",不过是因为在那个晚上,我以欧洲人的眼神和身体语言与她作了沟通。

这真是一个很好的故事。可以帮助许多异乡人(异国,甚至大相径庭的方言区)明白自己在异乡之所以没有话语权力的隐秘所在。你没有相应的言语生命状态(可听的与可见的),哪怕你有生硬的语言对话能力,实际上,你还是失去了语言。失去了语言,就失去了自我,失去了存在的实体。失去了语言就是被放逐了。因为人们对你视而不见。

所以,我们说,言语的生命状态本身就是人的直接现实,直接存在方式。这就是可以说研究语言就是研究人自身的道理。人们一开口就说,"人活一世,吃穿玩乐。"或者反过来说,"人活一世,受苦一生。"其实,人活一世,比吃穿玩乐、比受苦更经常的活动是说话。董乐山回忆一个人时说:"因此,我特别欣赏他(指巫宁坤——本书作者注)对凯撒大帝说的一句话:I came, I suffered, I survived.①这

---

① 丁泽:"没有名的恩师:古罗马大将凯撒发出的豪言:veni, vidi, vici",《读书》,第115页,1996(3)。I came, I suffered, I survived(我来到了,我受难了,我活下来了)是巫宁坤对凯撒大帝原话(veni, vidi, vici,英语一般译为:I came, I saw, I conquered,"我来到了,我看见了,我占领了")的改动。

是一句充满自豪的宣告,可以普遍地应用到中国这一代知识分子的身上,他们历经了万劫,仍然幸存下来,凭的就是这种精神。"[1]其实,在"I came"之前,是有一个"I said"的——"我说:我来到了,我受难了,我活下来了。"这只是为了说明言语行为是人的最重要的行为之一。当人自身作为研究对象的时候,言语行为是最重要项目之一。

语言、文章是个人气质——也就是生命状态——的物化形式。语如其人,文如其人,以语观人,以文观人,大致上就是说的这两者(语与人的生命状态)的对应关系。语言最真实地记录了一个人的生命形态,最典型地打出了一个人的生命烙印。当然,在物化的过程中,可能会有假象存在。说话人、写话人可以掩盖自己,便出现了"口不应心"、"文不对心"的情况。这方面的例子很多,不必在此列举。用于社会的言或文和处于社会的人,为了某种利益,也可以不一致。以语言掩盖人自己,也是语言的功能之一。

"文革"期间,一份日本报纸登出消息,说中国一家工厂的120个工人全部被杀,骇人听闻。核对原来中文,却是工人起来造反,报道使用了当时流行用语"杀出来了"。蹩脚的翻译大概不知道"杀"字在中文里还可以形容某种状态。一个日本人说:"如果不将中国看做不同文化的社会,对日本人来说,中国语有时会起到妨碍他们理解中国的作用。"[2]于是,引用上面那个故事的作者问道:中国人怎样说话?上面说到"杀出来了",岂止如此?中国人说话火药味特足,火药味儿呛人,一件平平常常的事或者重要一点儿的

---

[1] 董乐山:"东方主义大合唱吗?"《读书》,第103页,1994(5)。
[2] 戴燕:"中国人怎样说话",《读书》,第108页,1996(2)。

事件,都要与战争用语相攀。和困难"拼搏",抗洪的"前方,后方,前线,持久战",某某校长有"大将"风度,搞四化是"新长征",某人对问题的揭露真是"一针见血","奋战"100天修通某某路,"打"好什么什么(如高考)这一"仗",丢掉思想包袱以便轻装"上阵",没有物质(一箱方便面吃光了)可以说成"弹尽粮绝",和困难作斗争是"背水一战",某人逃避某事(如逃酒)说成"逃兵"或"临阵脱逃",不敢在人多的场合露面为"怯阵",鲁莽地、不顾一切地干什么说为"赤膊上阵",勇敢地干什么(如打饭排队站在最头里)被赞为"冲锋陷阵",与什么人作敌对状态是"血战到底",……如此等等,真是一言难尽。中国人如此说话,想必和中国人长久的战争史(从古厮杀大战至今"文革"中的大规模武斗:起义抗争、抗击外侵、窝里斗)相关。实际上,研究中国人怎样说话,就是研究中国人的生存状态与存在方式。从"杀出来了"到一切与战争沾边的词语的广泛使用,不都是极为真实的中国人生存状态与存在方式的出场与现身吗?

3.2.2 语言是民族的最后的指纹与遗产

3.2.2.1 民族认同中的宗教与语言

民族认同中的宗教与语言,何为第一位的指标?从犹太人的个案看,应是宗教在先;从中国汉人的个案看,应是语言第一。

侯灵战指出,犹太民族在几千年的历史中,基本上是一个"无根"的民族。希伯来人从出埃及到迦南后只有过几百年短暂的定居生活。从公元七十年"第二圣殿"被罗马军队付之一炬起,大部分犹太人彻底失去了自己故土而不得不过着散居生活。耶路撒冷圣殿、锡安山等空间符号从此只能存在于犹太人的记忆里,成为犹太人的精神故乡。从公元70年起到1948年以色列建国的千百年间,犹太人散居在世界各地(中国的河南都有犹太人)。他们远离故土,丧失母语,甚至改变肤色,在这种严酷的生存夹缝中,作为弱势群体的犹太人依然没有完全被主体民族同化,顽强地保持它的民族禀性。犹太民族生存至今,其民族宗教——犹太教起着不可替代的作用。犹太人的宗教节日有:月朔节(New Moon)、逾越节(Passover)、无酵节(Unleavened Bread)、初熟节(Sacrifice of First-fruits)、五旬节(Pentecost)、吹号节(Trumpets)、赎罪节(Atonement)、住棚节(Tabernacles)、修殿节(Dedication)、普珥节(Purim)、安息日(Sabbath)、禧年(Jubilee)[①]。丧失了母语,他们凭什么认为自己是犹太人而从全世界各地飞回耶路撒冷复国? 凭什么别人认同他的民族身份? 既然没有了母语,那惟一可作凭证的是宗教信仰:"这些节日我都过。"肤色已不足信,因为凭肤色作为民族的归依几乎是无先例的。这一个案中,母语丧失,宗教特点鲜明。支持这一个案的是中国的回族。中国的回民已经失去了祖先的母语——阿拉伯语或波斯语,却保留着宗教信仰——伊斯兰教(不识汉字的回族阿訇仍保留着阿拉伯语和波斯语的知识)。显然,我们还认为他们是回族。

相反的情形是中国人(尤其指汉族)。说1949年前的中国的国教是佛教,大致上不错。但是,广大城市居民没有普遍的、有规律的佛事活动,更没有佛教节日。以作者的家庭为个案,1939年前后,在我的大家庭中,有正规的宗教信仰的,只有我的老祖母—

---

① 侯灵战:"时间符号与民族认同",《读书》,第95页,2001(10)。

人。凭证是,她每月的初一与十五敬香并吃斋。她信佛,是为了长寿(仅仅是功利目的,她并不知佛教何以是佛教)。在湖北省仙桃市沙湖镇的广大乡村,有比较广泛的佛事活动,证据是有人到佛堂或庙宇里烧香拜佛,但也没有普遍认同的佛教节日。中国人有困难了(没子嗣、生灾、起祸、害病、无官,甚至缺衣少食)去找观音菩萨,无事就把菩萨给忘了(得子、做官的或许记得起还愿)!这种实用主义的功利态度,甚至是无诚信态度(得了功利后忘了还愿),严格地说,不是虔诚的宗教信仰。信仰就是信仰,在自己无利可得的时候,在菩萨不显灵的时候也信仰,才是真正的宗教徒。因此,中国人虽然有吃斋的日子,却并未真正的宗教节日。中国人最喜欢的春节、元宵节、清明节、端午节、中秋节、重阳节等等,没有一个是宗教性质的。1949 年以后,宪法上写着尊重宗教信仰自由以外,在整个国家的行政区划中,事实上并无民间的正规的拜佛活动(改革开放以后偶有拜佛,但是也不普遍),也无宗教节日。但是,谁也无法否认汉族存在着并在发展壮大。惟一的民族认同指标是汉语与汉字。肤色在辨认汉族中不起任何作用,因为日本人的肤色与体态几乎与中国汉族无异。这个个案中,宗教特点不鲜明,母语突出。

这样,仅凭犹太人与中国汉人这两个截然相反的个案,不能断定在民族认同(鉴别)中,宗教与语言,哪一项应是第一位的指标。这个问题,还可能留到日后解决,随着时代的发展,看看所谓全球化与区域特征保留的彼此斗争中,语言会发生什么样的变化,到那时再作结论。因为这里还有一个比语言与宗教更复杂的问题是,所鉴别的社团的意愿与选择。

以普遍的情形而论,目前及今后的信息与交通的条件下,识别民族最重要的圭臬,是语言特征与副语言特征。

一个民族(不是指一个国家,是指国家之下的民族)的特征,在当下这个时代,是很不容易区分,不容易被识别的。你所认为的一切特征,都可以变得不那么"特",不那么成为"征别"的标准。科技越来越发达,世界就变得越来越小,民族之间就越来越近。在今天,任何一个单独的国家都无法解决信息高速公路、打击毒品犯罪、环境污染(核污染、河流污染、大气污染)、自然灾害(厄尔尼诺现象及反厄尔尼诺现象等等)与跨国公司等等问题,更不消说一个民族了。现代文明之风横扫一切大陆。到处都穿牛仔裤,到处都喝可口可乐,任何一个农民都可以穿"西装"(但不一定配之以"革履"),最偏僻的乡村都有六个频道的电视可收看,都有直拨电话可拨的时候,你能说你那个民族有什么可靠的独特的面容,过得硬的独特的生活方式,让外界区分?这就是说,科技的发达,如火车、轮船、汽车、飞机、电话、电报、摄影、电影、电视、传真、信息高速公路的先后出现,促成了民族界限的模糊,促成了民族融合的趋势。作为这个论断的反证是,各个大陆原始先民各民族特征的鲜明,正是"隔"的结果。什么使他们"隔"呢?信息之隔与交通之隔是要害。不怕路远,不怕山高,不怕海阔,只怕信息手段与交通手段不够。信息手段与交通手段创造了融合的根本条件,这个条件够了,民族的融合是挡也挡不住的事了。

这种因信息手段与交通手段发达、民族融合挡也挡不住的事,被我们(我和我的学生霍永寿)自己作的一个田野调查所证实。下面就是那次田野调查的记录:

2001年8月17日,我们深入云南宁蒗自治县永宁镇的一个原汁原味的"女儿国"摩梭人家,这个村寨(瓦拉别村)在神秘而美丽的泸沽湖附近。这里说的"原汁原味",其含义是:这个村子就是他们先民的原始休养生息之地,不是旅游部门伪造的;仍然实行走婚;家家户户的建筑格局与布置与他们的先民相比没有变化;民族衣着依旧;看病仍然请村子里的能与神对话的老人(估计会有一个专门的称谓,但我们当时未问。非常幸运的是,我们正在访问的那一个摩梭人家,就有一位病人上门来求医,我与女主人的谈话中断,霍永寿专门为那个求医问诊过程录像)。

出面接待我们的是一个女子,名叫阿七·独支玛·杨立新(最后的名字成了真正被呼叫的名字了,是她自己在"文化大革命"中起的,与汉族别无二致。从这个新添的汉人式的名字看出,这就开始向汉族融合的过程了),三十多岁。她的阿夏(汉族称之为丈夫)先前也是走婚的,但现在他俩已经在另外一个地方住着(但不是另立门户的概念,为的是向外面来的客人推销她家织的手工产品——这已经接受了汉族商品交换的方式,不再谨守农耕了)。她的汉语普通话已经说得非常地道,上过小镇子里的初中,而且成绩不错,用的是汉语课本(这就从根子上改变了他们!)。她把我们引到她母亲作主的那个家中。她母亲领着一家15口人,包括她自己和她姊妹的9个孩子。下面是我与她的有关摩梭人与摩梭语前途的对话。

钱:你认为,汉族的文化与语言最终能冲垮摩梭人的风俗习惯与语言吗?

杨:不会。我们家里人说的都是摩梭话。我会说汉语,但我不会对我的孩子说汉语。孩子跟老奶奶(学习)说(话),说的都是摩梭话。汉族五讲四美、学雷锋,对我们都不起作用,对我们没有压力,因为我们在家里,人与人之间是互相爱护,不用人去教,敬老爱幼是神圣的职责。老人一来了,就要小孩子走开让座。

钱:是吗? 时间长了能保证吗? 比如说,两百年以后……?

杨:一百年、两百年以后,摩梭话可能会没有了。因为受汉语文化影响,摩梭话一代丢一点,那时就丢光了。现在不可能。

阿七·独支玛·杨立新对自己民族的族性与语言是否能存在下去,是有所担心的。我以为这个担心是有根据的。现在我们对他们开始与汉族融合的原因进行一些分析。首先是交通。杨立新上初中是"文革"中的事,那时的交通还不像现在这样发达。现在,从县城(宁蒗)到小镇(永宁)有一条像样的公路,但泸沽湖到永宁镇这一截公路未修通,因此,汽车要走一截无路之路,在大水季节还要淌水,但未造成根本上的隔离。从永宁镇到阿七·独支玛·杨立新所住的瓦拉别村寨居然还有电动三轮,我们乘的就是电动三轮,道路虽不是现代意义上的公路,但走拖拉机什么的,还满可以。小型汽车、电动三轮在寨了里乱串。尤其有意义的是,杨立新的小家中有了直拨电话。这样的交通条件与信息条件,更加便于汉族进入,便于政府在此办初中,于是,提供汉族教师和汉字课本这样的大事,才成为非常现实的可能。正是汉族教师和汉字课本,使阿七·独支玛·杨立新学会了很流利的汉语普通话。根本的改变正在这里。那么,更好的交通条件可更充分地提供汉族教师与汉字课本使杨立新后代们一代一代地学好汉语,带来汉文化。杨说,"孩子跟老奶奶(学)说(话),说的都是摩梭话",这是靠不住的。老奶奶去世之后呢? 杨自己不也是立即会成为老奶奶吗? 她这位老奶奶可是会说汉语的呀。所以,交通发达带来的汉语老师和汉语课本,会改变这里的一切,包括摩梭语。杨立新说的摩梭语言"一代丢一点"——从访问之日起,这句话老是在我耳边回响——是非常有见地的忧虑。这个"一代丢一点",可以解读为"一代融合一点"。一代融合一点是以语言融合领头的。汉语词汇进来了,其词汇后面的汉族的理念、思想、价值观念、生产习惯与方式,才长驱直入。然后,一点一点地、潜移默化地改变了先民的风俗习惯。于是,他们寨子里的男女共浴温泉,"文化大革命"中,中间隔起了一道墙,男女各边,时至今日,已是有泉无男女了。我们亲眼见到了那个人去池空的旧迹,失落感油然而起;于是,很多人都有了汉语名字;于是,外省的、台湾地区以及欧洲的、英美的学者年年都来这里与他们实行三同(同吃同住同劳动);于是,电视里的、收音机里的、录音机里的现代音乐与现代舞蹈音乐旋律,在穿着摩梭服的男女耳边活蹦乱跳。现代鼓点再也不沉重,再也不震撼人的心魄了。现在还有走婚,还有以女人为家长的家庭,50年以后,很难说再有一个原汁原味的"女儿国"。

尽管如此,我们现在仍然能断言这个寨子里居住的居民是摩梭人。为什么?首先,他们用以交际的语言是摩梭语。其次,他们的家庭组织仍然是以女人为家长的走婚制。

这个个案给我们带来的启示是:民族语仍然是鉴定一个民族的最过硬的标准之一。在目前及今后这样的信息及交通条件下,首先是语言的不同,才可以使民族成为一个民族。民族识别的标准,首先便是语言特征与副语言特征。我们不是说别的标准不重要,别的标准,如宗教、生产样式、文化样式,都是标准。但是,语言是一个民族整体性的文化—心理底座。底座奠基在那里,一切(宗教、文化样式、思维方式、风俗习惯、生产方式、生活方式等等)

都不能游离,一切都被吸附。在目前这样的信息与交通条件下,最偏远的乡村或山村,都有六七个频道的电视可收看,都有直拨可通话,都有汽车可通达,还有什么生产方式和生活方式是可以保密的,可以不传播的,可能学不到手的?但是,语言特征与副语言特征却可以是独特的。副语言特征①包括:附着于人的符号束,如面相身势、声气息的参与方式。陈寅恪先生指出:"汉人与胡人之分别,在北朝时代,文化较血统尤为重要。凡汉化之人,即目为汉人。胡化之人,即目为胡人。其血统如何,在所不论。"②在陈寅恪时代,血统已不是区别民族的标准了。承认事实成了标准,即汉化与胡化。什么叫汉化,什么叫胡化,过去肯定有一些标准区分,但我想,语言应该是其中主要的一条:哪有汉化的人不说汉语的道理呢?

从"民族语是鉴定一个民族的最过硬的标准之一"这样的假定出发,我们来寻找一下,中华民族里,现在是否存在着一个真实的满族。我们当然可以说,中华民族的大家庭里,存在着56个民族,其中包括汉满蒙回藏等等。由于汉族文化高度的融合能力,"短短300年之后的今天,满族只留下户籍上的意义,会说满语、能识满文的人已是凤毛麟角(300年以前满族入主北京,成为中国的统治者时,是拥有自己的语言、文字的),在我们周围广为人知的满语只剩下"萨其马"这一个单词。"③凭什么断言"满族只留下户籍上的意义"?我以为,根据语言这个标准,即根据"会说满语、

---

① 关于副语言特征,请参见钱冠连:《汉语文化语用学》第三章,清华大学出版社,1997或2002年版。
② 陈寅恪:《唐代政治史述论稿》。转见谢栋元:《客家话前瞻》,1997。
③ 赵南元:《认知科学与广义进化论》,第350页,清华大学出版社,1994年版。

能识满文的人已是凤毛麟角"这一点,大致上是可以这样断言的。

早在十几年前,国内的一些地区,申请成立少数民族自治区(县)的时候,这个问题曾非常突出的摆在政府官员面前。凭什么说你是一个少数民族?据我所知,中国湖北恩施地区在申请成立土家族自治州的时候,就曾碰上这类问题。出于一个语言教师对语言的兴趣,我提出的问题是:这个地区(当时八个县两百多万人口)有什么过得硬的资格说自己是土家族自治州?使我的追问不至十分荒唐的因素是:我于1962至1988年曾在当地作教师,在长达二十六、七年的过程中,我曾到过来凤县、巴东县、利川县、鹤峰县、宣恩县、恩施县、建始县、咸丰县的深山老林,穷乡偏壤,耳闻目睹过山民的生活。对这个地区的居民是不是土家族,退一步说,有没有土家族,我是有点儿发言权的。凭什么可以将这个地区定性为土家族自治州?凭他们有少数民族的服装吗?除了舞台上演出或应付上级派人来检查以外,真正穿着当地服装的人极少。绝大多数人的服装很难说与汉族有什么区别。山村的男人头上缠着很长的白头巾,给了我极深的印象。凭他们跳摆手舞吗?确实,在宣恩、来凤一些地方摆手舞是"本土的"(注意:不是县城的舞台上为了演戏!)真货色,还有专门的摆手舞堂。凭唱傩戏吗?这也许是引人注目的艺术化石,一种在家门口或堂屋里演唱的傩戏。问题是,别的省的某些少数民族也有傩戏,因而还有傩神——驱逐瘟疫的神。将我提出的这些问题——服装、摆手舞、傩戏——加起来,站在当地人的立场给他们满打满算,也不足以成为定性资料。最后,我亲眼阅读过一个资料,土家族的语言调查,才真正让我觉得这是惟一可以拿出来让人鉴定的东西。它们是某些地方为数不多的老年人能说的、年轻人听不懂的、别的地方的人也听不懂的词语——土家族词语记录(记录工具还是用汉字系统)。别小看这一点资料(土家族词语记录),这是一个民族最后的看家遗产。

社会的现代化越是发展,越是给民族鉴定造成麻烦。各个民族的生活方式越来越靠近,文化交流越来越频繁,你就无法用生活方式与文化习惯来最后鉴别民族。这时,也许只是语言还能派得上用场。例如,分布在湘桂和粤赣之间、五岭之南的壮族,大部分人还有自己的语言。他们称"田"为"那"[nà],称近山为"挠",远山为"陇"[lòng],太阳称为"腾云"(按广州方言读音),星星称为"老离",河流称为"打",水称为"饮"(按广州方言读音)。父亲称为"薄"[bò]或"傲",母亲称为"骨"或"咪"[mi],哥哥称为"撸"[lu],嫂嫂称为"流"[liù],弟弟称为"农",伯父称为"龙"[lòng],如此等等。在语法方面,名词性的修饰词后置,如"红花"称为"花红"(读"娃拎"),"新衣"称为"衣新"(读"补摸"),"大姐"称为"姐大",排行第一的兄弟称为"哥一",名字叫"强"的兄称为"哥强",名字叫"莲"的姐叫"姐莲",等等。[①] 壮族语言属汉藏语系、壮侗语族、壮傣语支。语言的不同真成为指纹的不同了。

语言可以守住一个民族。那么,瑞士无国语,那瑞士岂不是消失了吗?事实是,瑞士不仅没消失,还被人称为"世界花园"舒舒服服地站在那里哩。有趣的事情正是在这里:瑞士诚然无瑞士语,但德语、法语、意大利语、列托—罗马语是瑞士的正式语言。瑞士的官方文件,都要同时以德、法、意三种语言公之于世。但是,请注意,瑞士也无瑞士民族。瑞士这一个国家由日耳曼族、法兰西族和意大利族等多种民族组成,其中日耳曼人最多,约占有72%。这

---

① 陆上来:"复杂的族称与奇特的语言",《粤海同心》,第6页,1998(12)。

个例子刚好从反面说明了语言与民族的相守的关系。既然瑞士国没有瑞士民族,当然也就没有瑞士语了。

3.2.2.2 语言共同体的指纹意义

据此,以语言划分世界——语言共同体——也是可以的。语言共同体不是地域概念,也不是政治概念。事实上,这个世界上存在着汉语世界,英语世界,阿拉伯语世界,法语世界,西班牙语世界,等等。语言共同体可以打破国家疆域的界限。新加坡说汉语的社团,也可以是汉语世界。中国领土以外说汉语的汉语社团,也可以认为是在汉语世界中活着的人(社团)。当然香港人、台湾人更是活在汉语世界中的人。以语言划分世界之所以是可行的,是因为语言具有独立的品格。英语类型学家、美国伊利诺斯大学教授卡其鲁(Braj B. Kachru)对此提出的支持是"三大同心圈理论"(the three concentric circles)[1],按历史、社会和文化特征把全世界的英语世界分为三个圈:提供语言规范(norm-providing)的"内圈"。它指的是英国、美国、加拿大、澳大利亚、新西兰,此为一。其二,对规范加以变形和发展(norm-developing)的"外圈"。它指的是印度、新加坡、尼日利亚、加纳和菲律宾等英语作为官方或半官方语言的国家。其三,"发展圈"包括了日本、俄罗斯和中国等把英语作为外语学习和使用的国家,他们对规范应采取依附的态度(norm-dependent)。英语"内圈"和英语"外圈"便形成了超越了地域界限的语言共同体。

---

[1] Kachru. Braj B. ,1985. Institutionalized Second-language Varieties,(ed.) *The English Language Today. Oxford*:Pergamon Press.

划分语言共同体具有什么样的意义？语言共同体具有独立的品格吗？语言共同体的独立品格表现在何处？

第一个方面，文化具有独立的品格，这个是大家都承认的。而语言与文化是全息的关系，所以语言也是具有独立品格的，这就为按语言划分世界奠定了最坚实基础。说明文化具有独立品格的概念有许多，如"文化团体"、"文化共同体"、"文化集团"等等。费孝通先生认为世界上存在着"文化共同体"、"文化集团"[1]，确实如此。

关于语言与文化是全息关系的论述，集中于拙著《语言全息论》[2]。它的基本观点是：(1)语言，宇宙中的一个子系统，与文化，宇宙中的另一个子系统，它们相互包含着对方的信息。赤条条的、洗净文化血肉的语言的存在，殆不可能。语言与文化如果是分裂的，互不包含的，那人的精神就是分裂的。我们知道，正常人的精神不可能是分裂的。(2)语言与文化(作为部分)各自与宇宙(作为整体)之间包含自相同的信息。作为部分的语言与宇宙的同构相通之处，一在声音，二在节奏，三在宇宙美与语言美的同构，另外，在递归结构、集合与离散、边界"测不准原理"、周期律(位移与节律)、共时性与历时性、全息性的控制与线性、层次相互蕴含等方面，语言与宇宙都是同构的。这是一个方面。另一方面，文化与宇宙同构表现在，是宇宙造就了人，人的文化行为模式对宇宙万象产生重复、模仿，宇宙与人的行为相互感应。综合上面两个方面，可以说，宇宙是一个普遍联系体，一切事物都处在全方位的相互联

---

[1] 费孝通："从反思到文化自觉和交流"，《读书》，1998(11)。
[2] 钱冠连：《语言全息论》，第262—270页，商务印书馆，2002年版。

系、相互制约之中,这就使每一事物、宇宙中的每一个位点都具有了来自宇宙任何一个位点的相互作用、相互联系、相互制约的全部信息,于是任何位点都成为宇宙的一个信息缩影。语言与文化既然分别是一个位点,所以它们都成为宇宙的一个信息缩影。结论:语言与文化全息。

所以,一种文化支持一种语言。一种语言共同体下面有一种文化垫底。我们常常发现在汉语世界中能做的事,在西语世界中行不通,反之亦然。这就是语言共同体中的文化有效性。文化的有效性说明了语言共同体具有独立存在的品格。语言不可译的部分刚好不是语言形式在作难,作难的是文化部分。语言形式的对译,总是可以找到办法的。文化的隔离是不可克服的。翻译中不可挽回的亏损就是文化亏损。语言形式的鉴别总是可以明晰的。这就证明了语言的区别是具有指纹性的区别。这一论断与"语言是创造它的民族的最后的遗产"(参见3.2.2.3)论相互阐明。

语言与文化的关系问题,有关著作汗牛充栋,此处不再赘。

第二个方面,一个语言共同体也是一种思维方式的标示。一种语言训练出来的思考习惯与另一语言训练出来的思考习惯是不大一样的。说不同语言的人,思维方式是不尽相同的。证实这一点,也就证实了语言共同体的指纹意义——指示出思维方式的独特。

有一个假想实验以资证明。影响一个人学习外语的听力有多方面的因素。最重要的因素,我以为有七个方面。它们是:句型熟练程度,词汇量大小,是否能甄别文化异质,知识模式是否对位,音感是否对位,思维方式干扰是否排除,是否有心理障碍。语法学家往往注意句型熟练程度和词汇量大小,重文化学的外语教师往往强调是否能甄别文化异质。这几年来图式论者又强调知识模式是否对位。这些都是有根据的,如果上述考虑能结合听力不佳学生的具体情况,确实能收到很好的效果。音感是否对位,却很少有专家注意了。此处不详细讨论音感对位问题,因为本书作者有一个实验未做成,作者不便在本书中武断定论。这里只是简单介绍实验音感对位的主要思路。一个外语学习者将一个单词的错误的发音记在脑子里,将一个句型的错误语调(如应该读升调的句子没有读升调,意群划分出错,焦点没有在声音上突出,主句与从句的时间分配失调,等等)记在脑子里,当他听到一个正常单词的发音时,当他听到一个正常的句子语调处理时,他就产生了障碍。这种障碍,即保存在脑子里的错误音感抵抗了正常的发音而产生的障碍,叫做音感不对位。由于作者没有能取得大量的数据,便不敢断言音感不对位的错误对听力的影响到底有多大。有兴趣的读者可参考拙文《音感召唤》[①],我以为,此文已初步阐明了音感不对位的理论基础。

比上面的问题更带本质性的一个方面是:本民族语所固有的思维方式干扰了外语听力,这一事实背后的东西是:一种语言训练出一套思维方式。这个问题尚未见讨论。这里打算要讨论它,并不是从提高听力着眼(虽然相信有助于解决这个问题),而是阐明语言共同体的划分是有根据的,从而进一步证明:语言是一个民族的最后遗产,语言是人类最后的家园。

这个假想的实验是这样的。从录音机里正发出的一段清晰的正常的英语朗读。我们且将下面六个因素——句型熟练程度,词

---

① 钱冠连:"音感召唤",《外语学刊》(黑龙江大学学报),1990(5)。

汇量大小,是否能甄别文化异质,知识模式是否对位,音感是否对位,心理是否有障碍——暂时搁置不理,即是说,我们假想的听者,一个中国人,这在六个方面均无问题,句型熟练,词汇量大,能甄别文化异质,知识模式对位情况较好,音感对位不存问题,心理无障碍。首要的问题是,我们假想的最自然的听力是这样的:顺着英语的说话或朗读的线性一直往下想,一直往后,不回头想。这时,听者的思考序与正说着的语言流程序相重叠。如果听者的思考序与正说着或朗读着的语言流程序不一样,则形成了听者的思考序对语言流程序的干扰。开始听:

In a quite ordinary sense, it is obvious that there can be private languages. There can be, because there are. A language may be said to be private when it is devised to enable a limited number of persons to communicate with one another in a way that is not intelligible to anyone outside the group. By this criterion, thieves' slang and family jargons are private languages. Such languages are not strictly private, in the sense that only one person uses and understands them, but there may very well be languages that are. Men have been known to keep diaries in codes which no one else is meant to understand.[1]

第一句:In a quite ordinary sense, it is obvious that there can be private languages.

听录音的这个中国人,由于汉语句子的顺序"很显然,私人语言是可能存在的"("显然"在前,其他在后)与英语句子的顺序相

---

[1] Ayer, A. J., Can There Be a Private Language? *Proceedings of the Aristotelian Society*. 1954, suppl. vol. 28. 是否有私人语言,是分析哲学争论的问题之一,本书且撇开这个问题不论。我们只是用这一段作为一个假想的听力实验材料。

同,他较为顺利地听懂了第一句。此种情况就是,听者的思考顺序与正说着的(正给出的,流动的)语言流程序相同,即思考序与语言流程序相同。如果他出于"正确的"语法概念(这也是在说汉语的中国英语教师的训练之下得到的思想方法),将实际主语搬到形式主语的位置上,即硬是要在脑子里把 that there can be private languages 搬回到 it 的位置上,他心里才踏实,才放心地往下听,那么,就发生了第一次将英语原句的线性搅乱因而听者的思考序干扰语言流程序的情形。如果发生这种情况,听者可能分神,对以后的听力效果发生不好的影响。

第二句:There can be, because there are.

他听这个句子顺畅,仅仅是因为汉语句子训练出的思维顺序"可能存在着私人语言,因为确实存在"的顺序与这个英语句子相同。也就是说,客观上,听者的思考序顺从了语言流程序。

第三句:A language may be said to be private when it is devised to enable a limited number of persons to communicate with one another in a way that is not intelligible to anyone outside the group.

他边听边想,如果执着于模仿这样的汉语模式,就会在脑子里先将 when it is devised to enable a limited number of persons to communicate with one another in a way that is not intelligible to anyone outside the group 的汉语意思想出来(更糟糕的情况是先翻译出来),再去回忆前面的 A language may be said to be private。这样他又一次倒过去,第二次将英语句子的线性搅乱。这样做的恶果之一是:当他这样在脑子里倒来倒去时,录音机里的语流还在往下流(或者实际上的说话人在继续说着),下面的东西,他根本没有注意。这就可能导致他慌了神。进一步影响下面的听力效果。

第四句：By this criterion, thieves' slang and family jargons are private languages.

他顺畅地听懂了这句话，因为汉语句子常常是这样排列："按照这个标准，盗贼黑话与家庭切口正是私有语言。"这一思想线路与英语句子正合，即听者的思考序与语言流程序相合。

第五句：Such languages are not strictly private, in the sense that only one person uses and understands them, but there may very well be languages that are.

如果他在脑子里硬是要把 in the sense...放到 Such languages are...前面去理解，那也说得通，因为原因在前，结论在后，也是汉语的一个思考顺序。问题是，当你这样又倒转一次时，便再一次发生听者思考序与语言流程序相悖的冲撞，从而影响了对 but there may very well be languages that are 的听取。

第六句：Men have been known to keep diaries in codes which no one else is meant to understand.

如果听者的思考序与语言流程序相同，这样理解："我们知道有人打算用别人不理解的密码记日记"，他大致上听对了。虽然这样在脑子里翻译并不正确，并不符合听的规律——符合规律的听取是不应同时在脑子里翻成母语的。问题是，汉语思考习惯是将一个定语从句堆放到一个中心名词之前，于是听者听完了这句以后，他在脑子里倒转成"我们知道有人打算用别人不懂的密码去写日记"，那就又发生了听者思考序与语言流程序的冲突。

在这样一小段的听取中，发生了两三次听者思考序与语言流程序矛盾的情况。语言是线性的，可是操另一语种的听者的思考习惯时不时要逆反一下。两种编码系统无法兼容，不可能在同一平面上操作,更不消说在同一个时刻内兼容与操作。在这种思考序破坏语言线性流动的情况下,一个听者能听取准确的外语吗?(此处不是为了进行听力诊断,因而这里不提听力训练的事情。)

这一种失误正是表明了,一种语言训练出来的思考习惯与另一语言训练出来的思考习惯是不大一样的。因而,一个民族,一种语言,一种思考习惯,是鱼贯发生的关系。以语言划分世界具有独立的品格,其真实含义是:语言给一个民族思维习惯定位,给一个民族思考习惯安家,语言是这个民族最后的家园(在一个国家之内,民族融合发生之后,小的民族自觉或不自觉地放弃自己的民族语,使用主导民族的语言的情形,不在这里讨论,但可参见3.2.2.3中北魏孝文帝主动放弃民族语的论述)。

一个语言共同体往往与一套行为同时产生。不同的语言共同体就产生不同的行为模式。这就使语言共同体具有了独立品格。因为这个问题涉及语言规定思想论,我们将在3.2.4"语言规定思想论及其机制"里讨论。

3.2.2.3 民族的最后的遗产

1."与昨天能对上号的,惟有语言。惟有语言可以从历史的深处延伸而来,成为民族的最后指纹,最后的遗产。"[1]韩少功的这个观点,与余秋雨的看法不谋而合:"语言是祖先留下来的遗产,是第一笔遗产,也是最后一笔遗产。"(1998年某日接受中央电视台采访时说)

详细一点说,是语言中的两个系统将历史留了下来,当然也是

---

[1] 韩少功:"世界",《花城》,1994(6)。

这两个系统才能与历史对上号。一个是语音系统,一个是文字系统。语言的声音只能一代传一代,文字可以是越代传承,因而语言成了一个民族惟一夺不走、毁不坏的遗产(这又涉及民族融合发生之后,小的民族自觉或不自觉地放弃自己的民族语这一遗产,使用主导民族的语言的情形,参见本节下面北魏孝文帝放弃民族语的论述)。

上面引用过的湖北恩施土家族自治州的材料,能为申报建立自治州说话且说得最有分量的,就是语言:只有老人才说的某些词语,年轻人听不懂。因为它是历史的深处延伸而来的民族的最后指纹和最后的遗产。

与昨天能对上号的即与久远的历史能对上号的,只有三个东西。一个是古人有意埋在地下的各类实物,一个是化石,一个是语言。但化石(植物、动物化石)不是人的附属物,不是人的产物,不归人所有,就是人自己的头盖骨化石,也只能和人的身体(物质)对上号,不是人的精神产物。语言不同。精神生成语言,语言也就给人的精神生成落下了档案。它一代一代往下传的时候,说话的民族的全部文化内涵、精神内涵也就附着在语言之上了。《论语》上的对话(孔子与学生的对话可当做对话案例来看待[1])可以与春秋时代对号。可惜对上号的只是文字系统,而不是语音系统,即不是录音带。《文心雕龙》上的对话案例[2]可以与中国齐梁时代对上号。同样可惜的是,对上号的只是文字系统,而不是语音系统,即不是录音带。同理,一千年以后的中国人,可以通过 21 世纪初叶

---

[1] 参看钱冠连:《汉语文化语用学》第二、三、四、五各章的例句,清华大学出版社,1997 或 2002 年版。
[2] 同上书。

的汉族录音对话(比文字传承更重要)来看出此时的中国汉族人的文化精神风貌。这种对号(不仅有文字对号,更理想的是有语音对号),便是指纹特征。指纹一人一个,没有绝对相同的两个指纹。指纹便具有了绝对区别特征。所以,为一个民族做指纹性凭证的,语言就是最过硬的指标之一了。

2. 每一个民族都将语言看成自己的最后遗产加以卫护。

《突厥语大词典》不是严格意义上的词典,而是记载了语言、故事、诗歌、历史、地理、物产和民俗的突厥民族的百科全书。它传奇式的发现与隐没,隐没与发现,最终得以流传,是把语言作为民族的最后的遗产加以保护的例子[①]。麻赫穆德·喀什噶里出生于公元1008年,他的祖父和父亲都曾是喀喇汗王朝的汗。一场宫廷政变使整个家族几乎被斩尽杀绝。他逃出后,凭着渊博的知识为自己的流浪生活赋予了尽可能宏大的目标。他沿着伊犁河、楚河、锡尔河、阿姆河之间的广阔的地域,在生活着突厥语诸部的民族中,颠沛流离了15年之久。他收集和考察这些部落的语言。对于许多部落而言,它们的语言在说出时就意味着消亡。他要让这些语言永生。麻赫穆德随着丝绸商人来到巴格达定居之后,潜心写作他的《突厥语大词典》。历经20年寂寞岁月,终于如愿以偿用阿拉伯文写成了辉煌巨著《突厥语大词典》。书中汇集了突厥语各民族的语言、故事和诗歌,不仅对研究新疆和中亚的语言文字和文学艺术具有很高的价值,而且为研究突厥语诸部族的历史、地理、物产和民俗提供了宝贵的资料,被称做是突厥民族的百科全书。公元1074年2月,麻赫穆德将书稿献给阿拉伯阿巴斯王朝的

---

① 参见卢一萍:"不灭的书",《读书》,第65—69页,2002(9)。

哈里发(国王)阿布杜拉。他交出书稿之后,行走了漫长的时间回到故乡,做了一名乡村教师。但战争席卷了阿拉伯领土,珍藏着他书稿的王宫焚为一片废墟,《突厥语大词典》去向不明。在战争结束后一百年间,人们四处寻找,结果是杳无音信。12世纪末,巴格达街头出现了一个蓬头垢面的女乞丐,她背着一个包袱,来到王宫门前,径直朝王宫走去。这个沦为乞丐的妇女就是阿布杜拉的后代,那一百年间,她的父辈和祖辈为这部书经历了无数的颠沛流离,他们失去了一个王朝,却尊从了一个学者的愿望保住了这一部书。国王从女乞丐手中接受了这部书之后,喜出望外,当即令人将词典抄了几十部。可是没过几年,十字军第二次东征,战争又一次蹂躏了阿拉伯。这部书在战争中再次石沉大海,杳无音信。一晃六百余年过去了。第一次世界大战期间,一颗像是长了眼睛的炸弹炸开了土耳其著名贵族狄维尔贝克家族中一位藏书家的书库,发现了一本古书,这就是世界上惟一的抄本《突厥语大词典》。一位教师用了三年时间,在伊斯坦布尔将它分为三卷刊印出来,当即引起了各国学者的普遍关注。这不是一个杜撰的故事,而是真实的历史。对这本书保护所持的自觉与理智,七百多年接力棒式的保护的精心与顽强,以上种种,出于一个什么心理?什么样的解释才是合理的,有说服力的?只有将语言当成国家或者民族的最后的遗产的心理,人们才会有那样的统一的配合行动。他们知道,保护了一种语言遗产,就等于保护了那一个民族的百科全书。对一部书的保护做到这样理智与有效,只有一个成熟的、有悠久的文化教育的民族才能做到。让我们感到惊讶的是,出此一策的竟然是一些处于游牧的、内乱纷争与外患战乱之中的民族!这一点难道不是让我们中华民族脸红么?我们这个早就定居于农耕、文化辉煌的民族,对文化遗产都怎么样呢?我们曾以焚书坑儒的"勇气"而骄傲,曾以大破四旧的"胆量"而自豪,曾以不读书照样干革命的理念而夸口!过去的事不说也罢。现在呢?以现在的国力,以现在各方面条件而论,我们保护一本书不成问题了吧?但是,我们的"国王",我们的"王室人员",我们的干部、学者、老百姓,都愿意并且能够像突厥各部族的人那样采取可歌可泣的有效的保护行动吗?

各个民族不会轻易让出去语言权。以死相拼而保卫语言权的故事,古今中外的民族史上一再发生。语言纠纷也一再发生。为保卫母语而燃起战火的事情也发生过。美国小说《寻根》中的黑奴,宁被吊死,也要守住自己的非洲母语名字,不接受英文姓名。这一情节对于语言学虽说不足为据,但可作为旁证。正好这里有一个历史事实,可与这个黑奴的恋守母语的情结配对。我国北魏孝文帝推行彻底汉化——迁都洛阳,只准讲正音(中原汉语),不惜将家庭的姓拓跋改为元——自然不会顺利。孝文帝的长子元恂(15岁),为了保住自己的民族语言和家族的姓氏,不吝自己的头颅,以死相拼,后来终被自己的皇帝老子杀掉。

问题是,孝文帝的儿子对母语以死捍卫与其父对母语的坚决让出,形成鲜明对照。这个中缘由从何说起呢?

北魏孝文帝拓跋宏(476—499),为了彻底汉化,逝世前三年改姓元,称元宏。他在位23年,最重要也最有争议的举措就是迁都和汉化。迁都洛阳并移民中原成定局时,孝文帝开始采取一系列更彻底的汉化措施,而反对派也不放过每一个对抗的机会。太和十八年十二月初二,孝文帝禁止穿"胡服"(鲜卑等北方诸族的服装)。五月二十六日,孝文帝宣布了他的另一项汉化措施:"停止说鲜卑话,一律讲正音(中原汉语)。三十岁以上的人或许一时难改,三十岁以下的朝廷现职官员不许再讲鲜卑话,如有故意不改的,就要降职或撤职。"六月初二,孝文帝正式下诏,禁止在朝廷使用鲜卑语,违者一律免职。汉化过程中最彻底的一步是将本家族由拓跋改为元姓。推行汉化自然不会顺利,孝文帝杀了带头违抗的15岁的长子元恂,杀了一批企图叛乱的宗室重臣。孝文帝的改革取得了影响深远的成功。这样激烈的汉化措施居然再也没有逆转,中国历史上掌握了政权的非汉民族统治者最主动、最彻底的汉化最终实现了[①]。

孝文帝这样做(包括让出语言权)给我们的启示是:

第一,搞掉(硬行消灭或者逐渐融化与消解)一个民族(对于北魏孝文帝所属的鲜卑族来说是主动向汉族融化),最关键的一着是搞掉它最后的遗产——语言。日本鬼子侵略中国时,到处设日语课,就是出于这个用心。德国人攻占法国以后,也不许法国小学设法语课,让其忘掉母语。德日侵略者此种做法可谓另一种"竭泽而渔",用心何其毒也。葛剑雄论及孝文帝推行彻底汉化时指出:"汉化过程中最彻底的一步,将本家族由拓跋改为元姓。"我以为不然。最彻底的一步应该是"停止说鲜卑话,一律讲正音(中原汉语)"。不改姓名的中国人从小在国外的外语环境中长大,能讲一口自然的当地语言,这种外化与改姓改名毫无关系。决定他外化的关键是从小在外国(地域)长大,说了一口地道的外语(语言)。说了一口地道的外语,才背负上了所在国的文化。鲜卑人

[①] 葛剑雄:"盖世英雄还是千古罪人",《读书》,1996(5)。

不仅迁都洛阳,移民中原,而且只准讲中原正音。这才是汉化最彻底的一步,挖老根的一步。他们丢掉了自己的语言,才真正丢掉了他们地域上的家园(好在孝文帝他们正好就想丢掉这个地域上的家园:移民中原)。反过来说,只有真正放弃自己的民族语,才能得到他们企图得到的新家园(中原)。放弃什么与丢掉什么,是一个辩证的关系。这个问题我们还要在"语言:一个文明的溃散或者持守"(3.2.3)进一步分析。

第二,为何个别民族要让出语言权——让出自己民族最后的遗产?葛剑雄指出,"孝文帝的改革信念是基于他对汉文化优越性的认识和对鲜卑族长远利益的关注。"这个结论是有争议的。

一个有近千年历史的纯粹的鲜卑族、鲜卑语言、鲜卑文化以至拓跋家族很快地消亡了,这是非常令人震惊的事件。别的少数民族宁可为了保持民族的纯正,而放弃中原的物质文明和辽阔的疆域,千方百计地抵制汉化。孝文帝可是最主动最彻底去推行汉化的。他是不是"鲜卑奸",自有后人评说,我无力多掷谠言。我们换一个方式讨论问题:站在孝文帝的立场上,不用许多猜想,大致就可以列出他主动推行汉化的理由:第一,他不主动汉化,鲜卑族的命运会怎么样?能否保持鲜卑族的纯正?历来在中国北方和境外生活的游牧民族,凡是要进入汉族农耕地区的,最终都免不了在文化上被同化的命运。这样被融合在汉族之中的少数民族(不说先秦的非华夏族,仅从汉代以来的少数民族)有:匈奴、乌桓、鲜卑、羯、丁零、铁勒、突厥、回纥[hé](鹘)、沙陀、契丹、女真。孝文帝以后的少数民族命运他当然无法看到,他以前的少数民族的结局(被汉族同化)是应该能看到的。事实上,"两千多年间,没有一个民族取得过比孝文帝改革后的鲜卑族更好的结局,这难道是偶然的吗?"(葛剑雄)他看到了必然,而顺从必然。这也不啻为掌握自己民族命运的一种方式。第二,从站稳自己王朝的统治脚跟出发,他必须学会先进的生产方式和生活方式。第三,事实上,少数民族的统治者不主动推行汉化,他的子民也未必能抵得住先进生活方式和生产方式的诱惑,未必去主动融入汉民。金朝后期,迁入黄河流域的女真人纷纷学汉语,穿汉装,改汉姓,以致皇帝多次下诏禁止。但连太子、诸王都"自幼惟习汉人风俗",女真"文字语言或不通晓",气得金世宗骂他们是"忘本",看来已无可奈何(葛剑雄)。综上所述,中国如此多的少数民族主动让出语言权、放弃自己民族最后的遗产的事例的原因,从根儿上说,还是对先进生产力的向往,为了自己种族的存活与发展。不是为了自己种族的存活而主动放弃语言权,放弃自己民族最后的遗产,是不可思议的。但是,从历史事实看来,宁死不放弃语言权——无论这种挣扎是否成功——的情形还是相当多的。

主动向别的民族同化,准备让出语言权的最近的一个例子是:瑞典的尤卡斯耶尔维——一个深入北极圈一百多公里的小村,居住着拉普兰人。法文百科全书记载,拉普兰可能是世界上马上就要消失的一个游牧民族。它目前人口仅有两万,分布在挪威、瑞典、俄罗斯与芬兰四个国家,而且都住在高纬度的北极圈内,在瑞典有一万人。尤卡斯耶尔维小村已成为拉普兰人的休息处和补给站。有些拉普兰人想进入都市文明,不再想游牧下去,因此这个小村便成为他们的跳板与学校。这个说法是否可信,当然可以置喙一二。拉普兰人有自己的语言、文字、文化价值观念与传统。他们想同化到别的民族中去过都市生活,就会分散,第一件要做的事就是自动让出语言权。如果事情的发展是这个样,便会成为另一个自动让出语言权、向别的民族主动融合的民族;如果事情不是这样发展,说他们是"地球上即将消失的民族",是一种让人看不清事实的说法。

3. 扩大自己的语言在世界信息传递中的份额。

威胁语言遗产地位的是事实上的语言霸权。

语言霸权引起的政治纷争也多得很。20世纪60年代末叶崭露头角的、以解构主义闻名的德里达(Derrida, J.)(犹太人的孩子)在《友谊政治学》中指出:"所有那些看似自然的范畴,连带由它派生的社团、文化、民族、边界等概念,都是语言使然,因而也都是约定俗成。"这里所说的语言,还不全是指与文字配对的语言,还泛指话语。在《马克思的幽灵》中,"他尖锐地抨击了全球资本主义和传媒大一统的'新国际',认为这是在用前所未有的战争手段来谋取世界霸权。而且依照德里达的逻辑,霸权也好,暴政也好,其根源并不是在于强大的军事力量或邪恶的政治制度,而是始于语言,最终当还原到哲学。回到前面解构主义晦涩难解的话题,用德里达本人的话说,他是在把语言'中立化',使之不再向左边或者右边倾斜。语言既然被中立化,那么政治必然最终也随之中立化,至少它将不再这样咄咄逼人,霸气十足。"[①]如果我没有理解错,这是在说世界政治上这样一种逻辑,政治霸权是由语言霸权牵引的。后面说得更清楚:语言被中立化,政治也随之中立化。为了帮助理解这个问题,不妨引出与此相关联的一件事:语文使用的族裔性(ethnicity)。这些年不是常常有再好的汉语本子也得不到诺贝尔奖的埋怨吗?有的人说问题出在英语译文不好,有的人认为

---

① 陆扬:"政治与解构",《读书》,1998(12)。

是语言族裔性问题。我以为,实际上是语言歧视问题,即语言霸权。这个苦恼在拉美作家那里也有。"对拉美作者和评论者来说,在不确定的肤色以外,还有尚待确定的语言问题。当双语教学持续成为美国政治热点时,即使是少数族裔作者写少数族裔,其英语写作行为中包含的主流精英姿态本身就指向其话语中的悖论。"①拉美作者不用西班牙语或葡萄牙语写作,那么,很难说他们作品中表现的族裔性是拉美的。用英语写拉美人的生活,像用英语写汉族人的生活那样,总是隔了一层。这隔着的一层便是:用异民族的语言留不下本民族的指纹,当然也留不下本民族的遗产。关于这一点,海德格尔有深刻的观察。我们首先读一段他与日本人手冢富雄的对话:

手:现在我多少明白了,您是在哪里觉察到这种危险的。对话的语言不断地摧毁了道说(saying)所讨论的内容的可能性。

海:我早些时候以为,应把语言称为存在之居所(the house of Being②)。假如人是通过他的语言才栖居在存在之要求中,那么,我们欧洲人也许就栖居在与东亚人完全不同的一个家中。

手:假定这里的两种语言不光有差别,而且是根本不同的东西。

---

① 杜凝:《现代语言协会会刊》:族裔性与文学,《读书》,1998(12)。

② In Heidegger, Letter on Humanism, 1947. *On the Way to Language* 的中文版《在通向语言的途中》译者孙周兴注:可参看海德格尔之《路标》,法兰克福 1978 年,第 311 页以下。(见海德格尔,1999:76)

海:既如此,一种从家到家的对话就几乎不可能。①
当他们用欧洲的语言讨论日本的艺术时,他们马上察觉到语言摧毁了内容。因为"人是通过他的语言才栖居在存在之要求中"的。不同的语言,使存在出场的方式是不同的。既如此,用异民族的语言说自己家里的事,几乎是隔靴搔痒。"欧洲人也许就栖居在与东亚人完全不同的一个家中",正道出了"用异民族的语言留不下本民族的指纹,当然也留不下本民族的遗产"的根子。结论是"从家到家的对话就几乎不可能"。这个结论马上使我们想到上面说的用英语写拉美人的生活,这些作者(有被迫的因素)把用英语写作当成是用主流语言写作,并以此为精英姿态,这既是政治平等的笑话,也是对他们自己描写的对象(拉美人的生活)的很大的折损。

反对"话语霸权"的事件,在如今这个时代(据说进入了后现代),不但没有减少的迹象,反而与日俱进。一份由乌拉圭第三世界中心出版的《世界指南》,专门刊载世界概况、各国要览。在有了互联网的今天,每周都要补充新鲜材料。从1997年开始编写,每两年更新一次。读者可以从封面上看到一个小标题:"从南部看到的世界"。这个小标题,开宗明义,令人赫然。它就是要让人看见与超级大国眼里看到的世界不同的消息。有一期编者按说:"从1997年我们第一次出版《世界指南》以来,这本《指南》就一直以一种不合习惯的方式观望着这个世界。今天,这个世界似乎日益朝着同一化的方向走着,而我们的文章则一一强调着二百多个国家和地区各自的独特性。……今天,人们每天听到的声音主要

---

① Heidegger, M., A Dialogue on Language, in *On the Way to Language*, 1982a, p. 5.

是对'全球化'的赞誉,'全球化'的飞船似乎正载着为数不多的亿万富翁、超级企业家朝着新的千年飞去;我们的《指南》则向人们展示数以亿万计的普通人每天面临着困难,他们的希望只是获得起码的医疗条件,或者只是一碗充饥的饭。没有一本参考书不说自己'客观',我们则不隐瞒自己的倾向性;我们同情那些寻求公正的妇女,那些坚持民族特性的土著人,那些为保卫种子而战的农民,那些为世世代代争取来的权利而斗争的劳动者。"①《世界指南》就是在与超级大国争夺话语权。另外,1992年,联合国在巴西召开环境与发展会议时,为了抗议富裕国家对会议的左右以及大会对印第安民族的不尊重,世界印第安人组织在同一个巴西城市、于同一个时间召开了世界印第安人大会,同时向新闻界发布了来自底层民众的"大地宪章"。不消说,这样热闹的对台锣鼓也是争取话语权。近来,针对世界性传媒的日益网络化,拉丁美洲各种民间教育电台纷纷联网,建立了拉丁美洲电台教育协会,加强自身的抗衡力量。不消说,这也是争取话语权。

由技术垄断产生的语言霸权,对民族的语言性遗产形成的挑战,具有不可言状的苦涩。最摸得着、看得见的例子是:因为电脑、网络的技术是垄断的——由美国的 Intel(英特尔),Microsoft(微软),IBM(美国国际商用机器公司),Compaq(康柏)这样一些跨国公司垄断的,所以,在接受技术垄断的同时也不得不接受以英语为对话框的事实(用英语设计,也只得用英语思考与其"对话"),这里面有对人的"格式化"的强制,除非你不用电脑。但是,一天不用电脑,就意味着信息上的自甘堕落,由此形成的工业、商业尤其

---

① 索飒:"倒骑毛驴的阿凡提与信息时代",《读书》,1999(1)。

是国防问题,却是严重的。一个非英语国家的人,一般老百姓,如不愿进入英语世界,他尽可以不入。但是,一个国家的政府部门、情报部门、国防部门、技术部门却不得不沾边。他们并不畏惧英语,可怕的是,沾边就意味着情报受损,家底暴露无遗。这里面是有着无以言状的苦涩的。尤其是知识精英们,他们的民族感与一般的老百姓相比更为奇特,更为深邃,因而更为脆弱。比如深为自己的辉煌艺术与优美法语而骄傲的法国人,平时就不大把英语放在眼里;比如俄国人,他们觉得自己的文学传统比美国深厚得无可比拟,又夹杂着近年丢失的国防优势的酸痛;又比如有着悠久得多的历史、深厚得多的文化、丰富得多的文学渊源的中国的知识精英们,还憋着挨打受气的一段历史,一旦坐到电脑面前,都得丢开自己的母语(他们并不怕掌握英语,他们对英语的掌控自如比起他们的英美同行对汉语的别扭的使用不知强过多少倍),接受英语的导游与入场票,这里头多少有点儿低三下四(古老而优美的汉语、法语、俄语,事实上都有边缘化的危险),让他们的自尊受到无以名状的损害。确立语言平等,历来都是最正规的话题。当英语扫荡着一切别的语言时,中国、法国、俄罗斯的软件专家们,为了在网上与英语争夺话语权,有什么理由不加紧设计由汉语、法语、俄语说明的种种软件?这不是赌气,这是保卫着一个民族的最后的遗产。我们不能看到汉语也被格式化掉。不能让电脑、网络把地球上的一切非英语语言一网打尽。人类文明的进步在任何意义上都不是建立在语言霸权的基础上。当每一种语言都直接联络着一种生命样式(参见3.2.1"语言本身就是生命活动")的时候,保卫语言的平等,就不是意气用事了。

怎样保卫语言的平等呢?靠呼吁,靠订多边条约?有谁会理睐！以后的世纪是信息化、数据化的时代,强国靠信息化技术、数据技术在虚拟空间跑马圈地。他能圈多少就圈多少,绝不会给还没有骑上马的后来者留一点点余地。用信息技术带动经济发展时,语言文字负载了80%的信息,而英语又占了信息传递的80%以上。英语占了这样多的份额,就意味着许多国家成了语言负债国。谁的语言不能进入网络,谁就会被淘汰,就有被边缘化的危险。所以,每一个清醒的政府,都应该拿出切实的对策,扩大自己的语言在世界信息传递中的份额。这不仅仅是反对语言霸权的问题,还是抵抗被淘汰、被边缘化的命运的问题。

  关于扩大自己的语言在世界信息传递中的份额的问题,这儿还有一个特例可资参照:台湾语文发展的歧路。1949年之后,国民党渡海到台湾,在短短十几年的时间内,使台湾成了中国第一个通行国语的地区。然而,到了20世纪80年代,随着政局的变迁,竟出现了由国语改回方言的趋势。不用汉语拼音而另立一个新系统,提倡所谓"母语教学"或"原住民语言教学"实际上是方言教学,推行"台语汉字化"或"汉字台语化"(谁也不知道什么是"俗俗卖"、"强强滚"、"白帅帅"、"俗搁大碗"),固守20世纪初期的注音符号,视简化汉字为破坏中华传统文化的阴谋(简化汉字发到台湾的电脑上往往成了乱码)。台湾当局所实行的语文政策,突出语文的"台湾特色",明显是为政治服务的。政治问题暂且不论,但这些语言政策却是孤立自己,是自绝于多数[①]。这个特例向我们提供的启示是:自古本来是中国的一个岛,要想人为地做成

[①] 周质平:"台湾语文发展的歧路:是'母语化',还是'孤岛化'?"《读书》,第41—46页,2004(2)。

"另外一个国家",就得先把本来命脉相连的语文做成另外一个样子。看来,谁都深谙国家要语文垫底这个最要命的道理。这再一次地以特例证明了语言是民族的最后的指纹与遗产,民族认同中语言的地位极其重要,语言共同体具有指纹意义,语文是民族的最后的遗产。

有语言霸权,当然就会有反语言霸权。反语言霸权的斗争还会延续下去。从19世纪80年代到本世纪60年代,澳大利亚三万名土著人孩子被迫同化,他们因而被人称为"被窃的一代"。澳大利亚人权委员会1997年公布的一份报告披露[①],澳大利亚政府过去曾采取种族同化政策,将那些白人与土著人生的孩子送到教会学校或者白人家中。报告认为,这一做法的目的在于改变这些土著后裔的身份,使他们成为白人社会的成员。但土著人认为,这是种族灭绝行为。现在他们中的某些人正式向达尔文联邦法院提起诉讼,要求澳大利亚政府对他们进行赔偿,理由是澳大利亚前政府的种族政策使他们与各自的父母离散,他们被禁止说本民族的语言,给他们的肉体和心灵造成了永久的创伤。这是隔代的官司,为了种族生存权而战,为了讨回语言自主权而战。这种官司不是纯语言事件,但世界上语言麻烦——保卫母语权——总是和人权、种族权、祖国权连在一起的。在印度,有16种政府规定的合法语言。请想想,16种语言的背后要罗织多少种族的、地方的、区域的利益与恩怨,有多少矛盾与冲突需要处置与考虑啊。在加拿大,法语地区和英语地区的关系时时发生小冲大突,磕磕碰碰,这早就不是新

---

① 孙永明:"被窃的一代算旧账",《羊城晚报》,1999年3月4日A10国际新闻版。

闻。美国人文与科学学院院士、哈佛大学哲学历史学教授杜维明曾说："在比利时,两种语言的冲突,甚至导致了欧洲著名的卢旺大学一分为二,二校互不往来。"[1]这些现象说明,语言的持守与一个文明的存在的关系多么密切。他们是在将母语权当成民族的最后遗产看待。最后的遗产一丢,其他将何以为继?

对语言霸权的存在,并非用一个"反"字就能简单概括的。菲律宾的本土语(他加禄语、比萨亚语等等)与殖民者宗主国的语言——先是西班牙语,后是英语——的关系就是如此。西班牙人来到之前,菲律宾(七千多个岛屿)存在着一百多种语言。西班牙人压制了以南部棉兰佬为中心的伊斯兰教影响,迫使菲律宾人接受了天主教,因此,菲律宾是亚洲惟一的基督教国家。但是,菲律宾却没有成为一个西班牙语国家。这是为什么?是西班牙人手下留情?还是菲律宾人反抗得特别猛烈而有成效?据索飒著文[2]介绍,西班牙殖民当局没有认真推行过全民西班牙语教育。在他们看来,既然传教士们学会了用当地土语传教,就没有什么必要大力普及西班牙语了。(看来这是一个漫不经心的决定,其实,当局的打算是深有用心的。——本书作者注)一些保守的宗教人士认为,操不同语言的土著人学习了殖民者的语言,将有联合起来造反的可能。(这种殖民心理,和二次世界大战期间日本人在中国推行日语,德国人在法国取消法语课的心理颇为不同。——本书作者注)这种担心并非空穴来风,后来的情况是,菲律宾爱国英雄何塞·黎萨尔(Jose Rizal)用西班牙语写出了流传后世的反对西班

---

[1] 杜维明:"人文精神与全球伦理(在华中理工大学讲演)",收入《中国大学人文启思录》,第89页,华中理工大学出版社,1998年版。

[2] 索飒:"语言,走过历史的沧桑",《读书》,1999(7)。

牙殖民主义的文学作品《请别碰我》、《起义者》以及其他一些文章。这是后话。直到1862年,西班牙王室才颁发命令,规定西班牙语为殖民地基础教育的必修课,但却遭到菲律宾圣马科斯教会大学校方(是西班牙殖民当局,而不是菲律宾土著人。——本书作者注)的反对。他们声称:"至今为止,不同的语言和种族之间形成了一种对我们有利的对峙。比如,卡戈杨人反对他加禄人,潘潘果人反对依络卡纳人,政府瓦解了各种起义。而语言的统一则会造成感情的统一,使用同一种语言,个别人就能够向群众发表煽动性的演说。"(历史有幸被他们言中!——本书作者注)黎萨尔和一大批重要的独立运动组织者发动统一起义的武器就是西班牙语。就是这个黎萨尔,对西班牙语抱着非常矛盾的情感。一方面,他用西班牙语写就了他的全部著作,另一方面,他的本土语是他加禄语,对西班牙语有着理所当然的愤怨,因为他是听着西班牙语的训斥声长大的。黎萨尔这样质问道:"我们有什么必要懂西班牙语,既然我们有丰富的他加禄语、比萨亚语、依洛卡纳语……难道就是为了看懂那些美丽的故事,那些关于自由、进步和正义的理论,然后苦苦地盼望吗?难道就是为了理解那些法律,懂得我们的权利,然后在实践中听任完全不同的法律制裁吗?既然与上帝可以用任何一种语言交流,学西班牙语有什么用?""是为了听懂国民卫队的辱骂和诅咒吗?如果只是为了这个,那么没有必要学习西班牙语:鞭子的语言和略微敏感的肉体足以让我们领会。西班牙语究竟有什么用?既然我们连答话的权利都没有!"(单看这一个方面,可以说这是殖民地对宗主国语言霸权的反抗态度。可是从另一些方面看另外的一些事实,反殖民主义的斗争也利用了宗主国语言。黎萨尔咄咄逼人的、倾盆大雨式的问题,我们可以理解为情感与情绪,因为事实上他反抗的是宗主国的政治统治,并非作为文化载体的语言。——本书作者注)菲律宾独立运动史上最重要的文献、民族英雄们的著述几乎全部用西班牙语写成。无可奈何花落去,三百年的统治使宗主国的文化汁液缓缓渗入殖民地的土壤。天主教进入了普通人的宗教生活;吉他成了喜闻乐见的乐器;大量西班牙语词汇融入本土语言,尤其是建筑、宗教、法律、音乐、饮食等方面的西班牙语融入本土语;菲律宾人的姓氏、名字以西班牙姓名的形式世代相传;街区、道路的西班牙语名称至今沿用……。(发生在后头的英语时代就不是这样的迂回与曲折了。——本书作者注)1898 年 12 月,美军根据《巴黎和约》进驻菲律宾。此后爆发过多次大规模反美斗争。可是,如今的马尼拉是一个英语畅通无阻的世界。美国人绝没有西班牙老殖民者那样迂腐。立足伊始,他们就开始有计划地大规模普及英语,并在短暂的时间里取得了惊人的成果。1901 年,美国从国内派到菲律宾的职业英语教师就有六百名。今天,英语是菲律宾的必修语言。索飒指出:"实用的原则像钢矩铁尺,无情地规范着人们对语种学习的选择。人们不喜欢英语,但英语的必修课地位雷打不动;人们眷恋西班牙语(请注意:是第一个宗主国语言而不是本土语言!——本书作者注),但没有多少人肯仅仅为缅怀过去而花费宝贵的时间。"他还说:"语言折射着历史的沧桑。民族文化的命脉寓于语言。作为拥有中文的中国人,我们有幸依靠着一种深远、丰富的语言背景,珍视这笔财富被视为使命。如若不然,文化变异与语言堕落的恶性循环将造成真正的悲哀。"从菲律宾的两个宗主国语言与本土语的复杂的历史关系中,我们可以看出:第一,世上所谓的语言麻烦,有一些是存在于一个国家内部的两个或几个民族或部族之间;也有一些是存在于宗主国(殖民者)与殖民地之间的。菲律宾的情况是后者的典型例子;第二,宗主国(殖民者)语言与本土语之间的关系,不能用一个"反"字概括。本土人对殖民者语言接受与不接受,取决于三个重大因素:一是民族情感,二是语言实用原则,三是民族的长远实际的利益。菲律宾因为本民族的长远实际利益、语言实用原则,先是慢慢地接受了西班牙语,后是飞速地接受了英语,是一例;我国北魏孝文帝推行彻底汉化——迁都洛阳,只准讲正音(中原汉语),又是一例。第三,语言麻烦,无论是属于一国之内的民族之间,还是属于两国之间,都有守卫语言家园——一个民族或部族的语言家园或者一个国家的语言家园——的色彩。"民族文化的命脉寓于语言",语言家园的情结,实则是为民族文化的命脉而生"情"而生"结"。

但世界上语言麻烦,并非总是和保卫母语权、人权、种族权、祖国权连在一起的。还有另一类的麻烦。在语言状态稳定的中国,没有为某一个方言争上官方语言宝座的麻烦,没有语言霸权的麻烦,却有为社会进步而首先选择语言当突破口的运动,即打倒古文,确立白话文的新文化运动。从历史的角度看,新文化运动不过是和戊戌变法、辛亥革命一脉相承的社会变革。语言变动的背后,有一个明确的目标,即摆脱贫穷落后,争取独立于世界民族之林。中国的语言麻烦是和社会变革紧紧相连,这一特点使中国的语言有变革而无操语言人的无谓的牺牲,堪称幸运。

日本在明治维新时,当时的思想家虽然倡导"脱亚入欧",恨不得将日本变为欧洲的一部分,但还是保留了语言、姓氏和种族。日本想西化而不得,我以为,主要原因是他们保留了自己的语言,没有西化自己的语言。这对于日本未必不是幸运。

一国内部的、国与国之间的语言麻烦或语言霸权及反霸权,往往是浮出水面的东西,深藏着的往往是政治征服与文化征服,而文化征服是一定要引起反弹的。这便是语言麻烦的内因。

4.语言是人至真的情感寄托之所。

西方哲学家不满意语言工具论,主要出于语言工具论淡化了以致抹杀了语言是存在之居所的哲学功能。我们这里论证语言是人类最后的家园时,着眼点在于语言不仅仅是工具、符号,还有情感价值,指出语言是人至真的情感寄托之所。

母语是人从娘怀抱里就学会的语言。长大以后学会了标准语或官方语言或普通话的人,在需要表达至亲至爱的场合,比如对着自己的父母或乡亲,母语就会自然地冒出,从潜意识中升腾而出。这是证据之一。

证据之二,在需要表达最真实的情感的时候,比如最愤怒时骂人的话或最见真情的场合对喜欢的事物与人表示出衷心喜欢时,也往往用母语的语调与用词。

证据之三,中国的回民失去了祖先的母语——阿拉伯语或者波斯语——之后(仅仅保留着伊斯兰教的宗教信仰),在不识汉字的阿訇中仍然保留着阿拉伯语或者波斯语的知识。有人认为,"将来,世界其他地方的穆斯林可能会接受在宗教生活中使用本地语言,而中国的回民很难这样做,因为这个语言是他们感受本民族悠久历史的重要方式。"[1]

证据之四,索飒提供的一个个案[2]:有一次他和一位西班牙语

---

[1] 索飒:"语言的情感价值与译者的角色",《读书》,第24—29页,2000(2)。
[2] 同上。

界资深的老翻译与几位阿根廷朋友一起聊天,阿根廷人很自然地问那位老翻译:"你在家一定教你的儿子学西班牙语吧?"回答是:"不,他将来学英语。""为什么?""因为西班牙语没有用。"那几个在场的阿根廷人显出了异样的表情。其中一个人停顿了一会儿说:"我们今后一定要让全世界的人都愿意学西班牙语。"老翻译家肯定无意伤害朋友的感情,他只是道出一个有用与无用的事实,但是,听的人却有了明显的情感上的异样的表现。为什么呢?因为你无意中端掉了他们民族的情感寄托之所,折断了民族情感寄托之旗杆。这犹如我们在国外说的明明是汉语,就是有人不断地问我们"你是日本人吗?"如果一个外国人在我们面前说汉语无用时,我们的一颗滚烫的心一定会马上冰冷下来。

证据之五,体会民族先驱、先贤的心声时,往往使用与他们最贴近的语言。如在中国颇有影响的电视剧《三国演义》、《大明宫词》等等,导演们几经讨论之后,最后还是使用了文言对白。窃以为,人的理智深处还是把语言(这里是古代语言)当成至真的情感寄托之所了。现代的中国人回忆起国父孙中山时,总是背诵起总理遗嘱"余致力国民革命凡四十年……",因为我们总是把这个遗嘱当成是孙中山自己说的话,从来没有人用现代汉语说"我投身于革命活动共四十年……"以作引用之词。我们往往说起诸葛亮就立即背诵《出师表》,一提起苏东坡就引用他的《赤壁赋》,怎样解释这一发人深省的现象?诸葛亮一生所作所为,值得纪念的数不胜数,苏东坡才华横溢,口耳相授的智慧风流故事颇多,为什么就首先提到他们的语言作品呢?这除了说明语言最能寄托人们对先贤的至亲至情以外,还能证明什么呢?从语言中可以看到他们的音容笑貌——生命形态,看到他们的精神——也是生命状态,欣赏到他们的才华,回忆出他们的业绩,倾听出他们的思绪。因为语言最真实地记录了一个人的生命形态,最典型地打出了一个人的生命烙印(请参见 3.2.1"语言本身就是生命活动"),回忆一个人时,首先就回忆起他的言语(音容笑貌,"音"居首),这是自然不过的事。

3.2.2.4 乡音认同:心理上的家园

可与"地理上的家园"相比的是"心理上的家园"。在异地(小而言之在外县,大而言之在外国)认同乡音就是在寻找心理上的家园——一个不亚于地理上的家园的家园。而且后者是更牢固甚至是更固执的家园。

现以"新加坡三代华人的华语情结"为个案研究[①],以兹说明。

例子之一:从福建、广东等地漂流到南洋的人,面对着马来人、印度人和欧洲人的羼杂,自卫意识和凝聚意识渐渐上升,先是形成了全体华人圈,然后是省份、县邑、宗族、姓氏,一层层分解,每一层都与语言口音有关。不知经过多少次灾祸、争斗,各种地域性的会馆竞相设立。而最稳定、最牢靠的"会馆",却屹立在人们的口舌之间。一开口就知道你是哪儿的人。在国内设同乡会馆,也应作如是观:寻找心理上的家园。

例子之二:一位著名的华侨发型师,对华人黑发造型有精湛的研究。求他做头发造型的华人小姐络绎不绝,但不少小姐总是将母亲也带到美发厅里来,原因只在于,这位发型师有一个怪脾气,

---

[①] 余秋雨:"华语情结",《秋雨散文》,第 486 页,浙江文艺出版社,1998 年 8 月版。

为华人头发造型时他只说华语。小姐们的母亲是来充当翻译的。余秋雨说，这是年老的发型师在营造一个发色和语言相协调的小天地，保存一点种族性的和谐。而我认为，这也是通过认同乡音在寻找心理上的家园，因为他已无法回到地理上的家园了。

例子之三：新加坡一位有着高品位文化的华人女士，在一家豪华饭店的"李白厅"请余秋雨吃饭。当余风风火火进去时，她的上海话就劈头盖脑地过来了，讲得十分流利和纯正。说了两三句已可充分表明她和上海的早期缘分。余就此评论道："语言实在是一种奇怪的东西，有时简直成了一种符咒，只要轻轻吐出，就能托起一个湮没的天地，开启一道生命的闸门。我知道，这位多少年来一直沉溺于英语世界中的女士真正说湖南话和上海话的机会是极少极少的，但那些符号，那些节奏，却像隐潜在血管中的密码，始终未曾消失。"那位女士说，哪怕在梦中，做梦是一截一截的，每一截都讲着不同的方言语音（指湖南话与上海话）。这位女士的女儿是一位造诣和名声都很高的英语作家，对同是精通英语的母亲也必须用华语来表示感情。余就此评论："如果华语也一并看作是'慈母'，那么，从她手中拉牵出来的线真是好长好远，细密地缀接着无数海外游子的身心。事实上，这条线已成了种族繁衍的缆索，历史匍匐的纤维。""凭乡音托起一个湮没的天地"，显然指的就是不能回去的地理上家园。而"开启一道生命的闸门"就是在寻找心理上的家园。

例子之四：有一天，许多年老的新加坡华人都挤到了一个剧场中，观看一台从台湾地区来的相声剧。相声剧的编导和余都十分担忧台湾地区相声中的俏皮话是否能引出应有的笑声。结果是，观众的反应非常热烈。剧场里每一句微妙的台词都引起一片笑声,那是素不相识的观众在逞示着一种集体的一致性。余对此的暗示是:可以用语言和笑声来认同。这个戏的演员李立群专找那些只有中国人才能听懂的话与余秋雨对仗,跳跳跃跃,十分过瘾。讲禅宗,讲怪力乱神,讲文天祥会不会气功,讲天人合一的化境。故意在异国土地上翻抖着中华语文中的至深部位,越是瞎凑合就越贴心。"素不相识的观众在逞示着一种集体的一致性",就是认同乡音。"只有中国人才能听懂的话……才十分过瘾",就是已经找到了这种心理上的家园。

例子之五:除了各地都有同乡会以外,近几年在各大城市还冒出了许多表达地方情结的异地风情的俱乐部与商铺。如在广州环市东路的商务区,有一家餐厅名叫"上海往事",那里摆设着上海式的藤椅。广州、深圳有两家酒吧放映上个世纪30年代的一位上海导演费穆的老电影《小城春秋》。在北京,有一家名叫"上海之恋"的咖啡馆。在这些地方,有上海背景的或者有上海情结的人学着嗲声嗲气的上海口音。所谓地方情结,实质上首先是语言情结。我们只要闭着眼睛想一想,什么是北京情结,什么是上海情结,什么是广州情结?脑子里出现的第一召唤一定是语音的召唤。难道北京情结,就是指天桥的杂耍、骆驼祥子式的辛酸与寒碜吗?应该说是这些,又首先不是这些。北京情结对人们的第一召唤,最温暖的召唤,首先是作家老舍一再表现的那种京腔京调。说到上海情结,除了哈德门香烟广告、阴丹士林布、煤油吊灯、老爷相机、老式怀表、民国二十二年《申报》以外,首先一定是那种上海人咬字的腔调引人向往。至于代表广东文化标签的广州情结,那无非是的士、T恤、电子表、大哥大、卡拉OK、镭射影院、高尔夫、桑拿浴、超市、生猛海鲜等等。请注意,上面这几项,其实有一半牵涉到广东话的发音,如"的士"、"T恤"、"大哥大"、"卡拉OK"(外来语也经过了广东话的改造)、"高尔夫"。提请读者回忆的是,国人模仿广东人样子的时候,首选也是模仿广东声腔说出这样一句话:"不好意思啦"。这样看来,所谓地域的文化标签实际上首先就是地域的语言标签。

3.2.3 语言:一个文明的溃散或者持守

孔子那段被人反复引用的话"名不正,则言不顺。言不顺,则事不成。事不成,则礼乐不兴。礼乐不兴,则刑罚不中。刑罚不中,则民无所措手足"(《论语·子路篇》),被一致认定为是"正名主义"。胡适评论:"请看名不正的害处,竟可致礼乐不兴,刑罚不中,百姓无所措手足。这是何等重大的问题!"[1]我们觉得这的确是"重大的问题",不过不是从正名的结果上看事情,而是从中看到了人不得不活在语言中的必要(但不是无奈)。我们盯住的是:言不顺,则事不成。做不成事,便只能永远维持在最原始状态的个体的、孤立的生产活动中,活下来都成了问题,哪儿还有这文明那文明诸种形态,文明的进程也就一笔勾销了。

语言使一个文明成形并凝固起来。文明成形并凝固的过程,是人类用语言将一个文明的社会制度、经济规范、道德体系(行为规范)、意识形态固定下来并往前发展的过程。当然,还有别的过程。一个文明的形成与发展,少不了求生的摸索(经济赖以发展),生存与发展权的保卫(于是会有抵御侵略或者对外的战争),利益的分配(于是会有对内的战争与争斗),高层次精神建设(诸

---

[1] 胡适:《中国哲学史大纲》,第68页,上海古籍出版社,1997年版,2000年重印。

如文学、艺术等等之类的创造与建设)。但语言是使一个文明的所有建设黏合起来的黏合剂。启功认为,"人用语言表达意识、交流思想;用文字传播语言、记录经验,使经验不致遗失,并在已有基础上不断增多、扩大。这至少是人类文明、文化逐步发达的一项因素。"①

3.2.3.1 最有效的征服和同化

一个文明建设起来以后也会覆灭。因自然条件恶化而崩溃的例子,可以举出玛雅文化的消失和中国古楼兰的消失。

现在的问题是:一个文明是否可被外族血腥征服而消失呢?一个文明若被外族占领,如果有彻底灭亡这样一个后果的话,是血腥征服奏效呢,还是语言与文化征服奏效? 这一节将要研究一个个案,相信会给我们对这一问题提供一个比较清晰的启迪。但是,这一问题丝毫没有这样的预设:本书作者是赞成民族之间的血腥征服或者语言与文化征服的。任何强力的征服,本书作者都是反对的。我们所赞成的是,民族的融合应该——也可以做到——是自然的、和平的、双赢的过程。在这里研究这一个案,完全是为了从已逝的历史事实中看出,语言对一个文明的持守或者分崩离析的作用。

一个民族的地盘可以被外族短时甚至相当长一个时期地占领,但并不意味着这个民族文明的消失。征服者与被征服者最后的关系往往形成了几种情形。其一是,在漫长的过程中,为了生存、发展与进步,被征服者不仅被迫放弃了民族政治上的权利,也

---

① 启功:《汉语现象论丛》,第90页,中华书局,1997年版。

自动放弃语言的占有权。其二是,征服者先以血腥镇压后从语言与文化的同化入手,向对方渗透。被征服者在漫长的岁月后逐渐臣服。其三是,特殊的情形是,被征服民族的文化底蕴太强大,反而将征服者融合掉。这样的事就在中国历史上发生过,已经统治了汉族的北魏孝文帝推行彻底汉化——迁都洛阳,只准讲正音(中原汉语),不惜将家庭的姓(拓跋)改姓元——就是此种情形。其四是,强力征服最终并未奏效。

我们的个案显示:先有血腥征服,后有语言与文化的同化。这便是美洲印第安人所遭受到的命运。

1492年,哥伦布发现美洲大陆。欧洲人竞相入侵并一举征服了这块大陆。在此之前,美洲印第安人经历了几千年的演进历程,发展起成熟而复杂的具有高度文化传统的社会体系。在中美洲,印第安人在墨西哥平原上先后创造并衰落过如下的文明:奥尔美克斯文明(Olmecs,公元前1200—前400年,他们有巨大的石雕和隆重的宗教仪式,培育出玉米,可能还创造了美洲最早的文字)、特奥提华坎文明(Teotihuacan,相当于中国的魏晋时期,该城市布局是精心策划的,金字塔建筑几乎如同埃及金字塔一样巨大,人口近20万)、玛雅文明(与上同一个时期,高度发达的古代文明,它有着复杂的社会等级、发达的城市网络和完备的政治管理体制,实行精细的农耕,使用一种象形文字与完善的历法,公元900年左右衰落)、托尔特克文明(Toltecs)和阿兹特克文明(Aztecs,它的都城即墨西哥城的前身,人口25万,而当时欧洲最大的城市巴黎人口只有十万左右)。以西班牙为首的欧洲人,在近两个世纪的征服过程中,对这些文明的民族,待之以一路屠杀,惨绝人寰,令人触目惊心:或将印第安人驱逐到一起,不分男女老幼用剑挑死;或将他们绑在柱子上,在下边用火慢慢烤死;甚至将产妇的乳汁挤干,使婴儿活活饿死。黄洋在述评这一段历史后说道:"印第安人的人口从征服前的数千万锐减到征服后的百万,这是不争的事实。伴随着人口的锐减,印第安人的文化传统也基本中断了。一个辉煌的文明就这样被无情地毁灭了。"[①]在注意到他所说的"一个辉煌的文明就这样被无情地毁灭了"的同时,尤其感兴趣的是:(1)人口锐减这一事实。因为人口锐减意味着语言使用者的减少。(2)剩下的人口尚有百万,即印第安语言的使用者尚有百万。尤其是后面一个事实,对于一个文明来说,可能是更具有意义的事情。存留于我们心中的希望是:只要印第安人语言使用不绝迹,总有复活的那一天。想一想犹太人的复国,这一希冀并非空中奇想。犹太民族从公元70年"第二圣殿"被罗马军队付之一炬起,大部分犹太人彻底失去了自己的故土而不得不过着散居生活。从公元70年起到1948年,以色列建国的千百年间,犹太人散居在世界各地,他们远离故土,丧失母语,甚至改变肤色,在这种严酷的生存夹缝中,最后竟能复国。其中的原因非常复杂,不是本书能够解决得了的问题。我想说的是,一个散居世界各地、连母语都丧失的民族尚能神奇般地恢复,那么,南美洲尚存的几百万印第安母语使用人,兴起一个新的、不同于原始意义的、仍然属于印第安人自己的文明,应该是有日可待的事情。这算一个猜想。

到此为止,美洲(当时的中美洲与南美洲)印第安人的个案还只是讨论了一半。北美印第安人命运却是另一番景象。

最有戏剧性的事件是,欧洲人征服新大陆扎下根并且日益兴

[①] 黄洋:"历史的尺度",《读书》,第38—43页,1999(11)。

盛,终于在北美发展出像美国这样的超级强国。欧洲人认为,"美国是欧洲文明的一个卫星国"[①]。在美国建立之前,作为被征服者的北美印第安人,同样经受了遭遇杀戮、蚕食、歧视,丧失了自己的家园。那么,这个欧洲文明的卫星国——美国——立国之后是怎样对待土著人(北美印第安人)的呢?

美国用行政力量实施语言策略,即从语言上征服与同化入手,最后有效地同化和征服了土著居民印第安人。北美土著语言,也称北美印第安语,是成百上千种语言的美洲土著语的统称。自欧洲人进入北美五百年以来(到1992年,哥伦布发现美洲已有500年了),印第安语将近消失了一半,余下的一半也会在不远的将来灭亡。据美洲土著语言研究会主席、阿拉斯加土著语言中心主任米歇尔·克劳斯博士称:美洲土著语可分四个等级:A类语言,包括儿童在内的所有各代人都说它;B类语言,只有父母辈说;C类,只有祖父母说;D类,只有老人说,且每门不超过十个人能说。语言衰亡的主要特征是语言人口彻底流失。劳斯博士的预言是,除非采取非常措施或者出现奇迹,D类语言将在2010年灭亡;C类语言,将在2040年灭绝;到2060年,B类语言,也将会灭亡。因此,美国境内现存的一百五十多种印第安语到那时只剩下20种。北美印第安语的衰亡已到了极其严峻的地步。他认为:"在这种极其严峻的衰亡过程中,美国的语言政策起到了极为重要的作用,对印第安语的灭亡负有不可推卸的责任。"[②]蔡永良评论时指出:长期以来,美国政府对印第安人采取同化的政策,排挤、打击和消

---

① 黄洋:"历史的尺度",《读书》,第38—43页,1999(11)。
② 这一段之内的资料,请参见蔡永良:"美国土著语言法案",《读书》,第115—122页,2002(10)。

解印第安语是同化政策的一部分。他说,美国境内的印第安语是在美国政府为彻底同化印第安人而不断打击和消解其语言的过程中一步步走上衰亡的不归之途的。他说,"单语至上论"和"语言尊卑观"这两个源于欧洲基督教语言文化的核心概念成了西方包括后来的美国语言政策的理论根据和哲学基础(着重号为本书作者所置)。美国建国以后,也追求"语言一致",也就是用英语统一北美大陆的语言,其他语言被排挤到边缘,并不断地被消解和削弱。首当其冲,深受其害的是数以百计的印第安语。美国印第安语政策是美国印第安政策的一个组成部分。在印第安人土地上建立起来的美利坚合众国与印第安人的关系始终是征服与被征服、同化与被同化的关系。他在评论中指出,历史证明,最有效的征服与同化莫过于语言和文化的同化(着重号为本书作者所置)。由此可见,支撑美国印第安语政策的不仅是美国的语言文化观念,而且还有美国彻底征服和同化印第安人的意图。瓦解印第安语成了同化政策的一个重要部分。历史事实是,美国南北战争后格兰特总统制定的"和平计划"就是实行这样的要旨与理念:"美国政府与印第安人的误解许多是由语言引起的。我们目前的麻烦,三分之一出自语言的差异。语言的一致,会产生感情的一致,思想、习惯、传统就会同化,一段时间过后,由差异引起的麻烦就会逐渐消失。因此,我们应该建立学校,要求印第安人的孩子上学,用英语对他们进行教育,他们野蛮的方言应该消灭,以英语取而代之。从此差异就会消失,文明就会接踵而至。"同时代担任印第安事务局长的阿特金斯在给内政部的1887年度的报告中说:"没有任何东西像语言那样毫无疑问、完全确实地给一个人打上民族的烙印。"(着重号为本书作者所置)美国在印第安人区域内建立的学校严格禁止学生在任何情况下说母语。所以,当 1990 年 10 月 30 日,美国总统布什签署了一项题为《美国土著语言法案》(*The Native American Language Act*, Title I of Public Law 101—477.1)宣称"美国土著文化和语言地位特殊,美国有义务与美国原住居民一起采取措施保护这些特殊的文化和语言"的时候,人们对它的反应是:不过是装装样子而已。"美国印第安语实际上已经灭亡,对任何地方、任何人都构成不了什么危险,那么我们就赐给它权力和地位吧。"我们以为,美国南北战争后格兰特总统的"和平计划"是最能一竿见底泄露秘密所在的历史见证,可以当着实现征服与同化的解密之法来读:强力征服的麻烦在哪里呢?"麻烦三分之一出自语言的差异。"我们同化土著民族的正确之道应该采取怎样的步骤呢?"我们应该建立学校,要求印第安人的孩子上学,用英语对他们进行教育,他们野蛮的方言应该消灭,以英语取而代之。"为什么要使他们的语言与我们的一致呢?因为,"语言的一致,会产生感情的一致,思想、习惯、传统就会同化,一段时间过后,由差异引起的麻烦就会逐渐消失。"至于最后建立的文明("从此差异就会消失,文明就会接踵而至")是谁的文明,是征服者的文明?还是被征服者的文明?最后的事实是清楚不过的。一个文明(如遇征服者入侵)的分崩离析是从语言被消灭开始的,这应该是一条铁的事实。这一过程中,最值得我们吸取的深刻教训是:"没有任何东西像语言那样毫无疑问、完全确实地给一个人打上民族的烙印。"我们上面曾提到,日本占领中国时,曾一度实施日本语的教育,德国占领法国时也曾一度不让开法语课。当然,他们的企图并未成功。这里的历史经验(说"历史教训"也同样正确)是,武力征服从来是"征"而不"服",中国三国时期的诸葛亮在这方面的立言与立行都堪称英明。

小结：欧洲人征服中美洲与南美洲主要是以武力镇压,对于北美的土著即印第安人,欧洲人的卫星国美国主要是采用了语言与文化的同化。从反面看这个个案,得到的结论是,一个文明(如遇征服者入侵)的分崩离析是从语言被消灭开始的;从正面看这个个案,得到的结论是,维护母语对于维护一个文明具有生死攸关的意义。

3.2.3.2 母语—母文化:一个文明最温暖的襁褓

日本有一个历史阶段,从上到下,彻其里外地学习西方,可是到头来,并未西化。日本全民想西化,怎么就没有成功?

中国的情形相反,只要听到有几个人叫喊全盘西化,就开始担心(其实是不必要的)。中国有全盘西化的可能吗?

一个文明,大规模地学习或输入(进口)了不同文化的意识形态和生活方式,是否有垮掉的危险?

为了回答上面这些问题,我们首先得弄清楚"西化"有什么含义,许多人所指的"西化"是:中国人或某东方民族在思想意识上或生活方式上完全跟着西方——实际上指的是资本主义与自由主义——走。我想指出的是,在我们这样的理解把捉中,存在着明显的遗漏,到头来是无以把捉。共产主义也是在西方诞生的。150年前发表的《共产党宣言》开篇一句话就是:"一个幽灵,共产主义的幽灵,在欧洲徘徊。"共产主义就是走了先欧洲后苏联再中国的路线。可是,我们的"西化"看法中却根本上剔除了这一个重要的层面。对一种外来文化的全面肯定或全面否定都是虚妄的、幻想式的。抛弃自己的文化,全面倒向外来文化,也会导致许多恶果。

我们把西化定格在资本主义与自由主义之上,实际是对"西方中心"的承认。这里有一个发人深省的"遗忘":我国20世纪50—60年代提出"向苏联一边倒",也是一种彻头彻尾的西化口号与政策,只是这样的一种西化也失败了。一方面,我们有意地对这次失败讳莫如深,放过这次总结失败教训的机会;另一方面,却对另外一种西化——全面追求资本主义与自由主义——表现出不必要的敏感与害怕。好像只要资本主义与自由主义的一个"浪花"过来,我们就会垮掉。

即使我们将西化理解成这样(即全盘资本主义或自由主义),我也认为:中国是不可能西化的,除非彻底用西方语言置换汉语。而历史事实反复证明,汉语有着强大的融化异族语言的能力,它当然也不可能被什么西方语言置换掉。推而广之,任何一个文明是不可能外化(分崩离析)的,除非彻底用某一外语置换那一文明的母语。土地被外来势力占领不等于被外化。

当我们断言中国不可能全盘西化,日本事实上也未曾西化成功时,我们不是从一个国家的政治意识形态有多么强大从而可以抵御,它的枪炮有多么厉害从而可以抵制,它的经济有多么雄厚从而可以抗衡,不是的,我们在这里仅仅是从语言即它的母语以及与母语同在的母文化着眼。

于是,我们对第一问的回答是:日本那样在西化上折腾下功夫,终未西化,最深刻的原因是其母语与母文化仍在。日本的政治体制上学了西方,并不能算日本的西化。对第二问的回答是:中国全盘西化是不可能的。对第三问的回答是:盲目跟随异文化的意识形态和生活方式固然不好,不可取(因此,从这个意义上说,我国政府与学者在发扬中华文化上下功夫,在引导青年一代认识中国的国情上下功夫,无疑是必要的),但一个文明如果垮掉(不讨论自然因素),不会是因为学习了异文化的意识形态和生活方式,而是由于自己文化的语言被异文化的语言取代。

在日本,现代化过程一开始就大力鼓吹奔出亚洲,加入欧洲,即所谓"脱亚入欧"①。他们除了对西方政治霸权有所反抗以外,对西方文化霸权、经济霸权,几乎是一鼓脑儿地"称臣",甚至对西方现代性话语也是心悦诚服的。日本式建筑外观与西洋式落地门窗混合,日式榻榻米房间与北欧风格的宽敞大厅混搅,餐厅里桌椅是意大利设计而由德国制造,不经意路过看见的窗口摆着的盆花很可能是由欧洲引进。如今,外来语的片假名正以迅猛之势取代曾在日语中占着主导地位的当用汉字。你可以说这是日本明治维新之后所面临的最重大的问题:单纯追随西方发达国家,惟西方价值观念是瞻。但是,你不能否认日本最终还是抵抗了西方的方式而保持了自我,表现了更为复杂的、更为深刻的文化选择。上面所说的"脱亚入欧"只是两大文化取向中之一种。据日本的思想史学者桥川文三的意见②,以福泽谕吉为代表的"脱亚入欧"论是一,以冈仓天心为代表的"亚洲一体"论是二。前者对儒教文明全面否定,后者通过"爱"与"宗教"使东洋结为一体。不仅日本的从前是这样,现代东亚各国也是这样。他们接受了全套西方现代性话语以及用这套话语所描绘的世界。如果要问为什么当初的日本以及现在的东亚各国心安理得地接受西方中心论的观点,答案很可能是现代性话语支配了他们。他们以为现代性的过程在东西方有

---

① 孙歌:"作为方法的日本",《读书》,1995(3)。
② 同上。

同一性与同质性。表面看来,话语支配权就是如此地神通广大,它是先行于政治与经济的。但是事实表明,东西方文化也有不可共量性,异质性。东亚各国的现代化不一定等于西化,因此,接受西方支配性话语的历史背景与心理语境就不再存在。这是后来的认识,且按下不提。

其实,日本不仅西化没有成功,汉化也没成功。过去日本人虽殚精竭虑地向中国学习,却并未进入中国文化本身。社会在某种程度上模仿了中国的生活样式,而民众的生活却并未中国化。从社会组织到家族形态,日本都有与中国完全不同的文化结构。我以为,这两化的未成功都归功于日本保持了他们的母语及其文化。

日本的规则编织在日语里,中国的规则编织在汉语里,正像一切民族的文化规则——或者更精确地说——人文网络规则都编织在他们的母语之中一样,如果母语没有消亡,母语国的规则就不会拆散或消亡。

关于日本西化不得逞或者中国不必操心全盘西化的原因,这里不仅有母语编织了母语国的规则,母语不亡,则国之规则不会拆散的规律,也有各个文化本来的互补性而不是你死我活的互斥性规律。文明或者文化之间的不可共量性或异质性,使得世界的共同真理必需由世界各个文明或者文化互补、互彰、互阐而设定,所谓共同真理是一个由零集整的创造,缺一不可。零块之间没有谁比谁优、谁比谁劣的问题。文明之间的不可共量性或异质性走向互补性的来由即如此。严复坚定地认为人类公理是这样:"使其理诚精,其事诚信,则年代国俗,无以隔之。是故不传于兹,或见于彼,事不相谋而各有合。考道之士,以其所得于彼者,反以证诸吾古人之所传(着重号为本书作者所置),乃澄湛晶莹,如寐初觉。"①也就是说,我们的传统文化不会因西学传入而消亡("年代国俗,无以隔之"),相反是中西互补,相互阐发("事不相谋而各有合"、"以其所得于彼者,反以证诸吾古人之所传")。

是母语,将母文化凝固在一个人以及一个民族身上。一个人的母文化积累与一个民族的母文化积累,是一个民族不可能全盘西化的最深刻的根源。这样,母语——母文化是一个文明的最坚强、最温暖的襁褓。

从这个意义上说,作为启蒙运动思想家的胡适,极力提倡全盘西化(后来提倡"充分世界化与全盘西化"),有人认为这实在难以理解。有人说,胡适所以提全盘西化,是一种策略。因为他考虑到中国人保守,你提全盘西化,国人保守一点也落得一个有所进步的后果②。胡适的这一策略是可以理解的。我以为正是他看到了"一个民族的母文化积累,是一个民族不可能全盘西化的最深刻的根源"。他对我们这个民族的文化盘结有着深刻的认识。明知中国不能全盘西化,他也要提一提,哪怕争取些微的进步,也是好的。他本人虽长期留洋却并未"全盘西化":按理说,自己的婚姻是一桩大事,他却没有按照西方的习惯处理。同样是长时间留洋,陈寅恪,回国后在大学任教时仍然是长袍大褂,研究的是地道的中国历史与文学;冯友兰,留着一头浓黑的长发、大胡子,长袍马褂,包书的蓝布上印有太极八卦。说胡适提这样的策略可以理解,还因为他对中国哲学有着深刻的见解③,还因为他是中国新文化运

---

① 转引自张汝伦:"理解严复",《读书》,1998(11)。
② 启良:《启良集》,第87页,上海学林出版社,1998年版。
③ 胡适:《中国哲学史大纲》,第68页,上海古籍出版社,1997年版,2000年重印。

动的倡导者与积极实践者,是语言与文化方面的大学问家,岂止是内行! 蒋介石宣称"我惟一跟东方沾上边的就是我的面孔"①,其实蒋先生这样的自诩太外行。他的母语已使他母文化化了。面孔是外在的东西,母语——母文化才是最深刻的最内在的东西。他执政时还经常用汉语文言文发表文告(当然由陈布雷起草,可是他读得懂、能使用的修养是没有问题的)。光凭这一项,就可以说蒋先生骨子里绝对不是只有面孔跟东方沾上边了的。宋子文当财政部长、外交部长、行政院长时,连中文公文都要翻译成英文才能看得明白,好像"西化"到了无以复加的地步,可是这种"西化"全然无效②。可以承认他宋子文"连中文公文都要翻译成英文才能看得明白",但是,在此之前,他的母语——母文化积累早在青少年时代跟着华人爹妈就开始了,他与他的姊妹周旋时"阿姐"呼唤得震天响,便是证明。完成了母语——母文化积累的人烧成了灰都是中国气味的人。宋子文英文就是好,深受西方文化影响,都是事实,但是,他的个人的全盘西化恐怕是要打一个问号的。不要小看这种"阿姐"、"阿弟"之间的呼唤,这是中国文化味的散发。这一个一个的最有条件全盘西化的要人尚且都未"化"成,就更不必说蒋介石当政时的中国,其全盘西化是何等地虚缈了。

三个"文化撕裂"的国家——俄罗斯、土耳其和墨西哥——又为我们提供了佐证。亨廷顿《文明的冲突》(第三部分第六章第一节:撕裂的国家:文明转变的失败)中指出③:所谓"撕裂",是指一

---

① 请见晓晓:"历史上的是是非非",《读书》,2002(5),第130—139页。
② 同上。
③ 以下资料引自河清:"文化个性与'文化认同'",《读书》,第100—105页,1999(9)。

种"文化撕裂","文化精神分裂"。就是说,一个具有特定文化个性的国家,忽然有一天对自己的文化感到不满和自卑,开始崇尚另一种文化,并竭力抛弃自己的文化,向另一种文化转变。然而,这种努力从来没有成功过,于是变成一个文化上"撕裂的国家"。书中列举了三个"文化撕裂"的国家:俄罗斯、土耳其和墨西哥。俄罗斯自彼得大帝以来,进行了前后不同形式的"西方化"。结果是,俄罗斯在科学技术的西化上取得相当成功,但文化上的"西化"却未如人愿。俄罗斯民族原有的东正教背景和"斯拉夫主义",依然在深层抗拒着西方文化,造成文化"撕裂"。尤其当年涌起"民主化"或西化大潮,西方却冷冰冰拒之以"非我族类",迫使俄罗斯回过头去,反思自己的文化个性。土耳其也一样:从本世纪二三十年代开始,尤其是在二战之后,在政体、教育、社会体制等文化层面,实行全面西化。然而,土耳其奥斯曼帝国的影子和伊斯兰教的宗教传统始终留在土耳其人的文化心理里,同时也留在西方人的历史记忆里。冷战结束后土耳其竭力想加入欧盟靠近西方,但遭冷遇。墨西哥则犹豫在原有西班牙文化传统的拉丁美洲和新教资本主义的北美之间,经受着"撕裂"。以上事实一而再再而三地说明,摆脱母语——母文化的襁褓不仅是不可能的,而且也是一种愚蠢,自暴自弃式的愚蠢。挣脱自己妈妈的襁褓,别人妈妈的怀抱容不下你,两不着窝,失却了一切保护。这种"文化撕裂"的历史悲剧渊源自然很复杂,后果也令人困惑。这里,显出一个国家人文知识分子的责任的重要性。一个国家的政府的浅薄的政策(如一头撞向西方的怀抱)固然不当,但那个国家的人文知识分子也有责任。任何时代,一个民族的知识分子对自己文化与语言的哲学思考,都是为了全民族的思考,也会变成全民族的思考。这样的思考越是深刻,政府与人民的行动就越是成熟,文化进程的代价就越是小。那种重视自然科学、轻视人文学科的政策是非常愚蠢的。

在思考了母语—母文化积累之后,我们的结论是:东方国家想西化不行,西方国家想"东化"也不行。最好的办法是,在自己的温暖的语言家园里呆着,只是将大门与窗户打开就舒服了。

3.2.3.3 语言中的不可共量性使一个文明稳定

前面章节中,我们已经在许多地方接触到了这个概念:不可共量性(incommensurability)。不可共量性指的是任何两个不同文明或者不同文化之间的隔膜与难于交流性。这种难于交流性,也许不一定总是对立的,但它首先考虑的东西是差异性。现在,我们用这一节对它进行专门讨论。

一个民族基本上对应一种文明。一种文明如何会和另一种文明相区别?文化模式不同,语言不同,这是根本的不同。而且,只要语言不同,文化模式就不可能一样。推论下去,稳定一个文明固然有许多因素,语言却是最首先要考虑的因素。语言的变化最保守(不是贬义)。只要语言不消亡,一个民族,一个文明是不可能最后消亡的。

在印欧语系的国家里,科学研究的方法的基本特点是:分析。这也是他们对世界的一个基本认知方式。从牛顿到爱因斯坦,都一致用分析还原方法穷追不舍地想找到宇宙的原初动力,是突出的代表。他们的认知方式来源是什么呢?语言。比较多的人(冯友兰、季羡林等等)认为,中国人的认知方式的基本特点是综合。中国古代科学、技术与哲学的综合性可以做代表。这种综合的思维特点来自何处?也是语言。英语与汉语,具有显著的结构差异。

英语,词的音节多,词形有变化(变格,变词尾),基本上是拼音文字,口说与文字基本一致,句法严谨。词法是可分析的,句法也是可分析的。整个地说,语法是有法可依。说它是"法治"语言也还是反映了实际。汉语,字是单音节,词素无变化,文字是表意符号,口说的音与写出的文不一致。尤其是汉语句法太活太滑(如许多主从复合句子不要关联词语也能知道二者的关系,可以省略的成分很多,如此等等),说话人与听话人只要进行智力干涉,说的与听的都不致产生误解。汉语在这个意义上使用"人治"还是反映了实际。英汉两语体系的不可共量性集中表现在这里。语言上的这种不可共量性,又波及文化模式上一系列的不同:思维方式不同(请见 3.2.4"语言规定思想论及其机制"),科学研究的基本思路不同,哲学的主要课题不同。这些不同,与语言体系上的差异,有着内在的联系。

窃以为,两种语言原则上是不可移译的——但仍在翻译,恰如 2 的平方根开不尽,但可能无限不循环地精确下去;不可交流的——但仍在交流,恰如圆周除直径总有余数,但可以精确到任意程度,根本原因就是两种语言的不可共量性。正是这种语言间的不可共量性,保证了操两种大不相同的语言体系的民族不可能"对方化"。中国即使实现了全面的现代化,也不可能全盘西化。这种不可能全盘西化,不必运用武力(与保卫家园的行动是另一回事),不必进行外交交涉,不必采取国家安全措施(尽可以逮捕对方的间谍)。只要母语仍在自己的共同体内流行,全盘对方化是不可能的。所以,亨廷顿教授惊呼:"他们实现了现代化,却没有变成像我们一样的人。"[①]

[①] 纪树立:"了却一桩心事",《读书》,1997(1)。

面对坚如磐石般的汉语场,地道的西方货色——基督教,进入中国国境,竟然还被"汉化",这是对"只要母语仍在自己的共同体内流行,全盘对方化是不可能的"判断的有力支持。据谭立铸介绍①,汉语与基督教的接触,可追溯至唐贞观九年(公元635年)景教(Nestorianisme)的传入。太宗皇帝看了景教的汉语经文后,龙颜大悦,景教自此流传海内。在中国发现的文献有:《大秦景教流行中国碑颂》、《序听迷诗所(诃)经》、《一神论》、《宣元至本经》、《大圣通真归法赞》、《志玄安乐经》、《三威蒙度赞》、《尊经》等等。这些经文典籍,是基督教教义向汉语生成的最初尝试,对于基督神学而言,它具有发源意义。13世纪末,天主教方济各会传教士孟高维诺(John of Montecorvino)再度把基督教带进了元大都。据说,他曾将旧约的《诗篇》及新约全书译成通用语言。天主教的全面传入及其经典的汉译,始自利玛窦来华(1582年)之后。自此,基督信仰才系统地开始了向汉语的"融身"过程。乾隆年间在传教士中间兴起了一场旷日持久的争论。在此之前,人们并没有留意基督教教义向汉语的翻译问题。利玛窦曾用中国史书中的"天主"来对译拉丁文的Dues(即基督教的至上神),后来,传教士们对Dues一词的译名颇感不满,认为汉语中的"天"、"天主"、"上帝"等等有掩盖和曲解基督教Dues真实含义的危险。当中国人称呼"天"、"天主"、"上帝"时,他们往往是说他们所信仰的"神",而不是由耶稣基督所启示的Dues。为了避免这种混淆,他们主张将Dues音译为"陡斯",以示其为基督教的至上神。"天"、"天主"、"上帝"这些词在汉语语境中已有确定的含义,它们包含着中国人

---

① 谭立铸:"从基督教的汉化说开去",《读书》,1997(6)。

的传统信仰成分,用来表示基督教的 Dues 会导致误解。谭立铸特别指出:"(这个)争议并不是吃饱了撑的,而是一个很认真的问题。这个问题就是,汉语言能否'承纳'本真的基督教信仰,如果能的话,它如何做才不致使之变质。"从这个争论中,我们从旁得到的启示是:一种语言可能在一定程度上承纳一种异质,让其"融身",但不会让其保持原封不动的异质色彩。这个事实说明,母语不灭的前提下,操母语者被别的文明"化"掉是不能想像的。在基督教的汉化例子中,当然,我并不认为汉语就能使地地道道的西洋东西真的"汉化"起来。正如我们的禅宗翻译到西方,一旦移译为西方文本,多少会付出丢失原意的代价,但也不会全盘西化一样。有一个事实是很清楚的:中国的全盘西化之最大的不可逾越的障碍是汉语。语言中的不可共量性是一个鸿沟,使一个文明的全盘外化的可能终为泡影。

关于语言的不可共量性,哲学家的解释角度是不同的。他们认为,一种语言就是一种使存在、此在或存在物现身的居所,不同的语言就是不同的居所。

现在我们再来看看海德格尔与日本学者手冢富雄的对话[1]。

手:自从与欧洲思想发生遭遇以来,我们的语言显露出某种无能[2]。

海:尽管有种种同化和混合,但一种与欧洲人的此在的真正交往却没有发生[3]。

---

[1] Heidegger, M., A Dialogue on Language, in *On the Way to Language*, 1982a, pp. 2—15.

[2] Ibid., p. 2.

[3] Ibid., p. 3.

手:您指的是何种危险?

海:就是我们受到欧洲语言精神所具有的丰富概念的诱惑走岔了路,把我们的此在(existence)所要求的东西贬低为某种不确定的和乱七八糟的东西了①。

海:这种危险是从那些对话本身那里出来的,因为那是一些对话②。

海:我们的对话的危险隐藏在语言本身中,不在我们深入讨论的内容中,也不在我们所作的讨论的方式中(着重号为原书所置)③。

手:现在我多少明白了,您是在哪里觉察到这种危险的。对话的语言不断地摧毁了道说(saying)所讨论的内容的可能性。

海:我早些时候愚见以为,应把语言称为存在之居所(the house of Being④)。假如人是通过他的语言才栖居在存在之要求中,那么,我们欧洲人也许就栖居在与东亚人完全不同的一个居所中。

手:假定这里的两种语言不光有差别,而且是根本不同的东西。

海:既如此,一种从家到家的对话就几乎不可能⑤。

---

① Heidegger, M., A Dialogue on Language, in *On the Way to Language*, 1982a, p.3.
② Ibid., p4.
③ Ibid.
④ In Heidegger, *Letter on Humanism*(《关于人道主义的一封信》),1947. *On the Way to Language* 的中文版《在通向语言的途中》译者孙周兴注:可参看海德格尔之《路标》,法兰克福 1978 年,第 311 页以下。(见海德格尔,1999:76)
⑤ Heidegger,1982a,ditto.⑥,p.5.

手:但就此看来,这惟一的源泉对两个语言世界还是遮蔽着的。

海:这正是我的意思①。……

手:您已经指出了您遇到的障碍:对话的语言是欧洲语言;而要经验和思考的东西却是日本艺术的东亚本质。

海:我们讨论的内容,事先就被强行纳入到欧洲的观念领域中来了②。

海:因为现在我们更清楚地看到了那种危险:我们的对话所用的语言不断地破坏着对我们所言所论之物进行道说的可能性③。

上面对话中,值得我们注意的海德格尔的思想有如下一些:欧洲思想使东亚语言无能,反之,东亚思想也会使欧洲语言无能;欧洲的语言搞乱了东亚的此在,反之,东亚的语言同样会搞乱欧洲的此在;假如人是通过他的语言才栖居在存在之要求中,那么,欧洲人也许就栖居在与东亚人完全不同的一个居所中;假定这里的两种语言不光有差别,而且是根本不同的东西,那么,一种从居所到居所的对话就几乎不可能;不同语言的道说的对话是值得怀疑的;说话的内容事先被强行纳入到所用语言的民族观念中;一种语言破坏着本该属于另外一种语言的道说的可能性。

我的观点是:理想的道说方式是,在只能用 A 语言才讲得清楚的地方说 A 语言,在只能用 B 语言才讲得清楚的地方说 B 语言,在只能用 C 语言才讲得清楚的地方说 C 语言。最简单的例子

---

① Heidegger,1982a,ditto. ⑥,p.8.

② Ibid.,pp.13—14.

③ Heidegger,M.,A Dialogue on Language,in *On the Way to Language*,1982a,p.15.

是:汉语人文网络里的三叔四伯七姑(爷)八舅,不能用英语里的uncle一言以蔽之(说不清楚);同样,爱斯基摩语人文网络里的种种雪状,不能用汉语里的"雪"蔽之以一言(说不清楚)。何故?每一种语言有它自己所编织的独特的人文网络("人文网络"这个概念在这里比"文化"更宽广更准确)。人文网络的独特性形成了相互之间的隔离。正因为这样,语言中的不可共量性使每一个文明稳定起来。

3.2.3.4 语言与文字的稳定性守住一个文明

语言与文字是一个文化中最保守(没有任何贬义)、最基本的成分。这种状态的形成是基于下面两个事实。一,时间:任何一种语言(然后是文字)的形成与演变是经过了相当漫长的时期的。二,众多的说话人:参与和认同某一种语言的演变(直到约定为止)的,必是该语言集团的全体说话人。这两个事实又引来第三个事实:漫长的时间与众多的说话人约定出语言背后的稳定的人文网络。

这样两个因素——时间与参加者——使得对语言和文字作出哪怕一点点人为的或主观的改变也必要相当漫长的时间,任何变革都必是众多的说话人参与认同,任何变革都得牵动语言背后的稳如泰山的人文网络。这就很清楚地解释了,主张废灭汉语(钱玄同:《中国今后之文字问题》)、汉字而以世界语取代为何完全破产;主张以汉语拼音文字取代汉字为何必然夭折,"世界语 Esperanto 一定会成为全体人类公用的语言"[①]的热望为何至今仍是冷落无事。一个国家,搞工业化,搞现代化,奔小康,用上几十年或者

---

① 巴金:"世界语",《随想录》第二集《探索集》,第 84 页,人民文学出版社,1989年版。

上百年,就足矣。可是,任何语言和文字的改变都是一个文明中最根本的改变,最难的改变。这两个"最"的起因都归于三个东西:漫长的时间、最大众的说话者以及语言编织的稳如泰山的人文网络。妄图废灭汉字就是妄图废灭汉字背后的人文网络。汉语拼音如果真的取代汉字,其背后是没有垫背物的(几乎是白板一块),但汉字背后的垫背物却是5000年的文明,犹如泰山一般。说"世界语Esperanto一定会成为全体人类公用的语言"就意味着"全体人类有一张公用的人文网络",或者说全体人类有一个共同的文化背景,这比梦想还梦想。

语言与文字里稳定了一个民族的最深厚的文化,因而,在异乡(外省或者外国)守住自己的文明,首先得守住语言(参见本章上述余秋雨"华语情结"个案研究)。反过来,在异乡中为了生存而主动放弃自己原来的文明,必须首先放弃也是最难放弃的一个环节便是语言。一些客居异国的侨民,当他们主观上为了生存向所在国靠拢(这是古往今来普遍发生的)时,主动放弃自己的思维方式、生活方式、生产方式时,首先必须做到一个最难的主动放弃——即语言上的放弃。现以余秋雨所记的一个个案为例①。

不少三代同堂的家庭,第一代讲的是福建方言,第二代讲的是规范华语,第三代只懂英语。因此,每两代之间的沟通都需要翻译,而每一次翻译都是一次语义和情感上的重大剥落。就在一个屋顶之下,就在一个血统之内,语言,仅仅是因为语言,人与人的隔阂是那样难以逾越。这是无可奈何的事:门外的竞争是那么激烈,哪一位家长都不太愿意让孩子花费几十年去死啃一种极其艰难又

---

① 余秋雨:"华语情结",《秋雨散文》,第486页,浙江文艺出版社,1998年版。

不太有用的语言。父母明知华语牵连着远祖的精魂,牵连着五千年的文明,还是代孩子填下了学英语的志愿,将华语的课目轻轻划去,血缘原则、情感原则、文化原则暂时让位给开放原则、实用原则、经济原则。这便是新加坡第三代华人用英语的历史背景。他们用英语才顺溜,尽管这种英语带着明显的南洋腔调,却也能抹去与故乡有关的种种分野,抹去家族的颠沛、时间的辛酸,抖掉了华语,抖掉了姓氏。对这一个过程,余秋雨所关注的理论问题是:一个群体从学习外语到不讲母语需要经历多大的心理转换,大概需要多长的时间;再进一步,从不讲母语到遗落家族姓氏又需要经历多大的心理转换,还需要多长的时间。他指出:语言的转换很快就造就了一批斩断根脉的"抽象人"。更有意义的是,他指出了:新加坡一代政治家急切地要把这个以华人为主的国家快速地推入现代国际市场,就必然地要强悍地改换一套思维方式和节奏方式,那么,没有比改换一种语言氛围更能透彻有效地达到这个目的的了。因为语言连带着一个整体性的文化—心理基座,把基座"移植"过来,其他一切也就可以顺水推舟了(着重号为本书作者所置)。

请注意,只有转换了语言才形成斩断根脉的事实。这对于一个人、一些人或一小部分人来说,是根脉的主动放弃。在诸多放弃中,"没有比改换一种语言氛围更能透彻有效地达到这个目的的了。"语言氛围是基座,其他一切,如思维方式、生存方式、风俗习惯,都是可以"顺水推"走的"舟"。可见,语言的稳定是一个文明的根本的稳定;语言的放弃,是一个文明的根本的放弃。

3.2.3.5 语言之间的"隔"守住了一个文明

语言之间除了交流的关系(下见3.2.3.6)之外,还有不交流的关系,即"隔"的关系。程映虹指出,"语言最能体现人类思想之隔"(着重号为本书作者所置)。有时彼此以为使用的是同一个概念,而实际上却都不过是在自说自话。即举英语中 tolerance /toleration 和其汉译"宽容"为例。Tolerance 之义已从对他人的容忍引申为不得侵犯他人的思想和行动自由了,是对将自我意志施加于他人的限制,其依据是人与人在人格和理性上的平等,因此是非如此不可的,不 tolerance 是有过甚至是有罪的(17 世纪英国革命中颁布了 The Act of Toleration,汉译为《宽容法》)。而"宽容"则几近于"饶恕"了,有所谓"君子不记小人过"和"宰相肚里能撑船"之意,成了一个气度和修养问题,因此全赖个人之愿意与否;做得到固然是一种美德,做不到也仍是人之常情,因为被"宽容"的对象本来就是该受谴责至少是蔑视的。可见,"宽容"并非基于平等原则,而是发自一种长者、德者、智者、更常见的是王者的优越感。① 中国人常以"人文主义"对应 humanism,问题是,humanism 的含义有多层。对于这个词,阿伦·布洛克曾有过如下的感叹:"我一生在牛津大学度过。在牛津大学,人文学源远流长,至少可以追溯到伊拉斯谟、约翰·科来特、托马斯·莫尔,以及文艺复兴的'新学'。也许就是因为如此,人文学的含义被视为理所当然而不加深究。一直到我快六十岁的时候担任了牛津大学的副校长以后……我才发现对人文主义、人文主义者、人文主义的以及人文学这些词,没有人能够成功地作出别人也满意的定义。这些词意义多变,不同的人有不同的理解,使得词典和百科全书的编纂者伤透

---

① 程映虹:"'隔'之一例",《读书》,1994(10)。

脑筋,感到头痛。"[1]中国人对这个 humanism 的理解,有作"人文主义"的,有译"人本主义"的,有译为"人道主义",也有译为"人性论"的。更有主张译为"唯人论"和"人学"的。在不同的历史阶段,不同的具体环境,在解释时可以有不同的侧重点。人之间的隔,造成了语言的隔,而语言的隔又造成了翻译的困惑。

然而,语言之隔,在客观上守住了一个文明。

1. 把一种语言译成另一种语言,实际上就是把一种生活译成另一种生活,而这在本质上是不可能的。翻译的理想是让一种思想、文化或生活被另一种思想、文化和生活所理解,真要这样做,就要触动语言所依赖的文化、社会和历史环境。维特根斯坦指出,"我也将把由语言和行动(指与语言交织在一起的那些行动)所组成的整体叫作'语言游戏'"[2];"想像一种语言就意味着想像一种生活形式(a form of life)。"[3]所以,世上许多能用外语写作的人都有类似的叹怨:用英语来表达不讲英语的人的思想,用汉语来表达不讲汉语的人的思想,都是格格不入的。这种不入,不在所讨论的题目里;也不在讨论的方式里,而是隐藏在语言本身(术语、用词)之中。要说的是东方的精神,如"气"、"道"、"禅",用的却是西方的术语和用词,怎么也像是隔着一堵墙;要说的是 cyberspace,用的却是中国人的术语与用词,诸如"电脑化空间"、"计算机空间"、"信息空间"、"多维信息空间"、"多次元空间"、"赛博空间",翻来覆去不着实。写作是如此,翻译更是如此。译者因吃不透作者的意图对原文作生硬的理解和翻译的事(这种情况叫 violent commu-

---

[1] 董乐山:"主义二题",《读书》,1993(11)。
[2] Wittgenstein, L., *Philosophical Investigations*, 1964, p.5.
[3] Ibid., p.8.

nication,粗暴交流),几乎每个译者都发生过,只是高明的译家将这种粗暴交流能降低到最低程度而已。

翻译家中,心存大志者,对不可译者下诸多功夫,其结果并不总是理想(我对他们抱着理解的态度)。他们这样做,往往是基于这样的想像:别人之所以未能成功译出,是因为别人的知识或智慧不够。其实人群之间的隔,造成语言之间的隔,本身就是人或者文明的需要。有些隔是不必撞开的,不必打通的。正如两户人家之间没有墙没有篱笆不放心,有了墙有了篱笆反而放心一样。你怎么能不承认张家与李家之间的隔墙是合理的呢?! 一堵隔墙(篱)使两家人都放心。隔墙使产权明晰了,使隐私保住了,使个人的自由与安全合法化了,因此,承认这种隔也是智慧。这样一看,企图打通一切的翻译家倒是不那么明智了。在翻译的不可译性问题上,我的立场是:不可译性是合理的,在承认不可译性的同时作出可译的努力是必要的。不可译性是存在着的。

语言背后的文化之隔是语言之隔的根源。误将文化差异当成文化共核[①],会怎么样呢? 按照发源语的用词、线性搭配、修辞手段、形象借用的文化模式来套取目的语,就会使交际失败。如将汉语的"一贫如洗"译成 as poor as washing,英美人不知所云了。怎么办? 只好丢掉发源语的文化模式,按照目的语的文化模式重新处理译成 as poor as a church mouse,对于接受者来说交际成功了,即所谓效果等值了。可是,在语言形式的层次上,却不等值。发源语的文化形象完全丢失了,趣味没有了。汉语"如洗"意味着"像

[①] 什么叫文化共核? 在全人类文化中,存在着共同的核心,换言之,各种文化特征相覆盖的部分就是文化共核。可参阅钱冠连:"从文化共核看翻译等值论",《中国翻译》,1994(4)。

水冲刷得干干净净",英语 as a church mouse 意味着"像教堂里的老鼠,沾不到一点油水"。两者的喻意虽一样,但两者的文化形象却是风马牛不相及。又如,将"我只会马走日,象飞田"译成 I only know the most basic moves,"马走日,象飞田"那种中国棋文化的风采丢得精光。一句话,文化亏损是翻译尤其是口译的一块心病。无论哪种语言当发源语,翻译处理后都有文化亏损的问题①。

两种语言的翻译,基本上陷入了三重损失。最初一步是阅读即理解原文本。在人参与理解之前,文本只是没有意义的文字符号(说它有意义也是不确定的意义,开放的意义),在理解中才能生出意义或确定意义。而且,由于理解本身是人存在的方式,理解的结果都是存在方式的不同显现。意义取决于理解,对于不同的理解者来说,就可以认为不存在同一文本。理解者最终把握的意义必定已被理解所改变,这便是偏离。第二步,开始翻译。就算是成功的或比较忠实的翻译,也是一种解释。是解释就会有解释者的主观干扰,对于原文来说就是损失。冯友兰也认为,"一种翻译,终究不过是一种解释。比方说,有人翻译一句《老子》,他就是对此句意义作出自己的解释。但是这句译文只能传达一个意思,而在实际上,除了译者传达的这个意思,原文还可能含有许多别的意思。原文是富于暗示的,而译文则不是,也不可能是。所以译文把原文固有的丰富内容丢掉了许多。"②第三步,译文读者阅读译文也是一种解释,这是第三次偏离了——再一次重复原文读者对原文文本那样的意义折扣。对于这情况,有人(倪梁康)惊呼:"可

---

① 钱冠连:"从文化共核看翻译等值论",《中国翻译》,1994(4)。
② 冯友兰:《中国哲学简史》,第13页,北京大学出版社,1996年版。

怕呀,它已被织入了三重的解释学诅咒!"①世上有没有超级翻译高手可以逃脱三重偏离呢?我看没有。高明的译家只是偏离得少一点,小一点。

萨丕尔(Sapir)认为,"从某种意义上来说,某种文明的文化模式的网络是在表现那个文明的语言里得到诠释的(In a sense, the network of cultural patterns of a civilization is *indexed in the language which expresses that civilization*②.)",根据他的意思,我们可以接着说,文明是在语言里持守住的。

人一出生,走进一种生活形式,就意味着走进了局限。一人与他人沟通是困难的,一民族与他民族沟通是困难的。语言不可移译,就是人不可移译。由此可见,语言隔是因为人隔,语言的这一"隔",在客观上守住了一个文明。

2. 语言封锁了一个民族文明中的精华部分——文学,客观上持守了一个文明。艺术的许多种类都是超越国界的,它们所用的材料有普遍性,颜料所生的颜色、画笔所生的线条、琴弦所生的音调与旋律,都可以走遍世界各国而不须翻译。钱钟书举了几个非常有说服力的例子,然后说:"最寡陋的中国人会爱听外国音乐;最土气的外国人会收藏中国绘画和塑像。也许他们的鉴别并不到家,可是他们的快感是真正的。只有文学最深闭固拒,不肯把它的秘密逢人便告。某一种语言里产生的文学就给那语言限制了,封锁了。某一国的诗学对于外国人总是本禁书,除非他精通该国语

---

① 倪梁康:"译,还是不译",《读书》,1996(4)。
② The Status of Linguistics as a Science, *Language*, Vol. 5, 1929.

言。翻译只像开水煮过的杨梅,不够味道。"[①]深究可追到上帝在捣乱。人类想建造一个通天塔,上帝不愿。他诅咒,使法子,让造塔的工人们语言彼此不通,产生隔膜,塔因此而废。这便是所谓的The curse of the Babel(巴贝尔塔的诅咒)。艺术中,惟独文学的交流需要翻译,而翻译又不够味道。这一隔,产生的消极影响非同小可。中国人得不到诺贝尔文学奖,并不是中国没有到位的文学作品,而恰好是外国的所谓汉学家的语言功夫不到位。进不了中国文学殿堂,何谈评论汉语文学作品!文学的独立是一个文明独立的重要部分,而文学独立又须借助语言媒介的独特。

3. 每一种语言铸就了一种独特的文化传统,铸就了独特的一种认知方式和思维习惯。这也是一种隔。英法之间只隔了一个英吉利海峡,而英美之间隔的却是地理上宽得多的大西洋,英法之间的对立却比英美之间的区别大得多,原因盖出于英美同语,而英法不同语。人们一般认为,语言障碍可以通过翻译来解决,然而,符号性差异只是语言障碍的浅层次,深层次上的差异却是认知方式与思维习惯,即福柯所谓的话语(discourse)层面上的差异。我们已经知道,语言不同导致对客观世界的分类不同,范畴划分不同(详见3.2.4 语言规定思想论及其机制)。沃尔夫说(Whorf):"我们是按照母语设定的路线去切分自然的(We dissect nature along lines laid down by our native languages.)。我们从现象世界中抽象出来的种种范畴和类型,因为它们就近在每一个观察者的眼前而不察;相反,世界在印象的瞬息万变中呈现,印象只能由我们的头

---

① 钱钟书:"谈中国诗",《钱钟书散文》,第529—530页,浙江文艺出版社,1997年版。

脑去组织,即是说,主要地是由我们头脑中的语言(学)系统去组织。"(Whorf, B. L. 1975)说汉语的人说"热水",说英语的人说 hot water,说日语的人却不以类似的方式说 atsu-i mizi,日本语范畴划分中,mizi 只指冷水,于是,atsu-i mizi 就成了"热的""冷水",两者不相容。日语中以 oyu 专指热水,这是一种范畴划分的不同。爱斯基摩人对雪的分类与别的民族不同(有大量词语表示不同形状、颜色和飘降时间的雪,却没有一般的"雪"),中国人对亲属的分类(例如,与自己父亲母亲同辈的亲人细分为叔父/母、伯父/母、姑父/母、舅父/母,却没有如 uncle/aunt 那样的统称词)与英美人对亲属的划分不同(例如,与自己父亲母亲同辈的亲人只有统称,却没有细分),说霍比语的印第安人只有一个词兼表"飞机"、"飞龙"和"飞行员",却有不同的词表示露天的水与瓶里的水,中国人对月亮的描述与英美人对月亮的描述不同,中国人几乎把食疗与药疗(中草药)看成一类(吃饭的食谱与菜谱可以带有明确的治疗目的,常言道:药补不如食补),而西方人对西药与食用却是有严格区分的。西方人长于科学理论尤其是由猜想、假设生成的重大理论,而中国人这方面的不长,都可以追到认知方式上去:前者强于逻辑分析与后者强于综合思维。为什么精确到一步一步推导的几何、代数这类学科是西方人发明的?为什么神秘而不假言传的禅宗是中国人创造的?这是偶然的分工还是语言的差异导致?这不是偶然的,他们不可能互换发明。这是语言—认知方式—思维习惯系列的不同所导致的。留学英美的博士或硕士有这样奇怪的感受,他们原来用比较流畅的英文写的论文在被自己翻译成中文以后读起来不再那么流畅了!而且,关于英美文化的著述在转译为汉语以后似乎已不再是关于英美文化的叙述了!我们自己用汉语写成的专著,当试图改写成英文时,在改写的过程中,强烈地感受到原来的感觉变了,处理时别别扭扭自不待言,而且不大相信原来写的东西了。这种奇妙的变化归因于:用什么语言叙述也会改用相应的认知方式与思维习惯。中国人说"田"的时候,字形信息——阡陌纵横的土地划分——一块儿透露了出去,英美人说 field, farmland, cropland,从词形上完全看不出阡陌纵横的土地划分的信息。也即是说,说汉语的"田"字(字音与字形信息同时出现)使中国人对田地的认知方式采取了那样的一种阡陌纵横的土地划分。对汉语中特有的歇后语(孔夫子搬家——尽是输,歇在"书"上)、藏头诗(念出几行诗句的第一个字便联成了一句话)、藏尾诗(念出几行诗句的最末一个字便联成了一句话),也可以从认知方式与思维方式上去解释:汉语字音和文字排列方式(横排时允许竖读,竖排时允许横读)允许或者说训练了中国人有那样的认知方式和思维方式。

4.语言上的隔与文化、道德、宗教、法律等等的体系上的隔是一个共生现象。与语言之隔同时存在的是其他文化体系的隔。我们之所以提出这一点,是因为不宜将语言之隔理解成单一由语言生成的。所有的隔实际上是一种共生现象。比如,东西方的区别,我们不宜只看做语言的区别。为首的是区别语言,此外还有其他的不同,比如道德体系的不同。赵南元指出,中国的道德黄金律的表现是"己所不欲,勿施于人",而西方的道德黄金律,是"己之所欲,施之于人"。"所不欲"是指一些引起不快感觉的东西,对人来说是起保护作用的必要最小限度的感觉,属于硬结构,因此在不同的人和不同的文化之间一致性是很高的。疼痛、疲劳、贫困、侮辱、饥饿,这些带负评价的事物对任何人来说都是"所不欲"的。"所欲"则属于软结构而含有大量变异,对于金钱、名望、权力、知识、宗教信仰等追求,每个人都有不同的侧重。因此一个不爱吃臭豆腐的人每次请客都不摆臭豆腐,是没有问题的。而一个爱吃臭豆腐的人每次请客都摆上一盘臭豆腐,就会令人不快了[①]。前者,自己不爱(硬结构)与别人不爱的一致性往往很高;后者,自己爱(软结构)与别人爱的一致性往往很不高,却勉强他人也爱同一的东西(不顾及大量变异)。这就提醒我们,在万里同声还可会面(利用可视电话)的今天,绝不意味着现代人比以往有更多的机会可以分享他们话语的共同意义。相反,这个世界上,无论是南北对话,还是东西对话,人类已经越来越难以找到共同语言和共同的语言意义。论地理与语言而言,科威特与伊拉克也该是"亲戚"关系,可是,2003年2月5日美军预备攻打伊拉克的数万兵辎(进入攻击位置)就借了科威特的边界。不同地区和民族,甚至是同一国家都面临着"不同语言集团"之间强烈而深刻的话语冲突。加拿大魁北克对说法语权利的诉求问题,是久为世人熟悉的。这都说明,语言上的隔,还伴随着根本上的一种隔——国家与国家、民族与民族、地区与地区之间的利益分配。这些问题,我们目前的讨论是非常多的了,故不再赘。

3.2.3.6 语言之间的交流加强一个文明的活力

语言集团之间除了相互的消解冲击力之外,还有相互促进、相互补充活力的作用。也就是说,语言之间的相互冲击不只是对一个文明产生消极的后果,还有积极的后果。

---

① 赵南元:《认知科学与广义进化论》,清华大学出版社,1994年版。

美籍俄罗斯诗人布罗茨基在评论1992年诺贝尔文学奖得主、加勒比海诗人德里克·沃尔科特时,曾指出:"文明是有限的,在每个文明的生命中都会有那么一刻出现中心无法维系的情况。使它们不致分崩离析的,并非军团,而是语言。罗马即是如此,在这以前的古希腊也是如此。这种时刻,维系的工作便落到来自外省、外围的人士身上。"[①]

上面这一段话非常重要。其中"文明"所指不清(但也无碍大体)。从文中提到罗马与古希腊来看,"文明"指的是一个民族的经济、政治与文化的综合发展状况(本书所需要的正是这个定义)。但从引文"英语文体的变迁"(黄灿然)的整个行文来看,这里的"文明"与"文明中心"好像指的是话语中心(如英语的中心,汉语的中心,等等)。这我们暂时不论。因为即使这里的"文明"和"文明中心"指的是话语中心(英语或汉语),对本书的主题仍有帮助。黄提供的证据颇具启发:该引文的第一部分所援引的作家(全是诺贝尔文学奖得主)不是处于主流英语国家的作家,而是边缘性的作家:索因卡是尼日利亚的,戈迪默是南非的,希尼是爱尔兰的,布罗茨基来自俄罗斯。但毫无例外的是,"他们利用他们本身的特殊经验和才能来丰富英语的文体,以边缘冲击中心"。美籍俄罗斯诗人布罗茨基用英语写散文,老练得令最好的英语作家们都自愧不如。很多作家为了追求新鲜活泼,往往会挪用一些科技、自然科学、社会学甚至政治经济学等领域的词汇。事实上这样做除了求新的初衷之外,还额外地为文学注入新鲜血液,极大地丰富语言的表达。维系(英语话语)中心的工作主要落到这种作家

---

① 转引自黄灿然:"英语文体的变迁",《读书》,1996(7)。

(外围或者边缘作家)身上。他们兼容并蓄,左右逢源,既有外省或者说外地的经验,又熟悉中心的一切运转,这使他们更灵活更老练,视野广阔而独特,又能以大量时间用于阅读写作,而不必像中心作家那样忙于社交和算计。

在谈到边缘冲击英语中心时,黄灿然还提到了翻译带来的冲击。他认为,翻译对于母语来说,也是一种边缘。上述用英语写作的边缘作家(但得了诺贝尔奖)的独特文体除了得益于地域上的边缘性之外,还得益于语言的边缘性。他们所做的,事实上已不是维系中心文学,而是大大地丰富了中心文学。我们也可以说,当代汉语的活力主要也是来自于翻译的维系。翻译的勃兴事实上并不是由对西方知识的渴求推动的,而是由对语言活力的渴求促进的。当代中国青年诗人对语言的热情探索不仅仅是出于好奇,而且出于必要,而他们汲取的养分又恰恰是翻译作品。黄在谈到翻译对另一个语言中心的冲击力时,说道:首先是这种影响力本身的重要性,它在等待受影响的人;其次是受影响者需要这种影响力,他们也在等待这种切中要害的影响力的出现,一旦这种影响力的火光一闪,他们即直觉地惊呼:"来了!"我们可以做的解释是:所谓"等待受影响的人",即是译作等待潜在的读者拿一点东西走;所谓"受影响者需要这种影响力"是指译作读者渴望从译作中拿一点东西走。

这一节,我们讨论了一个文明的征服与同化,莫过于语言与文化的征服与同化;语言之间的不可共量性,语言文字的稳定性,这两个性质对守住一个文明非常重要;语言之间的交流固然加强了一个文明的活力,语言之间的隔离也在客观上持守住了一个文明。

3.2.4 语言规定思想论及其机制

这个命题与"语言是存在之居所"是有联系的。既然语言是存在之居所,那么,操不同语言的人就居住在不同的居所里。假如人是通过他的语言才栖居在存在之要求中,那么,我们欧洲人也许就栖居在与东亚人完全不同的一个居所中。① 所谓不同的居所,就是每一种语言都有其独特的概念框架。是不是有独特的概念框架呢?我们知道,不同的语言对自然的切分是不尽相同的,其概念范畴是不尽相同的。倒过来说,不同的语言产生了不同的哲学。西方哲学里有所谓存在论、认识论、语言性转向,在植根于汉语的中国哲学里就没有出现过。这样看法的根源是,西方语言里判断词(sein/to be)发达成熟很早,而汉语的判断词"是"不仅出现很迟,而且在出现了之后普遍地使用更迟。

这一节的设置有两点必要性。第一,这是个重大的理论问题,它长期存在,可是在我国又未形成的正式的、浮出水面的争论。对重大理论记糊涂账是不正常的。我企图以此节的公开的讨论引起我国语言学界的注意。第二,"语言规定思想论"与"语言是人类的家园"之间大有关系。如果说语言规范了思想是事实,那么,有思想的人受到语言规范岂不是也是事实么?这个情景下再说人栖息在语言(家园)之中不是顺理成章么?第三,语言是人类最后的家园的另一层含义是:我们也受语言之围。一个语网将人罩在其中。语言里凝结着人的世界观和实践。萨丕尔有一个极端的表述,"人们很大程度上受他们所操语言的摆布(Human beings...,

---

① Heidegger, M. , A Dialogue on Language, in *On the Way to Language*, 1982a, p. 5.

but are very much *at the mercy of* the particular language）。"[1]要有逻辑才能表达好语言,反过来,语言也在以逻辑训练说话人。我们中国人前些年特别钟爱的"二分法"(其实世界是三分的,还有很大一个灰色区或者中间区存在),和汉语结构中对偶普遍存在不无关系。我在《美学语言学》里把这种现象称为某一民族的审美观念影响对某一民族语言结构的构建,看来只说了事情的一半。另一半是:一旦形成某一个语言结构,这个结构便训练着新的一代一代的说话人的思想方法。

本节分成三个部分:第一部分是萨—沃假设评述。(根据"证实或证伪:语言规定思想论"[2]一文改写。细心的读者会发现,那篇文章对证伪问题的来龙去脉并未交待,本书比较清楚地对此作了补充与阐述。)第二部分是语言规定思想论的机制。第三部分:承认语言规定思想论,自然地就等于承认语言是认知世界的先在形式(在每一个人诞生之前,语言形式早已存在。这需要解释,请见3.2.4.4)。反过来说,承认不承认语言是个先在结构对认识语言规定思想论具有重要的意义。

3.2.4.1 萨—沃假设

萨—沃假设("萨丕尔—沃尔夫假设"/the Sapir-Whorf hypothesis)是指:

---

[1] Whorf, B. L. 1988. *Language, Thought and Reality*: *Selecting Writings of Benjamin Lee Whorf*, J. B. Carroll ed. MIT Press (1956). Reprinted in the Edinburg Course in Applied Linguistics, Vol. I. J. P. B. Allen & S. Pit Corder eds. Oxford University Press, 1975. *Readings in Linguistics*: *Seventy-five Years since Saussure*, Vol. 1, 测绘出版社, p. 264.

[2] 钱冠连、谢栋元主编:《语言学论文集》第五辑,华南理工大学出版社,1998年版。

"语言强有力地规范了我们的思想"("language powerfully *conditions* all our thinking")①;

"在很大程度上思想是由语言决定的"(thought is, to a significant extent, *determined* by language)②;

萨氏一个更极端的表述是:"人们很大程度上受他们所操语言的摆布。"

这一著名假设,既踩了我国语言学又踩了我国哲学的"雷区",本来不同意的人是很多的。据我所知,在国内的外语界、汉语界,一提起这个假设,没头没脑的批评者有之,一棒子打死者有之,轻描淡写不疼不痒顺手捎带挖苦一句者更是多,有的甚至没有读他们的原著便说这个理论是反动的、唯心的,好像对人类身陷语言缧绁特别地不甘心,特别地火冒三丈。可是这都是在下面嘀咕,很少有人正儿八经写文章拿上桌面,摆出几条来说一说,评一评。在我的狭窄的阅读范围之内,只发现了极少数人——伍铁平先生等——的文章③,严肃认真地反对这一假设。在国内,这是一个应该争论却始终没有争论起来的问题。那么,这种沉默,是不屑于理睬,还是无暇过问抑或是别的什么,百思不得其妙。看来,我们并不缺乏私下争论,并不缺少骂阵或者大兵团围剿(如"文革"期间),缺的只是严格意义上的具有学者风范的论战。难道我们的文化不哺育这样严肃的论战?

---

① Sapir, E., The Status of Linguistics as a Science, *Language* Vol. 5. (1929). *Readings in Linguistics: Seventy-five Years since Saussure*, Vol. 1, 测绘出版社, 1988, pp. 182—189.

② Ibid., p. 182.

③ 伍铁平:"语言决定人的思想吗?"《语言与思维关系新探》, 上海教育出版社, 1990年版。

可是,这一观点并不因为我们只在下面嘀嘀咕咕而就平息下去,相反,国外与这一假设符合或反对的意见一而再、再而三地堂而皇之地见诸刊物。《读书》1997年第1期"了却一桩心事",纪树立介绍的托马斯·库恩(Thomas S. Kuhn)为中文《库恩科学哲学选集》写的序言以及纪树立的解读,就是这样的金声玉振。

看来,我们是躲不开亦避不开这场论战的。不说拿出气定神闲、冷若刀锋的论战之文吧,也应该有一些平心静气摆道理的文章,而不是把人家的结论或主题句看一眼,既不读原文,也不了解前言及后语,便劈头盖脑一棒子打将下去。

下面对萨、沃两家的引言,我们采用这样的办法,即是:不只是择其筋骨,也保留血肉,庶免丢三落四,歪曲原意。(引文中的着重号全部是本书作者所置。)

让我们先看看萨氏在 The Status of Linguistics as a Science[①] 中是如何说的:

语言作为对一种既成文化的科学研究的指南显得越来越有价值。从某种意义上来说,某种文明的文化模式的网络是在表现那个文明的语言里得到诠释的。以为通过纯粹的观察和排斥语言象征主义(the linguistic symbolism,它使得一种文化的整个轮廓变得有意义和易于被社会了解)的指导便可以了解一种文化的颇有意义的全貌,这是一个幻想。总有一天,企图不求助于某种原始文化所在的社会的语言就掌握那种原始文化的做法,便会像一个历史学家要描写某种文明却又不会处理其原始文献那样,显得不那么地道。

[①] Sapir, E., The Status of Linguistics as a Science, *Language* Vol. 5. (1929). *Readings in Linguistics*: *Seventy-five Years since Saussure*, Vol. 1, 测绘出版社, 1988, pp. 182—189.

语言是"社会现实"的指南。尽管语言一般情况下并不受社科学生的青睐，但它强有力地规定了我们对社会问题和社会进程的思考（Though language..., it powerfully *conditions* all our thinking about social problems and processes）。人们并非仅生活在一个客观世界，也并非仅生活在一个如常规理解的那样的社会活动的世界，而是很大程度上受他们所操语言的摆布（... *at the mercy of*...），他们所操语言已成了他们社会的表达媒介。假如你想像无需使用语言就能适应现实，想像语言仅仅是解决交际或反映中的具体问题的无足轻重的工具，那便是太离谱的幻想了。事实是，"真实世界"在很大程度上是不知不觉地建立在该语言社团的语言习惯之上的（The fact of the matter is that the 'real world' is to a large extent unconsciously *built up on the language habits of the group.*）。这个命题的简略式是："真实世界"建立在语言习惯之上。在表述同一个社会现实时，没有两种语言是被认为是完全一致的（No two languages are ever sufficiently similar to be considered as representing the same social reality.）。不同社会所寓之世界是迥异的，而不是同一个世界打上了不同的标记（The worlds in which different societies live are distinct worlds, not merely the same world with *different labels* attached.）。

以理解一首简单的诗为例，不仅要理解单个词的常用意，还要全面理解映射在词汇里的语言社团的整个生活，这种生活或者也通过词汇的暗含意义启示出来。甚至一些相对简单的感知行为也要更多地受称为词的社会模型的摆布，而不是仅凭我们想像（Even comparatively simple acts of perception are very much more *at the mercy of the patterns called words* than we might suppose.）。例如，假如你写下不同形式的几行诗句,你感受这些诗句可能分为如下这些类别:"坦言的"、"隐晦的"、"变形的"和"'之'字形的"是因为语言术语本身的分类启示性(the classificatory suggestiveness of the linguistic terms)。我们通常大量地那样见、那样闻甚或那样经历是因为我们的社团的语言习惯预设了某种特定的解释选择(because the language habits of our community *predispose certain choices of interpretation*)。

萨氏的这些论述可以简括为"语言规定思想论"。我们将其归纳成如下清楚的表述,不妨看成语言规定思想论的精粹:

1. 语言强有力地规定了我们对社会问题和社会进程的思考;人们在很大程度上受他们所操语言的摆布;人的感知行为也要更多地受称为词的社会模型的摆布;

2. 某种文明的文化模式的网络是在表现那个文明的语言里得到诠释的;"真实世界"在很大程度上是不知不觉地建立在该语言社团的语言习惯之上的;语言习惯预设了某种特定的解释选择;

3. 语言术语本身具有分类启示性。

第一条是核心的命题,说的是:语言规定思想,人受语言摆布,人的感知行为受词的摆布。第二条说的是客观世界——文化模式与真实世界——与语言的关系,即文化模式在语言里得到诠释,真实世界建立在语言习惯之上。第三条说的是语言具有切分自然的功能,这一点马上就可以在沃尔夫的语言相对论那里看到特别详细的论证。现在看看沃尔夫的"语言相对性原则"[①]:

---

① Whorf, B. L. 1988. *Language, Thought and Reality: Selecting Writings of Benjamin Lee Whorf*, J. B. Carroll ed. MIT Press (1956). Reprinted in the Edinburg Course in Applied Linguistics, Vol. I. J. P. B. Allen & S. Pit Corder eds. Oxford University Press, 1975. *Readings in Linguistics: Seventy-five Years since Saussure*, Vol. 1, 测绘出版社, pp. 264—274.

每一种语言的深层的语言(学)系统,换句话说就是语法,不仅是一个表达观念(voicing ideas)的再生机制,它本身毋宁说就是观念的塑造者(the shaper of ideas)、个人心理活动的纲领和指南,他的印象分析的纲领和指南,他的心理贸易栈库(his mental stock in trade)综合的纲领和指南。明晰地阐明思想,不是一个独立的过程(在过时的意义上说,这个过程具有严格的理性),而是属于一种特殊的语法,思想的阐明因语法的不同而有大小不等的区别。我们是按照母语设定的路线去切分自然的(We dissect nature along lines laid down by our native languages.)。我们从现象世界中抽象出来的种种范畴和类型,因为它们就近在每一个观察者的眼前而不察;相反,世界在印象的瞬息万变中呈现,印象只能由我们的头脑去组织,即是说,主要地是由我们头脑中的语言(学)系统去组织。我们切分自然,将其编织为各种概念,赋予意义,所以能如此主要是因为我们约定了以这种方式去编织自然。——是这样一种约定,它撑持在我们的言语集团之中,成型在我们的言语模式里(—an agreement that holds throughout our speech community and *is codified* in the patterns of our language.)。当然,这个约定是隐匿的,没有公布出来的,但它的用语却绝对是强制性的(but its terms are absolutely obligatory),除非遵守这个约定所认可的语言材料的组织与分类法则,否则我们就根本不能开口讲话。

这个事实对于现代科学极有意义,其意义在于,任何个人都不是绝对自由地不带偏见地描写自然,他总是受制于某些解释方式(... no individual is free to describe nature with absolute impartiality but *is constrained* to certain modes of interpretation...),哪怕在他认为自己是最自由的时候亦是如此。在这些方面,最自由的人便是那些对多种差别很大的语言体系掌控自如的语言学家。可是没有一个语言学家有如此能耐。有鉴于此,我们主张一种新的相对论原则。这个原则认为,同一个物理证据不可能使所有的观察者都得到相同的宇宙图像,除非他们的语言背景是类似的或者能够以某种方法互相校定(We are thus introduced to a new principle of relativity, which holds that all observers are not led by the same physical evidence to the same picture of the universe, unless their linguistic backgrounds are similar, or can in some way be calibrated.)。

在紧跟着的一个自然段中,沃氏将上面那个原则称之为 the linguistic relativity principle,即语言相对性原则。

一旦将闪语、汉语、藏语或者非洲语言与我们自己的语言对比,对世界的分析的分歧就会更加明显起来;当我们看了美洲的几个母语,其言语社团在流年逝月中各自独立地走过了自己的路和走过了与旧世界(the Old World)不同的路之后,这个事实——语言以各种相异的方式切分自然(languages dissect nature in many different ways)——就变得明显起来了。所有的概念系统(包括我们自己的概念系统)的相对性和它们对于语言的依赖性突出地显现出来了(The relativity of all conceptual systems, ours included, and their dependence upon language stand revealed.)。

归纳沃氏的语言相对性原则(the linguistic relativity principle)如下:

1. 语言(学)系统本身就是观念的塑造者;
2. 我们是按照母语设定的路线去切分自然的;任何个人总是受制于某些解释方式;语言以各种相异的方式切分自然;
3. 相对性原则:同一个物理证据不可能使所有的观察者都得

到相同的宇宙图像,除非他们的语言背景是类似的或者能够以某种方法互相校定。

现将萨氏的"语言规定思想论"与沃氏的"语言相对性原则"综合成萨—沃假设如下:

一,沃氏第一条说的是语言塑造(shaper→to shape)观念。这与萨氏"语言规定(to condition)思想"如出一辙;二,沃氏第二条说的是人类按照母语设定的路线去切分自然,顺理成章的是,语言以各种相异的方式切分自然。这与萨氏所主张的"语言术语本身具有分类启示性"是一个意思。这就构成了萨—沃假设的重要方面;三,沃氏说,"同一个物理证据不可能使所有的观察者都得到相同的宇宙图像"。萨氏说,"'真实世界'在很大程度上是不知不觉地建立在该语言社团的语言习惯之上的;语言习惯预设了某种特定的解释选择。"这是这个假设的另一个重要方面。这个假设的核心观点是语言规定思想;不同语言的不同结构会影响人们的思维方式和将世界划分为不同范畴的方式——即语言相对论。

这个假设的两个重要方面是:其一,"语言以各种相异的方式切分自然";其二,"同一个物理证据不可能使所有的观察者都得到相同的宇宙图像"。

萨氏在20年代提出语言规定论,沃氏50年代提出语言相对论,至少在西方,他们的假设没有受到致命的挑战(虽然有很多不同意见)。而且,事隔30多年以后,80年代托马斯·库恩又有了新的支持的说法。这一事实本身不无耐人寻味之处。现在,我们将纪树立[①]介绍的托马斯·库恩(Thomas S. Kuhn)为中文《库恩科

---

① 纪树立:"了却一桩心事",《读书》,第87—97页,1997(1)。

学哲学选集》写的序言中涉及的相关意见并纪树立的解读引述如下。由于篇幅限制,只引结论性的意见:

> 它们只是语言社群或对话社群,是由共有词汇联结起来的个人组合,这些词汇使专业交流成为可能,也把交流局限于专业范围之内。
>
> 上述对话社群,涉及我的观点一系列更加具体的发展。《结构》谈到许多伴随科学革命而来的词义变迁,也谈到视觉格式塔变化、看的方式的变化。二者之中,意义变迁更为基本。……无论传统的词义理论或是把意义归结为指称(从内涵到外延)的新理论,都不足以阐明这个观念。……我一直想弄清楚,词语究竟怎么能够具有意义,而具有意义的词语又是怎样适应于它们所描述的世界。这就是说,我一直在寻求不可共量性(incommensurability)的基础。
>
> ……许多用旧范畴名称所作概括既难以表达,不可共量也成了不可翻译的一种形式。……学习第二语言的成功,并不意味能够翻成译者的原有语言。语言学习只能导致使用双语,不能丰富原有语言。
>
> ……尽管每一个体都必须按照某一方式挑选社群所安排的词语指称,不同个体仍可按不同方式加以区分。
>
> ……一定时期的科学信念,不能用表达另一时期科学信念所需要的词汇完全表达出来,两套信念不能详尽比较。

(着重号为本书作者所置)

纪树立如下的解读精辟亦明确。

认知方式:

……"世界观变革"背后的语义变迁:词语指称的改变带来了

语言联结自然界方式的变革。传统以为语言只是表达思想的工具,只是思想的"物质外壳",因而习惯于把科学革命归结为思想观念的革命。但只要进行思想,哪怕苦思冥想,也离不开一定的范畴、概念、名称,要有同步于观念的语言运作,这恰恰是思想的物质内核而非外壳。库恩理顺了这种关系。一套语言体系是一双整体把握世界的巨掌,以自己的隐喻和词语内涵执掌世界。因此世界观和思维方式变化的深层实质还是语义变迁,语言是包括思维方式在内的生活方式,它规范了人们的思想,从而也塑造了人们生活其中的世界。

库恩打破了二者之间的隔阂。自然科学既然是人类认识自然的积极形式,当日常语言精练为科学语言时,也同样具有这种积极创造世界的功能。他在20世纪80年代的新作,着重论述了语言内涵的"存在论":以词语对事物进行分类,切割自然,建立范畴所蕴涵的相同或相异关系,从而勾勒了整个世界图景。

认知主体:

拥有不同语言的科学社群犹如不同的部落,各自生活在自己的物质和精神家园之中……科学社群作为认知主体,本质上是对话社群,其成员通过共同的教养和训练,拥有一部公用词典,其词语具有相同的内涵外延,按照同一分界线切割世界,划分相同或不同的范畴,从而勾勒了共同的实在图景……反之,不同的科学社群语言不同,二者之间"不可共量",犹如等腰三角形的一腰与其斜边之间,或圆周与其半径之间,没有可构成整数倍的共同量度。(着重号为本书作者所置)

3.2.4.2 对萨—沃假设的讨论

下面是我的讨论。

如果我没理解错,库恩并未对萨—沃假设作出直接反应,他只是在表明,"'世界观变革'背后的语义变迁:词语指称的改变带来了语言联结自然界方式的变革。"整个论述非常难读。纪先生认为"其文凝练艰涩,不了解某些背景更难以卒读"。纪认为"其翻译也是这样"。所幸的是,纪的解读却形成了对萨—沃假设的明确的反应,虽然他自己并没有如此声称。而且由于他身处汉语圈这个家园之中,比萨氏和沃氏的言语更能使我们接近萨—沃假设。他认为:"一套语言体系是一双整体把握世界的巨掌,以自己的隐喻和词语内涵执掌世界。因此世界观和思维方式变化的深层实质还是语义变迁,语言是包括思维方式在内的生活方式,它规范了人们的思想,从而也塑造了人们生活其中的世界。"对语言与思想二者的关系,萨氏用了 to condition(determine;govern;regulate)这个术语联结,沃氏用了 shaper→to shape(give a shape or form to),纪的术语是"规范"与"塑造",与萨氏、沃氏用语一样。当然,在以解释库恩思想为己任的文章中,纪不可能提出语言体系规范了人们思想的证据。

对于萨—沃假设,我最有把握的认识是:这个假设的提出者不是为了哗众取宠,态度是严肃的。

以沃尔夫为例,他对霍皮语(the Hopi Indian)做了深入的调查,他的语言相对论正是经过霍皮语与英语比较之后提出的。他反复论证,人对世界的看法是相对的,依赖于自己使用的语言。萨沃假设的重要之点是:"人类是按照母语设定的路线去切分自然"(沃氏),"语言以各种相异的方式切分自然"(沃氏),"语言术语本身具有分类启示性"(萨氏)。或者说:"同一个物理证据不可能使所有的观察者都得到相同的宇宙图像"(沃氏),"'真实世界'

在很大程度上是不知不觉地建立在该语言社团的语言习惯之上的；语言习惯预设了某种特定的解释选择"（萨氏）。举一个简单的例子。汉语里说"独门独户"（不是指只开一个门的房子），是从门户自身的视界（按照母语设定的路线）出发的，英语里对等说法之一是 a house in an exclusive neighborhood，它不从门户自身看，却从邻里视角出发，它的切分路线是：这里有一个房屋，所处的邻里状态是排他性的，即邻里状态为零。一个盯着自己的门户，一个盯着邻里。这不就是"人类是按照母语设定的路线去切分自然"之一种吗？这不就是"语言以各种相异的方式切分自然"之一种吗？这不就是"同一个物理证据（比如一间孤零零的房子）不可能使所有的观察者都得到相同的宇宙图像"的表现之一吗？这不就是"语言习惯预设了某种特定的解释选择"吗？

我以为，迄今为止这个假设未曾受到致命的挑战。

第一个表现是：这个假设尚未被证伪。未被证伪就可以认为其可信度高。

为了证实或证伪，我们首先把这两个命题（实质上是一回事）梳理成全称命题，而且与萨沃假设原来的命题完全一致：

"所有语言以各种相异的方式切分自然"（"语言以各种相异的方式切分自然"是其省略式）。它的反命题是：所有语言以相同的方式切分自然。（下面我们将会用上这个反命题）

"所有的观察者对同一个物理证据不可能得到相同的宇宙图像"（与"同一个物理证据不可能使所有的观察者都得到相同的宇宙图像"完全一致）。

首先说证实这个假设是不可能的。严格的证实，就是世界上有多少种语言就拿多少种语言——比如说常用的 2500 种或者统统的5000种(?)——做试验,看看它们是不是以相异的方式切分自然。如果是,萨—沃假设就成立了。但是,这样的穷尽性试验是不可能做成的。

严格奉行可证实性原则就会把科学理论中的全称命题摈弃于有意义命题之外。怎么办呢?波普(Popper)为了挽救科学命题,提议将证实原则改为证伪原则:一个命题是有经验意义的,即在原则上是可证伪的。"所有的天鹅都是白的"虽然不可能证实,在原则上却可以证伪,证伪只要有一次经验(实验或观察)发现一只非白色的天鹅,这个命题就算被证伪了。这是一个聪明的办法:以几个有限的反例去证伪。关于证伪,波普认为,从假说与事实相符(即所谓的证实)进而推论假说正确的方法是极有危险性的,这很可能暗含事先肯定结果的错误。而从证伪角度,只要找出任何一个事实与假说不相符的情况就可推翻假说。这就是证实与证伪之间的不对称性[1]。

现在回到萨—沃假设。企图证实他们提出假设性论断——"所有语言以各种相异的方式切分自然"或者"所有的观察者对同一个物理证据不可能得到相同的宇宙图像"——是不可能的。那么,我们就证伪。如不能对其证伪,他们的假设就可以认为是真[2]。

对上述两个或者其中一个命题证伪,即只要一次经验(实验或观察)与上述命题不符,通过一次观察发现所有语言是以相同

---

[1] Popper, K. R., *The Logic of Scientific Discovery*, Hutchinson, London, 1968a. Popper, K. R. 1968b. *Conjectures And Refutations—The Growth of Scientific Knowledge*. New York, Evanston: Harper & Row Publishers.

[2] 可参见拙文"证伪论与语言研究"——西方语言哲学系列研究之七,《现代外语》,2002(2)。

的方式切分自然的,或者通过一次实验发现,所有的观察者对同一个物理证据得到了相同的宇宙图像,那么,萨—沃假设就推翻了。比如,1997年3月9日日全蚀与海尔—波普彗星同时出现天空(或者其他有目共睹的天象、地象、自然象等等),使用不同母语的各国科学家都去一个地方(比如说中国的漠河)去观察,然后大家用不同的母语描绘,如果大家的描绘如出一辙或者大致上一样,萨—沃假设就算推翻了。如不能证伪,这个假设的可信度就应该认为是高的。

现在,决定用证伪法的话,用不着拿所有语言的说话人去试,只要拿两个或三个语种的说话人去试,这便是证伪法的优越性:以少代替多。它利用了证实与证伪之间的不对称性。只要两个或者三个不同语种的人切分自然的方式是不同的,就能一下子否定(即证伪)"所有语言以相同的方式切分自然"。道理简单得很:既然两三种语言是以不同的方式切分自然,就再不能说所有的(2500种或者5000种)语言以相同的方式切分自然了。证伪了"所有语言以相同的方式切分自然"这就等于支持了"所有语言以各种相异的方式切分自然"(萨—沃假设原命题)这个命题。

那么,能不能找到两三种语言以不同的方式切分自然的实例或经验呢?那就比较容易了。如汉语与英语对"叔、伯"的切分方式是不同的,汉语与爱斯基摩语对"雪"的切分方式是不同的,英语、汉语(为一方)与日语对"热水"的切分方式是不同的(见下面的分析)。还可以举出许多实例作为"所有语言以相同的方式切分自然"的反例。这是大家都知道的事实,本书在不同的地方曾提到过,此不再赘。

我们看看下面这个反驳萨—沃假设的设想。格林伯格(J.

Greenberg)说"如果把两个说不同语言的人送到月球上,他们返回地面所作的报告的内容绝不会因语言不同而有所不同。可见语言不能决定世界观和人的认识"。[①] 其实,这也反驳不了萨—沃假设。第一,就算这两个不同语种的人所作的报告完全相同,说明他们是以相同的方式切分自然,也不能因此得到结论说"所有语言以相同的方式切分自然"(不能以2或3代替2500或者5000);第二,可惜这并非实验,而只是"如果……可见……"式的设想。因为任何别的人都可以设想成相反的事实:他们返回地面所作的报告内容确有所不同,这两个不同语种的人得到的月球图像(语言报告的图景,不是指摄影)是有所不同的,虽然有些相同的方面。

所以,我还是认为,在真正的证伪实验做成以前,萨—沃假设应该被认为有较高的可信度。

国内有些学者(参见伍文)提出的事实反驳,并不是针锋相对的有设计程序的证伪实验。诸如儿童在学会语言以前就已经会辨别颜色;丧失颜色名称的失语症者反倒能辨别更多的颜色("学会语言"与"辨别颜色"不归同一个器官管辖,这两个能力本来就可以独立,形成不了对萨—沃假设的反驳——本书作者注);不能说采用不同度量衡的民族具有不同的空间观念;语言之间可以对译(相当多的学者怀疑所谓可译性——本书作者注);聋哑人会思维(思维有三种形态:"前语言思维"、"语言思维"和"超语言思维",聋哑人会思维,指的是哪一类?片断的想法那能算思维吗?——本书作者问);语言学家可以不受语言限制描写出许多语言的普

---

① 见伍铁平:"语言决定人的思想吗?"《语言与思维关系新探》,第39页,上海教育出版社,1990年版。

遍现象(可是,关键的问题不在"可以描写",而在描写出来的现象是相同还是不同? 在于切分自然的方式是否相同? ——本书作者问);先有爱斯基摩的种种雪,后有爱斯基摩人对雪的种种称呼(这个事实刚好支持了萨—沃假设,不同的语言对自然的切分是不同的——本书作者注),如此等等(参见伍文)。以上所举,就假设全部是事实,也未必能与萨—沃假设("所有语言以各种相异的方式切分自然")针锋相对。因为,萨—沃假设同样可以找到很多的事实支持。

比如,不少事实都是可以证实"我们是按照母语设定的路线去切分自然的"。说汉语的人以汉语设定的路线说"热水"(热+水),说英语的人以英语设定的路线说 hot water(hot+water),说日语的人以日语设定的路线说成 oyu(请注意,不以类似汉、英的方式组成 atsu-i[热的]mizi[只指冷水])。另有:说霍比语的印第安人有不同的词表示露天的水与瓶里的水。

这个假设未曾受到致命的挑战的第二个方面是,难在推翻这样一个事实:至少在每一个人的幼儿时代,还是语言框架决定了思维框架的。在这一个问题上,连不赞同萨—沃假设的学者都认为"上述假设还是有其合理内核的"(参见伍文)。我们可以这样反推:如果语言模式规定或决定或制约思想模式,那么,别的且不说,至少会有这样一个事实:就个体发生而言,语言模式形成在先,思维模式生成在后,才能谈得上前者规范后者的问题。因为连语言模式都未形成、固定,何谈它去支配思维、影响思维以至决定思维呢?

当然,80年代以前大多数学者认为思维出现在先,语言能力的形成在后。

我的看法是:就个体发生而言,语言模式形成在先,思维模式

251

生成在后(关于这个问题,请详见 3.2.4.4"语言是人认知世界的先验结构")。

　　语言在人的思维成熟之前,就设计了人。儿童生下来之前,语言早已在他们父母兄弟姐妹那里说着。语言所记录下来的世界与宇宙结构就在那里存放着。儿童接受世界,感受世界,除了感官直接感受到的之外,其余的就是通过学习身旁大人说话所接受到的那种世界结构。所接受与感受的东西,就是语言所记录、承载的种种关系、各种框架、各种世界观。等到儿童长大成人能够反过来影响语言的时候,他们与语言的关系才变成双向影响的关系。可是,儿童时期,尤其是五岁左右,是非常关键的时期,这一个阶段所接受的影响,决定了他们的一辈子。也就是说,儿童时期所接受到的语言痕迹,影响他们一辈子。语言塑造了五岁左右的儿童思维,就意味着规定了人的整个一生的思维。可以为此结论作佐证的是,据生物学家研究,五岁左右,智力基本定型,以后的成长,只是增加知识,增加才干,增加经验,在智力模型上,不会有什么变动。窃以为,"七岁智力定型"与"七岁思想框架定型"是一致的。于是,语言就是这样规定了要学习说话的一切人。于是,就出现了海德格尔下面所说的事情——接受和顺从语言之要求:"'语言的本质'这样的演讲题,意在把我们带向一种可能性,让我们在语言上取得一种经验。在某事(可以是物、人或神)上取得一种经验意谓:某事与我们遭遇、与我们照面、造访我们、震动我们、改变我们(strikes us, comes over us, overwhelms and transforms us)。……于是,在语言上经受一种经验意谓:接受和顺从语言之要求(receive it as it strikes us and submit to it),从而让我们适当地为语言之要求所关涉。如若在语言中真的有人的此在(Dasein, existence)的本真的居所,而不管人是否意识到这回事情,那么,我们在语言上取得的经验就将使我们接触到我们的此在的最内在的关系(the innermost nexus,着重号为本书作者所置)。"①

以儿童而言,他的思维训练却是从语言起始的。儿童对客观世界的看法、思考习惯与知识是大人通过语言训练出来的,这是一个普遍的事实。现在我们以汉语环境中幼儿的思维训练为例来说明这个事实。诚如季羡林先生所指出:"西方的基本的思维模式是分析的,而东方的,其中当然包括中国的基本的思维模式是综合的。""西方印欧语言有形态变化,字与字之间的关系尽量用语法变化的形式来表达得尽可能地清楚。而汉文既无形态变化,词类的区分又往往并不泾渭分明,总之是有点模糊。"②这样,就为我们的说明铺设了两个前提:(1)中国人的基本思维模式是综合的;(2)汉语无形态变化,主句与从句之间可以不需要表示关系的连接手段(即复句的关系连接词)——也可以设上连接词,但真正的日常言语通常是不需要的。现在我们看看通过语言训练儿童的思维是怎样的一个过程:如成年人对儿童说:"听话,我给你糖吃。"主句与从句之间是什么关系? 没有形式上的连接词交代。没关系。儿童通过语境、同步符号束(如观察成人的脸色即面相身势)可以逐渐地揣摩出"听话"与"我给你糖吃"之间是条件关系(给糖吃的条件是必须听话)呢,还是顺承关系(先听话,然后吃糖),或者假设关系(假如听话,就有糖赏),或者因果关系(因为听了话,所以才有糖吃),抑或是目的关系(要达吃糖目的,你得听话)。我

---

① Heidegger, M., The Nature of Language, in *On the Way to Language*, 1982b, p. 57.
② 见季羡林为拙著《汉语文化语用学》(清华大学出版社,1997/2002)所作的序。

们看到的是,没有连接词的汉语复句结构训练中国儿童综合思维形成的过程。形而上地说,中国的儿童是可以在汉语的结构训练中得到综合思维习惯的。简言之,至少在每一个人的幼儿时代,他的思想还是在语言结构的缧绁之中的(仅从这一点看来,萨—沃假设毫无哗众取宠之意),语言框架是可以规范他的思维框架的。只要承认这一点就大致上会走向这一结论:人的整个一生的思维是被语言规定的。因为,上面我们已论证过,儿童时期所接受到的语言痕迹,影响他们一辈子。语言塑造了五岁左右的儿童思维,就意味着规定了人的整个一生的思维。这就现出了一个看似奇怪的逻辑:语言是人创造的,却又反过来改变了创造它的主人。这有什么奇怪呢?人创造了游戏规则(象棋规则、比武规则、足球规则、电脑规则等等),这些规则反过来又限制人、指导人、完善人,这就是改变了人。电脑是我们创造的,电脑又看起来改变了人类的生活方式。

关于这个问题,请详见 3.2.4.4 语言是人认知世界的先验结构。

那么,是不是说萨—沃假设就能成立呢?我的感觉是,它是可以成立的。我希望正式地做证伪实验的原因也在此。在人们能够实现证伪之前,这个结论都应该被看做可信度很高的命题[①]。现将我目前的思考结果简述如下:

成熟的思想(不是指临时冒出来的念头、片断的思想)依附在语言上,语言是思想的不可卸载的载体,因而语言与思想是同步运

[①] 在原来的论文中,我对这个假设是否成立,还抱怀疑态度,认为假设离成立一步"还相当遥远"。

行的。

然而,有些被载物与载体是可以分开的。如木材装在一节车皮上。木材与车皮就是可以分开的。A 是 B 的表达工具,说的是表达手段 A 与被表达的内容 B 之间的关系。此时,表达手段或工具与被表达的内容是可以分开的,表达的工具是可以选择的。如悲苦情绪,可以用言词来表达,如说"我多么悲呀,多么苦呀";也可以用拉二胡"病中吟"来表达,如此等等。除了用言词、用二胡的演奏,还可以找到表达悲苦情绪的其他手段。

A 是 B 的不可卸载的载体,说的是被表达的内容依附在载体之上,两者不能分开,如电流在金属导体上流动,音乐的节奏附着在旋律上等等,没有了金属导体,电流就无以流通;没有了旋律,音乐的节奏亦无呈现。我以为成熟的思想之于语言,就像电流之于金属导体,节奏之于音乐旋律,体内氧气之于血液,前者紧紧依附于后者。

既然成熟的思想与语言结构分不开,说语言框架决定了思维框架,应该是说得通的。

达米特(M. Dummett)在评论"语言是思想的代码"这一论点时说道:

"这样,我们就得以下面的理解的解释来代替把语言当做思想的代码这一构想;这样理解的解释是,语言并不需要求助预先掌握概念(概念可用语言来表达)。这样一种解释,不仅把语言当表达思想的工具,还当思想的载体[1]。以语言当

---

[1] Such an account presents language, not just as a means of expressing thought, but as a vehicle for thought.

思想的代码这样一种思想之所以变得站不住脚,是因为一个概念仅靠自身进入心智之中还不是心智事件的一个明白易懂的过程:思想需要载体。基于此种理由,语言的哲学研究的极其重要性在于,它不止是哲学的一个分支,还是整个哲学的基础,因为,语言的哲学研究还同时不得不是思想的研究。如果仅仅只把语言当做一套代码,我们就能指望剥去语言外衣直击赤裸裸的思想(可是事实不是这样):研究思想惟一有效的手段是研究语言,语言是思想的装载物①。"②(着重号为原文所置)

我不知道他所说的"语言当表达思想的工具,还当思想的载体"与"思想需要载体"和我们上面说的"语言是思想的不可卸载的载体"是不是完全一个意思。应该说,"语言是思想的载体"与"语言是思想的不可卸载的载体"还是有一点区别的。因为"语言是思想的载体"这个说法,有些情形下,是可以理解成相互剥离的。"语言是思想的不可卸载的载体"刚好强调了语言与成熟思想之间的不可剥离性。这一点,刚好与达米特在另外一处的论断完全一致。达米特说过这样的一段话:"思考的能力离不开我们使用语言的能力;就是说,成熟的思想,在习得语言之前,是不可能得到的。"③我们不能指望剥去语言外衣直击赤裸裸的思想。

当然,萨—沃假设有一个最具实质性的问题必须回答。即是:有什么实验能够证明,幼儿阶段之后,人的思想模式的铸就可以将

---

① ... language is its vehicle.

② Dummett, M., What do I Know when I Know a Language? in *The Seas of Language*, Oxford: Clarendon Press, 1993.

③ Ibid., Also, Baghramian, M., *Modern Philosophy of Language*, 1999, p. 310.

该民族时时置身日日面对的文化现实和自然现实排除出去？我的意思是：铸就思想模式的不仅有语言模式，还有文化模式和自然环境。须知，连语言本身也只是文化的载体之一，不是全部。当然，言语行为是人类行为的基本部分（人类还有非语言行为）。如果不能排除文化现实和自然现实，我们就得说，是语言模式、文化模式等共同铸就了思想模式。当然，这个命题并未形成对萨—沃假设的对立。

问题讨论到这儿，还没有完结。关于萨—沃假设的是与非，国内语言学界虽没有正面的回声訇訇式的交锋，却不乏学人名士对这个问题各抒己见。下面将对这些意见作一个评述。

首先是林语堂，在 *My Country and My People*[①] 一书中，多次提到这个问题。现在我们按着原书的顺序酌引为参考，但是你无法知道他的立场，他是在赞成甲（语言形式）决定乙（思维方式）呢还是乙决定甲。他似乎在两者之间游移，颇有几分陈寅恪所评的"呼卢成卢，喝雉成雉"[②]的味道。若有疑问，请看：

他说，"汉语讲得很好的欧洲人会养成与中国人相同的思维习惯，从而被自己的同胞视为'怪物'。英语讲得很好的中国人则已养成了西方人的思维习惯，被'异族化'了。"这看起来是为语言规定思想习惯提供了一个好的证据。但是且慢，这些汉语讲得好的欧洲人，或英语讲得好的中国人，焉知不是首先从对方国的文化（文化承载物不仅有语言，还有艺术、宗教、风俗、习惯、行为规范等等）习得然后才能讲出那么好的语言，或者至少也是语言与文

[①] 以下林语堂引言，出自 *My Country and My People*，New York：John Day Company，1935.

[②] 陈寅恪：《金明馆丛稿二稿·冯友兰〈中国哲学史〉审查报告》（上）。

化同步习得才养成了对方的思维习惯的！林先生并没有明确指出，这些人在习得语言的同时习得对方国的思维习惯的。因此，根据这一段话，我们可以说，是语言习得和其他的文化习得与自然环境共同造就了这些"异族化"的"怪物"。

"有些生在美国的中国人，在另一个环境中长大，绝无一般中国人的特质。他们可以用粗鲁的重鼻音和直率有力、不事雕琢的演讲搅乱一个教职员会议，他们缺乏炎黄子孙那种压倒一切、独一无二的老成温厚。"值得注意的是"生在美国"这个前提。这些中国人，一生下来就在习得语言的同时，形成了思维习惯，也习得了美国文化，是毫无疑问的。这个例子支持了语言模式规定思想模式，但是其他文化模式也对思想模式产生了影响。

"中国话，中国语法，显示出明确的女性特征。它的形式、句法和词汇，都揭示出中国人思维的质朴、想像的极端具体，句法关系的极端简洁。"顺便指出，"它的形式、句法和词汇揭示出……句法关系的极端简洁"是一个有毛病的命题（"句法揭示句法的简洁"）。但是，"它的形式、句法和词汇揭示出思维的质朴、想像的极端具体"却是可以成立的命题。那么，从这个命题可以推出"句法来自思维"的结论，即思想决定语言了。

在另一处，他先是举了一些汉语里简洁说法的例子，"比如'坐吃山空'意思是说，'如果你光坐着吃，什么也不做，那么就是像山一样多的财富也会被吃光的'"。我以为，这一解释是在将综合思维形式用分析思维形式进行再诠释，这个过程犹如将汉语译成英语。这里姑且不去深究。接着，他指出："中国人只是简单地像孟子那样说'白马之白犹白玉之白欤'。这与中国人的思维不善于进行分析有关。"（着重号为本书作者所置）那么，这里就可以说成,他是赞成思维方式影响语言方式了。

"'隔岸观火','蜻蜓点水',……这种意象名词丰富但抽象名词缺乏的特点对写作的风格,进而对思维的方式都产生了影响。"(着重号为本书作者所置)注意,他的观点变了,用明确的话语表示出语言影响思维方式。

和本文宗旨紧密相关的一个重大问题——思维方式导致自然科学是否发达——他却有过相当明确的表态:"中国人的思维特点……使得我们能够明了中国人为什么没有发达的自然科学。希腊人为自然科学奠定了基础,因为他们的思维基本上是分析型的,这已经被亚里士多德学说引人注目的现代性所证明。埃及人发展了几何学和天文学。这些学问都需要分析性的思维。印度人发明了自己的语法学。而中国人尽管有其天然的智慧,却未能发展起自己的语法学。……之后的晋代学者则复兴了道家学说,靠'直觉'来解开自己的身体与宇宙之谜。没有人想到过应该做实验,也没有人发展过什么科学的方法。"这一段话,使我们想起两件事。第一,梁漱溟断言:"中国文化凭自身盘旋不出科学来"[1]。对语境与科学成果的关系作如此尖锐、干脆的断语,有如禅宗的大喝,下面我们还得议一议。林语堂也有类似的意见,只是表述得具像而乖巧。第二,"没有人想到过应该做实验"!这是三十年代对包括语文学在内的中国学术界的最科学的、切中肯綮的批评。所以我认为,最终否定"萨—沃假设"要靠证伪,如不能证伪,则这个假设就是可信度高的假设。

在"语言与思维"这个明确的标题之下,林语堂指出:"汉语的

---

[1] 引自谭立铸:"从基督教的汉化说开去",《读书》,1997(6)。

特性,在很大的程度上决定了中国文学发展的特殊性。把汉语与欧洲语言作一比较,人们就会发现中国人的思维与文学的特性,在多么大的程度上是源自汉语的单音节性。汉语中像 jing,chong,zhang 这样的音节,语音效果惊人地相似(这三个音节实在谈不上什么"惊人地相似",相反是惊人地不相似。——本书作者注)。单音节性决定了汉语写作的特性,汉语写作的特性又导致了文学遗产继承的连续性,因而甚至多少促成了中国人思维的保守性……音节形式(大约 400 个音节)的极端缺乏,是汉语的特点,其结果是出现了大量的同音字……文字与语音的脱节又加强了文字的单音节性……假如改用拼音文字,改用屈折语,那么中国人对他们的上级还会如此温顺和谦恭吗?我时常感到,如果中国人能够在其语言中多保留一些词首或词尾的辅音,那么他们不仅能够动摇孔子权威的基础,并且很可能早就打破其政治结构,让知识得到广泛传播,出现……发明更多诸如印刷术、火箭之类的东西来影响这个行星上人类文明的历史。"这一段与本题相关的思想是:(1)思维形式源自语言形式,如"中国人的思维……在多么大的程度上是源自汉语的单音节性"。又如"单音节性决定了……甚至多少促成了中国人思维的保守性"。如果说这些表述并不令人突然,只是表明了他的"语言规定思维论"的话,那么,下面的说法就不仅是登其堂奥之说,还很有一点"语言安排人类命运"的诡异与神秘,令人有点殽棘不安了!如:"假如改用屈折语,那么中国人对他们的上级还会如此温顺和谦恭吗?……如果中国人能够在其语言中多保留一些词首或词尾的辅音,那么他们不仅能够动摇孔子权威的基础,并且很可能早就打破其政治结构,……来影响这个行星上人类文明的历史。"这是不是"语言安排人类命运论"?(2)

既然汉语的特点(单音节形式)多少促成了中国人的思维的保守性,顺下来,它就决定了中国人现在的政治结构及科学的落后。这和梁漱溟的"中国文化凭自身盘旋不出科学来"相比,叙述稍有温婉,但实质仍是如出一辙。

关于科技的发展与汉语、汉字的关系,有两种尖锐意见的对立。上面说的"语言安排人类命运论"和下面引述的梁先生的意见是一方。谭立铸指出,"语境决定论反对传统的语言工具论:不是人役使语言,而是人受语言役使。人的运思不仅受到语言的牵动,而且被严格地局限在所用语言的语境之内。在这个意义上,梁漱冥断言,如果没有西方科学的主动侵入,中国文化凭自身盘旋不出科学来,这不是一个时间问题,而是一个文化特质问题。"①谭说,梁的看法很有道理,某种文化的指向取决于该文化群体的生存"意欲",汉文化的意趣乃在于人与人之间的和谐,用梁的话说,这是一种"向内用力"的文化。而西方文化的旨趣则在于人对物的征服,是"向外用力"的文化。前者偏向社会、伦理,后者执著于理智、分析。汉文化不会孕育出像西方那样的系统科学。中国古代的某些"科技"只是某些经验的结晶,没有理论意义上的必然性。科学的成就须以数学的介入为条件,这是中国思想所缺乏的。另一方,人们认为,中国科技落后的原因不能归咎于汉语。杨振宁说:"中国近代科技落后的原因公认的有这么四条:第一,中国这些年中没有一个独立的中产阶级,思想完全为皇帝政府所控制。第二,传统思想中没有出现自然科学(对自然现象发生正面兴趣)。第三,中国长期实行的科举制度对科技发展极为不利。最

---

① 谭立铸:"从基督教的汉化说开去",《读书》,1997(6)。

后,中国没有严密的逻辑系统。"①在解释这四条时,他还指出,"还有一些怪论,像汉民族'种族退化论','取消汉字汉语论',则反映了在西方科技面前的自卑心理"。② 这个解释好像是说,他说的第四条"中国没有严密的逻辑系统"并不是指汉语这样的结构没有容纳严密的逻辑系统的性质,否则,他不会专门指出"'取消汉字汉语论',则反映了在西方科技面前的自卑心理"。我以为,第一,三位得了诺贝尔奖的中国血统科学家和一切使用汉语的有成就的科学家并未悟出汉语对科学思维的阻塞。他们几乎全部都有汉语与外语特别是英语对照使用的经验,他们应该对汉语是否阻滞科技的发展有相当权威的发言权。我们理所当然地要尊重他们的感觉。第二,中国从 20 世纪的改革开放年代,到 21 世纪,如果国泰民安的话,将会有一个长足的发展。到那时,也许我们能够明确地断言,从汉语里是否会盘旋出科学来。

我们以为,说到这里,似乎明白,操汉语的这个文化群体的生存意欲基本上是由儒家精神定调的,这是不刊之论。中国人用在征服人本身——修身(修自己)齐家(修自己身边的家人)治国平天下(修别人)——上的心力太多,而用在"与自然界双向协调"③上的心力太少,这已是不争的事实。但是,我这样说,指的是一种

---

① 杨振宁:"近代科技进入中国的历史回顾与前瞻",《中国大学人文启思录》(第二卷),第 206—207 页,华中理工大学出版社,1998 年版。

② 同上。

③ 这个说法与"征服自然"显然不同。"与自然界双向协调"——战胜灾害而不破坏自然,研究与利用自然而不巧取豪夺。如果说,人类在其洪荒时代干"征服自然"之事,是不得已而为之;那么时至今日,还固守这个口号与行动,就等于在实际上将破坏自然的口号与行动进行下去。早在 SARS 恐惧之前,我们就已经把"自然""征服"得惨不忍睹了。看来还得来几个"超 SARS 恐惧",才能让人类记住:破坏了自然,"征服"了自然,就是毁灭人类自己。

文化动因,即中国人的这种生存意欲,属于文化精神,而不仅仅是文化载体之一的语言的精神。我总是以为,不能将语言(文化之一)等同于文化。有些学者嘴里说的"语言役使人",并非是语言而实质上是指文化役使人。

一句话,萨—沃假设不是语言学家凭嘴巴用一两个例子就能画圈定论的。我在上面用"听话,我给你糖吃"为例说明在汉语句型操练中培养了儿童的综合思维框架,自己也觉得是不甚得力的演绎。因此,很多人言谈话语之中顺手捎带地将这一假设断为不正确甚或唯心论,我总是大为迷茫不解,他们哪来的证据?写这一部分就是受了这个迷惑的推动,我希望的只是引起严肃认真的论战,也因此而提出了证伪实验的建议。如不能证伪,就说明萨—沃假设的可信度是高的。

3.2.4.3 语言规定思想的机制

我以为这个假设的可信度是高的。相信下面的论述对找出语言规定思想的机制是有帮助的。

哲学家认为,许多哲学思想一旦到了语言镜像里,便受到扭曲。列文森在指出了自己的专著《语用学》的局限性之后说:"本书对语言学、文学、心理学、人类学和其他学科的高年级学生和高级研究人员是有用的。他们对语言使用感兴趣,语言使用是问题的结晶化,而这些问题都是某种预设性的,不完全明晰的。甚至于哲学家还发现许多哲学思想一旦到了语言镜像里便受到扭曲的事堪称有趣。"[1]他正确地指出了,语言使用是问题结晶化的过程,即

---

[1] Levinson, S. C., *Pragmatics*, Cambridge: CUP, 1983, p. 7.

语言才使问题形成并明晰化起来。"许多哲学思想一旦到了语言镜像里便受到扭曲",这正好证明了萨—沃假设中语言对思想的规范,思想受语言的摆布。

"当年'五四'先驱选择语言问题作为文学变革的突破口,其思想逻辑是:语言决定着思想方式。既然文言使中国人的思想束缚在旧的感知模式中,那么,为了与现实世界建立起新联系方式,新文学的倡导者们便主张以日常应用语言作为文学语言,同时又主张充分吸收西洋语言细密的结构,以便能传达复杂的思想、曲折的理论。"①结合当时中国人急于寻找解放之路的背景,这里的逻辑就非常清楚了:文言使中国人的思想束缚在旧的感知模式中,所以国家落后;欲求国家进步,必须改换成一种新的感知模式,那么准确、明白、通俗的白话即日常语言能训练出这种新的感知模式,白话就是理想的选择了。"按照欧内斯特·卡西尔的说法,每一种语言都是一种独立的符号形式,一种把世界结为一体的方式,'在某种意义上,言语活动决定了我们所有其他的活动。'白话与文言同为汉民族书面语言,又分别标示着两个不同的表述系统,它们有不同的思想方式与人生方式作底垫。"②欧内斯特·卡西尔的说法非常重要,仅以"言语活动决定了我们所有其他活动"而论,说"语言是人类最后的家园"都不算过分。本书的3.1.1"行为大多寄生在言说上"有全面的讨论,这里不再重复。他的中心思想是:一,世界结为一体的方式是由语言决定的;二,言语活动是一切活动的基础。我们这里要强调的是,一种语言内部尚且形成了不

---

① 刘纳:"'咬文嚼字'六十年",《读书》,1997(7)。
② 同上。

同的两套表述形式(作为日常话语的白话与作为书面形式的文言),对人的思想训练后果是那样的不同(关系到了思想的束缚与解执去缚,最后落实到国家的强盛与衰弱),那么,不同的语言所引起的思想规范方式该引起多么大的差异!

朗读促进了思维的同一性。贺承军认为[①],朗读与默读不仅是人类获得知识的两种必要方式,而且代表了人类实践道德的不同模式。汉语思想者们对声音与形象过度依赖。我们从小到大的学习过程,读的方式是从朗读到默读发展的。这两种方式有着难以估量的作用。朗读,促进思维同一性。因而鼓吹同一性的权力话语的增长与普及尤其偏爱这种方式。如儿童跟着教师朗读,读音的准确是首要要求。当儿童发声时,教师的统治与教化地位与受教者的被统治被教化的关系就达成了。这种权力关系渗透到了社会生活的各个方面。朗读,尤其是集体的齐声朗读,声音的抑扬顿挫之间不但传达了同一性的知识密码,而且形成了审美的共同基础。在集体朗读的规范下,集体中所有人的声音既不能僭越也不能滞后,不能出现声音的异端。而且,即使领读的声音也必须服从既定的原则。诗歌在朗读盛行的时代最有力量,其饱满的声音带着意义以物质的方式敲打着民众的心房。朗读几乎不可避免制造众口齐声这种辉煌的仪式,这是它为现代人所诟病的原因之一。形式的同一性,维持了意义的同一性,道德的同一性也就蕴含其中。默读中词句的歧义大量存在,同一性自然就受到挑战。默读能容忍歧义,也就能宽容异端。而朗读中的异端是无立锥之地的。贺承军是在说,朗读作为一种言语活动,规范了思想,规范了风俗

[①] 贺承军:"朗读与默读",《读书》,1997(11)。

习惯,促进思维同一性。在汉语环境中长大的儿童,每人都是受过朗读训练的。这不仅包括现代小学与中学的训练,古代私塾教馆对儿童的训练也是如此。领读者与朗读者的权力关系是普遍的,不仅仅教师与学生的关系如是。另如,入团入党的宣誓活动中监誓人与新团员新党员,外国教堂中领诵的神父与跟诵的信徒,中国寺院中主持与众信徒,都是这种关系。合唱也是这种统一思想的言语训练。宗教朝圣中的信徒也受过这种操练。最能说明"制造众口齐声这种辉煌的仪式"的莫过于中国文革中集体朗读毛主席语录。这种仪式的统一思想、控制思想的功能在一个时间之内显得非常强大与完美,人们不是说,在这一个时代,十亿中国人只有一个脑袋么?1949年以前,中国民间老百姓中流传的口头诵念词"阿弥陀佛"与"大慈大悲救苦救难观世音菩萨"也有促进思维同一性的功能。第一位佛是阿弥陀佛。"阿"是无,"弥陀"是量,这个佛叫做无量佛。也有称"无量素"、"无量光"的。传说,这个佛成佛时许诺并发下号召,若有人临终时一心念他,口念他的佛号,他必知道,他必前来接引那人去西天极乐世界,到天国去复活。于是信徒响应者殊众。这样念佛简易方便,出家人与在家的向佛之人见面就念"阿弥陀佛",一天念无数遍。于是,念经人之间的思想和思维方式高度统一。这个阿弥陀佛充分利用了语言朗读的心心相印的作用。与此相似的是对观世音菩萨的诵念。他(菩萨都是男身,但他常现女像,显得慈悲为怀,以便接近众生)亦闻声赴救。危急中念他的名号,他立刻就去救苦救难。他的称号是"大慈大悲救苦救难观世音菩萨"。对此,本书3.1.2"人活在话语场"的理论同样可以解释这里的"朗读促进思维方式统一"论。

人们通过学习词语来分辨感觉、表达感觉、理解感觉语词的意义。这也是支持语言规定思维论的。维特根斯坦论证,"词是怎样指称感觉的呢？……名称和被命名的东西之间的联系是怎么建立的？这个问题也就是:人是怎么学会感觉名称例如"痛"一词的意义的？下面是一种可能:词与感觉的原始、自然的表述相联系并且用在这些地方。孩子弄伤了自己,哭喊起来;于是大人就对他说话,教给他喊叫,之后又教给他语句。他们教给这个孩子新的疼痛行为。"[1]徐友渔解读为:他是不是认为人们通过学习语言,通过学习感觉语词的正确使用从而学会感觉？不知道维特根斯坦是否会承认这一点,不过最低限度可以说,他认为人们通过学习来分辨感觉、表达感觉、理解感觉语词的意义。在"语言的性质"这个论题之下,西方语言哲学家讨论过私人语言。像痛感这类的经验,是纯私人的经验,既然是纯私人的,怎么能让别人知道它？用语言能否说出痛是怎样的一种痛吗？痛是各不相同的。自己说出的感受,如果与别人不一样,怎么实现主体之间的交流？但是,如果语言真是一人一种(所谓私人语言),那就等于没有公共规则或者干脆叫做不遵守规则,它也就无法用于交流。这里,维特根斯坦把"孩子弄伤了自己,哭喊起来;于是大人就对他说话,教给他喊叫,之后又教给他语句"的过程引进来说明,人是如何通过学习词语来学会分辨感觉的,如何实现主体之间的交流的。那便是:词语的(大人)教与(小孩)学,代代相授。这样,一个纯私人的感受就变得能够交流了,私人感受变成了通感,这中间有一个桥梁,即上一代教下一代。我们通过这个过程看到了语言对思维的反复调制。

---

[1] Wittgenstein, L., *Philosophical Investigations*, Tr. by G. E. M. Anscombe, Copyright © 1953 by The Macmillan Company. Reprinted from the English Edition by The Macmillan Company, 1964, p. 89e.

20世纪80年代以后,中国语言学界不再像50年代那样一边倒向苏联跟着斯大林一口咬定先有思想后有语言,国内开始有学者主张语言带动了思考。香港学者这样主张的更多。李天命指出:"没有语言就没有思考,至少没有绝大部分的思考,或至多只能有极其原始的思考。"①这个问题的争论有相当多的材料可以参考,故不在此另述。

既然我倾向于语言规定思想论,就应该对它的生成机制有所思考,虽然,这里所说的机制也是一种假设的性质,可能的性质。

海德格尔与维特根斯坦对语言支配人而不是人支配语言的观点有过一些阐述。这样的观点完全可以用在语言决定思维方式上。海氏说:"语言给出事物的本质(存在)。"在相同的意义上,维氏说:"本质(存在)表达在语法中。"海氏说:"本质和存在都在语言中说话。"维氏说:"语言伸展多远,现实就伸展多远。"②陈嘉映对此评述道:"海、维二人的意思恰恰不是:我们怎么说,现实就成个什么样子。而是:语言里所凝聚的存在是什么样子的,语法是什么样子的,我们就只能那样来述说现实。"(着重号为本书作者所置)我们述说现实,不是我们怎么想就怎么说,我们想之前,语言所凝聚的存在与语法的样子早就为我们限定死了。月亮就是一个月亮,但是使用汉语的中国诗人与使用英语的英美诗人描述、咏叹起来就是不一样。回忆前文提到格林伯格的推测,"如果把两个说不同语言的人送到月球上,他们返回地面所作的报告的内容绝

---

① 李天命:《李天命的思考艺术》,第59页,三联书店,1996年版。
② 以上海氏、维氏的引言与以下陈嘉映的评述均出自徐友渔、周国平、陈嘉映、尚杰所著《语言与哲学》,第286页,三联书店。

不会因语言不同而有所不同。可见语言不能决定世界观和人的认识。"(见 3.2.4.2)我这里说的是:站在地球上看月亮,使用不同语种的诗人对月亮的非科学的(当然是情感的)观察、描述就是不一样。这个不一样是各自的语法框架早就规定好了的。事实上,中华民族自古以来的咏月诗(想想大量的五言诗、七言诗与词对月亮的种种叹咏)与英美咏月诗就是大不相同。对此,传统的解释是从不同的文化、不同的民族、不同的国度的诗人对月亮的感受不同这样的角度出发的。这当然是正确的,可并非是真理的全部。显然,这样的看法一直忽略了语言所凝聚的存在与语法的现实的规定性;一直忽略了汉语与英语所凝聚的本质就是不同,汉语与英语所呈现的句法就是迥然不同的事实。不全面地说,汉语一个词在整体语言中的位置的现实(某一事物在世界中的位置的现实),那种不要动词仅凭名词就可以排成一个个的画面成诗(请回忆"小桥流水人家"这样的句子)的现实,押韵合辙的现实,元音占压倒优势的现实,五言的现实,七言的现实,各种词牌的现实,一句话,种种与英语无法相比的汉语现实,在刻画同一个对象时,会引起与英语多么不同的审美趣味与审美效果!中国人讥讽自己的同胞有洋奴思想时说"月亮是外国的圆",现在咱们撇开哪个圆哪个不圆,就使用不同语言的人的言语里,得到的月亮就是不一样!换言之,物理月亮只有一个,语言月亮有成千上万!这个不需要重新再设计实验了,因为只需要将各国文库中的咏月诗全部输入电脑,逐一清查、逐一排队,就可看出眉目来。在现代社会里,在电脑储存数据已经普及的今天,这也许是小菜一碟的事。

当然,我们还可以对"物理月亮只有一个,语言月亮有成千上万"追问一个为什么。因为,正如徐友渔①所认为的那样:"接受一个语言框架可以视为接受了这套语言描述的世界,但这并不等于断定这样的世界具有实在性,它只是接受一种语言习惯或一套语言规则的问题。"(着重号为本书作者所置)如此,接受汉语这一套语言框架,意味着接受了这套语言描述的世界,例如汉语所描述的月亮;你再接受一套语言例如英语的框架,就意味着又接受了英语所描述的世界,例如英语所描述的月亮。这样,"语言规定思想"(萨—沃假设:"语言强有力地规范了我们的思想","在很大程度上思想是由语言决定的","人们很大程度上受他们所操语言的摆布")就找到了一个实现的路径。语言为什么能规定思想?我们姑且先表述如下:语言用它的一套规则或框架规定了思想。我们不妨将这套规则或框架视为"语言规定思想"机制的一个部分。

还有,《语言文化论》②作者陈保亚提出"语言存在论",对认识"语言规定思想"的机制颇有启发。他首先是利用了现代分析哲学的成果勾画出他所谓的"世界的层阶性":作为认识主体的人其实并不能"直接"与客体世界相遇。在客体世界与主体世界之间还隔着感觉世界、语言世界和文化世界这样的中间层次。而对于已经达到有声语言水平的人类来说,语言世界又是感觉世界到文化世界的中间环节。语言不仅创造了文化,而且还制约着人之为人的感觉。因此,语言符号从根本上制约着人们对于客体世界的概念和印象。于是,陈保亚提出了"语言浇铸思维模式"。这个模式有两个方面的严格限定。一方面,思维分为思维能力和思维

---

① 徐友渔等:《语言与哲学》,第97页,三联书店,1996年版。
② 陈保亚:《语言文化论》,云南大学出版社,1993年版。

模式两个方面。不同的民族语言不能决定思维能力的高下,却能导致思维模式的巨大差异。另一方面,根据语言与思维的关系,人的思维划分为"前语言思维"、"语言思维"和"超语言思维"(如皮亚杰的"感知—运动模式"和禅宗的所谓"顿悟"不受语言控制)三个层次。因此,语言决定思维只是就语言思维的思维模式而言的。这实际上是对沃尔夫假说的重要补充。作者指出,萨—沃假说还有一个根本的问题是,假如不同的语言决定了不同语言思维的思维模式,那么,这些语言的差异最终又是由什么因素决定的呢?(请读者注意这一个提问——本书作者注)作者提出了自己的"语言存在论"。他认为,语言在发生阶段的初始面貌是由任意性原则决定的,以后的发展状况则由语言的自组织结构机制和语言之间的相互接触所决定。因而语言的差异以及由此决定的思维方式的差异就应该在语言自身中去寻找原因。在语音、语法、词汇三个层面的相互影响与被影响中,每一个层面对别一个层面的作用只能看成随机作用。"每一个层面的演变目的是由结构的协合性决定的。词汇系统虽然是社会文化的敏感区,但词汇系统对语音、语法的影响是随机的,因而社会变化对语音、语法的影响也是随机的。语言变化的目的不由社会文化决定。语言变化的结果却会改变思维模式,从而影响文化精神。"

值得我们注意的有如下一点:各种语言的差异最终是由语言的自组织结构机制和语言之间的相互接触所决定的,即所谓"语言的差异以及由此决定的思维方式的差异就应该在语言自身中去寻找原因"。

那么,我们现在可以再往下深究:语言如何用它的一套规则或框架规定了思想的?这一套规则和框架是在语言的自组织结构的运动中形成的。我曾在拙著《美学语言学》中探讨言语美生成的机制[1]时指出:语言的变异与选择是言语美生成的机制的一个重要方面(由于篇幅限制不可能在这里再提及言语美生成机制了)。也讨论过语言自组(织)运动对语言变异所形成的推动,并认为这种推动是语言变异的根本动力。

什么是语言系统的自组运动? 耗散结构理论、协同学都认为,系统的演变过程是一个自组织的过程。徐盛桓对此阐述:"自组织过程,可能由系统以外的环境之改变引起,也可能由系统内各要素的变化引起,包括要素的量和质的变化以及要素排列次序的变化。系统内外的某些变动,动荡了系统原来的结构,由相对有序变成一定程度的无序,系统就会自行重组,恢复秩序、恢复功能。系统的演变,就是为了进行合理的自组织;所以,系统演变的目的性,就是系统的自组织性。系统的自组织运动,从系统的内部制约着系统演变的方向和目的。因此,演变是有方向的、有目的的,不会完全是随机的、任意的、完全由外部因素决定的。……变异的结果是要实现结构的合理重组,而且是以原先的结构为依据。"[2](着重号为本书作者所置)

语言的自组运动在语言规定思维的机制中起到什么作用呢?我们发现:语言自组运动是语言形成它的一套合理的规则或框架(以便执行功能)的根源,然后,又由这套合理的规则或框架最终形成了操该语言的人的思维模式。不同的语言框架或结构当然会形成不同的思维。后面这一步,即由一套规则或框架最终形成不

---

[1] 钱冠连:《美学语言学》第二章第三、四、五节,海天出版社,1993年版。
[2] 此处可参见徐盛桓:"语言变异与语言系统",《现代外语》,1991(1)。或参见钱冠连:《美学语言学》第58—62页,海天出版社,1993年版。

同的思维模式这一步,便如上面所讨论的,接受一个语言框架可以视为接受了这套语言描述的世界。于是,我们对语言规定思维的机制可以这样重新表述为:

每一种语言的自组运动形成了它独特的变异与选择路径,独特的变异与选择路径形成了各自合理的语言规则或框架,各自合理的语言规则或框架最终规定了操不同语言的人的思维模式。

3.2.4.4 语言是人认知世界的先在结构

在 3.2.4 的开始,我们曾说,承认不承认语言是个先在结构对认识语言规定思想论具有重要的意义。但是初看起来,说语言结构是先于单个人的经验而在的东西,是一个大的颠倒。明明是人创造了语言,先有人后有语言,怎么能说语言结构是先于单个人的经验而在的东西呢?

从总体上来说,无疑的事实是,人类集体地发明创造了语言。但是,经过若干年、若干代语言定型之后,单个人出生时他却面临着一个先在的语言结构——早已存在的语言结构。这就是本节命题"语言是人认知世界的先在结构"的含义。

在 3.2.4.2,我们曾在指出"萨—沃假设未曾受到致命的挑战"第二个方面时列举了如下非常重要的事实:

至少在每一个人的幼儿时代,还是语言框架决定了思维框架的。就个体发生而言,语言模式形成在先,思维模式生成在后。

孩子生下来之前,语言早已在他们父母兄弟姐妹那里说着。语言所记录下来的世界与宇宙结构就在那里存放着。所以我们可以说,孩子接受语言框架就是接受了存放在语言框架中存在着的世界与宇宙结构。儿童接受世界,感受世界,除了感官直接感受到的之外，其余的就是语言所记录、承载的种种关系、各种框架、各种世界观。等到儿童长大成人能够反过来影响语言——给语言库增加新名词、新动词、新的叙述方式——的时候，他们与语言的关系才变成双向影响的关系。一个事实是，凡是成人讲话时，他所要讲的话在说出来之前就已经在他的心中存在着了。维特根斯坦说："难道我不是在一个语句的一开始就在心中想到了语句的全部构成吗？因此，它一定在我大声说出来之前就已经在我的心中存在着了！"①语言提前框住了说话人的头脑。

儿童时期所接受到的语言痕迹，影响他们一辈子。语言塑造了五岁左右的儿童的思维框架，就意味着规定了人的整个一生的思维框架。"七岁智力定型"与"七岁思维框架定型"是并行并重的。于是，语言就是这样规定了要学习说话的一切人。于是，就出现了海德格尔下面所说的事情——接受和顺从语言之要求："在语言上经受一种经验意谓：接受和顺从语言之要求，从而让我们适当地为语言之要求所关涉。如若在语言中真的有人的此在（Dasein, existence）的本真的居所，而不管人是否意识到这回事情，那么，我们在语言上取得的经验就将使我们接触到我们的此在的最内在的关系。"②

应当说，到此为止，我们基本上说明了语言是人认知世界的先在结构的。

---

① Wittgenstein, L., *Philosophical Investigations*, Tr. by G. E. M. Anscombe, Copyright © 1953 by The Macmillan Company. Reprinted from the English Edition by The Macmillan Company, 1964, p.108.

② Heidegger, M., The Nature of Language, in *On the Way to Language*, 1982b, p.57.

语言是人认知世界的先在结构的第一个含义：

就整个人类创造语言而言，人类活动在前，语言在后，语言不但不是先在框架，还是典型的"后在"结构。就个体（每一个人）发生而言，却是语言在前，人一生下来，就得接受语言框架内所设定的世界与宇宙，接受语言所记录、承载的种种关系、各种框架、各种世界观。所以，当个体的人要认知世界时，他首先要接受的便是语言结构所记录与承载的这个世界——种种关系、各种框架、各种世界观。

第二个含义是：个体的人要认知新的对象世界时，是以语言为工具的。这就是通常我们说的，通过语言去学习各种知识、取得各种信息、进入种种对象之中。但是，你在学习、取得与进入对象之前，已经有了语言结构给你的那个世界，这个世界便是先在的。人们用这样一个先在结构为工具去学习、取得与进入当前的、新的对象世界。

所以，我们再看下面海德格尔对洪堡特的一段论述时，就比较清楚了："洪堡特论述'人类语言结构的差异'，而且是就'人类精神发展'受'语言影响'这一点来论述语言的。洪堡特把语言当做在人类主体性中制定出来的世界观的一种方式和形式而带向语言。"[1]简化起来，就是：第一，人类精神发展受语言影响；第二，语言是世界观的一种方式和形式。

从个体发生来说，人都是先听了许多时间然后才学会说的。我们在母亲的体内就开始倾听周围的一切人的言语，这便奠定了

---

[1] Heidegger, M., The Way to Language, in *On the Way to Language*, 1982c, p.119.

后来说话的基础。出生以后又听了一段时间之后,我们才能开始不完全意义上的说话。到了五岁左右我们才开始真正意义上的言说。这个先听后说的事实非常重要,它奠定了语言是人认知世界的先在结构的基础。每个人在说之前,至少已听了几年才开口说话。语言中早有世界结构嵌入。在听之中,你就接受了、感受了、储存了一个世界框架。语言将一个世界框架早早就通过听强塞给了你。海德格尔说得好:"人们把说视为人借助于说话器官对思想的分音节表达。但说同时也是听。习惯上人们把说与听对立起来。一方说,另一方听。但是,听不光是伴随和围绕着说,犹如在对话中发生的情形。说和听的同时性有着更多的意味。说本就是一种听。说乃是顺从我们所说的语言的听。所以,听不是和说同时发生,而是说之前就在听。"①(着重号为本书作者所置)这样,第三个含义便是:语言这个先在结构是通过倾听而感受入脑的。

现在我们说"人是嵌入语言本质之中的,我们早就栖居在语言之中了"这样的话,便一点也不突兀了。海德格尔说得对,"为了成为我们人之所是,我们人始终被嵌入语言本质之中了,从而绝不能逃离于本质而从别处来寻视语言本质。……我们不能知道语言本质,而这无疑不是什么缺陷,倒是一个优点;由于这个优点,我们便突入一个别具一格的领域之中,我们——被用于语言之说的我们——作为终有一死的人,就栖居在那里了。"②(着重号为本书作者所置)

---

① Heidegger, M. , The Way to Language, in *On the Way to Language*, 1982c, p. 123.
② Ibid. , p. 134.

3.3 人活在程式性语言行为中

3.3.1 程式性语言行为的界定与特征

作者提示:读者不妨简要回顾一下2.2.2中"活动结构与程式结构"并2.2.3"一个农村司法调解个案"中的结构程式。

3.3.1.1 定义:三个"基本固定"或者三种程式性共生

什么是程式性语言行为？一定的行为(或活动类型,如民间牛市、中医问诊、中式婚礼都是一个个的活动类型或言语事件)与一定的话语配套,两者形成了稳定的配合。所谓行为与话语的稳定配合,指的是:只要某种行为或活动类型(或言语事件)不变,就会出现:一,基本固定的一套说法;二,基本固定的行为步骤;三,话语与行为步骤的基本固定的配合。这样,我们把具有以上三个基本固定形态的言语活动类型(或言语事件),称为程式性语言行为。上面多次提到"活动类型",它与"基本固定"的一套话语密切相关,因此首先对它进行简略的解释再讨论三个"基本固定"或者三种程式性共生,是很有必要的。活动类型是这样一个模糊的范畴:其核心成分是那些目的明确、由社会因素所构成和约束的事件;这些事件的参与者、场景等,尤其是其中可允许的话语都受到一定的限制。活动类型的范例是教学、求职面试、司法审讯、足球比赛、研讨会中的专题讨论或车间里的工作任务、宴会等等[①]。

基本固定的一套话语有两个特点:一,它经久重复(不排除若

---

① Levinson, S. C., Activity Types and Language, *Linguistics* 17, 1979, p.368.

干历时的变异）；二，它是最低限度的语言使用。话语再减少就会妨碍交际的圆满完成。

程式性语言行为中的程式性，不仅语言是程式性的，行为步骤也是程式性的，两者的配合也是程式性的。为了便于记忆，我们可以称之为三种程式性共存。

"公式性"、"仪式性"、"礼仪性"、"固定性"、"制度性"是可以在不同场合、不同条件下代替"程式性"的一些术语。

可用来对上面三个"基本固定"或者三种程式性共生进行注释的最简单最顺手的例子是：在中式结婚仪式中的行为（或活动或言语事件）的步骤拜天地与"一，拜天地"相配，拜父母与"二，拜父母"（或"二，拜高堂"）配合，夫妻对拜与"三，夫妻对拜"相配，夫妻被送入洞房与"四，送入洞房"配合。这是稳定的配合，只要是执行中式结婚仪式，那一套话语（"一，……二，……三，……四，……"）大致不变，那一套行为步骤也基本不变，话语与行为步骤的那种配合也基本不变。它们经久重复，几乎是从古到今，从若干条变异到四条上下。对于中国文化来说，它是最低限度的使用，再少一条，结婚仪式之为仪式就不那么圆满了。

在 1.2 中，我们曾经指出过，程式性言语事件中，从头到尾，有一套制度性规定或非制度性但具有社会公约性（口头协定、游戏规则、默认）的程序。这些程序也是习惯化的东西了。所谓"习惯化"（virtualization），指的是"自然发生的行为标准化且成为组成完整的群体交际系统中的一部分的方式"[1]。那么，习惯化又是怎样

---

[1] Arndt, H. & W. J. Richard, The Biological and Cultural Evolution of Human Communication, in Lorscher, W. & R. Shulze (eds.) *Perspectives on Language and Performance: Studies in linguistics, literary criticism and language teaching and learning* (vol. 1), Tubingen: Gunter Narr Verlag, 1987, p.26.

产生的呢?"从历史上看,交际行为习惯化起源于早期原始人之间的各种合作活动,合作的紧迫感(pressure for cooperation)最终被有选择地体现为人类符号系统中的规约性符号。整体而言,习惯化过程是适应性的,这是因为它与早期原始人作为群体为生存而必须解决的环境和社会问题有关。"[1]

这些程序中,除了行为配合之外,都有语言先导、过程中的语言伴随和最后的语言性收场配合。

这里首先要区分一对概念:**程式性语言行为与程式性言语事件**。程式性语言行为总是发生在一个一个的程式性言语事件之中。前一个概念(程式性语言行为)与非程式性语言行为相对,后一个概念(程式性言语事件)是指一个一个的具体的言语事件(a speech event),只是这样一个一个的言语事件带上了程式性。

这些程式性语言行为之所以有程式,与交流的规模大小基本无关。很小的规模都可能有程式。比如,走在半路上,你向别人借个火,问个路,都是由一定地域的文化与一定地域的习俗规定了一套对答程式的。如你遵守这个程式,事情会很顺利地在一分钟左右完成,如你藐视这个程式,轻则事办不成,目的不达,重则受一顿训斥。相反,很大规模的交流,如马路上许多人与许多人之间的临时冲突的事件,这种言语交流会显得毫无章法,正因为无章无序,便可能产生消极的甚至糟糕的后果。

据报载[2],2003年10月1日起正式施行《婚姻登记条例》,广州市登记结婚的新人在民政局可要求举行颁证仪式:在国徽和国

---

[1] Arndt, H. & W. J. Richard, 1987, p. 27.
[2] 详见《羊城晚报》,2003年9月5日A8版。

旗下,登记员对新人进行询问:

你们是否自愿结为夫妻?

你们是否了解对方没有配偶?

我宣布你们结为夫妻。

这是个仪式,越是正式的仪式,越是会形成成熟的程式性言语事件。上面这个颁证仪式无论从哪个方面看,都是行为(颁发与领取结婚证)与话语(两问一宣布)稳定的配合。这一程式性话语(两问一宣布)表现出程式与活动目的(领取结婚证)最相关,程式兑现活动目的最经济(两问一宣布不到一分钟时间);程式利于协作(颁证与领取)效益最大化(快速、庄重与高雅)。文明越是成熟,社会生活越是安定与祥和(外在条件),人们就越是追求活动的效果的最大化,程式性行为就会越是增加。比如欢迎航天员归来的仪式,随着中国航天事业的发展,就会逐渐形成一个欢迎航天员归来的程式性行为。这是我们可以预言的。

以上分析的程式性行为,是第一个类型。我们可以把它叫做严式程式性语言行为,即严格意义上的程式性语言行为。第二个类型即宽式程式性语言行为,请见如下(3.3.1.2)叙述。

3.3.1.2 程式性与变异

变异的发生,在于交流的主体的个性化倾向、对情景变化的适应,等等。比如我们在本书1.2所说的那样,将"一拜天地"改成"一拜毛老"、"一拜邓老"。上面提到的颁证仪式中有两问一宣布,这是程式性表现,但在同时也允许"自选动作"[1]:新人可以自

---

[1] 详见《羊城晚报》,2003年9月5日A8版。

己指定颁证人,该颁证人可以是新人的亲朋好友,但必须是政府公务员身份。新人自定颁证人的颁证台词可就自由多了,台词草稿由民政局过目后,颁证人可以自由发挥,说:

　　无论疾病贫穷,你都能对他(她)不离不弃吗?
　　请双方交换戒指。
　　现在新郎可以吻新娘……

这种自由发挥显然取决于交流主体的个性化倾向。个性化是人之为人的重要特征,因此只要是人的交流,程式性话语的变异是不可避免的。

　　变异的发生,还在于时代与文明的变迁。随着时代变迁,可能是程式性话语变异的最普遍的现象。如结婚仪式中"一拜天地"的变化就是这样一种情况。我们将在3.3.2.3中分析为什么首先唱拜天地时指出:"天地养我(赐五谷杂粮享用)宰我(降灾害)导我(以祸福引领),我除了顶礼膜拜之外,难道有什么好怨悔?这个时候拜天地还另有妙意:让天地作一对新人的见证人或主婚人。这真是一笔划算的买卖:让过往神仙当一回新人的见证人,还可以不必向他们付出人情报酬。"时代越是往前走,对天地的敬畏就越是减弱,对天地的依赖就越是淡忘。现代的中国人结婚,谁还把天地放在眼里?我结婚关你过往神仙什么事?而且,中国人在封建社会中的婚姻曾受过天地(加鬼神)的许多拖累,在革命的意义上看婚姻变化,奔脱天地与鬼神的桎梏,正是革命的成果之一。这种奔脱天地的自主性当然也来自科学的进步与人的自主性观念的加强,这是自不待言的。有趣的是,在与时俱进的意义上,为什么不摆脱父母?结婚仪式的四唱中还保留了"二拜父母",为什么?在封建宗族社会里,中国人的婚姻也曾沉重地受累于父母。所谓

"父母之命、媒妁之言"嘛。一个个逃婚的例子都是为了摆脱"父母之命"的悲剧,甚至为了摆脱父母之命的婚姻曾是投奔革命的动力之一。这个问题的回答,其实同样可以从与时俱进的变化那里找到。因为1949年以后,做父母的"与时俱进"了,不再干涉儿女的婚姻自由了。正是因为如此,四唱之中仍然保留了"二拜父母"。

最让人深思的程式性话语变异的个案是,吃团年饭的仪式性话语几乎辨认不出了。也就是说,这一套仪式性话语,几乎消逝了。这是令人深思的。我们曾搜集过吃团年饭的个案:重庆、北京、湖北恩施、湖南新乡、湖北监利、吉林、山西太原共七个,曾以为多少可以看出一点程式性话语的眉目来。但是,事实上找不到。这一点多少让人困惑:因为中国人吃团年饭的习俗不仅保留,而且在近十多年内面临回乡民工大流动以至交通屡屡发生群死群伤的危险而百折不挠地在除夕之前赶回老家吃这一餐团圆饭,这种亲和力实在让人惊讶。可是,吃团年饭为什么就找不到固定的程式呢?我大概从1945年开始保留吃团年饭的记忆(因为1944年前后日本鬼子在我的家乡湖北沔阳沙湖镇奸掳烧杀的情形我记得很清楚,我对吃年饭的记忆应不成问题),那一套仪式非常隆重、严格、正规,充满了家的亲情。摆宴、拜祖、最年长的人(我家是祖母)下令动筷子,说:"一年辛苦忙到头了,都吃吧。"然后,这个敬那个,那个敬这个。嘴里多有说词。而这七个个案里竟然毫无一定之规。原因何在?应该说,吃团年饭那一套仪式以及伴随着的那一套话语的固定,是农耕文明的结晶,是中国古老文明的结晶。日出而作,日落而息,都厮守着一个最基本的生产单元同时也是生活单元——家,生产方式与生活方式越是单调,越容易形成固守;

生产方式越是落后,生活就越是单调。单调的生活反过来促进一家厮守在一起。而且,在宗族观念、家族观念的控制下形成了"父母在,不远游"的规矩。厮守在一起就容易推进人们交流的话语的程式性的产生。1949年以后,中国向工业化社会推进,这一进程到了改革开放以后步伐加快,产生了以下四种情况:一,人口流动急骤增加,赶回家过年的人的时间不是由人决定而是由交通工具决定的,因而吃年饭的时间的不定性大大加强,维持仪式的可能性受到了根本性的冲击;二,生产方式与速度加快了生活节奏,加快了的生活节奏使长长的年饭变得"短平快",时间短促更加不利于维持固定的仪式;三,人们娱乐的手段越来越多,生活情趣发生巨大的变化,除了年长的人还愿意长时间守在饭桌上交杯换盏以外,年轻人的心早就不在饭桌上了,对于他们来说,所谓团年团年,无非是喊叫一声"爸,妈,我们出去了",这种情况进一步摧毁了仪式性话语;四,尤其是电视春节晚会的推波助澜,使团年饭吃得匆忙,这边年饭还没有收场,那边电视主持人已经开始大喊大叫,开场的锣鼓敲得人往电视面前挪动,吃年饭的形式已形同虚设,年饭时的话语带有越来越多的不定因素,固定程式基本瓦解。摧毁固定团年饭仪式的因素,正是农耕文明向现代文明(工业社会、信息社会)的进化。文明形态的变迁对程式性话语的变异,产生了非常深刻的影响。

综合上面的分析,我们可以明显地看出程式性语言行为的第二个类型——宽式程式性语言行为——的特点:第一,程式性语言行为的步骤还是固定的,但某些步骤已不那样明显(产生了变异或变化),或者在双方同意之下干脆省略掉了;第二,与行为步骤配合着的固定说法,是可以辨认的,但也可因人、因势而有所不同,即产生了变异。这就是说,程式性的规则是可以调整的。鲁格尔(Luger)认为,"规约在引导和保证交际过程方面起关键作用,所以构成了交际行为必须发生于其中的模式或类型的参照系。"[1]这一段话说的是规约的重要性,可是必须明确一个问题,即"遵守社会公认的规约并不能确保交际成功,因为'交际主体必须根据其交际意图和语境的不同方面调整这些规则'。"(着重号原为斜体)[2]注意,调整规则是在交际中进行的,这就表现为程式性话语的变异。

3.3.1.3 程式性倾向

诚然,生活中也有些言语事件是没有任何制度性规定,也没有社会公约性的程序的,比如即时发生、临时引起、不期而至的言语事件(但它们也会或多或少受到程式性语言行为的积极影响)。一个人闯进了他不该进入的地方,主人温和地请他出去,或者严肃提醒他出去,或者愤怒地命令他出去,都不会有什么程式性的话语非遵守不可,偶然性颇大。或者,面对一个从来未曾听过的话题,你的语言反应往往就是无所适从的,因而也就谈不上程式性。关系非常密切的说话人之间(如夫妻,如配合默契的工作搭档,如极好的玩伴,等等)做一件非常常规的言语事件,即便有程式,也不会去恪守。这样,人们也会保留另外一些言语事件的自由化。

看起来不可能有程式性的言语事件,很可能是潜藏着程式的,

---

[1] Luger, H., Some Aspects of Ritual Communication, in *Journal of Pragmatics*, 1983(6), p.695.
[2] Ibid., p.696.

或者说是有程式性倾向的。比如吵架,在一般人看来,吵架还有什么程式可守?吵架双方第一个念头是,有理赶快抢着往外拿,谁早谁得理,占上风;拿迟了,谁就会处于下风,就会被动。可是吵架事件经常发生,既然是经常发生的,就有它一定程度的合理性,说明它是人们交流中不可缺少的事件。除开双方拿对方出气那一种情形,吵架也是为了解决常规交流形式不能解决的问题。从这点考虑,人们便会提高吵架的效率,在吵架中达到自己的目的。为了提高吵架的效率,减少吵架成本(伤心、影响今后关系甚至断交),遵守必要的程式是划算的、是经济的。比如说,边吵架边磋商吵架的办法,边吵架边磋商吵架的规则,便是程式化倾向的明证。其中一人往往会说"我让你说,你也得让我说一说吧"或者"你说五分钟,我说五分钟,怎么样?"或者说"我们找一个中(间)人作证"。如果双方都不遵守程式,结果是双方除了受损还是受损,没有任何收获的吵架是大家都不愿干的事。如果双方都考虑减少吵架的成本,便逐渐将口角或叫骂式的吵架变成正式的、有公证人或评理人在场的"吵架"。现代意义上的谈判、公证与法庭调解就是这样变来的。一些看来临时引起的非言语事件一旦发生,说话双方也往往调动起以往的经验,有尽量向程式性言语事件靠拢、看齐的趋势。这是为什么?程式性语言行为有什么样的吸引力?为什么会有这种吸引力?这就有理由相信,程式性言语事件的产生,不是偶然的,一定有非常重要的存在意义与产生机制。那么,何以有程式性行为与程式性话语的稳定配合(请参见 3.3.2)?程式性语言行为如何推动人类交际(参见 3.3.3)?程式性语言行为的语用机制何在(参见 3.3.4)?这些都是我们大课题下必须研究的问题。

3.3.2 何以有程式性行为与程式性话语的稳定的配合

程式性行为及其话语的配合,总是稳定的。如果不是长期相对稳定的,就不会有程式性语言行为这一现象长期存在。

3.3.2.1 协作活动的结果

人类语言产生的大前提是要求生产协作,即合作,以便求生存求发展。然而,合作交流中的语言行为如果不遵守一定的程式,就使希望中的合作大受周折,事倍功半,协作效果不稳定、不理想;不计协作效果的协作,其严重后果会危及人类自己的生存与发展。从正面经验看,人们从程式性那里品尝到了程式性的甜头:省时、省事、省力、省钱。遵守了一定的程式,就会顺利地实现交流的相关性、经济性。一句话,协作活动中的程式化的言语事件会导致利益最大化。坚持不懈地协作下去,就会在语言活动中选择出一种协作的高效机制。这个高效机制就是使某些言语事件程式化。(当然同时也会保留另外一些言语事件的自由化。这两者是相辅相成的。)这样看来,是协作导致了言语事件中的程式化。

人与人之间的协作推动了一定的程式性语言行为中三个基本稳定的形成,即三个程式性的共生。

3.3.2.2 预先期望的促进

让我们先看一个算命的个案。

时间:2002年7月12日,农历六月初三。

地点:重庆市临江门罗汉寺大门口。

人物:算命人甲(五十上下中年妇女);

算命人乙(五十上下男子);

褚;王;任①。

(褚、王、任向罗汉寺大门口走去,一中年妇女,即算命人甲,见状主动走过来搭讪。)

算甲:几位算不算一下嘛?(同时另外两位算命人走过来问:"算不算?哪个算?")

褚:算一下吧。

算甲(对褚):哪个嘛?你呀?哟——你这个人,"印堂"②生的好!……你这个眉毛生的好!(转身面向王)他这眉毛生好了的。生得就像秦始皇那眉毛样。懂到没得嘛?

王:他这个眉毛呀?

(任大笑)

算甲:哎!他眉毛生得好。(对任)你看他眉毛是不是生得好啊?(说着,用手指褚双眉中间)这叫做"财包"。他的"财包"是生好了的。(接着继续用手在褚脸上指了几个地方)看嘛,这里,田、坎、土、后③,他中间是鼓起来了的,所以"财包"是生好了的。

王:那个地方每个人都有得嘛!

算甲(提高声音,不赞同):每个人?这个兄弟"财包"生

---

① 这三个汉语拼音是三个化名。另外,备注:为了忠实于语料,说话人所说的话语中若有语法错误或者前言不搭后语的现象,一律保留。这一个案根据磁带"算命1·A面"所录资料记录。现在留下的,一般具有程式性意义,有两大段不具有程式性意义,但属于典型的算命话语,便也留下了。

② "印堂",在双眉中间。

③ 算命先生对脸上某些部位的命名。

鼓起来了的。男左女右,你看左边嘛!(对褚)小兄弟,你晓不晓得你的时候①?

……

算甲:你今年好多岁?

……

褚(对算甲):好!那……先算算嘛。你这个钱是怎么收的?

算甲:我现在跟你说说,不收你的钱,帮助你。……

算乙:保证给你算准!

……

算甲:哎——算你啥子时候升官发财,在啥子地方发财……都给你算!

……

算乙:是算生辰八字。实话实说,但是你不要多心,哈?

……

算乙:大方点儿嘛!拿个"月月红"嘛!拿个这个数嘛!(伸出两根指头)拿个"二红喜"嘛!

……

算乙(看皮包):"二红喜"!大方点儿!

……

算乙:我是实话实说!

……

算乙:"折财"是什么意思?一,你炒不得股;二,你投不

---

① 指诞生下地的时辰。

得资;三,打不得大麻将。懂到没得? 一打就陷起。十打九输。今年有小人过,你去打大麻将,你特别注意,是搞整你的。懂到没得? 但是从你信息上来看,你这个人……鼻子勾……就是说中间拱起来一个钩钩,打不得交道!

……

算乙:再往前……我要给你讲! 慢慢讲起来! 你这八字官运不好,但是还是挣得到钱儿,只不过说小人多了点儿。但是之后有五年儿你走的是颠簸运!

……

算乙:嫖了的话,一切都……(撇嘴)我给你讲的是老实话。

算乙:八字还是不错的。

(褚等三人离开。)

对这个程式性的言语事件,我们可以理出一个大致上的程式来:算命先生:"几位算不算一下嘛?"顾客:"算一下吧。"算命先生:"他××(生相部位)生得好。"算命先生问对方生辰,顾客问应该付多少钱,回答往往是"不收钱"。有几句话是多次重复的,如:"保证给你算准!""实话实说。""我给你讲的是老实话。"下面的话凡是算命都是要用上的:"大方点儿嘛!"(鼓励算命人掏钱出来)"你这八字官运不好,但是还是挣得到钱儿。但是之后有五年儿你走的是颠簸运!""八字还是不错的。"

谈话双方的预先期望在形成程式性话语中起到了什么作用呢? 以上例看,只要是期望顾客上门,算命先生总会发出类似如"算不算一下"的询问,并且他总是期望顾客发出"算一下"这类的答复;顾客通常也预期算命先生说出下面的话:"你的××(具体的生相部位)生得好",算命先生当然会投其所好地回答出相应的话语来。算命先生当然预先知道顾客一定要问价钱,早准备下"不收钱"这样的话语对付。顾客明知这是瞎话,后头真正要掏腰包时也不会不情愿。顾客最担心的是算命不准,于是算命先生说"保证给你算准!""实话实说。""我给你讲的是老实话。"那正是顾客所预期的话语。凡是去算命的顾客,不是为了升官就是为了发财,于是算命先生早就备办了"你这八字官运不好,但是还是挣得到钱儿"去哄他,升官与发财二者必居其一,哪一样都是顾客所预期的,都能满足顾客的一个方面的目的。也有的顾客是为寻开心,拿算命先生开涮,既不盼升官也不谋发财,算命的说什么他都不在乎。对这样的顾客,任何答复都是对方的预期。算命先生懂得这一点,他就可以放开胆子说话。当然最后反复说"你的八字还是不错的"也是顾客预期之中的东西。可以说,是预先期望推动了、促进了程式性语言行为中老一套话语的形成。老一套对话框架形成以后又反过来使双方的预先期望在最短的时间内得到满足,从而耗费最少的精力。

这样,对话中的预先期望促进了一定的程式性语言行为中三个基本稳定的形成,遂促成三个程式性的共生(见 3.3.1.1)。

下一个话轮对上一个话轮的回答,就是对上一个话轮预期的相关的回应。整个程式性语言行为之所以能形成程式性,除了总的目的意图的制约以外,话轮之间的预期也是一个重要的牵引。

又以油田牛市(一)为例(详见 3.3.2.4),说明这种预期的作用对程式性语言行为的促进。对预期与预期的回应的说明,放在[ ]之内。

买(对经 A):立叔! 一会儿,给我瞅个牛?〔希望买到牛,预

期经 A 对此作答]

经 A:你想要个啥号的?[回应,立即生出自己的预期]

买:当然是好的了。[回应,原来的预期还在]

经 A(指旁边一青色牤牛):你看那个牛娃儿咋样?[回应,预期买主表态]

买:我不要这号哩。[表态,又生出新的预期:再物色一条牛]

经 A:那——啥号哩?牤牛娃儿还是母牛娃儿?[回应,希望对方提出更详细条件]

买:想买个母牛娃儿,能使能喂。[与期望正相关,生出自己新的预期。]

经 A:噢——,中啊。我给你看看再说。(说着走开)[肯定了对方的预期。自己没有新的预期。]

我们发现,上下话轮的关系,就在对预期的相关(回应)中以及生出新的预期中反复进行。当最后一个话轮没有新的预期之后,便是交际事件的一个阶段结束(上面例子中,牛经纪人离开了,这一个交际片断结束)。下一个话轮可以对上一个话轮表现出否定,但不能跑题。如果离题了,则这一个片断便宣告完结,必须重新为实现新一个片断努力。在这样预期与回应的反复进行中,只要某一个活动类型不变,与该活动相配的那一套话语总会又重现,而且它必是最低限度的语言使用。

3.3.2.3 文化稳定性的推动

一定的程式性语言行为中三个基本稳定的形成,三个程式性的共生(详见 3.3.1.1),总是有其文化背景作根基的。所以,费许尔仁(Verschueren)假定"语言使用是一个锚定于认知、社会与文化中的行为的形式"①。

以中国人的旧式结婚仪式为例,说明文化的稳定性推动了程式性语言行为(表现为程式性的言语事件)的形成,也许是最为方便、最为理想的选择。

自古以来,中国人把结婚仪式叫"办喜事"(更确切地说,是办一件喜事)。他们认为,人生最大的喜事有三:成家、得子与立业。但经得起推敲的喜事惟二:成家与得子。不成家无以得子,因此,成家成了喜事之中的头喜。这就是为什么各个民族中结婚的风俗习惯最多、最复杂、最精彩、最隆重,也往往受到文化学家、人类学家、民俗史家、文学家、艺术家以及社会学家最大重视的理由。后来,有思想的中国哲人,如庄子,将自然死亡也认定为喜事。但是为了不和结婚的称谓"办喜事"撞车,将老死归天说成"白喜事",而将结婚说成"红喜事"。结婚这一活动中有那么多事要做,有那么多话要说。做些什么,不是本书探讨的对象,但说些什么,却要好好问一问了。道说些什么呢? 说喜庆之话,这是自不待言的。最初办喜事中的道说,一定混合着大量喜庆的与忙乱的(因喜而忙,因喜而乱)、高兴的但不到位的话语。经过几千年"忙乱"之后,终于选择出了千锤百炼的成品:由一人高呼"一拜……二拜……三拜……四送……"(所谓"三拜一送")导引一切行动。说这四句话是"千锤百炼"一点不嫌浮夸,而是缩小了。岂止千锤百炼? 一个人办一次婚事操练一次,道说一次,就已经是一个天文数字了。为什么会有这样四句最中肯、最省时、最省力的程式传下来

---

① Verschueren, J., *Understanding Pragmatics*, London: Edward Arnold (Publishers) Ltd, 1999, p. xi.

呢？这就必须追溯到中国文化精神的稳定性了。

1949年之前，中国人的厅堂里一般都会有"天地君亲师"牌位供奉，且供奉在所谓"神案"上最中最高的位置上，无出其右。这不仅是供供而已。在日常生活的各个环节上都能一一落实。各个节日（一年四季算下来的节日比红白喜事当然要多得多）中首先就要敬拜他们。成家（红喜事）时新人就要首先拜谢"天地"，再拜"亲"。对天地、君、亲、师的崇拜自然延伸到办喜事上的拜天地与拜高堂，这不是不谋而合，这是"有"谋而合。合就合在多重的文化价值观念之中：天地养我（赐五谷杂粮享用）宰我（降灾害）导我（以祸福引领），皇权受天之托施生施死（生杀予夺，祸福由之），我除了顶礼膜拜之外，难道还有什么不服表示？这个时候拜天地还另有妙意：让天地做一对新人的见证人或主婚人。这真是一笔划算的买卖：让过往神仙当一回新人的见证人，还可以不必向他们付出人情报酬。体肤受之于父母，我拜拜他们，也是顺血亲之理成血亲之章。第一件事"天地君亲师"牌位供奉里有几个方面的观念体现：首先是受恩惠（天地、老师与父母），我要回敬；其次是对皇权（君）我必须畏惧；对自然（天地）的神秘不可理解，我只好服从、崇拜。"三拜一送"正好延续了报恩理念（天地与父母），也延续了对天地的崇拜。这两件事——"天地君亲师"牌位供奉与三拜一送办喜事——在中国文化精神上合而为一。也就是说，稳固的报恩理念、崇拜自然这样的中国文化精神促成了办喜事（结婚）的仪式语言的形成。

又比如说，牛市这样的程式性语言行为之所以出现，与中国农村市场的法律不健全的文化状态相关：因为没有相应的法律，只好求助于牛经纪人近于欺行霸市（稍好于欺行霸市）中的横蛮、狡猾、机巧与智慧，买主只好永远担心上当，卖主也只好永远担心价钱太低。

文化的稳定性促成了程式的稳定性。

3.3.2.4 生命效度的驱动

上面在回答"何以有程式性行为与程式性话语的稳定的配合"时，我们所举出的理由分别是协作活动的结果、预先期望的促进与文化稳定性的推动，现在我们所列举的第四点理由——生命效度的驱动——却是一个根本性的理由，它实际上是何以有程式性行为与程式性话语的稳定的配合的基本机制。

在1.2中，我们提到过，在武汉市，一家人每每在看完当晚的电视节目之后，几乎都要说上这么一句话："洗了睡。"武汉人终于开始反观自己说这句话的韵味来了，开始相互提到说这句的趣味性，回味自己在说这句话时的神态（满足与疲劳）与情景（女人匆忙地倒热水，催促自己的孩子与丈夫拿盆洗脚）来。是呀，难道有一个人会在夜静更深看完电视已是十分疲劳之际，说上一大套"要看的电视看完了，要过瘾也过足了，现在只好睡了，睡觉之前我们烫一烫脚吧"？人们这个时候的一门心思是：睡觉。从节省精力、提高效益的表达方面来说，没有任何一个其他的说法比这样的三字句更好、更准、更得体、更节省精力、更有效益。于是，这句话开始走向全国。最近（2004年3月前后）发现，在中央电视台的节目中，在并非夜晚看完电视洗脚的场合也用上了"洗了睡"，表示一件好事终于做完了再转入其他事项上去的情状。当然，这种借用并不表示是在遵守程式，而是对这个用法的调侃与认同。

追求效益是一种生命现象。追求生命的最和谐状态、提高生活的效率表现为生命效度。人的倾向是:将生命效度推到最佳状态,将生命效度推广至一切可能的机会与场合。

如果要赚钱,就赚大钱,钱越多越好;如果要干事业,就拼命干,干好了还想更好;如果想图安逸,就越是有了安然还想更佳的安乐。如此等等。——这说的是将生命效度推到最佳状态。

在这个领域图效益,便会在一切可能的机会与场合都图效益。这是人的身体、生理状况的需要,也是心理的需要。比如说,商业谈判越是时间短效果大(对自己有利)越是理想;上网查资料,在最短的时间内得到自己所渴望的资料最理想;听音乐会,在一定的单位时间内(如一个夜晚)欣赏到最多的、最喜爱的音乐最好;打官司的场合,用最少的最有力证据、花最少的钱、费最少的口舌打赢官司最好。如此等等。——这说的是将生命效度推广至一切可能的机会与场合。

因此,说话讲效益(形成了程式就导致效益固定化),就是将生命效度推到最佳状态,将生命效度推广至一切可能的机会与场合的延续。因此我们认为,生命效度的驱动是何以有程式性行为与程式性话语的稳定的配合的基本机理——虽然不是全部的机理。

下面是一个牛市(河南省泌阳县油田牛市)的相当详细的个案。读者自会发现,这个个案对于认识中国农村文化的原生形态(包括市场经济),对于认识效益如何驱动了程式性的言语事件的形成,颇有针对性;读者也会发现,我们自己的生活原来是可以当成审美对象欣赏的,欣赏起来是可以趣味横生的,其巧妙穿接与应机随缘之状,简直无以把捉(所以我愿意劝读者耐心地读完这一个案),哲学的角度和语用学的角度原来和我们自己的生活是如此贴近！我们要利用这个个案，分别说明语言程式与活动目的最相关(3.3.2.4.1)，语言程式兑现活动目的最经济(3.3.2.4.2)，语言程式利于协作效益最大化(3.3.2.4.3)以及三者共生的其他效益性(3.3.2.4.4)。

下面是对于中国农村牛市的一般说明。

牛市是自然形成的、经工商部门核准、委托某一(些)人组织管理的、合法的买卖牛的场所。它一般都位于城镇集市偏僻一角。卖牛者一般有以下几种：农户中不再需要耕牛者、处理多余耕牛者、处理老/弱/病/残牛者、卖自家母牛所生小牛者、卖公牛以买母牛者、卖母牛以买公牛者、新近买到不中意的牛者、卖牛牛贩(力求高价卖掉低价所购之牛者)。买牛者一般有以下几种：农户中(急)需要牛耕地者、欲养母牛生小牛者、买小母牛养大生小牛者、买牛牛贩(力求低价买以期高价卖以赚差价者)、宰牛卖肉者。

在牛市交易过程中，一般的原则是买卖双方不直接搭话，这是因为活牛买卖没有统一定价引为圭臬，卖者力求高，买者力求低。事实证明，若买卖双方直接讨价还价，很快就会发生争吵对骂，甚至拳脚相加。其直接起因总是双方互相指斥对方不识货，从不快到讥讽挖苦再到恶语相加，若无人劝解，对骂甚至扭打是必然的。所以，历来牛市上就少不了"牛经纪"——买卖双方之间的协调人——这一重要角色。牛经纪比较了解牛市上的价位行情，所以卖主总是首先请若干牛经纪为自己的牛估价，做到心中有数，然后以之为参照报价，卖主所报价总是要高于牛经纪所估之最高价；欲买牛者也总是先请若干牛经纪为自己看中的牛估价，然后以之为参照报出自己所愿付出之最高价，买主所出价总是要低于牛经纪所估之最低价。接下来，牛经纪就开始耐心地在买卖双方之间斡旋,设法说服卖主把价降低一些,同时力劝买主把价提高一些。当买卖双方所报的价位很接近时,牛经纪把握时机来个折中处理,说定一个价,若双方同意就到一个柜台登记,行话叫"写账",写下牛的大致特征,买卖双方的姓名地址,然后让双方自己签名或按下手印,这就算是成交,任何一方不得反悔。接下来,买主把钱数好交给牛经纪,牵牛走人,牛经纪再把钱交给卖主,整个买卖过程结束。

在整个买卖讨价还价的过程中,写账之前,三方往往都是慢条斯理的。卖主尽量表现出自己并不急着卖,买方也作出可买可不买的姿态,牛经纪也并不是急于撮合,而是往返于买卖双方,对每一方都作出"保您满意"的承诺,作出替他着想考虑的样子。一般的情况是,牛经纪还会穿插着去撮合其他的买卖,或同旁观者闲聊,让买卖双方各自独处、暗自合计一番。但一到了写账的时候,气氛会陡然紧张起来,三五个牛经纪会牵着牛,簇拥着买卖双方,推推搡搡、骂骂咧咧拥向柜台,大有强买强卖之势。这种紧张气氛的出现主要是因为此时买卖双方之一或双方都觉得自己亏了,意欲反悔,或双方都怕对方反悔而故意叫嚷自己亏了、"不卖了"或"不买了";深明此道的牛经纪知道此时买卖双方或其中的一方需要推一把,买卖才能做成,所以他们便会推拥着买卖双方带有强制性地让他们写账;再说牛经纪的收入多少完全取决于有无成功的买卖及成功的买卖有多少。至于在多大程度上迫使买卖双方写账,这就看牛经纪对买卖双方的意图及性格等的判断了;但从牛经纪及旁观者的推推搡搡骂骂咧咧来看,牛市是男人的世界,狡猾、粗鲁甚或暴横中混合着机智、幽默甚或智慧。

买卖双方或其中一方为什么在写账之前会有反悔之意呢?这恐怕不能不从人们对牛经纪态度说起了。在用牛耕作的农村地区,有一句几乎老幼皆知的话:"牛经纪连他自己的亲爹都要骗"。话出有因。就在几年以前,法制观念淡薄,市场经济不成熟,牛市中行规的异常严厉对以上两项缺陷不啻一个补救。有一帮人专门守候在旁以惩治违反行规者:轻者辱骂、重者拳脚相加。行规规定买卖双方不搭话,写账之后不得反悔;牛经纪与买卖双方分别谈价时,不用话语明说,而是靠手势语。两人把手藏在其中一人的衣襟下或拿一物品盖着,通过摸不同的手指和手指的不同部位来表示价格。这用行话叫"摸价"。写账之后,买者把钱交给牛经纪,牛经纪再把钱交给卖主,这样买者无法知道牛经纪与卖主说定的价格,卖主也同样无法知道买者愿意出的价格,所以牛经纪完全有可能从中得差价:比如,如果卖主最终同意以980元的价格出售自己的牛,而买者在牛经纪的劝说下最后愿意出1100元,这样的话牛经纪就可以堂而皇之地或悄悄地拿走120元钱(因行而异)。结果是,临到写账时,买方总是担心自己出价太高,而卖方总是担心自己要价过低,犹豫不决、意欲反悔的心理状态也就是自然而然的事情了。现在,随着农村法制观念的增强,一般的牛市上已不再有这种暗箱操作的欺诈行为。在写账之前,一般地,买卖双方都已知道(通过牛经纪或其他途径)对方所报的大致价位,牛经纪会向卖方明确保证它可以得到自己最终报出的价钱,同时也明确向买方保证不会让他付出高于他所报的价钱。在写账之后,牛经纪会当众从买主手中接过钱,数好,全部交给卖主。即便如此,写账前买卖双方仍然会有所担心。原因有二:一是,写账前一般地三方在最终价钱上并未达成一致——买方愿出的价总是低于卖方的要价,不成文的规定是,牛经纪可以"当一至两百块钱的家",就是说,牛经纪可以在买卖双方各自报价的基础上作出一到两百块钱的升降,但如何升降就看牛经纪的倾向了。这个拍板价要到写账前的一刻由牛经纪报出。买卖双方都会担心牛经纪会亏了自己。如,卖主要求是最少2800元(但他可能故意大声说给买者听"最少要3000"),而买者则表示至多只出2500元(但他可能会故意大声说给卖主听"最多只出2300"),最后,牛经纪会在2800和2500之间做个折中,定价为2600。那么买卖双方可能都会不同意而拒绝写账,此时就要看牛经纪的本事了,或劝或骂,连拉带推,软硬兼施,还可以根据情况在2600的基础上作微调(或升或降,一般都是以十为单位)。一般地,到了这个地步之后,交易总能成功,但是如果买卖双方或其中一方坚决不干的话,交易也无法成功,但此时拒绝交易者会受到牛经纪和愿意交易者甚至还有旁观者的斥责和谩骂。不管交易成功与否,牛经纪最后定的价位总是不能如买卖双方各自所愿,所以,一般地,当牛经纪建议买卖双方去写账时,两者都会有犹豫不决和意欲反悔的表现。不愿功夫白费的牛经纪便会施加一些压力,迫使买卖双方来到写账的柜台前。第二个原因是,由于牛经纪有最后的定价权,一般买卖牛的双方都会私下地找跟自己关系较熟或较好的牛经纪来做中间人。结果是,买卖双方又都会担心牛经纪会偏向对方,所以就会有写账前的犹豫不决。

另外,如前所述,牛经纪在同买卖双方斡旋的过程中总是慢条斯理的,谈话也会随机应变,东拉西扯,插科打诨,漫无边际。录音转写过程中,我们关注的重点是与讨价还价直接相关的话语(轮),频繁的话题转换及各无关话题的具体内容只是点到为止。

请读者注意,着重号部分表明是这个牛市买卖中的程式性话语。

油田牛市(一)(现场录音转写)

录音时间:2002年7月18日上午9:50—11:50

地点:河南省泌阳县油田牛市

人物:牛经纪A、B、C、D(以下简称经A、B、C、D)

卖主:五十来岁的农民(以下简称卖)

买主:三十来岁农民(以下简称买)

旁观者A、B、C、D等(以下简称"旁A、B、C、D"):一般都是打算近期买牛或卖牛者,旁观是为了了解行情。

(烈日下的牛市,喧闹嘈杂,牛叫声此起彼伏,牛经纪们奔走于各自选定的买卖双方。我们选定了一卖主和买主及在他们之间奔走的牛经纪A为录音对象)

买(对经A):立叔!一会儿,给我瞅个牛?

经A:你想要个啥号的?

买:当然是好的了。

经A(指旁边一青色牯牛):你看那个牛娃儿咋样?

买:我不要这号哩。

经A:那——啥号哩?牯牛娃儿还是母牛娃儿?

买:想买个母牛娃儿,能使能喂。

经A:噢——,中啊。我给你看看再说。(说着走开)

(二十来分钟后)

经A(从柱子上解下一头母牛,牵到场地中央的空白处扬鞭抽打,致使牛围着他快跑,同时高声喝问):这个小母牛是谁的?!这个小母牛是谁的?!

卖(一个五十来岁的略显瘦弱的老农,原本在一旁蹲着,起身慢悠悠地朝经A走去边答):嗯——我的。

经A:你这个小母牛使过没?

卖:没有。

经A:(伸出一只手):想多少钱呀?

卖:(拉过经A的手用自己另一只手中的草帽盖住摸价1500元①):这个数。

经A:(高声,有意让旁人听到):一千六?! 你这个卖牛的呀,晕要!

卖(笑而不答):……

经A:这牛值一千六? 你这牛这一点儿大,你还要一千六?!

经B:晕要,你这是。

旁A:你兔娃儿再喂一年也值不了一千六,给你说。

旁B:一千三这个牛娃儿也卖不了!

卖(笑对经B):我还说晌午给你个龟孙灌壶酒哩,你这个兔娃儿形,我给你灌你母的个×,夜壶我都不让你喝!

经B(笑对):我喝过你的酒没?

经A(把牛拴回去,然后朝另一边的买主走去,边问):小方,你要不?

买:不要! 简直是晕要! 你看他那个牛娃儿是个啥东西?!

经A(笑骂):你娃子别慌,价是慢慢儿说的嘛(同时拉过买主的手盖在自己的草帽下)。

买(在草帽下跟经A"摸价"):不中,不中……中了,就是这个

---

① 在牛市交易中,买卖双方与牛经纪在谈价时,都不会让别人知道他们所说的真实价,所以常通过摸手指和手指的不同部位来谈价,且把手藏起来。但是,为了掌握这个具体谈价过程,本材料收集人事先已做过工作让经纪人同意我们步步紧跟,且悄悄告诉我们买卖双方所谈的价格;但经纪人并不了解我们的研究意图,也不知道录音的事情。

301

数(1000元)……

经A:你也晕说,是吧? 中了,这个价儿,我去给你说说。(说完,朝在另一边的卖主走去)

经C(朝买家儿走来,走过经A时,问):咋说?(经A拉拉经C的手,没说话)

经A(对卖主,边用手比划边说):不中啊,太高了,人家只给这个价(800元)。

卖(不满而又满不在乎地说):那他八百块钱都不用出了,站在大路边儿,等着捡牛吧。

经A(拉卖主手):你说这个价儿中不?

卖:那不中,那根本就不沾边儿!

经A:老哥儿,你说,我跟你胡扯了吗?

卖:你叫他好好看看咱的牛,识不识货啊,他?

经B:你说哩再好,人家不要……来,听我说一句,这个价儿你说我给你胡说没?

卖(拉经B手,摸价1300元):这么说罢,少了这个数,您也别耽误时间了。

经A(高声叫):咋? 老汉儿,看见是谁在买牛没? 都是这庄儿那庄儿的,低头不见抬头见,少一千五还不卖牛是吧?

卖:你再咋说,我也不能稀乎烂贱地卖出去。

买(听到经A和卖主的话,很不满地):就他那牛,他还要一千五!

旁A:他要——那他要两千也中。

经C:对,对。

旁A:你也可以还他——还他个五百也中!

经C(对买):对,对!你别怕他要。你只管说你的。(伸手拉买家手)那你这也错得太多了!

(经B,听见经C的话,走过来伸手拉住经C的手)

经B(对买主):那说不成啊!光说。错得太多……整不到一块儿呀。

经A(又走回来,对买主):光说你要,要!要了,就正说!

经C(拉住买主的手):你正说,向正说!

买:向正说?

经C:向正说!

经B(对买主和经C):光说零头吧!光摸零头就中!

经C:好,光摸零头。

买主(摸过经C的手又很快地拉了一下经B的手,比价1100元):我这说的,你说咱是买家儿不?是买家儿不?!

经B:嗯,是买家儿,是买家儿!

经C:是买家儿。

经C(转身走到另一边儿,握住卖主的手,比价1050元):你说,这是买价不?

卖:不卖呀,不卖!

经C:唉呀!来,(拉住卖主的手)他添着,你去着!

经B:唉,就是嘛,添添去去,就是这么回事。

卖(边同经C摸价):就是啊,如果一开口就说给个一千三四,那再往上添添也能成!

经A:你再少点儿,也没啥大不了的呀!

买(不屑地对旁观者):哼!他净想那美事儿!啥货卖啥价儿!

经C(放开卖主的手,对众人):那弄不成,你非要一千五,他只给一千,那说到明天也弄不成!

经B:相成(卖主名字),给他吧!

卖(笑):我也想给他呀! 你总得先把价说好吧?

旁:卖了吧! 卖了,马上就是钱!

经B:就是,走,写账去! (说着拉买主往写账处走。)

卖:少了这个数,我可不卖啊!

经B:中,中。

(与此同时,经C也拉买主来到了柜台。)

买:咱可说好,多一分我都不要!

经C:好好,不叫你多一分!

经A(拿笔递到卖主手中):来,老汉儿,签个名儿。

卖(手握笔,不解地):这到底是多少钱呀?

经A:你来写吧! 落一千二百块钱!

卖:不卖,不卖! 瞎搞哩,你!

买:不要,多一分不要!

经B(拖住要挣脱的卖主,压低声音):你鳖子别挣了,比比刚才人家卖的那头牛,你自己说这个价亏你没?!

卖:没亏,没亏,我不卖了总中吧!

经C:老汉儿,你亏不了,回家合计合计,要是亏了,你见我一次骂一次!

经A(拖住要挣脱走人的买方):小方,你娃子识不识货?! 你说我给你瞎说没?!

买:你没瞎说,我瞎说了,中吧? 我不要,清不要!①

---

① 清不要:河南方言,意为"不管你怎么说,就是不要。""清"是加强语气的。

经A(压低声音):你娃子只管牵回家,要真是嫌贵了下集再牵来。我保证最少还给你卖这个数!

卖(一边半推半就地在经A和C的推搡下在写账簿上按下了手印,一边嚷嚷):我这个牛最少也少卖一两百,您这……这……这样整,那会中?

买(见卖主已答应,也半推半就地按下自己的手印,对经A):你说的啊,这要是太贵了,我下集还拉来,你给我买了!

经A:中,中!

经C(对买方):贵不了,就这个价,你娃子心里还没数儿?

(买方数好钱交给经A,经A数过又交给卖主;卖主数过钱收好,嘟嘟嚷嚷地走开;买主也牵牛离去。)

上面指出过,程式性语言行为,是一定的行为与一定的话语配套,两者形成了稳定的配合,这种配合具有经久的重复性,即类似的行为一出现,与之相配的那一套话语也会跟着出现。以牛市为例,有牛市言语事件发生,就会有上述加着重号的话语出现。

从总的方面讲,本节从四个大的方面讨论对有效参与生活的追求是如何促进了程式性语言行为中三个基本稳定的形成,促进三个程式性共生的。

3.3.2.4.1 程式与活动目的最相关

现在我们来分析,上述牛市中的程式性话语是不是与活动目的最相关。

买卖起始阶段的程式性话语:

买者:"……给我瞅个牛?"经纪人:"你想要个啥号的?""我给你看看再说。"

讨价还价阶段程式性话语：

经A:(摸价):想多少钱呀？卖:(摸价):这个数。买:不要！简直是晕要！经A(笑骂):你娃子别慌,价是慢慢儿说的嘛。经A:中了,这个价儿,我去给你说说。经A(摸价):你说这个价儿中不？经C:来,(摸价)他添着,你去着！经B:就是嘛,添添去去,就是这么回事。三方都可以说:啥货卖啥价儿！

定价阶段程式性话语：

经B:就是,走,写账去！(说着拉买主往写账处走。)卖:少了这个数,我可不卖啊！经B:中,中。(与此同时,经C也拉买主来到了柜台。)买:咱可说好,多一分我都不要！经A:你来写吧！落一千二百块钱(钱数可以变化)！

定价阶段之后再讨价还价的程式性话语：

卖:不卖,不卖！瞎捣哩,你！买:不要,多一分不要！卖:那不中,那根本就不沾边儿！经C(对买):你别怕他要。你只管说你的。经C:……你亏不了,回家合计合计,要是亏了,你见我一次骂一次！

按手印阶段程式性话语：

卖(边半推半就地在经纪人推搡下在写账簿上按下了手印,一边嚷嚷):我这个牛最少也少卖一两百,您这……这……这样整,那——会中？买(见卖主已答应,也半推半就地按下自己的手印,对经纪人):你说的啊,这要是太贵了,我下集还拉来,你给我买了！

为了检验以上的程式性话语的可靠性,我们再来研究一个对照的个案,请特别注意着重号：

油田牛市(七)(根据2002年7月24日录音整理)

录音时间:2002年7月24日上午9:50左右开始

地点:河南省泌阳县油田牛市

人物:牛经纪A、B、C(以下简称经A、B、C)

卖主:五十来岁的农民(以下简称卖)

买主:三四十岁的农民(以下简称买)

旁观者A、B、C、D等(以下简称"旁A、B、C、D")

卖(对经A):龙啊,龙!瞅瞅有人要没,把我那个牛给卖了。

经A:哪个?

卖:这边最前面的那个。

经A:中啊。这阵子没人买大家伙了,这阵子。

经B(由远处走来):老汉儿,想多钱呀?

卖:你看看能换几个钱儿?

经B:俩钱①,中吧?

卖:俩钱?!你给我不好好整,我光给你灌酒喝哩,是吧?

经B:灌酒喝?你给我灌过一回儿没?自打那次我给你买那头牛回家后,你给我灌过一次没?

卖:那,你不上我家,怪谁?

经B:我走到你家门口,老是找不着你!

卖:那你要是死了,永远都不喝了!

经B:那死了,还喝啥哩?光说点子不沾边儿的话!

经A(笑道):说正经的吆。(伸手拉卖主手),表叔你想多少钱吧?

---

① 方言行话,两千块钱的意思。

经B(看卖主和经A摸价):三千三?!就这一个?带牛娃儿没?

卖(满不在乎地):牛娃儿刚摘开①。

经B:瞅着也够呛了,老变牙口了吧?(朝牛走过去,检查)

卖:没有,没有,刚变牙!

经A:那——正当年呐②。

卖:咱这牛没啥缺陷。能吃好喂,使起来顺当;下牛娃儿漂亮!

经A:这牛看着是不赖。可是……我给你看看再说吧。(说着走开)

(十来分钟后)

买(叫经C):老表啊,老表!给看看那个老母牛咋卖。

经C:哪个?

买:那边儿拴的第一个。

经A(闻声赶过来):看中那个啦?那牛不赖!敢打保票,好喂好使,下牛娃儿漂亮。

买:多钱?

经A:他说三千五。我给他说,让二百,他总得让。

买:你别那着说,整谁哩呀?!

经A:那你说能给多少儿?

买:两千块钱到顶!

经A:你是不是买牛的?

买:不买,我问它干啥哩?!

---

① "摘开":方言行话,意思是"小牛已断奶,可以跟母牛分开单独喂养了"。
② "正当年":方言,意思是"正值壮年"。

经A:好货卖好钱,你两千……

买:好货也得好价钱才能卖嘛!

经A:我给你说三千三,中不?

买:要说的话,你就照两千给我说。

经A:两千也太……

经C:走,过去先说说再说也中啊。

经A:中,中,先说说再说。(经A、C走开)

经A(苦笑地对卖主):不中啊,表叔。只有一个要家儿,人家只出俩数儿。

卖:那就不用说了。

经C:老汉儿,你是卖的不?

卖:牵来了就是卖的!

经C:那就落实说说,中吧?

卖:是真买家儿的话,仨数儿给他。

经B:你这个老母牛,要能卖三千块钱,你叫我头朝下走路我都走。打意卖了咪,咱就好好说;不打意卖了就算了。

卖:卖不了,我还拉回家,怕啥?!

经A:表叔啊,你这仨钱,现在这行势,它真是不好卖。

经B:仨钱打烂,俩半不散①,咋样儿?

卖:你说那话,不沾边儿!

经C:你不比那几天,那几天,牵来的牛都有人要。有天上午,牵来十一头牛,卖了十个。剩下一个,还是个母牛娃儿。这几天,

---

① 方言行话,意思是"三千块钱这个整数是不行的,两千五的话,可以保证得整数儿钱"。

日他奶奶,贵贱没人要！你要是在三月三庙会上,你这老母牛咋会才卖这点儿钱?

卖:唉呀,不说那话！刚才那老母牛是啥样子？人家还卖三千二哩！

经B:你比人家那头牛,人家那是一对子①；你说你这个能值恁些儿钱不？你这个要能卖恁些儿钱,日他奶奶,我就、我就不再卖牛了②。

卖:你不卖算了。

经C:不卖,咱干脆就说不卖；你要卖了咪,咱就落实说！别光在这儿胡白③。

卖:对,咱都别胡白！

经A:表叔,咱这都不是外人,你落实说个价儿！

卖:中！落实说罢。都是明眼人④,好货卖好钱。两千八！你们觉得能说的话,就去说说。要,他要;不要,这牛还是咱的！

经A:中,走,咱再去说说看！（经B、C朝买方走去；经A被别人叫走。）

经C(对买方):老表,不中啊,你说俩数儿根本就不沾！

买(笑):不沾——,咱再添添嘛。

经B:对,这才是买家儿！看货给钱,没行势有比势……

买:他多少能给呀？

经C:恁数儿。

---

① "一对子"方言行话,指的是一头母牛带一头该母牛生的小牛儿。
② 牛经纪的行话,行意即"我就不再干牛经纪这一行了"。
③ "胡白":方言,意即"胡扯"、"信口胡说"。
④ "明眼人":方言,意为"有眼光的人"、"慧眼识货的人"。

买:仨数儿？我日,他这不是晕要吗?!

经C(伸手拉买主手):老表你落实说,能出多少？

……

(经B、C和买方说来摸去,讨价还价,十来分钟后)

经B(对买方):两千六……这钱你说能要不？

买:太多了!

经C:两千六,这你还说不了?!

……

(经B、C对买方又是一番劝说,几分钟后)

经C:老表,就这着说,两千六,我再去跟他说,卖了他卖,不卖算了!

买:中,中！两千六,多一分我都不要!

经C:行,行!(和经B走回卖方处)

经B:老汉儿,再落实落实！人家最多只出两千五。

卖:那,你就别说了！两千八,少一分都不卖!

经B:麦前头,大李庄儿的有你这样一个牛,那真是卖了这个数。

经C:那时候,高;那时候,价就高!

卖:我不管是啥时候,就这个价!

经B:你还这着说,那不是还治不成事儿？

卖:治不成算了。

经C:老汉儿,你看看,这牛是给谁的,你说？

卖:给谁的都不中。不管给谁,这日他奶奶……

经B:一分都不少？

卖:不少!

经B:那中,走!写账去!

卖:两千八啊!

经B:两千八!(对另一边儿的买方)走,大张沟的!走,写个帐儿去!

(经A闻声跑过去推买主前往写账处;经C走过去把牛从围绳上解下来,和经B一起推着卖主来到写账处;经A、C提笔很快把买卖双方的住址等情况写好。)

经B(对卖主):来,老汉儿,按个手印儿。

卖:先说好,两千八,少一分我可不卖!

经B:好,你放心,少一分不卖。

(卖主在登记簿上按下了手印)

经B(对买方):来,大张沟的,你也按个印儿!

买:咱可是说好了的,多一分我不要!

经B:好,多一分你不要!

经C:老表,你只管放心!

(买方也在登记簿上按下了手印)

经B(把登记簿交给负责人收好,高声叫道):好,这牛是好牛,咱这买家儿卖家儿也都不是外人;你说两千五,他说两千八,我来当个家儿,两千七买了!

卖(气急地):不中,不中!少一分不卖!

买:不要,不要!我不要!

经A(对卖主):唉,表叔,卖了算了。恁大个牛,少一百多一百也都是那个样儿!有你大侄子在,能会亏了你?!

旁A:卖了吧,老汉儿!你上午卖,下午就不用再喂它了!

(与此同时,经B、C等也在劝说买方)

经 B(对买方挤眼睛递眼色):唉呀,你看看这牛,多加两百你也不会亏呀!我给你打保票:好吃家儿,好使,下好牛娃儿!

经 C:老表,我给你说——,牵住算了。亏了你找我!

(如此这般,在众牛经纪的劝说推操下,买方数好了钱交给经 B,经 B 点验后,又拿给卖主;卖主半推半就地接过钱,点好收起;众人各自散去。)

请读者特别注意:两个个案中的着重号,即作者所认定的程式性话语部分,几乎是一样的。大部分的话基本上是重复使用加上小部分的变异,如买者:"……给我瞅个牛?"经纪人:"你想要个啥号的?""我给你看看再说。"经:(摸价):"想多少钱呀?"卖:(摸价):"这个数。"买:"不要!简直是晕要!"经:"中了,这个价儿,我去给你说说。"经(摸价):"你说这个价儿中不?"三方都可以说:啥货卖啥价儿!(变化:好货卖好钱;好货也得好价钱才能卖嘛!)经:"走,写账去!"(说着拉买主往写账处走。)卖:"少了这个数,我可不卖啊!"(变异:"少一分我不卖!")经:"中,中。"(与此同时,另外的经纪人也拉买主来到了柜台。)买:"咱叫说好,多一分我都不要!"(变异:"多一分我不买!")经:"……写吧!落一千二百块钱(钱数可以变化)!"卖:"不卖,不卖"买:"不要,多一分不要!"卖:"那不中,那根本就不沾边儿!"经:"……你亏不了,……要是亏了,你见我一次骂一次!(可以变化)"卖(半推半就地在经纪人推操下在写账簿上按下了手印,一边嚷嚷):"我这个牛最少也少卖……"买(见卖主已答应,也半推半就地按下自己的手印,对经纪人):"你说的啊,这要是太贵了,我……"

结论:只要是涉足牛市(进入这样的语境),买、卖、经纪人三方牢记各自的目的——买牛、卖牛和促进买卖成功以赚取中间费,他们除了说别的话语以让对方上钩以外,还必须说以上这些程式性话语。一方面,废话、插科打诨的话可以增加许多;另一方面,别的话语可以少,可以精,甚至可以不讲,但这些经过长久时间精选出来的程式性话语非讲不可,因为这些话语与他们三方的各自目的最相关。最相关的话语是交际的底线,受到说话人的最优先的选择。

另外,《汉语文化语用学》①指出:"有了交际的总的目的,就会在说话中将目的分解成一个个的说话意图贯彻到话语中去,交际就能顺利进行下去。如果没有交谈的总目的,就不可能在每一个话轮中将目的分解成为意图,于是真正意义上的交际就无法开始或者中途失败。这样就必须把目的—意图过程作为原则来遵守。这便是目的—意图原则。"程式性言语事件为交际目的—意图的实现铺设了直接的场地。走进这个场地时,不必绕任何弯子,就能实现总的意图。

因上之故,程式性语言行为中三个基本稳定的形成,三个程式性的共生与目的意图原则最符合。

3.3.2.4.2 程式兑现活动目的最经济

语言使用中的经济手段是省时与省力。省时,就是以最少的话语取得最有效的目的;省力,通过少说节省精力,最后还得有效。以牛市为例,说出那些精选出来的程式性话语,可以达到省时与省力的后果。不说那些经过千锤百炼沉积下来的现成套话,以自己临时想出的新鲜的话代替之,当然可能成功,亦可能会首先直接与

---

① 钱冠连:《汉语文化语用学》,第152页,清华大学出版社,2002年版。

省时省力原则相对抗:新鲜的话如果多于原来的套话,则反而浪费了时间与精力,如果少于原来的套话,则对方不明白,直接有损目的—意图原则或有损协作效益最大化(3.3.2.4.3)和其他有效性(3.3.2.4.4)。

可是,追求最经济的手段往往要付出许多代价,甚至交际受挫的代价。于是,就有了冗余策略出来补充:"语言冗余信息的容忍度,是指语言使用人运用、控制语义性冗余信息时所掌握的分寸。释放适当的冗余信息,或者说掌握冗余信息的分寸,便是适当冗余信息策略。"①这便是牛市上大量的插科打诨冗余信息的来由。如油田牛市(七)中:卖主:"俩钱?!你给我不好好整,我光给你灌酒喝哩,是吧?"经纪人:"灌酒喝?你给我灌过一回儿没?自打那次我给你买那头牛回家后,你给我灌过一次没?"卖:"那,你不上我家,怪谁?"经:"我走到你家门口,老是找不着你!"卖:"那你要是死了,永远都不喝了!"经:"那死了,还喝啥哩?光说点子不沾边儿的话!"正是这些"不沾边的话"(说话人意识到自己使用了大量不沾边的话,这便是所谓工具性语言意识),拉近了卖主与经纪人之间的关系,卖主有理由期待经纪人在即将到来的买卖中站在自己一边。这是目的意图原则在背后指挥。目的意图原则使最经济的手段与冗余信息策略之间保持一个适当的张力。

3.3.2.4.3 程式利于协作效益最大化

所谓协作效益最大化,是指整个合作的言语事件完毕之后,交际双方的目的与意图实现时尽可能完满,所费的周折尽可能的少。

---

① 钱冠连:《汉语文化语用学》,第190页,清华大学出版社,2002年版。

而这种协作效益最大化,只有通过千百次重复过的程式性话语来达到。牛市中的买卖是个协作的活动。买卖双方到这里来,谁都不是为了空跑一趟。卖牛的要装钱进包,买牛的要牵牛回家。这便有了合作的紧迫感(合作的压力)。我们在3.3.1.1中讨论习惯化问题时曾提到过"合作的压力"问题。"从历史上看,交际行为习惯化起源于早期原始人之间的各种合作活动,合作的紧迫感(pressure for cooperation)最终被有选择地体现为人类符号系统中的规约性符号。"[1]也就是说,规约性的说法即程式性的说法是由双方合作的紧迫感造成的。

合作的紧迫感最终是为了追求效益。

合作的紧迫感使双方已经有了协作的愿望与基础。遵守程式性的语言,就能使这一协作活动得以完成。这就是油田牛市的个案中为何经纪人总是说:"我给你看看再说。""中了,这个价儿,我去给你说说。""你说这个价儿中不?"三方都可以说:"啥货卖啥价儿!"或者"好货卖好钱"或者"好货也得好价钱才能卖嘛!"经纪人总是说(摸价):"他添着,你去着!""就是嘛,添添去去,就是这么回事。"经纪人也总是说:"中,中。""中,中"是经纪人最常用的程式性话语。而且,十之八九,这个"中,中"到了最后的定价是没有一方面的利益完全满足而另一方面是完全受损的。所以,这个"中"实际上是不中。但是,买卖双方却并没有受骗的感觉,他们都知道中间经纪人这种程式性话语在某种程度上是使双方妥协、

---

[1] Arndt, H. & W. J. Richard, The Biological and Cultural Evolution of Human Communication, in Lorscher, W. & R. Shulze (eds.) *Perspectives on Language and Performance: Studies in linguistics, literary criticism and language teaching and learning* (vol.1), Tubingen: Gunter Narr Verlag, 1987, p. 27.

双方受益的"调剂杠杆"。这是一幅很生动的图景,这幅图景说明了程式化的语言是符合效益的,同时也说明了语言是人类协调活动中必不可少的一个成分。诚如马林诺夫斯基指出,"语言在其原始功能和初始形式方面在本质上具有实用的特点:它是一种行为模式,是人类协调活动中必不可少的一个成分。"[1]

3.3.2.4.4 三种程式性共生的其他有效性

我们以上述各小节讨论了三者(话语的程式性、行为或仪式的程式性与这两者的配合的程式性)共生的各种状态,这些状态的实质都是为了追求有效地参与生活。

刘宗迪的研究告诉我们,占星者在灵台上率领子弟一边仰观天象、俯视地理,一边暗授步天歌和甲子表,祭司在宗教仪式上率领童子一边降神,一边颂吟神谱史诗,让族人们不仅耳闻也目睹了一切天地神瘟、先公先王的形象和功德。在这种程式性话语与程式性行为(或仪式)共生性活动中,"言传"与"身教"如影随形,息息相关,身有所行,口有所言,言语与语境密不可分,而口头语言的有效性也正在于此:言谈的双方置身于相同的语境中,不仅"相语从事",而且"相示以功",言语就是语境的真切表达,语境就是言语的具体体现,语言与语境圆融无碍,相映成趣,对话双方因此而相视一笑,莫逆于心,活泼的言语交流循环往复,畅通无阻。仪式化、典礼化语境伴随着程式性话语,年复一年地重复着,并因为这

---

[1] Malinowski, B., The Problem of Meaning in Primitive Languages, in Ogden, C. K. & I. A. Richards, eds. *The Meaning of Meaning* (pp. 296—336), New York: Harcourt, Brace & World, Inc. 1923, p. 316.

种年复一年的重复而铭刻在人们的记忆中而世代相传。另外,神话传说、史诗讲唱等这些具有固定修辞程式的口头文本,在付诸文字时,其口头程式也往往会在书面文本中留下隐约可辨的痕迹①。这就是说,程式性话语因仪式的配合而被易记易诵,反过来,仪式因话语的渲染而更加活泼可爱。这是一种相得益彰的关系。

巴莫曲布嫫②指出,具体的、动态的仪式情境强化了人们对文本的理解与记忆。他举的例子是,在彝族林林总总的仪式上,总能见到言传身教的场景:主祭毕摩(祭司)在诵唱各类经籍时,他身边往往有数位年仅六七岁的生徒(彝语称为"毕惹"),在逐字逐句地跟随老师轻声诵读经文。此时老师的领诵起着一种有声的演诵示范作用。不仅给出话语,而且也有相应的动作。他还指出,从文化传播与社会交流的方式来看,经籍文本的接受并不是由个体阅读活动构成的,而是由集体听诵活动构成的,并且在种种宗教仪式与民间生活仪礼中完成。民众作为接受者只能通过仪式活动,听诵、听解作品,而非诉诸于视觉的阅读。书写文本的口头唱述本身是语言审美存在的另一种形式,文本在音声传达中获得新的生命。彝文经籍的诗化,正是基于记诵和口头传播的特殊要求。彝族文献的文体体现为韵文,说明彝文的应用还没有脱离具体的传播与交流语境(仪式)。他指出,仪式生活起到了一种社会黏合剂的作用。仪式上的文本演述具有激活族群记忆、动态传播知识、活跃社群交流、加强文化认同的特质。我认为,上述巴莫曲布嫫所指出的这些功能,无不是加强了程式性话语与程式性行为(或仪式)共生

---

① 刘宗迪:"文字原是一张皮",《读书》,第6—8页,2003(10)。
② 巴莫曲布嫫:口头传统与书写传统,《读书》,第10—16页,2003(10)。

参与生活的有效性。他还指出,时至今日,在彝族山地社会,书写实践也没有脱离其口头文化的传播语境。凉山彝族古老的史诗传统"勒俄"(意为口耳相传的族群叙事),被诺苏支系的彝人视为历史的"根谱"和文化的瑰宝,长期以来一直在历时性的书写传承与现时性的口头演述中发展,并依托民间仪式生活中的"克智"(口头辩论)而得到广泛的传播和接受①。由此我们得知,这是仪式生活设定了仪式性话语,后者依托前者。

我们在3.1.2.4中,曾经提到"口头传统的即时性、互动性和高度依赖语境的性质,就决定了它的审美属性与某些'听觉'效果有内在的联系"。

这样我们就对三者共生的其他有效性作一简单回顾:一,程式性话语因仪式的配合而被易记易诵,反过来,仪式因话语的渲染而更加活泼可爱。这是一种相得益彰的关系;二,具体的、动态的仪式情境强化了人们对文本的理解与记忆;三,仪式上的文本演述具有激活族群记忆、动态传播知识、活跃社群交流、加强文化认同的特质。

3.3.3 程式性语言行为是如何推动人类交际的

3.3.3.1 遵循程式的正效应

简单地说,遵循程式,就会有正效应出现,即:程式与活动目的最相关(3.3.2.4.1),程式兑现活动目的最经济(3.3.2.4.2),程式利于协作效益最大化(3.3.2.4.3)。由于我们在以上各节有了

---

① 巴莫曲布嫫:"口头传统与书写传统",《读书》,第13页,2003(10)。

比较清楚的分析,这里不再重复。我们所应强调的是,以上种种最相关、最经济、最大化的情况,就使得人们更好地活在了人文网络中。关于语用学是人文网络言语学的思想,见诸《汉语文化语用学》①,其主要线索是:这个社会人文网络每每在你说话的时候"说话"并且"算数";人的自由不是与生俱来的,不是为所欲为,而是为所应为;我们看语用学,它简直就不是符号体系上的事,而是与有关的语境体系上的事(即社会人文网络上的事);语用得体策略就是为了做人得体,而并非真是为了语言本身得体。有了一定程度的程式性话语的帮助,使我们面对这个复杂的人文网络时,活得比较地简单与经济,在一定程度上可以让我们觉得自己游刃有余。我们强调遵循程式的正效应,完全是为了明晰不遵循程式会产生负效应这样的概念。

3.3.3.2 不遵循程式的负效应

那么,不遵循程式性话语的模式又会如何呢?如果舍近求远,或者临时设想出一些出格的话语,比如说走进了牛市,人们硬是不使用现成沿用已久的模式,另说一套,这样我们就应该有这样的思想准备:新鲜的话语不一定与活动最相关,不一定是兑现活动目的最经济的手段,不一定使协作效益最大化。(当然,新鲜的话语也有可能成功。请见下一节。)明明是为了卖牛,卖主坚决不用"少了这个数,我可不卖啊!"或者另一个常用的程式性话语"少一分我不卖",而用别的话语代替,当然是可以的,但是,恐怕在争论最激烈、最关键的时刻,其他的任何话语都不如这样两句话最为一针

---

① 钱冠连:《汉语文化语用学》,第285—291页,清华大学出版社,2002年版。

见血(自己的利润一分不让);明明是为了买牛,买主硬是不用程式性话语"咱可说好,多一分我都不要"或者另一个常见的说法"多一分我不买",而改用其他临时想出来的话语,当然也可对付,可是每到最后敲定的写账时刻,临时性的其他改口说法,未必会有上面这两个说法更能直逼主旨,最能代表买主多吃一点亏也不行的决心;经纪人在"穿针引线"时硬是不用"中,中"而改口其他,未必会有"中"这样一个字的含义多解、四通八达、怎么说怎么有理,而模棱两可、一字多解与含糊其辞;经纪人在"穿针引线"时硬是不用"啥货卖啥价儿"或者另两个常见的变异"好货卖好钱"与"好货也得好价钱才能卖嘛",改用其他亦可对付,但未必会有上面这样三句话更为得理,更能赢得所有人(甚至包括围观的农民,即未来的、潜在的卖主与买主)的认可;经纪人在最后拍板时不说"走,写账去",而改说诸如"走,我们最后拍板"未必会有牛市中流行的"牛气",周围的农民会纳闷这个经纪人懂行不懂。

3.3.3.3 程式变异的二重性

程式性话语总是在变异中进行的。这种变异可能有两种发展方向。这两种可能(二重性)是围绕三个问题加以区分的:变异的话语是否与活动最相关,是否使活动手段最为经济,是否使协作效益最大化。

一种情形是越变越与活动目的相关,越变越使活动手段最为经济,越变越使协作效益最大化。如牛市个案中,三方都可以说的"啥货卖啥价儿"变异之一是"好货卖好钱",堪与原来的程式并美;变异之二是"好货也得好价钱才能卖嘛!"却是影射好货不一定漫天要高价,一味要高价,出不了手,就不是好价钱了。这样的变异比原来的程式更为实用,更为符合买卖双方的利益。又如经纪人拉买主或卖主往写账处边走边说"走,写账去",还能往哪儿变? 说"走,我们最后拍板"? 说"走,我们最后把这事儿办了"? 说"走,我们进行下一个程序"? 从语感上说,都不如原来的程式好。又如,卖主说"少了这个数,我可不卖啊"变异成"少一分我不卖",变得比原来好,极为准确地表达了不亏一分钱的决心;买主说"咱可说好,多一分我都不要!"变异成"多一分我不买",变得好,把买主不亏一分钱的决心也披露得淋漓尽致。又如经纪人又劝买主说"……你亏不了,……要是亏了,你见我一次骂一次"变化成"……你亏不了,……要是亏了,你叫我头朝下走路我都走"(见牛市个案(七)),变得妙。与原来程式意思毫无出入,且个性化更强,更为调侃,更为幽默。

另一种情形是变得不如原来的程式性话语。所谓"不如",就是指话语在一定程度上背离活动目的,不再那么经济,不再那样利于效益最大化。因此,一旦进入一个活动类型,一般的情况是说话人会谨守习用已久的、千锤万凿沉积下来的、反复精选成就的一套话语、一套步骤和一套固定的配合。

3.3.4 程式性语言行为的语用机制

我们曾在 3.3.1.1 中描写过程式性语言行为:只要行为或活动的类型不变,与之相配的那一套话语也大致不变,于是那一套话语就呈现出两个特点:一,它经久重复(尽管表现出若干历时的变异);二,它是最低限度的语言使用。

那么,程式性语言行为中的程式性是如何形成的呢? 大致上说,程式性的形成,是因为有了话语场、话语引导、语用博弈机制、目的意图、预期与文化诸种因素的牵制与制约。以下各节中的讨论是为了回答：一，与行为或活动相配的那一套话语为什么是经久重复的？二，为什么它是最低限度的语言使用？

3.3.4.1 话语场的牵制

大致上可以认为，一个言语事件的全部话语以及它们之间的关系便形成一个话语场。引出这个概念是为了突出话语场之中的强制性关系。

我们首先以牛市为例，考察话语场如何对程式性话语进行牵制。

有了实际生活的需要——买牛、卖牛——便有了话语场牵制的隐形的"龙头"，正是这个隐形的"龙头"，拖带出如下的牛市起始阶段：

> 买者："……给我瞅个牛？"经纪人："你想要个啥号的？""我给你看看再说。"

现在，经纪人的答复"我给你看看再说"启动了讨价还价阶段程式性话语：

> 经A：(摸价)：想多少钱呀？卖：(摸价)：这个数。买：不要！简直是晕要！经A(笑骂)：你娃子别慌，价是慢慢儿说的嘛。经A：中了，这个价儿，我去给你说说。经A(摸价)：你说这个价儿中不？经C：来，(摸价)他添着，你去着！经B：就是嘛，添添去去，就是这么回事。三方都可以说：啥货卖啥价儿！

讨价还价阶段程式性话语确定了、准备了亦即牵引了定价阶段程式性话语：

经 B：就是，走，写账去！（说着拉买主往写账处走。）卖：少了这个数，我可不卖啊！经 B：中，中。（与此同时，经 C 也拉买主来到了柜台。）买：咱可说好，多一分我都不要！经 A：你来写吧！落一千二百块钱（钱数可以变化）！

落价如一石激起千层浪，便引出了新的矛盾、新的怀疑，定价阶段之后再次讨价还价（再次磋商）的程式性话语必然会出现：

卖：不卖，不卖！瞎搞哩，你！买：不要，多一分不要！卖：那不中，那根本就不沾边儿！经 C：……你亏不了，回家合计合计，要是亏了，你见我一次骂一次！

再次磋商的结果是按手印阶段程式性话语，因为需要决定了牛市的一般性结果：双方满意（否则不会交钱、收下钱与牵走牛）又不尽满意（如果以"双赢"为最好的结局，一方不应该是完全满意的。正在这里暴露了对经纪人制度的怀疑，呼唤正式的牛市法律）：

卖（半推半就地在经纪人推搡下在写账簿上按下了手印，一边嚷嚷）：我这个牛最少也少卖一两百，您这……这……这样整，那——会中？买（见卖主已答应，也半推半就地按下自己的手印，对经纪人）：你说的啊，这要是太贵了，我下集还拉来你给我买了！

以上的牵制表现为环环相扣。上一环对下一环是牵引与激发，下一环对上一环是顺应与反应。这个顺应与反应又成为更下一环的推动之因。抽走其中任何一环，都无法形成一个有理据的程式性话语。于是，与行为或活动相配的那一套话语是经久重复的（只要某一个活动类型不变），它是最低限度的语言使用，再少一些的话，交际就不会成功了。

3.3.4.2　话语引导行为

话语引导行为生动证明了：一，行为与话语的相互嵌入；二，相互嵌入不是平起平坐，我们可以分得清这种相互嵌入中的引领环节是话语。这两点，牛市个案中表现得极为明确与生动。现以油田牛市(七)为例：

经 B：那死了，还喝啥哩？光说点子不沾边儿的话！这句话(光说无行动没意思)引领出下面的"伸手拉卖主的手"这一行为：经 A(笑道)：说正经的吆。(伸手拉卖主手)，表叔你想多少钱吧？最后的那一问引出下面的非常有特色的"摸价"行为：经 B(看卖主和经 A 摸价)：三千三？！就这一个？带牛娃儿没？这个附加性要价(还要附加上小牛娃儿，这是过分的要求)引出了卖主的不满行为：卖(满不在乎地)：牛娃儿刚摘开。下面是经纪人自己的话语引领出自己的行为(检查牛的牙齿)：经 B：瞅着也够呛了，老变牙口了吧？(朝牛走过去，检查)

又以算命个案(时间：2002 年 7 月 12 日，农历六月初三。地点：重庆市临江门罗汉寺大门口)为例，看话语如何引领行为。褚：算一下吧。这是顾客下的指令，所以引来了算命先生一大串话语与行为，漫夸其中一人(褚)并竭力说服另一人(王)：算甲(对褚)：哪个嘛？你呀？哟——你这个人，"印堂"生的好！……你这个眉毛生的好！(转身面向王)他这眉毛生好了的。生得就像秦始皇那眉毛样。懂到没得嘛？下面是顾客的又一次挑战。王：那个地方每个人都有得嘛！这是诘问算命先生，意即这样的眉毛人人都有，有什么证据说他的眉毛生得就像秦始皇那样？于是这样的话语又引来算命先生提高了声音的反驳行为：算甲(提高声音，不

325

赞同):每个人？这个兄弟"财包"生鼓起来了的。男左女右,你看左边嘞!

在结婚仪式的"三拜一送"的唱和中,每句话语都引领出一个相应的行为(步骤)与之相配:拜天地(或拜毛的肖像或拜邓的肖像)、拜父母、夫妻对拜与入洞房。

如果活动类型(结婚或者送葬或者民事调解等等)不变,在某一活动中话语的引领下,该说的话一定会重复出现(每一个环节的话语,都是由前一个环节引领出来的),但它也不会膨胀(膨胀了就会破坏语言的省力原则或经济原则),所以它是最少限度的语言使用。

如果我们追忆最初,是程式性话语先出现呢？还是程式性行为先出现？我们要知道,这三种程式性(还加上行为与话语的稳定配合也是程式性的)共存,是长期选择的结果,长期试验的结果,它是无法分出前后的同步事件;而且,说话也是行为。但是,文字出现了以后,由于落下了言诠,给我们造成了一个印象,好像是话语先行的。其实,话语引领行为就具有了相对性。

对于这个问题,有人是这样认为的,"语言引导行为的功能不是缘于说话人的意图,而是缘于一定的语用规约——这些规约使语言本身有了引导行为的功能","可以说,言语行为之力,即引导行为的成分,也就是那些保证言语行为的效度的成分,不是来自于说话人的意图,而是来自于程式性规约特点和那些管约语言游戏的(如审判、宗教典仪和其他制度化活动)的更为一般性的规约。"[1]这多少令我们有一点意外:言语引导行为的成分,不是来自

---

[1] Marcondes de Souza,D.,Action-Guiding Language,in *Journal of Pragmatics*,1983(1),p.50.

于说话人的意图,而是来自于程式性规约特点和那些管约语言游戏的更为一般性的规约。也就是说,一旦交际进入了程式性的过程,就受到了"程式性规约特点"的管制,受到了"管约语言游戏的更为一般性的规约"的管制,这是一种无奈的过程,而不是说话人本人意图左右的。这个见解是相当深刻的。这也再一次证明,《汉语文化语用学》所提出的人文网络对话语强制性的普遍性意义。

3.3.4.3 语用博弈论

本书所谓的语用博弈论[①]是从博弈论发展出来的。先说什么是博弈论:

> 博弈论(game theory)是研究决策(decision making)的方法。它按规则、策略、冒险和游戏的不同结局来仿效并展示竞争、合作与冲突的情势。该论是匈牙利籍美国人数学家 John von Neumann 创建的,并在他和 Oskar Morgenstern 合写的《博弈论与经济行为》(Theory of Games and Economic Behavior, 1944)中得以阐发。博弈论研究人们在诸种环境中作出决策的方法,在此情此景中,结局取决于他人的也取决于自己的策略选择与决断性"招数"(resulting "moves"),于是,结局也关涉到游戏者对互动形势中你我双方的假设与期望。博弈论与真实的生活不同,它假定所有的游戏参加者都在有理性地采取行动,一般地说,他们对于任何已知行动进程中所谋划的"赌赢"(payoff)占有了充分的信息。

[①] 我们耳闻并从网上的关键词得知,西方已有人将博弈论运用到语用研究上来。这是很自然的。但我们这里的研究却没有借鉴任何外来资料,直接由 theory of games 推衍。而且我相信,本书的推衍自有其思路,必定会与西方的有关研究形成互补。

游戏可以是两人的(two-person)(一对一相峙)或者是N个人的(n-person),在上述两种情形中,碰撞对于成功来说往往是必然的。游戏是合作的或者是非合作的,这取决于游戏者是否能从协作中获益。零总和(zero-sum)游戏的情形是,一个游戏者的赢得即是另一个的输掉,全局的赢与输相加之和为零。在非零总和(non-zero-sum)(或者混合—动机 mixed-motive)游戏中,双方获益,或双方在某种程度上获益。非—零—总和游戏最令博弈论者感到兴趣。他们关心的是,将这个理论的原则运用到真实世界中社会逻辑的、经济的与政治的关系(sociological, economic and political relationships)中去,在上述关系中,结局往往是讨价还价与妥协的结果,而不是赢家全拿的胜利(winner-take-all victories)。博弈论一直运用到研究市场行为、威慑行为(deterrence)与军备控制和立法策略之中。但是,它也一直受到批评,因为它依赖的是非现实的假设与人工模型[1]。(着重号为原书作者所置)

我们还可以看到另一种更为简要的介绍:

博弈论是一种数学的情势理论(theory of situations)。在此情势中,两个或更多的游戏者有一个决定(策略)选择(a choice of decisions (strategies));在此情势中,结局取决于所有的策略,且每一个游戏者有一套受制于结局的优先选择(preferences)[2]。

---

[1] Rohmann, C., *The Dictionary of Important Ideas and Thinkers*, London: Random House Group Ltd., 2001, p.156.

[2] Blackburn, S., *Oxford Dictionary of Philosophy*, Oxford University Press, 1994, p.153.

博弈论的基本点归纳如下：

它是决策方法，当然也就有策略的使用；

它根据不同结局来仿效并展示竞争、合作与冲突；

结局取决于游戏双方的策略选择与决断性"招数"；

结局也关涉到游戏者对互动形势中双方的假设与期望；

游戏是合作的或者是非合作的，这取决于参与者是否能从中获益；

结局往往是讨价还价与妥协的结果，每一个游戏者有一套受制于结局的优先选择。

如果上述的归纳在理论上无重大遗漏且是正确的，那么，我所指的语用博弈论，有如下的外延。我们再列举这些外延时，尽量结合上述的牛市个案。

语言交际[①]是决策方法，当然也就有策略的使用。语言使用，尤其是对话，就是语言使用人作出的策略选择的过程。牛市个案中那么多策略的选择，见招出招，就是基于此理。牛市对话中的三方，必须见招拆招。也就是说，每一个人说什么话、使用什么策略，取决于对方或者第三方说什么。

语言交际根据不同结局来展示竞争、合作与冲突。这样说，比仅仅强调合作原则要科学得多。这也便是《汉语文化语用学》中主张"合作不必是原则"[②]的再一次证明。对话的结果也可能是冲突性的，挫败性的。如牛市个案中表现为生意做不成功（不能"写

[①] 汉语中使用"语言交际"，这个"交"字非常精到。这个"交"字一用，博弈论那种双方的态势就活脱脱地表现出来了。有一种意见认为，要将 communication 译成"讯递"，要真是采用这两个字的译法，那就失去了游戏双方的味道了。

[②] 钱冠连：《汉语文化语用学》，第151页，清华大学出版社，2002年版。

账")。

对话结局取决于双方的策略选择与决断性"招数"。对话的结局(后果)取决于所有参与人的策略的运用。在牛市个案中,决断性的招数就是认下某一个索价或出价的数目,即对自己基本上有利的要价。

对话结局也关涉到对互动形势中双方的假设与期望。牛市中买主、卖主与牛经纪三方,都是带着假设与期望来的。在自己的话语发出去之后,他就期望着对方或第三方的话语能符合自己的意愿,一旦不符,就得继续磋商。

对话是合作的或者是非合作的,这取决于双方是否能从中获益。如果都想获益,是有希望的对话。如果其中一方想全赢,让对方全输,则是无希望的对话。牛市个案中表现的这种情形是淋漓尽致的。

对话结局往往是讨价还价与妥协的结果,每一个说话人有一套受制于结局的优先选择。我们刚才说过,在牛市个案中,决断性的招数就是认下某一个索价或出价的数目,即对自己基本上有利的价码。问题是,每一方面都要争取要价对自己一方有利,争执的最后就会选择妥协。我们刚才还说过,如果双方都想获益,是有希望的对话。如果其中一方想全赢,让对方全输,则是无希望的对话。无希望的语言交际是大家都不愿接受的,于是还是走向妥协:双方有限度的获益。这便是牛市个案中的成功情形。至于每一个说话人的优先选择,即牛市个案中最有利于自己一方的要价的话语,照例都受制于会话的结局,即所要达到目的意图:牛市中买主尽可能买得便宜,卖主卖得尽可能高价。牛经纪从中获利也尽可能高。

这一套语用博弈论,也就是程式性语言行为的语用机制。既是机制,就是既有自然性与必然性的结合,又有意愿性与强迫性的结合。在语用博弈论的作用之下,策略的使用、竞争与合作与冲突的展现、决断性"招数"、双方的假设与期望、讨价还价与妥协、受制于结局的优先选择,形成了话语的这样两个特点:一,只要某一个活动类型不变,与那活动相配的那一套话语就会重复出现;二,那话语也是最低限度的语言使用。

以语用博弈论来看任何语用机制(不仅是这里的程式性语言行为的语用机制),语用问题就立刻变得深刻与明晰起来。作为对照物,博弈论"可运用到真实世界中社会逻辑的、经济的与政治的关系中去……运用到研究市场行为、威慑行为与军备控制和立法策略之中",那么,语用机制不仅是言语交际的机制,不仅是控制程式性语言行为的机制,更是社会逻辑的、经济的与政治的关系中的一种,是市场行为、威慑行为与军备控制和立法策略中的一种。或者说,程式性语言行为的语用机制深深地嵌入了社会逻辑的、经济的与政治的关系之中。这种看法,与《汉语文化语用学》[①]中的看法完全一致:"这个社会人文网络每每在你说话的时候'说话'并且'算数'","语用原则和策略,与其说是为了交际成功,倒不如说是为了寻找出对付社会人文网络干涉人使用语言符号的办法","语用学的几个根本的理论要点,无一不是在人或人组成的社会那里生根"。

---

① 钱冠连:《汉语文化语用学》,第 285—291 页,清华大学出版社,2002 年版。

3.3.4.4　目的意图的牵制

目的意图对形成程式性语言行为中的程式性，起到了什么牵制作用？简单地说，为了你自己的某个目的（如牛市中，买主是为了最终以较低价买到牛，卖主最终是为了以较高价卖出牛，牛经纪人从成功的买卖中收取调停费），你当然得总是重复说那同一个类型的话语（只要这一活动类型不变），而且，这样的话语总是最低限度的语言使用，说多了惹出新的麻烦（牛市中牵住牛或者得到好的价钱不立即走人，节外生枝是随时都可能的），这与最终目的意图（牛市中低价买好牛或者高价卖次牛）是相悖的事。

交际中的对话，总有一套受制于交际结局的优先选择，正如博弈论那样，其结局往往是讨价还价与妥协的结果，每一个游戏者有一套受制于结局的优先选择。在牛市上看得清楚的是，优先说出的话语，总是围绕着各自的结局（目的）：买主以较低价买到好牛，卖主以较高价卖出自己并非好的牛，牛经纪人则抽取到较丰的手续费。

3.4　本章结论

3.4.1　哲学介入之二：人以言说使自己出场或现身

在本章的导言（词语缺失处，无人出场）中，我们在回答"凭什么说本课题的研究是哲学的"的时候，曾指出它的根据有二，一是"存在把人从外到内地牵引到语言中"（结论在 2.1.2），二是人以言说使自己出场或现身。

在导言里，我们还特别指出，整个第三章的描述，就是为了这个命题——人以语言使自己出场或现身——才设置的。可以这样说:没有整个第三章,人们就不会踏踏实实地将这种研究看成是哲学的。诗人斯退芬·格奥尔格反复说"词语破碎处,无物存在",本书的第三章实际上是在反复地说:词语缺失处,无人出场。

现在我们问:"词语缺失处,无人出场"与"人以言说使自己出场或现身"是什么关系呢?很明显,它们是完全一致的。既然缺失了词语,无人出场,那么,人有了言说,才能使自己出场,就是非常合乎逻辑的了。

我们首先回忆这一章主要是论证了:

人活在语言中。因为人的主要行为寄生在言说上,人是活在话语场里。这里,我们接触到了倾听与言说:人生在世的主要方式、话语场的预先设定性、一两个句子控制我们一辈子,话语场的传承也就是历史在传承。

人不得不活在语言中。因为语言本身就是生命活动;语言是民族的最后的指纹与遗产,这里,我们论述了民族认同中宗教与语言何为第一位的指标问题,语言共同体具有指纹意义,语言是民族的最后的遗产,在异地的乡音认同是寻找心理上的家园;还论述了语言对一个文明的溃散与持守关系重大,最有效的征服和同化是使用语言手段,母语—母文化是一个文明最温暖的襁褓,语言中的不可共量性使一个文明稳定,语言与文字的稳定性对守住一个文明意义重大,语言之间的"隔"客观上守住了一个文明,语言之间的交流加强一个文明的活力;接着,我们接触到了语言规定思想论及其机制,萨—沃假设评述,语言规定思想论的机制,语言是认知世界的先验结构。

人活在程式性语言中。程式性语言行为的基本特征是三个基本固定或者三种程式共生,程式性会有变异。程式性行为与程式性话语之所以是稳定的配合,是因为人类做事要协作,有预先期望的促进,文化稳定性的推动,加上人类对有效参与生活的追求。所谓"有效"是指:程式与活动目的最相关,程式兑现活动目的最经济,程式利于协作效益最大化,三者共生的其他有效性。在程式性语言行为如何推动人类交际方面,我们讨论了:遵循程式的正效应,不遵循程式的负效应,程式的变异及其二重性。程式性语言行为的语用机制方面,我们发现,话语场的牵制,话语引导行为,语用博弈论以及目的意图的牵制,都是这个机制的一部分。

总之,以上大致就是人类基本的生存状态。就是以这三种样式的基本生存状态,我们如其所为地活着,我们如其所是地是我们自己[①],尤其是,我们以言说使世界中的一物现身的同时,也使自己出场或现身。

读完以上第三章,也许再也不会对哲学介入之一(存在把人从外到内地牵引到语言中)与哲学介入之二(人以言说使自己出场或现身)之间拉得这样长感到奇怪了。因为没有第三章全部材料的演绎,我们实在不敢说"人以言说使自己出场或现身"。

这样,存在把人从外到内地牵引到语言中(参见 2.1.2)是事实,于是,说语言是人类最后的家园,是最自然不过的事了。

哥本哈根学派的代表人物路易斯·叶姆斯列夫在其代表作《语言理论绪论》对语言的作用与性质,作了一个看起来是浪漫其实是逼真的描述。他说:"语言不可与人分割开来,它伴随着人的

[①] 这一段文字,试用英语表述如下:It is by the three kinds of basic survival ways that we live as we do, that we are as we BE, and especially that we make ourselves present or revealed.

一切活动。语言是人们用来构造思想、感情、情绪、抱负、意志和行为的工具,是用来影响别人和受别人影响的工具,是人类社会的最根本、最深刻的基础。同时,语言又是每个人的最根本的、不可缺少的维持者,是寂寞中的安慰;在十分苦恼时,诗人和思想家是用独白来解决思维矛盾的。在我们有意识之前,语言就已经在耳边回荡,准备环抱我们最初思想的嫩芽,并将伴随我们的一生。不论是日常最简单的活动,还是最崇高的事业,或者私人生活,人们一分一秒也离不开语言。是语言赋予我们记忆,我们又借助于记忆而得到温暖和力量。然而,语言不是外来的伴侣,语言深深地存在于人脑之中,它是个人和家族继承下来的记忆,是有提醒和警告作用的清醒的心智。而且,语言是个人性格的明显标志,不论是何种性格;它又是家庭和民族的标记,是人类的崇高特权。语言与性格、家庭、民族、人类、生活之联系如此紧密,我们甚至有时怀疑语言是这一切的反映,或者是这一切的集合,是这一切的种源。"[①](着重号为本书作者所置)值得注意的论点有如下几点:

(1)语言伴随着人的一切活动。这一论点与语言游戏论异曲同工,与本书认为"语用学及其他学科介入人类基本生存状态的研究"(见2.2)是一致的;

(2)语言是人类社会的最根本、最深刻的基础。这与语言是人类最后的家园的精神基本一致;

(3)思想家是用独白来解决思维矛盾的。这向我们提示:正

---

① L. Hjelmslev, *Prolegomena to a Theory of Language*, 1st ed., translated from the Danish by F. J. Whitfield, 1943; 2nd ed., 1961. 参见刘润清编著,《西方语言学流派》,第154页,外语教学与研究出版社,1997年版。

是语言(独白)默默地将思想(观念虚物,它只存在于人的意识中,它是一种实体的无。人的精神现象是一种观念虚物)表述出来成为出场的存在(见2.1.1"语言是存在之居所"提出者的本意);

(4)在我们有意识之前,语言就已经在耳边回荡。这样的意见,与本书所说的语言里潜藏的世界结构规定了、格式化了、设计了人的思想如出一辙(见3.2.4"语言规定思想论及其机制");

(5)是语言赋予我们记忆。语言使记忆固定;

(6)语言深深地存在于人脑之中。这回答了语言保存在哪里的问题;

(7)语言是个人性格的明显标志。这符合了本书所主张的"语言是一种生命活动"的命题(见3.2.1"语言本身就是生命活动");

(8)语言又是家庭和民族的标记。这一命题与本书3.2.2"民族的最后指纹与遗产"的论断完全一致;

(9)语言是性格、家庭、民族、人类、生活这一切的种源。这一论断,从整体上支持"语言是人类最后的家园"这一命题。

当我们从小习得语言时,我们同时也习得了身在其中的文明,习得了处世与为人所需要的理性,习得了本民族的传统智慧。从这个意义上说,语言成了文明、理性与智慧的载体。当我们意识到身居语言安稳之居所时,我们就是身居于一种文明、理性、智慧的混合体之中了。

以上路易斯·叶姆斯列的描述可以帮助我们理解人类基本的生存状态,即人活在语言中,人不得不活在语言中,人活在程式性语言行为中。这种生存状态告诉我们一点:人依赖语言到了何种程度。

为了说透本研究何以是哲学的,我们还可以由此深入下去。让我们首先回忆海德格尔关于"语言是存在之居所"这一命题中的几段最重要的论述(请参见 2.1.1.1)。

第一处是:"在'存在之居所'这一说法中,我并不意指在形而上学意义上的被表象的存在者之存在(the Being of beings),而是指存在之到场或现身(the presence of Being),更确切地说,是指存在与存在者(Being and beings)之二重体的到场或现身(the presence of the two-fold or Zwiefalt),但这种二重体是就其对于思想的重要性方面来理解的。"①

请特别注意"二重体(存在与存在者)的到场与现身"。

第二处:"只有在合适的从而就是能胜任的词语命名某物为存在,并且把当下存在者确立为一个存在者的地方,某物才存在(*is* or *ist*)。这岂不是也意味着,只有在合适的词语说话之处才有存在吗?"②以及他反复提到的诗人斯退芬·格奥尔格在《词语》一诗中的诗句"词语破碎处,无物存在"(Where word breaks off no thing may be③,有时候也说 No thing may be where the words break off),上面两段指出,只有词语表述成功了,事物才存在。这一点就是海德格尔的深刻之处。这和我们上一个世纪 50 年代至 80 年代坚守的传统的唯物主义的立场严重冲撞。那个时候的唯物主义说,那一物体或一事物明明在那里,没有词语表述它,它也在那里。海德格尔怎么能反复引用"词语破碎处,无物存在"呢? 其实,海

---

① Heidegger,M.,A Dialogue on Language,in *On the Way to Language*,1982a,pp. 26—27.

② Heidegger,M.,The Nature of Language,in *On the Way to Language*,1982b,p. 63.

③ Ibid.,p. 60.

氏的真意是:"倘词语没有如此这般承载,那么,物之整体,亦即'世界',便会沉入一片冥冥之中"(If the word did not have this bearing, the whole of things, the "world", would sink into obscurity)①。词语把一切物保持并且留存于存在之中,词语使世界明朗起来。

第三处:"道说意味着:显示、让显现、既澄清又遮蔽又释放地把世界呈现出来。"②很清楚,这说的是,人的道说把世界呈现出来。人是主体,世界是客体。

在海德格尔的眼里,物是以任何形式存在着的东西③。

什么情况下,一物存在,但未出场(现身)? 一物(包括可见物与不可见物,实体与虚体)存在,但语言表述尚未成功时,那物虽存在着,但不算作"出场"。如某山上有一处石头,其形状好像一个什么东西,却说不出究竟像一个什么东西……。这时的某山上的那一处石头,就是存在,却未出场。

什么情况下,一物存在,且已出场? 不仅一物存在,而且语言表述业已成功时,才算它"出场"了。如某山上的有一处石头形状早已存在(一物存在),又像一个猴子,那身姿好像是在探海,于是,人们经过反复试错之后,突然明朗地喊出:"猴子探海!"给它一个标签,语言表述成功。这时,只有在这时,那个像猴子探海的山上的石头,才"出场"或者"现身"了。

人们以言说使一物(实体或虚体)出场或现身。这是海氏的观点。用图形表述:

---

① Heidegger, M. , The Nature of Language, in *On the Way to Language*, 1982b, p.73.
② Ibid. , p.107.
③ Ibid. , p.62.

☺→⊙/※→Ω

(上图中,☺表示个体人,⊙表示一实体,※表示一虚体,Ω表示一物出场结果,→表示"以语言使出现")

人为了生存与发展,必须做事,开展种种活动,以言行事,那么,人的言说就是人以言说使自己出场或现身。这是本书的观点。这种情形可以用下图表述:

☺→☺

(上图中,第一个☺表示个体人,第二个☺表示人自己出场结果,→表示"以语言使出现")

上图中,人不是面对世界了,而是面对自己。他以言说,使自己出场或者现身于世。

如果某人一生一世一句话也没有说,那便是:那人存在,但未出场。在语言使存在现身这个意义上来说,那个一生一世未说一句话的人,就是没有使自己出场的人。当然,事实不会是这样。这就是说,"三活"中的言说(整个第三章!)使人自己出场或现身了。或者某一个时刻,某个人就是不愿说话,那个时刻他就是不愿使自己出场的人。

3.4.2 "家园论"的主要思想概括

"家园论"的主要思想概括如下:

人对于语言须臾不离的依赖状态即人类的基本生存状态之一是:人活在语言中,人不得不活在语言中,人活在程式性语言行为中。正是以这三种样式的基本生存状态,我们如其所为地活着,我们如其所是地是我们自己,尤其是,我们以言说使世界中的一物(实体或虚体)现身的同时,也使自己在世上出场或现身。词语缺失处，无人出场。人在世上的出场比物的出场更具有意义。只有人的出场才使物的出场成为可能。

家园论的重点在于阐述人的一种基本生存状态，本书已经用了最多的篇幅、最大的分量（第三章）来叙述这一点，这里就不再重复了。

在上述家园论的概括中，很明显，"人以言说使世界中的一物现身"是从斯退芬·格奥尔格—海德格尔"词语破碎处，无物存在"的思想中变来的。但我要指出家园论与海氏思想的三个重要分别：

一，家园论中"人以言说也使自己在世上出场或现身"，人是主体，人也是客体，即主体将行为作用到自身。这与上面提到过的海氏的第三处是完全不同的："道说意味着：显示、让显现、既澄清又遮蔽又释放地把世界呈现出来。"这里说，人的道说是主体，世界是客体，道说把世界呈现出来，主客两分。

二，家园论将两种不同的"现身"并列出来，造成一种强烈的对比。"人以言说使世界中的一物（实体或虚体）出场或现身"是一件事，"人使自己在世上出场或现身"是另一件事，只有后者成为现实，物的出场才是可能的，也才是有意义的。海德格尔在不同的场合多次强调是言说使一物现身，但更具有重大意义的是，人以言说也可以使自己现身于世。我不敢说他没有强调这一点是一种遗憾，更不敢说他没有发现这一点。但家园论将这两种现身并列强调，不仅是对海氏的思想的一个肯定，也是一点发展。

三，两者着眼点不同，轨道不同，承诺不同。海氏关于"语言是存在之居所"命题的着眼点在语言与存在的关系，斯退芬·格奥尔格—海氏的"词语破碎处,无物存在"命题的着眼点在语言与一物的关系,而家园论的着眼点却在人的一种基本行为或人的生存状态("三活")。海氏的论点根本上不是从人的("三活")状态中引申出来的,而我们的结论是从人的("三活")状态中得到的。也就是说,家园论是以哲学与语用学的视角看人的一种基本生存状态。可以认为,海氏的上述思想仍在解决西方哲学中的千年老题——What is there?(何物存在?/这是什么?/那是什么?)——的轨道上,而家园论的思想是在人的基本行为与基本生存状态的轨道上。换句话说,海氏的上述两个命题是对存在论的承诺(ontological committment),而家园论没有对存在论承诺什么,只是在哲学地与语用学地①阐述人如何生存在世。

3.4.3 中国哲学精神的涵摄

中国哲学精神对中国人的语言行为的介入,是涵摄,"涵"是化入,不是强塞。中国人的语言行为,从头到尾地体现中国哲学精神即中国的文化精神。第三章里所讨论的问题,涉及中国人的那一部分,无不是中国哲学精神的涵摄。这种涵摄,是寻常事,寻常角度。这种例子太多,不必列举。

而用"存在把人从外到内地牵引到语言中"与"人以言说使自己出场或现身"的视角,却是不寻常的角度,即西方哲学的角度。这种"别扭"正是本书的用心与尝试。

---

① 我第一次在汉语里使用这样两个副词"哲学地"与"语用学地",意即以哲学的与语用学的观点。

第四章 语言背叛人："家园论"的悖论

导言:为了揭示人的基本生存状态,我们提出"语言是人类最后的家园"这一命题,指出人活在语言中(行为大多寄生在言说上、人活在话语场里)、人不得不活在语言中(语言本身就是生命活动、语言是民族的最后的指纹与遗产、语言对一个文明的溃散与持守关系重大、语言规定了思想)、人活在程式性语言行为中这样一些状况,并且使用了"最后的家园"、"心理上的家园"、"最温暖的襁褓"这样一些极为暖色的字眼来描写语言对于人的积极关系以及人对语言的依赖状态。本章来了一个180度大转弯,诉说语言背叛人,这样急转直下的自相矛盾,构成了明显的意味深长的悖论。当一套显然无可争议的前提给出了不可接受或者相互矛盾的结论时,一个悖论便由此而生[①]。我们这里的两个相互矛盾的结

---

① 某些作者将"悖论"理解成"谬误"或"荒谬",这是不妥的。悖论:当一套显然无可争议的前提给出了不可接受或者相互矛盾的结论时,一个悖论便由此而生。(A paradox arises when a set of apparently incontrovertible premises gives unacceptable or contradictory conclusions—*Oxford Dictionary of Philosophy* by Simon Blackburn, Oxford University Press. p.276)。悖论的正论(a thesis)和反论(a contradictory antithesis)虽然互相排斥,但同样可以论证。正论如"The world has a beginning in time and is limited in space"(世界在时间上有一个开端,在空间上有限度)。其反论如"It has no beginning and limits"(世界在时间上无开始,在空间上无限度)。

论——"语言是人类最后的家园"与"语言背叛人",都可以论证(为自己找到足够的证据)。这是典型的悖论。

可是,这就是人的基本生存状态的真实面貌。只有毫不隐讳地描写语言背叛人的状况,才会接近这个最后家园的真实的、可信的状态。

当我们说"语言背叛人"的时候,显然,我们是使用了一种修辞手法。因为事实上,大多数情况下,不是语言背叛了人,而是人背叛了自己;不是语言与人闹别扭,而是人与自己闹别扭。另一方面,语言符号也存在着自身的局限性。无论是哪一种情况下,毕竟背叛是以语言符号的形式出现的。

4.1 施害假信息

关于人释放假信息的情况,钱冠连、吉尔森楠(M. Gilsenan)、艾奇森(J. Aitchison)、坎贝尔(J. Campbell)作了比较详尽的探讨。

钱冠连认为[①],言语交际活动(口头、书面)中释放、接受的非真实信息,叫言语假信息。它可分为两类:第一类是为了蒙蔽、欺骗接受方,这就是通常所说的"谎言",可称之为利害假信息。自己明知所输出信息是错的,却向不知其错的对方发出,以造成不利于对方的后果,属施害假信息;造成有利于或至少是无害于对方的后果者,属于施利假信息。比如对绝症病人说谎,不使其绝望,对失败者说安慰性的美丽的谎言,不使其气馁。明白了这一事实,我

---

① 钱冠连:《汉语文化语用学》,清华大学出版社,1997年版第207—214页,第2002年版第183—189页。

们再来看下面的这一段话,就一点也不觉得唐突了:吉尔森楠认为,欺骗不但是保持社会生活特殊方式的必要条件,而且是使生活可能和容易些的惟一途径①。为了"使生活可能和容易些",所以,有那么多的人愿意使用反语、玩笑、挑逗等语用策略,且乐此不疲。钱认为,施害与施利假信息的共同点在于接受的一方不知其言语信息是假。在这种情况下,释放施害假信息可以说是语言背叛人的例子之一。艾奇森以为,遁词、隐匿信息、编造并非无恶意的谎言,倒成了生活的正常的、不可分割的一部分②。

第二类假信息是功能假信息。钱冠连指出,自己明知所发信息不真实,交际对方经启发也能悟出其假,但发出的一方照样发出,接受的一方也不介意其假,或者不觉其假之害,甚至于觉得假比真好,乐意接受其假。这种在特殊的证实背景之下发出的能收到特殊效果的非真实信息传递,叫功能假信息。由此可见,坎贝尔考证"谎言"对人类文化的巨大贡献③,远不是荒唐之举。正是考虑到谎言对人类文化的巨大贡献,我们认为,不能认为功能假信息的释放是对人的背叛。这一部分的个案研究是语用学极为有声有色的一部分。如某人揶揄对方:"你真是上知天文下知地理呀,老兄。"如果在语音提示上有所暗示,如在重音、语调、音色、声音模拟、叹息、语速、响亮度、停顿、沉默等等上(即假信息的证实背景上)作一点点暗示,被揶揄的一方马上就可以听出话后的真实信

---

① Gilsenan, M., Lying, honor and contradiction, in B. Kapferer (ed.) *Transaction and meaning*, Philadelphia: Institute for the Study of Human Issues, 1976, pp. 191—219.

② Aitchison, J., *The Seeds of Speech: Language origin and evolution*, Cambridge: CUP, 1996.

③ Campbell, J., *The Liar's Tale—A History of Falsehood*, W. W. Norton, 2001.

息是:"你什么也不懂。别在我这儿充内行。"

《汉语文化语用学》指出,能不能立即让对方从假信息中悟出真信息是区别功能假信息和利害假信息的标准。假信息的证实是有背景的。可作假信息的证实背景的东西有:非语言媒介;常识、逻辑、常规、定理;在上下语或上下文中的人物的一贯行为、真实面貌;语音揭示与语面信息不和谐;对话者早就存在的相互关系。

功能假信息要研究在何时何地对何人如何说假话。我们使用语言,为的是交往。而交往者打算传递的信息本来就有真有假。可见,有的语用学研究者断言"语言交际以'真实'为准",是对语言运用实际上的情形的误解。涉及不真实话语的交际就是离开了准绳吗?非也。人们离不开说假话,这才是真实的生活。

言语假信息是交际中普遍存在的传递形式之一。假信息虽"假",但不可以和"坏"划等号。功能假信息使交际充满生机和活力,是交际手段之一,也是语用策略之一。离开了假信息这一语用策略,交际是不健全的、残破的、失去魅力的。为着特殊效果而释放假信息,甚至比释放真信息要好。

4.2 语言扭曲世界

钱冠连[①]详细论述语言的缺陷时指出,一,客观世界进入语言世界时,都被打了折扣。客观世界的存在是共时的、多维的。可是一进入语言世界,即被语言描写时,却只能以历时的、单维的面貌

---

① 钱冠连:《汉语文化语用学》,清华大学出版社,1997年版第83—96页,2002年版第86—96页。

出现。这便是语言扭曲世界的第一次,也是最伤筋动骨的一次。但这一次我们必须"多多加以原谅"。二,语言符号有限,不可能与极为丰富的世界一一对应。这当然不能说语言故意扭曲世界,最多只能说语言符号的无能为力。只要是符号,都只能具有有限的作用。我们必须对此"加以理解",再原谅一次。三,语言总是落后于现实。四,人类情感世界进入语言世界时,受到更多的亏损。总之,我们要对语言的"失职",多加原谅。原谅语言的失职,就是原谅我们自己。我们无一人能对臭腐乳的味道、自己的小孩耍赖的情状、某段音乐之优美等等,加以准确的、周全的、不弃万一的描写。

命名是语言扭曲世界与人的最典型的情况之一。关于语言对使用者初衷的背叛,黑格尔(《精神现象学》)明确指出,语言具有一种颠覆真理的本性。因为每一言说者都必须借助"概念"才可能告诉他人所说的是什么,而概念总是把言说者感受到的"第一真实"的丰富内容抽象掉,才可能成为"概念"(名词)。所以,我们每个人为了要说出我们各自所感受的世界而不得不为我们感受到的世界"命名",让"命名"扭曲了我们的世界。至于我要说出来的这些"概念"可以让听我们言说的人联想出多少我们自己感受到的,那要依赖于社会交往的博弈结果[①]。台湾的章孝严提议两岸2003年的春节由台湾包飞机直航大陆,台湾当局最后敲定的方案是,飞机经过香港与澳门之后再飞到大陆。台湾当局定名为"间接直航"。何为"间接直航"?这样的命名确实与事实(间接飞航)是扭曲的。但这种扭曲就不能怪语言形式的无能了。因为这种情

---

① 以上转引自汪丁丁:"语言的悲剧性",《读书》,第112—116页,2002(7)。

况下,语言符号毕竟可以排出"非直航(大陆)"或"间接飞航"这样的说法。像"间接直航"式的命名的扭曲,世界上不知发生了多少。还有,任何一个为臭腐乳的味道所下的定义或者提出的命名,都注定要扭曲臭腐乳的味道!我们以为这些标签——"教授"、"博导"、"市场"和"大腕"等等对我们是多么贴切与熟悉,其实如果要认真查对,这些标签中无一能准确、贴切、周全地扣到原来的对象身上去。事实被语言"阉割"。有的甚至被"阉割"到面目全非。

4.3 我们不得不活在谎言、妄言或者谬言之中

谎言具有欺骗性质,虽然也有善意的谎言。

妄言具有无知倾向,但它的功能(意图)不是欺骗。

谬言,说话人或许是真诚的,可是话语判断是荒谬的,不科学的。

不消说,我们生活在谎言、妄言或者谬言之中。问题是,我们不得不活在谎言、妄言或者谬言之中。这样的例子太多,多到毋须列举。

但是,有一类空名没有承载者(bearer),没有指称对象(reference),如"圣诞老人"、"观音菩萨")的言说,言说不存在的事实,言说不得不承认的实体存在(只要你将一个本不存在的东西如"金山"说出口,写下来,就是在承认它),却不是语言背叛人。言说这类东西,不应该叫做语言背叛人。当然,上面列举的三类现象,除了哲人之外的一般人却不曾想到,更不曾为它烦恼。但是,它们确实使哲人斩断不了烦恼的葛藤,同时也使哲人在思考它们时陶醉于探索之中。西方父母对他们的孩子常说 Santa Claus has a white beard(圣诞老人有白胡子),1949年前的中国人常说"观音菩萨救苦救难,普度众生"。如果说空名Santa Claus与"观音菩萨"没有意义,我们就无法理解诸如Santa Claus has a white beard与"观音菩萨救苦救难,普度众生"这样的话语。但事实上不是这样,Santa Claus与"观音菩萨",虽然它们都没有承载者或指称对象,但都是有意义的,这样的话语我们都很容易理解。所以,西方哲人弥尔(Mill)的指称理论说,每一个名字都必须有一个指称对象与其对应或者一个指称对象固定着一个名字的意义,显然是过于简单了。还有,弥尔的指称理论不能解释诸如Santa Claus does not exist(圣诞老人不存在)和"观音菩萨不存在"这类的否定存在性陈述(negative existential statements)。如果只要是使用了(说了,写下了)Santa Claus或者"观音菩萨"这类名字,就会迫使我们承认Santa Claus与"观音菩萨"的存在,那么,你否认这类存在(上面两个否定存在性陈述)岂不是自相矛盾吗?——你怎么能否定它的存在的同时却又在使用它们?一般地说,一种意义与指称理论应该能够解释,如何做到用语言有意义地言说不存在的事实,如何做到有意义地言说我们不得不承认的实体存在。我们需要一种指称理论,它既使得这样的陈述句子如Polar bears are white(北极熊呈白色)有意义又是真的,又使得Unicorns are black(独角兽呈黑色)以及"孙悟空一个筋斗翻了十万八千里"这类句子有意义却是假的且毋需迫使我们承认独角兽以及孙悟空的存在。我们称这类指称理论的探察为"存在之谜"(the problem of existence)。这个"存在之谜"后来被弗雷格成功地解开了。他认为,当许多名字(例如"马铃薯"、"土豆"、"洋芋")指称一个对象的时候,这些名字具有不同的涵义(例如"马铃薯"的涵义是:与马铃相似;"土豆"

的涵义是：与大豆相似却又长在土里；"洋芋"的涵义是：它是芋状、块状却来自外国），却有一个单一的指称对象。将涵义与指称对象区别开来可以解释诸如 Santa Claus、"观音菩萨"、"独角兽"等空名的问题，它们的使用是有意义的，它们有涵义（信观音菩萨的人都可以说出"观音菩萨"的涵义，会讲独角兽故事的人都会讲出"独角兽"的涵义）却无指称对象。你只要将涵义与指称对象区别开来，它们就都能解释通了：不必强迫每一个名字都要有一个指称对象与其对应。人类的理性生活、情感生活与审美生活需要许多空名，它只有涵义，却不必强迫它有指称的实体。弗雷格的涵义与指称理论也可以表明，否定存在性陈述并不会迫使我们承认本来就想否定其存在的东西的存在。因为，一方面你可以不必承认本来想否认的 Santa Claus 和"观音菩萨"（如果你认真起来，说世界上本来没有 Santa Claus 和"观音菩萨"的话）；另一方面，你也可以照样言说它们，它们虽然不存在（没有指称对象），却有涵义，却有认知意义，却能表达不同的陈述方式[1]！

讨论世界上不存在的东西，我们其实很需要这些"谎言"。如哈姆雷特与哈姆雷特的那个城堡，阿Q与他的小镇，贾宝玉、林黛玉与他们的贾府，都是根本不存在的人物与世界，可是，他们与那些不存在的城堡、小镇以及贾府，被我们谈论着、欣赏着。它们是审美对象。艾奇森[2]甚至认为，欺骗是语言学习的较高的目的，原因在于，语言的重要特征之一是具有谈论缺席的、不存在的事物和

---

[1] Baghramian, M., *Modern Philosophy of Language*, Counterpoint, P. O. Box 65793, Washington, D. C., 1999, pp. XXXVIII—XXXIX.

[2] Aitchison, J., *The Seeds of Speech: Language origin and evolution*, Cambridge: CUP, 1996.

现象的置换能力(displacement)(着重号为本书作者所置)。我们使用诸如哈姆雷特与哈姆雷特的那个城堡、阿Q与他的小镇、贾宝玉、林黛玉与他们的贾府,来置换世界上的某一些人与某个地方,以便认识他们,理解他们,欣赏他们。

下面我们议论的谎言,是一种良性的和(尤其是)恶性的谎言,它们分别是用心良好的和(尤其是)图谋一开始就"不轨"的谎言。

我们不仅活在嘉言与警句中(回见本书3.1.2"人活在话语场里"),也活在谎言之中。汪丁丁在评述坎贝尔的《谎者说——谎言的历史》[1]时说道:"奉承语言,几乎是谎言。一个文明民族的语言,或许百分之八十五都是谎言构成的,是为了说谎才建构出来的。""在文明民族的语言里,说谎是一种真诚的伪善,是礼貌的粗暴,是热情洋溢的冷酷。我们之所以需要这类语言,是因为我们'文明',是因为这类语言之于文明犹如'阴阳烛'图谱之于股民那样的'有用'。"[2]权力,来自四面八方的权力,微妙地重塑我们语言的含义,并通过语言重塑我们所理解的世界。这个世界上每天都要制造多少谎言,我们谁也无法数清。比如股民的疯狂,也就是有关股市谎言制造者制造出来的疯狂。欺诈者的狂喜与被欺诈者的悲凉,只不过是欺诈言说的后续。我们在20世纪50年代里曾生活在"共产主义已经来到"的神话中,60年代起,我们一直生活在"阶级斗争存在着并一直存在下去"的箴言之中。这种情况不是有人存心欺骗,只是教导我们的人认识上出了差错。这在全世界

---

[1] Campbell, J., *The Liar's Tale—A History of Falsehood*, W. W. Norton, 2001.
[2] 汪丁丁:"语言的悲剧性",《读书》,第112—116页,2002(7)。

都一样。与其说这是谎言,还不如说这是妄言或者谬言。伟大人物说出谬论与说出真理,都是平常事。平民百姓说出真理与制造谎言,也如家常便饭。中国在1966—1976年之间所进行的"无产阶级文化大革命"中,一些人在武斗中残害自己昔日的好友时,他们被告知,他们的行为是在"捍卫正确路线"、"捍卫无产阶级文化大革命的胜利成果",与此同时的情形是:许多在武斗中牺牲的人在自己牺牲前的一刻,都坚信自己是为了"捍卫正确路线"、"捍卫无产阶级文化大革命的胜利成果"。许多人在以莫须有的罪名批斗自己昔日的好同志而丝毫不觉理亏时,流行的标语和口号说这是在"灭资兴无"、"斗私批修"、"消灭人类历史上最后一个剥削阶级",与此同时,许多被批斗的人在被批斗之后还在反复告诫自己不要与革命群众的批斗行动抵触,他们说服自己:这是在"灭资兴无"、在"斗私批修"、在"消灭人类历史上最后一个剥削阶级",痛苦以后会得到新生,这是凤凰火焚而再生的过程。许多人在打、砸、抢、毁中华瑰宝而深以为荣时,报纸社论总结他们的行为是"革命行动",是"破四旧,立四新"。这是不是生活在谎言、妄言、谬言之中?另外,在国际关系中,与霸权、侵略、掠夺为伴的东西,往往是谎言:美国政府可以为自己的任何侵略行动找到所谓"真凭实据"的借口,美国人(2003年在伊拉克)明明白白地到一个主权国家杀人放火,却反复说这是"free its people"(解放伊拉克人民);二战时期希特勒法西斯日日夜夜制造的一批批谎言,便是这种历史境遇的两个例子。

谬论也违背所谓会话的"质准则",却不带有欺骗意图。如在理论界、科学界、学术界所存在的层出不穷的谬论。但科学猜测与预见不是谬论,因为它们公开声明等待着证伪。

事情还可以发展到这样一步：当整个社会都愿意相信谎言、妄言或者谬言的时候，必然会抛弃说真话的人。中世纪的欧洲的宗教统治，我国的文化大革命，便是这种历史境遇的另外两个类型的例子。

所以，从世界的真实出发，神话、文学、宗教（不包括邪教）、善意谎言之言，如果娱人、乐人、陶醉人的话，则还要娱下去、乐下去、陶醉下去；谎言、妄言、谬言如果误人、害人的话，则还要误下去、害下去。后者是我们生活所必须付出的代价。谁也不能只被娱、被乐、被陶醉，而要求不受坑误，不受危害。这种一厢情愿，生活不会给我们。面对人类这一过分的诉求，上帝对付的办法从来只是睁一只眼闭一只眼，不予理睬的。所以，两方面都接受的思想准备总比只接受谎言一方的后果要好。

但是，一个哲学思考不很吃香（哲学家只能在自己书斋里自豪，其思想对全民却一无知晓；哲学系毕业生只能改行才能找到饭碗）、思想僵化的国度，遭受谎言、妄言、谬言（三言）的坑害的几率却往往比较大。罗素曾指出："每一个社会都受着两种相对立的危险的威胁：一方面是由于过分讲纪律与尊重传统而产生的僵化（ossification）；另一方面，是由于个人主义独立性的增长而使得合作成为不可能，因而造成解体或者是对外征服的屈服。"[1]因思想僵化受三言愚弄的情形，在中华民族的历史上多次出现过。而我们儒家传统往往是"经世致用"，不鼓励抽象的分析性的思考，更不鼓励甚至害怕全民独立的、活跃的思考。这刚好为三言的滋生

---

[1] Russell, B., *A History of Western Philosophy*, New York: Simon and Schuster, 1945, p. XXIII.

与泛滥提供了厚实的温床。罗素的确想得很深,他紧接着说:"一般说来,重要的文明始于一种僵化的与迷信的制度,日后逐渐地宽松下来,并在某一阶段就达到了一个天才辉煌的时期;这时,旧传统中的好东西继续保存着,而在其解体之中包含着的那些坏东西则还没有来得及发展。但是随着坏东西的发展,它就走向无政府主义,从而不可避免地走向一种新暴政,同时产生出一种新教条体系保证的新的综合。"①当三言以涓涓细流的形式出现时,受缧绁的只是个别人,当三言与权力结合形成大潮流的时候,整个民族恐怕都抵挡不住,导致国家经济崩溃、道德沦丧、无政府主义泛滥,大乱小祸绵密不尽,是必然的结局。虽然能走向"新的综合",但长时期的痛苦煎熬对于一个民族毕竟是不幸的。

黎帕尔得(Lippard)指出,鉴于礼貌,为了引人注目、使人做事,欺骗在日常生活中的需求似乎高于诚实②。高弗曼(Goffman)认为,无论是失真,还是遗漏,欺骗在避免伤人、保留面子或自身形象、缓解窘境等过程中,都起着重要作用。为使说话人处于有利地位,欺骗都是构建和保持理想的现实手段③。

4.4 "当语言休假时,哲学问题就出现了"

我们现在聚焦于哲学家眼里的语言混乱。责怪语言有种种问

---

① Russell, B., *A History of Western Philosophy*, 1945, p. XXIII.
② Lippard, P. V., "Ask me no questions. I'll tell you no lies": Situational exigencies for interpersonal deception. *Western Journal of Speech Communication*, 1988, pp. 91—103.
③ Goffman, E., *Strategic Interaction*, Philadelphia: University of Pennsylvania Press, 1969.

题的,不是所有哲学家,而是一部分哲学家,尤其是19世纪末到20世纪西方哲学"语言性转向"发生以后的一些哲学家,即理想语言学派。他们认为日常语言有各种问题,引起了哲学上的麻烦。

巴赫拉米恩(M. Baghramian)在其《现代语言哲学》(*Modern Philosophy of Language*)[①]引言中开门见山地指出"语言哲学探问并企图回答诸如以下的一些抽象性问题",紧接着就摆出了十四个问题。其中第八个是:语言是歪曲现实呢,还是使我们准确地回答了"存在是什么?(What is there?)"这样的发问本身就是预设了语言完成哲学任务时出了差错,遇上了"语言歪曲现实"的麻烦。

下面,她开始正面地指出:"弗雷格与罗素发明了以新的方法即以形式符号体系来呈现语言的逻辑形式,从而完成了逻辑的革命,这种创新导致了这样一种希望——逻辑上完美或者理想的语言是可以创造出来的,这样的语言可以摆脱日常语言的歧义,能够清晰而简洁地表达科学真理。"[②](着重号为本书作者所置)这两位哲学家为什么要创造出一种"逻辑上完美或者理想的语言"呢?因为他们认定了日常语言是有这样一些缺陷:有歧义,不清晰不简洁。她还指出:"早期的语言的分析哲学的共同特点是,对日常语言的不信任态度。比如说,弗雷格认为,'想从语言里学习逻辑的人很像是一个想向小孩学习如何思考的成年人。当人创造语言时,尚处在儿童式的图画思维(pictorial thinking)阶段。语言的创

[①] Baghramian, M., *Modern Philosophy of Language*, Counterpoint, P. O. Box 65793, Washington, D. C. ,1999, pp. XXIX.

[②] Baghramian, M., *Modern Philosophy of Language*, Counterpoint, P. O. Box 65793, Washington, D. C. ,1999, pp. XXXI.

生是不服逻辑规则的。'①……弗雷格的看法是,日常语言的许多问题之一是它的模糊性,它饱含了一些边界不明晰的断言(如,某物高,某人是秃头),从而指称失败。弗雷格希望,在他的逻辑概念的帮助下,一种完美的或者理想的语言最终能发明出来,这样的语言才能够精密地表达思想。"②(着重号为本书作者所置)也就是说,语言是不听逻辑"管教"的,日常语言是不能精密地表达思想的。哲学是命题活动,命题靠语言提出,不听逻辑管教的语言当然在命题活动中闹出了许多别扭。巴赫拉米恩继续拿出罗素的看法说:"罗素以同样的态度怀疑(dismissed the relevance)日常语言不能正确、逻辑而科学地理解思想与世界。按照罗素的看法,像英语这样的语言会产生错误的形而上学的理念,并鼓捣出对世界的虚假看法,因为它'形而上学地看重我们自己言语中的意外现象'③。"(着重号为本书作者所置)问题越说越大,语言不仅"不能正确、逻辑而科学地理解思想与世界",还会"产生错误的形而上学的理念,并鼓捣出对世界的虚假看法"。平常人在日常语言的使用中当然不会想得这么多,在一部分西方哲学家的眼里,语言在"存心"和哲人捣乱。紧接着上面这一段的话是:"罗素对日常语言的成分分析感兴趣,仅仅是为了揭开语言表达式的真实的逻辑形式,这些逻辑形式被语言表达式的起误导作用的语法形式所歪曲。"④(着重号为本书作者所置)

---

① Frege, G., 'Letter to Husserl', dated 30 Oct. —I Nov. 1906, in his *Philosophical and Mathematical Correspondence*, pp. 67 f. in H. Glock, 1997, p. 53.

② Ditto, p. XXXII.

③ Ditto, pp. XXXII – XXXIII. Also, Russell. B, 1921, *The Analysis of Mind*. London: Longmans, Green. p. 182.

④ Ditto, p. XXXIII.

我们不妨在细节上看看罗素的分析[①],倒是很有趣味的。他先是拿出一个句子:

The present king of France is bald. (法国现任国王是秃头。)

这是一个符合语法的句子,且是一个断言句。表面上看,它是真或是假,必居其一。但到底是真还是假？依罗素之见,这个句子的正确分析应作如是观:

(1) 至少有一个法国国王。

(2) 至多有一个法国国王。

(3) 此人(法国国王)是秃头。

按照这样的分析,那么,上述问题的正确答案是,(a)为假,因为条件(1)没有满足:共和国制的法国根本就没有现任的国王,不存在"至少有一个"。第一步的条件都不存在,何谈后面的两个？连国王本身都不存在,何谈秃头呢？罗素接着说,摹状词理论(也有用"摹状语理论")表明,一个句子的表面上的语法形式可能误导我们,因为这个句子所表示的命题的逻辑形式隐蔽起来了(about the hidden logical form of the proposition the sentence expresses)。接着,他用他的摹状语理论解决了这个问题,这里就不往下讨论了。我们感兴趣的是,何以句子的语法形式可能误导人呢？这样的命题"法国现任国王是秃头"无论你断言它为真("法国现任国王是秃头"),还是为假("法国现任国王不是秃头"),都迫使你不得不承认你本来要否定的一个实体的存在(法国现任国王)。那么,一个语法上的句子可能在哪儿"误导"人们呢？按罗素的说

[①] Russell, B., 1956, "Descriptions and Incomplete Symbols" from "The Philosophy of Logical Atomism" *in Logic and Knowledge: Essays*, 1901—1950 (London: Allen & Unwin, 1956). Also, Ditto, pp. 27—28.

法便是,"这个句子所表示的命题的逻辑形式隐蔽起来了"。哲学家的工作便是,将其隐蔽的逻辑形式外显出来。所以,罗素就进行了上面的(1)(2)(3)步逻辑形式分析。

罗素的这些努力说明了理想语言学派的哲学家们为什么深深迷恋创造出一套形式符号来的原因。如果不这样,语言表达式的逻辑形式就要被语法形式所歪曲。当然这只是西方哲学一部分人的看法。而且,后来(上一个世纪30年代之后)这些看法都被日常语言学派的哲学家们所一一驳斥。

马汀尼奇(Martinich)在回忆什么是分析哲学与分析哲学是怎样产生时指出①,代替上个世纪40年代逻辑实证主义的哲学流派是日常语言哲学,其中一支是发源于剑桥大学的晚期维特根斯坦哲学,另一支是牛津大学学派。维特根斯坦相信,哲学产生了自己的问题,这就意味着,这些问题并非真正是问题。混乱来自哲学家误用日常词语。哲学家从日常情景中拿来词语,这些词语只能在日常情景中具有意义,一旦拿来用在哲学上,就发现了由于词语表示的概念错位而引起的不正常现象:"当语言休假时,哲学问题就出现了(For philosophical problems arise when language *goes on holiday*)。"他正确地指出,是哲学家误用了词语,才产生了哲学上的混乱。但是,他同时又说,语言不起作用时,哲学就出了问题。

但是,我们要着重指出,不是所谓语言的种种问题使西方哲学转向了语言研究,西哲的语言性转向是另有原因。从总的倾向上看,西方哲学之所以出现了语言性转向(是哲学研究在转向,不是

---

① Martinich, A. P. & D. Sosa, *A Companion to Analytic Philosophy*, Blackwell Publishers Ltd 108 Cowley Road Oxford OX4 1JF UK,2001, pp.2—3.

语言研究自身在转向),是由于研究如何理解语言就可以得到说话人、说话人思想与世界的关系。他们的兴趣显然不在语言本身。正如巴赫拉米恩所指出[①]:"语言哲学旨在理解语言的性质,理解语言(为一方)与说话人、说话人思想及世界(world)这三者(为另一方)之间的关系。"西方哲学对"存在"问题探察情有独钟,一问千年(所谓 the age-old problem),其典型问题是"这是什么?"(那是什么? 这里存在着何物? 即:What is there?)。当他们认为语言与那三者有关,研究语言就可直奔说话人思想与世界,便理所当然地抓住了语言。抓住了语言就是抓住了说话人思想,尤其是抓住了世界。这"世界"正是他们专注的"存在"。所以,"语言与世界之间的关系"(the relationship between language and the world)或者"语言与世界之间的联系"(the connection between language and the world)这样的词组就高频率地出现在西方语言哲学的文献中。我们刚才提到巴赫拉米恩在其 *Philosophy of Language* 引言中摆出了 14 个问题,在第七个问题之前,有一个前提句子是"语言哲学也关注这样的问题,即语言与世界的关系"[②]。也就是说,他们关注语言,不是像语言学家那样地关注语言,讲出的是语言的道理,而是为了从语言中观察到世界,讲出关于世界的道理。请注意:西方哲学家眼中的世界(world)与"现实"(reality)、"存在"或者"是"(Being)、存在(existence)、"实体"(entity)这些词,意思相近,出现频率极高。下面这一段文字更说清了哲学的语言性转向的来由(请注意 entity,reality 的出现):"哲学家们认识到,越过对思考现

---

① Baghramian, M., *Modern Philosophy of Language*, Counterpoint, P. O. Box 65793, Washington, D. C., 1999, p. XXIX.
② Ibid.

实和描写现实的主要媒介——即语言——的研究,现实(reality)是不可能得到直接探究的。哲学家关心语言,是把语言当做能表达思想的一个抽象实体(an abstract entity)来看的,如果语言的结构分析得当,它就能显示现实的结构(the structure of reality),而哲学家对语言在社会语境中的实际使用是根本没有或者少有兴趣的。"[1]语言是思考现实与描写现实的主要媒介,你要研究现实吗? 你不能从现实(实体)直接入手("存在论"或"存在论"阶段,就是直接从现实入手的,但是没法解决问题。如果能从现实直接入手找到对现实或实体的答案,怎么会转向"认识论"阶段,再转到"语言论"阶段呢?),你不得绕过语言直接去研究现实(分析哲学家或者说语言哲学家就是这样认为的)。金、木、水、火、土是实体,语言也是一个实体,是表达思想的抽象实体。语言的结构分析得当的话,就能显示现实的结构。这句话浓缩地说出来就是"语言结构显示现实结构"。好了,现实的结构(the structure of reality),即存在(Being)的结构,正是西方哲学家要得到的东西。巴赫拉米恩提的第九个问题,意味深长:"我们陈述的真或伪是由世界决定的呢,还是由我们的语言常规(linguistic conventions)所决定的呢?"[2]按所谓唯物论哲学家的观点看来,陈述的真或伪,当然是由物质世界所决定的,"存在决定意识"嘛,这还有什么疑问呢? 可是,在20世纪的语言的分析哲学(analytic philosophy of language)看来,陈述的对象虽然是世界,但陈述是由人发出的,是由语言的命题活动表现出来的,而且,在西方哲学家心目中,语言的结构可以显示现实

---

[1] Baghramian, M., *Modern Philosophy of Language*, p. XXXI.
[2] Ditto. ①.

结构即世界的结构,陈述的真或伪当然是由语言常规所决定的。我们说这个问题提得意味深长,理由即在此处。

从这里我们可以清楚地看到:不是所谓语言的种种问题使西方哲学转向了语言研究,西哲的语言性转向是另有原因:因为抓住了语言就是抓住了说话人思想,尤其是抓住了世界;因为语言结构显示现实结构,于是哲学家便从分析语言入手来解决哲学的千年老题。也许下面一句话能一针见血地告诉我们什么是分析哲学,哲学家转向钟情于语言分析到底是为了什么:"分析语言会揭示隐藏的逻辑结构,并且在其过程中,帮助我们解决千年哲学老题,'分析哲学'这个术语由此而来"[1]不是语言有所谓种种问题就抛弃语言,而是相反:西方哲学家对语言还寄托了非常大的希望,这便是从19世纪末到20世纪70年代之间发生的分析哲学或者语言哲学的哲学潮流。

从(理想语言学派)不信任语言完成哲学任务到反过来(日常语言学派)专注于从语言分析入手。因为确实有这样的现象:使用语言不当,而使概念模糊不清,所以就得从厘清语言入手。有一个人的一句名言可以作为凭证。维特根斯坦说:"哲学是一场反对语言引起的人的思想混乱的战斗。"(Philosophy is a battle against the bewitchment of our intelligence by means of language.)[2]

语言不让人进入它的"家",哲学家就忙碌起来。哲学家忙碌的这一段历史(分析哲学或者语言哲学这一段历史),国外已有许

---

[1] Baghramian, M., *Modern Philosophy of Language*, Counterpoint, P. O. Box 65793, Washington, D. C. ,1999, p. XXXI.
[2] Wittgenstein, L., *The Blue and Brown Books* (ed. R. Rhees) Oxford: Blackwel, 1958, §109.

多经典著作阐明,近年来国内也有许多关于语言性转向的文献,故不在此多说。

小结:"语言是人类最后的家园"与"语言背叛人",都可以为自己找到足够的证据。第三章是为前者提供的证据。第四章是为后者提供的证据。

语言背叛人,大致上可以从这样几个方面得到评价:一,释放假信息中的施害假信息;二,语言扭曲世界;三,我们不得不活在谎言、妄言或者谬言之中;四,"当语言休假时,哲学就出了问题":语言的种种问题使哲学家们思考混乱。

第五章　选择不说

语言是人类最后的家园,通篇都在说"人活在语言中,人不得不活在语言中,人活在程式性语言行为中",可是怎么急转直下地对无言进行置喙,还说人"选择"了"不说"呢?

选择说什么与选择不说什么永远共生,当人选择说什么的时候,他们也就同时决定了对另外的东西不说。

在人类的基本行为中,言说是最重要的一部分。不能言说,就不能使自己得到有效的生存与发展。这是把人当成整体的对象而言的。

以个体的人而言,为了使自己得到有效的生存与发展,在言说尚未成为事实上的行为之前,他必须决断:是选择言说还是选择不言说;在决定言说的前提下,他碰到了两个方面的情况,第一方面,他也必须决断:一,说什么,不说什么。因为不是什么都必须说,而是有些无须说;二,能说什么,不能说什么。因为他考虑外力的影响,不是什么都能言说,而是还有什么不能言说。他碰到的第二个方面的情况是(这是一个附属的情况),决定言说,但是说不上来。

在决定言说的前提下,碰上的第一个方面的情况,为什么会有那样两个结果——说什么,不说什么;二,能说什么,不能说什么?

"说什么,不说什么",基本上可归结为语用策略的问题。

"能说什么,不能说什么"这基本上可归结为人文网络的问

题。《汉语文化语用学》①中有一段为人注意的叙述:

> 简单地说,就是社会人文网络干涉你的话语。"我想怎么说就怎么说",是不存在的、一厢情愿的愿望。人不能想说什么就说什么,不能想怎么说就怎么说,不能想在什么时候说就在什么时候说,不能想在什么地方说就在什么地方说,不能想对什么人说就对什么人说。我们在说话的时候,顾及这顾及那,看人的脸色,不断地改变初衷。我们在做语言环境的奴隶,不折不扣的奴隶。我们是在受非语言环境的左右,也在受语言性语境(上下文)的左右。社会关系、文化传统、道德标准、行为规范、物质环境与自然力量组成了一个恢恢的天网,人不过是自以为自由的网中之鸟而已。这恢恢的天网,就是社会人文网络。……这个社会人文网络每每在你说话的时候"说话"并且"算数"。

"不能说什么",你能给我一个不能说什么的确切的单子吗?企图给出确切的不能言说的单子,是找了一个无解的题目。没有确切的单子。没有人能给出。对这个问题,即使叩问生活,叩问历史,也不一定能明白。

在决定言说的前提下,碰上的第二个方面的情况,即决定言说,但是说不上来。为什么会有这样的事发生呢?比如说,向别人推荐一本很值得一读的书或很值得一听的音乐,我们常常会听到类似的感叹:"说不上为什么,就是感到非常好,你一定得读一读……""真的一时说不上为什么,只是觉得非常妙……"这就是庄子说的"得鱼而忘筌,得意而忘言"的情况。我们记住一本书,

---

① 钱冠连:《汉语文化语用学》,第285页,清华大学出版社,2002年版。

比如《红楼梦》,这是得到了意,我们记住的东西是整本书的内容,并不是记住了整本书的语言形式,我们可以念出个别的句子(语言形式),但没有一个人可以记住并念出整本书的句子。陶渊明说"此中有真意,欲辨已忘言",忘言了,忘记了语言形式,你当然说不上来。读书人面对的是书的本身,听众面对的是音乐的本身,"直面于事情本身"(Zu den Sachen Selbst[①])。再说,这个推荐读书的人,自己得到的"意",在没有清理好的情况下,在没有深思熟虑的情况下,他必须经历反复试说的过程,才能将得到的"意"完整地说出来。因此,在试说之前,他往往说"我一时说不上来……"。

在言说尚未成为事实上的行为之前,有什么原因使个体的人可能选择不言说?——这是本章的主题。

在说话人主观条件这个层次上,大致上的原因是:

不必说,因为不说已经明白,无必要说;

不可说,即使想说而说不出(因为认识不到位,事实不清楚,条件不具备);

不愿说,因为说话人不愿意说;

不能说,说了有消极后果。

在说话人的文化—社会交往层次上,大致上的原因是:

第一,这是一个语用策略的问题,但远远不是全部情形。

第二,这还是一个智慧的问题,因而与说话人主观条件层次上的原因有部分的重叠,但文化上的成分更多。有时候,选择不言

[①] 胡塞尔批判旧式逻辑思辨的口号,转引自苏炜:"历史的肉身",《读书》,第56页,2004(2)。江怡认为,这句话"代表了胡塞尔现象学基本精神的口号"。

说,比选择言说更聪明,更省事,更省力,更为没有后患。在1989年以后,邓小平不主张在报纸上争论到底是哪一个主义好,就属于这一类智慧。"不说"的智慧,邓小平运用得得心应手。1973年2月,邓小平结束了在江西的"流放"回到京城,毛泽东第一次召见,开口就问:"你在江西这么多年做什么?"邓答曰:"等待。"这是最好的回答,最有智慧的回答。难道,在那个时代条件下,他可以对"文化大革命"说三道四吗?可以对他以及一大批人的被打倒提出质疑吗?可以说他一直在等待谁谁谁来纠正错误吗?在那种情况下,只说两个字,等于不说。"等待"后面可以读成"等待对我的决定",这是就事论事的回答,不会引起任何不愉快的后果。另外一件事是,邓小平退休之后,他的女儿毛毛准备写一本书(即后来出版的《我的父亲邓小平》),毛毛问她父亲:"长征的时候,你都干了些什么工作?"邓答:"跟着走。"①你简直无法分清这是幽默,还是机智,还是谦虚,还是他一向的实事求是作风。

在我们生活中,"越说越糊涂,不如不说"的决断,"不该你知道的,别打听"的好意提醒,"我什么都没有说"的驱利避害式的自我保护,"漂亮女人往往愚蠢,聪明女人往往多话"的善意的批评,"你别看他表面木讷,心里明镜似的"的积极评价,都可以列入这类智慧。

第三,这还是一个文化问题。比如说禅宗公案中的无言②,那是博那是大那是精那是深,那是一种特殊的文化形态。说中的不

---

① 这两件事,我在不同的材料上多次见过。比如,成都出版的《老照片》,2003年11月18日之前的某日印刷,第8版。

② 参见钱冠连:《汉语文化语用学》,第267—276页,清华大学出版社,2002年版。

说与不说中的说,都是一种文化。对于禅门公案来说,无言就有千般解,一落言诠,就只有死解,这是禅宗一贯的主张。将死解搁下,才能留给禅门千般解。本书的专题是语言行为,"选择不说"是特例,因此,关于禅宗的不可说只能举一例以说明之。欧阳宜璋指出,在大乘经论中,发挥不二法门理趣者,首推《维摩诘所说经·不二法门品》。此品中针对维摩诘居士发问"云何菩萨入不二法门?"的主题,三十一位菩萨各由不同角度切入,其后文殊菩萨总结云:"于一切法无言无说,无示无识,离诸问答,是为入不二法门。"而当文殊师利反问维摩诘时,维摩诘则默然不语,于是文殊赞叹:"善哉!善哉!乃至无有文字语言,是真不二法门。"[1]默然不答就是回答。一般地说,禅门所提倡的不二法门,不取极端中的任何一个,离开二边,回答时"出语尽双,皆取对法,来去相因"[2],是处中之法。不回答与不二法门不谋而合。

第四,这还是哲学中的一个老话题。

维特根斯坦哲学中的不可说。《逻辑哲学论》最后一章的最后一句话:"在你不可说处,你必须沉默"[3]。他还说:"的确存在着不可表达的东西。这个东西显示自身;它是神秘的东西。"[4]"能够

---

[1] 转引自欧阳宜璋:《赵州公案语言的模棱性研究》,台湾政治大学中国文学研究所博士论文,第38页。

[2] 惠能《六祖坛经》语,转引自欧阳宜璋:《赵州公案语言的模棱性研究》,第39—40页。

[3] Wittgenstein, L., *Tractatus Logico-Philosophicus*, Tr. by G. E. M. Anscombe, Copyright © 1953 by The Macmillan Company. Reprinted from the English Edition by The Macmillan Company, 1964, p. 189. 英文版原文是:Whereof one cannot speak, thereof one must be silent.

[4] Ibid., p. 187. 英文版原文是:There is indeed the inexpressible. This *shows* itself; it is the mystical.

显示的东西却不能被言说。"①(着重号为原书作者所置)

具体地说,他认为逻辑形式是不可说的(以下对维特根斯坦的引述,转引并参考了陈嘉映②,但我查对了大部分英文文本,并对其中之一作了注解,对某些英文译文作了重新处理)。命题要摹画事态,就必须和事态共有一个逻辑形式,而这个逻辑形式本身却不是事态的摹画。他提出逻辑形式无法言说,依赖于言说与显示的两分(请参考维特根斯坦自己说的"能够显示的东西却不能被言说")。这是第一方面。第二方面,实证科学是对世界的摹画,哲学不是。哲学不提供实在的图像,既不能确证也不能驳倒科学的研究[4.111]③。哲学不摹画世界,哲学干什么呢?维特根斯坦在给罗素的一封信中把为可说和不可说划出的界限称之为"哲学的根本问题"。概括地说,哲学要为说出有意义的命题作清场的准备。第三方面,"很清楚,伦理学是不可说的。伦理学是超出经验的东西。(美学同伦理学是同一个东西)"[6.421]④第四方面,维特根斯坦曾论证,神秘领域中一切都是必然的,而语言只能言说偶然的事实。他有时又论证说,语言只能言说和语言同构的东西,能分析的东西,而神秘领域中的一切都是不可分析的。神秘事物中包括形而上学主体。维特根斯坦的论证大致是:1. 在某种

---

① What *can* be shown *cannot* be said, p. 79.
② 陈嘉映:《语言哲学》,第 149—151 页,北京大学出版社,2003 年版。
③ Ditto. ⑥, p. 75, 4.111, 英文版原文是:Philosophy is not one of the natural sciences. (The word 'philosophy' must mean something which stands above or below, but not beside the na-tural sciences.) 意思是:哲学不是自然科学。"哲学"这个词意味着某种在自然科学之上或之下的东西,但不是并列的东西。
④ Ditto. ⑦, p. 183, 此处我没有转引陈嘉映的译文。英文版原文是 It is clear that ethics cannot be expressed. Ethics is transcendental. (Ethics and aesthetics are one.)

意义上"存在着"形而上学主体;2.这些"事物"不可能存在于事实世界之中;3.我们只能谈论事实世界。神秘之事里有一件有点特别,那就是世界的存在。我们可以理解世界怎么存在,但世界中有这些对象存在而没有那些对象却没有道理可讲,无法理解。另外《逻辑哲学论》的中心论题是命题摹画事态,因此,凡不摹画事态的就是不可说的。换言之,事实的界限是可说者的界限,在事实界限之外的东西是不可说的,界限本身也是不可说的。我(主体)、语言等等,都被视为可说者的界限。

如果西方哲学的研究对象是宇宙或者世界的话,中国哲学的对象便是社会与人生。研究下来有一个重要的副产品,那便是使人明白起来。海德格尔提醒我们面向语言:"表达那物的词语找到了,那物才是一物。"[①]他还是说:"惟词语才能使一物为存在。"[②]"如果那词语……未说出,便还是没有人造卫星。"[③]我以为这种情况可以概括为:在词语缺失处,那物存在,却不能算出场。简单地说,一物存在,但未出场。反过来说,表达一物的词语找到了,那物才是一物。我以为这种情况可以概括为:一物存在,且已出场。当然,上面这段话中的"出场"这一说法,不是我的创造,其由来是:the presence of Being(存在之出场或现身),the presence of the two-fold(二重体的出场或现身)[④]。这便是我对维特根斯坦式

---

① Heidegger, M., The Nature of Language, in *On the Way to Language*, 1982b, p. 62. 英文版表述:Only where the word for the thing has been found is the thing a thing.

② Ibid., p. 62. 英文版表述:The word alone gives being to the thing.

③ Ibid., p. 62. 英文版表述:... if the word... had not spoken; then there would be no sputnik.

④ Heidegger, M., A Dialogue on Language, in *On the Way to Language*, 1982a, pp. 26—27.

的神秘的哲学不可言说的回答:使人明白地思想,明白地说出,这虽不是哲学的目的,却是从事哲学的好处。哲学中的所谓不可说,都不是哲学的,而是语言的障碍。正因为如此,本章节的题目不用"无言",而用"选择不说",这样就避免了神秘感。当然,对维特根斯坦式的神秘的哲学不可言说的解释,也不是"选择不说",只是语言障碍。反复地试错之后,表达某物的词语找到了,那物不仅存在,也出场了,当然也就可说了。

后记：摘取我够得着的葡萄

从 1986 年发表第一篇论文"语言冗余信息的容忍度"到出版四本专著《美学语言学》、《汉语文化语用学》、《语言全息论》及 2004 年这本《家园》，大约经历了 18 年。但是开始正式接触语言学文献还要从 1986 年之前的三四个年头（大约是 1982 年）算起，我学习与研究本真意义上的语言学的历史就应是 22 年左右。忝列语言学研究者之中，那得承认，是一个天助与自助的过程。研究学问的人与朝圣者有所同，也有所不同。同者，都必须虔诚，每一步都得五体投地；不同者，朝圣者早已锁定了圣地作为他既定的目标，而研究学问的人却要在路途中反复摸索，才能定下目标。

因此，下面的叙述与回忆，在任何意义上都不是范例，这只是外语学者的许多条道路中的一条。

我的学养与准备，是逐渐接近语言学的，无意中走了一个由博（博学、博涉）到专（外国语言学）的路子，也属必由之路。现在回忆起来，人的一生干什么，不干什么，是由个人素质与社会需要的磨合（密合，也叫"走合"）、偶然与必然的关系、输入与输出的配对诸种状态决定下的。如果说这里有什么"天意"，个人的素质准备与社会的需要、偶然与必然、输入与输出的状况便是天意之一种。

1939 年，我出生在湖北江汉平原的一个水乡泽国：仙桃市（过去叫沔阳县）沙湖镇。境内是一个湖连着另一个湖，一条河串着另一条河。故乡因其荒野而神秘,因其生态的多样而富饶。我的父亲是一个商人,但并非是一个全心全意的商家。生意上,他不算叱咤风云,在读书上却有割不断抛不开的兴趣。他对唐诗宋词、《三国》《水浒》极为熟悉,我在少年时代得其益,应在点点滴滴的浸润之中。更为幸运的是,家乡父老特别喜欢开办各种文化盛事。常年不断的戏班子唱戏、各种节日的精美宏大而且美轮美奂的街头表演,伴随我度过了如痴如醉的童年。在月光下进行的街头巷尾的激烈、狡诈、狂热的"巷战"中,往往我是一方的"司令",这让我习得了人生的游戏规则。童年时代的五大项——吃喝玩乐睡——就在这样的气氛之下完成。不消说,故乡的每一项文化活动,都成为其子孙吸取灵气的源泉。在我日后的学术专著甚至是纯演绎的理论著作中,下意识地、时不时地冒出一两处鲜活与生动(不少读者都发现了这一点),大概是无意中释放了仅仅属于故乡早年的那种<u>丝丝灵气</u>。这就是为什么直到现在仍然对故乡魂牵梦萦,对父母常常缅怀的缘故吧。

我在当地读完了完全小学(四年为初小,八年为完小)。数学成绩并不太妙,四年级期末考试,只得了 62 分。作文成绩一直不错,好多文章都被先生当做范文点评。记得有一次区政府在乡村召开一次土地改革的动员大会,我还被老师推上台代表小学生在会上讲了话,没有带讲稿,居然还未闹出乱子。如今,我教课尚能抓住学生,大概是因为从六岁就开始起步锻炼当众"演说"的缘故吧。读小学时,不仅喜欢语文,甚至更喜欢自然、地理、历史、音乐等课程。从四年级起,每个学期总成绩,必是前三名,但从未上过榜首,皆因记忆力不怎么好。语文课老师吴玉清(从夫姓杨,专教一年级新生,一口漂亮的北京话,娓娓动听地讲述着牛郎与织女)、肖寿喜与杨元公、自然课老师戚名儒、音乐课教师岳松云诸位先生,都给我留下了极深印象。自然课的上课铃声,是令我们最雀跃的召唤。戚先生鼓励我们每一个人勇于提问,勇于发言,他说:"提不出问题的学生不是好学生。"于是我问:"那么小的瓦片,丢在河里要沉,那么大的轮船①,为什么不沉?"于是课堂上争得一塌糊涂,然后由他作总结。在他的课堂上受到的启发,与我日后读到的马克思名言"对人类的一切知识我都感到兴趣"有异曲同工之妙。如今的读者大都能在拙著中发现语言之外的知识结构,这得益于从小学起这些高水平老师的指引。这是我1953年前所受到的小学教育。

1953—1955年,我在县城读初中。这个学校,便是如今高考率屡上全国榜首(虽然以高考论英雄是全局性的失误)的沔阳中学。在这所学校里,我因为家庭境况变得困难,时常被通知"停伙"(不给开饭了),却对功课非常投入。我的成绩一直平常,在年级算不了佼佼者。个头不高且耐力不好,一登高心就发慌,体育活动我上不了场。虽然音准是强项,但歌喉并不嘹亮,于是音乐方面也没有我的份儿。但是,语文课成绩一直很好。记得有一个小个头姓蔡的同学问我:"伙计,你怎么一考就考个90分以上?"作文经常是受夸奖,而且,我还能提前猜中自己某一篇作文一定要受表扬。有一次自由命题,我描写了家乡经常闹水灾的荒凉景象,戴深度眼镜的刘老先生在评语中有一句话至今记忆犹新:"语言像蜂蜜。"当时年少,不知这是老师在鼓励,还把这句话当真了,偷偷乐

---

① 故乡有一条河叫通顺河,每年涨水季节,从汉口到沙湖镇,可通行轮船,一种当地人叫"草鞋板"的小火轮。我的问题由此而来。

了好长的时间。后来的朱大勋先生执教语文,他那神秘的渲染,欲擒故纵的教学艺术,令人神往。由此,我老想当做家。这个作家梦,梦了好久好久不醒。先是当语文课代表,后来还当俄语课代表。教俄语课的老师身躯宽大,第一次上课,就在黑板上写了三个大字:周斯宁。他以略带沙哑的四川普通话说道:"周恩来的'周',斯大林的'斯',列宁的'宁'"。就从他那里,我迷上了外语,如今我吃上了外语这碗饭,就此发端。帮他当辅导员的是一个流落在我们当地的一个白俄女人(当地人背后叫她为"俄国婆子"),她一上课就开始带我们朗读,一直念到我们口吐清水,饥肠辘辘。这样,我们从小就学到比较地道的俄语腔,后来上大学时,我在全系朗读比赛中得第二名,班上有事总是派我与苏联老师周旋,与此不无关系。周先生一开始根本不教发音理论,一上来就教课文,到了下学期,回过头来教拼音规则,竟势如破竹般地顺利。这学期开头第一次课,他在先未教读的情况下点我的名,让我读出письмо,我竟然能脱口而出,这也不算奇怪,因为他让学生积累了相当多的音感,学生多少能自己摸到一些拼音规律。在初中三年,我的数学还是不太好。这个时期,我更喜欢物理等课程。有一次物理期中考试过后评讲,罗老师在评述到怎样增加摩擦力这一道题目时,说了这样一番话:"这个题目满分是5分,你们都答了书上说的两个方法,本来都可以得5分,但钱冠连却多答出了一个办法:以加大物体本身的重量来增加摩擦力。那你们只好得4分了。"还有一件很有趣的事,我一直记着并引以为荣:1954年发大水,在政府的领导下,我们逃水灾集体转移到了天门县杨林乡,有一次我和弟弟去买米,回来时,为抄最近距离,走下了汉水大堤的一个很大的河湾,不知道那是一片沼泽泥潭,越陷越深,终于惶恐起来。可是,我想起物理学上压强与接触面积成反比的道理——接触面积大,则加在单位面积上的压强变小。我们弟兄俩便开始平趴于地,以增加身体与沼泽淤泥接触的面积,匍匐前行,单位面积上的压强变小,终于安然通过。这一次经验,让我记住了知识就是力量。知识岂止是力量,还是求生的必备条件。从此以后,我对知识、学问、难题的渴求、钻研与攻克,就成了一件赏心悦目的人生乐事。后来在1993年,我徜徉在安得卫普街头(那时我受国际语用学会之邀做合作研究),看见一家家公司或者企业或者大学的电脑面前,晃动着一个个神气十足的白领人物,我的脑子里立即跳出一句话:这个世界是不公平的,它的办公室,它的交椅,只是为有智力的人准备的。这种对知识对学问对难题的乐观心态,直接导致了55岁之后还决定深入探究西方语言哲学这样的学术冒险,好像真正有"自信人生二百年,会当水击三千里"这么一回事。

1955—1958年,是我在湖北荆州中学(原来称为江陵高中)读书的三年。这三年是我继童年幸福时光之后的另一段美好时光。荆州是一座古城。城墙、城垛、美丽的夕阳,本身就是一首诗。不需要感叹,如血的夕阳被满天的红霞浸泡得扁扁的,在傍晚时分沉入云海,这就是一个美丽的感叹号。长身体长知识的时候,上一所好中学,遇上一个好校长,得几个好老师,是人生第一大幸事,都让我遇上了。在那所学校里,几乎感受不到高考的压力(只是在高三时,老师让我们做好升学与劳动的两手准备,那时的流行口号是:一颗红心,两种准备),我们躲过了应试教育这一劫,是我们的幸运。我们可以完全凭着兴趣与志向来安排自己的学习,塑造我们自己。重视知识结构的平衡发展,同时不忘对擅长的项目加大钻研的力度。从高中开始,我已经尝试"研究性"的学习了。我的

"研究"意识唤醒得较早,这起始于一次讲座。当时的教导主任傅源远先生教导我们今后读书(他不敢要求青年学生"做学问",这三个字是那个时代的避讳词,那时正处"反右"运动的前后)要善于联想。我后来发现,正是这个"联想",使我追求原创性思考时,有了一种可行的思考路径。在仅仅解释别人的东西时,不需要联想。只有在企图突奔出一个新的出路的时候,才会有联想的要求。联想导致悟性,导致开窍,导致突破。什么是悟性好?在很短的时间之内找出一事物与另一事物之间联系的能力,便是悟性好。好的悟性一定是建立在浩博厚实的中西学理与各种横直的联系中。

一次作文竞赛中我的散文"暑假日记"与另一位同学的诗作"我多么想变成一只白鸽"双双"蟾宫折桂"。我的俄语学习继续深入,在毕业时,已经有了某种意义上来说是研究性质的练习——总结出俄语动词接格关系一览表,可是并没向老师展示。很巧的是,教我们俄语的,又是周斯宁先生(我考进高中,他亦同时从沔阳中学调到了荆州中学)。他很重视口语训练,我是他常常提问的一个学生,但不敢断定是他的得意门生。后来,在上一个世纪的90年代,我几次看望周先生时,他坦率地问道:"你当初读高中时,外语成绩并不特别突出,为什么现在却有成就?"我回答,"成就"二字我实不敢当;但我读书时所有的功课都不偏废,都不错。这也许就是所谓的有潜在力的素质。现在的高中学生读书就是为了升学,忘记了最根本的能力是创造。在高中阶段,我尝试研究式的学习方法,不止于一门学科。有一次,历史老师熊先生发现我的历史笔记很特殊,把历史事件的线索理得比较清楚。他向全班学生说,"钱冠连的学习方法值得总结与推广"。在回答昆虫的保护色是怎么形成时,我搜集了一些昆虫标本,并附加了一个说明。这个说明,便有了一点研究的味道。但是数学成绩有一次历险:纯推理性质的三角学平时考试时有两次不及格,我很紧张地想:难道要我补考一门才让走出校门吗?静下心来之后,期末考试之前早早地做起了准备,一个题目一个题目地做,在做完全部习题之后,我终于摸到了三角公式推演的规律,在毕业考试中,连班上的数学尖子都未得满分,我却得了满分:5分。同时,我也是语文成绩最好的学生之一。在高中毕业之前,中国的古典名著已经基本读完了。最后,在填写高考志愿表时,许多学生不愿报考文科,班主任在动员大家报考文科时说了这样一番话:"你们认为报考文科的人功课都不大好,这不对。钱冠连就挤进了我们江中的前十名,连我也没料到。"他用"挤进"这个词,表示了他的意外与惊讶。我知道他是根据教务处对全部学科成绩的统计说话的:前九名都是报考理工科的学生。我能"挤进",说明我知识结构还合理,这让我终生受用。但是,我并未刻意追求进入前十名。如果一个学生刻意追求名次,他就会在记忆力上与人死拼,而不会将注意力放到创造力上,到头来就会落入死板的陷阱。当初令我胆怯不敢报考哲学系的惟一障碍是:我的数学不好。如果当初我报考了哲学系,我可能走上了研究中国哲学的道路,就不会在55岁以后才把西方语言哲学当成主攻方向了。

　　对于今日的语言学研究来说,我在高中阶段所做的最有"后眼"的一件事是,认真地研习了古文。语文老师兼我们的班主任张守先,老是对我们强调背诵古文的长远意义。频繁地把深度眼镜取下又戴上的张老师说:"趁你们年轻记忆力强的时候,好的古文篇章一定要背,背了的日后受用无穷,不背是要后悔的。"我听了他的话。好多古文直到现在我都能背诵出来。我的一点点古文功底,就是在这一背景下奠定的。读者从我的四本著述中,会发现我大段地引用孔子、庄子、老子、刘勰、禅门公案、钱钟书《管锥编》及《谈艺录》,也会发现在《汉语文化语用学》中涉及了汉语句法。这样做的胆量,一半来自"即便古文用错了受人批评也是好事"理念,另一半则是来自面对古文我还不是完全地昏昏然。这里,又触到了我们外语学人的一个痛处:不精通母语的外语学者,往往只能解释外国语言文献,不敢对汉语深入"腹地"或者探其源头(即使愿意以汉语为语料的学者也不太敢引经据典),到头来是不会对语言的规律作出重大发现的。道理很简单:对外语的感受,你天然不及洋学者,于是你的外语研究只能从洋人那里零贩碎运,最终你的研究上不了洋人的船;对汉语的感受,你又不及汉语学者,于是你的语言研究也上不了同胞的船。这样"洋不就、土不成"式的两不沾边基本上就是中国外语学者的现状。像吕叔湘、王力那样的智者,突破了两张皮的局限,英语和汉语都精通且以汉语为主,一举而有大成。赵元任是另一种光辉的典型:作为中国人,先精通了母语,出国后又谙熟了英语以及种种欧洲语言,以自己的出色的理论创造的成就(以英语为工作语言)当上了美国语言学会的会长。这三位先驱给我们提供了这样一种启示:要想从"洋不就、土不成"的困境中解脱出来,外语学者在进行外语研究的同时,必须精通自己的母语。"外语学者"在任何时候都不意味着母语水平不高是理所当然的。

我读华中师范大学外语系,是在1958—1962这四年。上的是俄语专业,学过的功课先后有俄罗斯文学、俄语语法、语音学、词汇学、历史语法与教学法。教词汇学的是揭秉让先生(后来他当上了系主任),讲授精致而深入,教材是他自己编的,教材负载着他自己的见解,这就无异于告诉学生怎么做学问。教历史语法的是杨隽先生,他在一个一个的英语词、德语词、俄语词、法语词中串门,透过音变找到哪是源,哪是流,令人眼界大开,兴趣盎然。在他的课堂上,尽我所能地迅速笔录下所听到的一切,说明着迷之深。这两位先生开课都只一个学期,却是对我进行了语言学入门导读。语言学在一般人心目中,枯燥乏味,我怎么能如此一往情深?这得力于揭、杨二师的早期引导,让我得其趣,尝其味。我对语言学不经意地闯入,乃由此滥觞。二年级开始课后阅读 Как закалялась сталь(《钢铁是怎样炼成的》),查词典不多,再往后读 Война и мир(《战争与和平》),大段的法文读不通,只好丢掉,需要查看的俄语生词并不十分多。至于根据汉语翻译过去的俄语读本,用不着查词典就可以顺利地读下去。阅读上的顺利,得力于初中高中的俄语底子。但是,毕业的那个时代(1962年)没有硕士、博士可读,当然我也就没有受过专门的、严格意义上的 linguistics 训练。我迟迟不能直奔语言学,这是第一个延误。这样,俄语语法、词汇学、语音学、历史语法与教学法,就算是我学习与研究语言学的原始积累。

在大学阶段还做了一件有长远意义的事:弄到一份长长的世界文学译著书单,其中以俄语、英语、法语的译著为主。我居然一本一本地读完了,华中师大图书馆的藏书量是不小的。到毕业时,对这几个文学大国的状况,有了一个基本的了解,虽然英语与法语的翻译只是让我触摸了其皮毛(读译文与读原文,媒介不同,给人感受出来的距离,何啻千里之遥),而对俄国的三位大师(Л. Толстой, Пушкин, Чехов)与一个名人(Горький)却有了深入的阅读体验。像这样阅读的学生是要冒险的,果然,我就被内定为走白专道路的学生(我们始终没能弄清红专道路怎么个走法),到了三年级党总支书记在学生大会上点名为我平反,我还有点后怕。其实当初,也感觉到了周围向我扫射过来的批判的目光,但管不了那么多了。世界文学宝库的吸引力确实是巨大的,而任何一个对人类的智慧稍有钟情的大学生,都不能不被吸引。说到大学生活,还有一件温馨的回忆令我常常感怀。上面提到的词汇学教授揭秉让先生,作为系主任,也是我教育实习时的辅导教师,他在总结成绩中给我最高评价的同时,还在背后向团支部书记打听:"钱冠连申请过入团没有?你们找他谈过话没有?"现在回想起来,他的潜台词是出于温暖的关怀。后来我被打发到湖北的"西伯利亚"工作之后,他于70年代初趁出公差之便,还两次看访尚在"炼狱"中接受焙烤的我。2002年大学同窗40年聚会时,一大群老学生去看望他,当着满满围坐的老同学,我以商量的口气问大家:揭老师靠什么受到那么多学生与同事的尊敬?然后又试着回答:在那样以"极左"为进步的时代里,他却在实事求是的工作中给出了不露锋芒的人文关怀,人性的关怀。那种悄悄的关怀,没有光芒四射,却深含着暖意。大家赞同着,叹息着。

一到大学三年级我就立即采取一项果断措施,挽救了我的现在:将大部分精力转移到选修英语上来。当时,我这样做,还不是预见到了我们与前苏联的关系的破裂,虽然那个时候已经有了破裂的迹象;更不敢梦想到会有改革开放的一天,英语是一定会派上用场的(而且,那时我们仍然把英美算做帝国主义,算做头号敌人);当然,也绝对不是我有先见之明,预见到将来检索语言学文献主要是通过英语。之所以花主要精力学英语,是因为我认了一个死理:只学一门外语不算一个外语学者;必须还学第二种,而且还是通用的语种;最好,有第三种。说到这里,免不了提到一个也许是终生的遗憾:没有趁"文化大革命"十年逍遥的时候学德语。如果学了德语,如今阅读海德格尔时,就可以不假英语而直奔海氏。再说,当时决定全力学好英语的前提条件也具备了:从二年级起,我的俄语方面的功课全是5分,而且,只要是全系的学科竞赛,我都得了名次,作文竞赛得第一、朗读比赛得第二、书法竞赛也是第二名。可是,当时的条件下,那种一不听录音、二不看录像、三不见半个英美教师、四不学英国文学、五未受听说训练、六不强调用英语写作的"英语学习",可想而知,能给我什么样的结果!惟一对路的是,每天早晨朗读英语的习惯一直不丢(且保持到我50岁——这是后话),才让我两年(1961—1962)下来得到了两个东西:第一,记住了一句话:We must learn from Liu Wenxue。第二,我把英语音标真正地学牢了。后来,少年英雄刘文学我是忘得干干净净,倒是这套英语音标,在我走上工作岗位之后为自学英语时派上了大用场。

  以上算是我的童年与学生时代对自己学养的准备。但是,以我学习语言学而论,这样的准备只是一个开始。可以发现,这个历程中,我对各门学科的重视多于外语,而且,极为重视母语。大致上走了先有博后有专的路子。应该说,事实验证,这是一条可行的路子。不相信从小只读外语不要其他就能做一个成功的外语学者。外语学者的艰难之一就在于,他不能从专(外语)到专(外语),只能从博到专。这样,他就要花去相当多的时间走完博读博学博涉这一段长路,没有耐心的,就退出阵去了。外语学者的艰难之二,大学毕业了还不能顺利地过渡到用外语得心应手地写作,还要花相当长的时间练外语写作表达,但是,中文系的学生本科毕业就能写比较漂亮的论文了。在这里,外语学者便输了汉语学者一招儿。没有耐心又花相当长的时间过文字表达这一关的人,也只好退下阵去。这就是为什么汉语学者瞧不起搞外语的人,说"他们除了外语什么也不懂"的主要原因。而过文字表达这一关有什么捷径没有?没有。我看没有。外语学者的第三种艰难,将在下面提及。

1962年大学毕业,我被派到人人认为荒凉的所谓"湖北的西伯利亚"——恩施,在第一高中任教,那倒是湖北省的一个重点高中。教俄语,也教过英语,但是,在课余,却全部时间花在自学英语上,用的是许国璋那一套教材。"文化大革命"之前,北外的《外语教学与研究》还没有停刊,我就每文必读。广泛阅读的东西,开始是 *Beijing Review*,*China Construction*,后来是英语小说,从英语侦探小说读起,然后就开始读 Mark Twain。还有一件值得纪念的事情,让我永不忘怀:"文革"前,每有校外人士来听所谓公开课(即"示范课"),学校一般派我上场,我培养的首届毕业生中竟有14人考上了北京、武汉的外语院校,这在一个山区中学也算创造了空前的记录。"文革"甫始,我受到批判,这一前一后的落差何止千丈!通知开会批斗我的前夜,竟然彻夜通读陈昌奉所著《跟随毛主席长征》的英文版 *On the Long March with Chairman Mao*,真不知当初何来如此磅礴气势,如此逢辱不惊!人逢绝境时,胆子变大,可见这是一个事实。

在改革开放之前的1973年,"文化大革命"尚未结束,我从恩施被派到更高更寒的山区(我知道那是一种惩罚)——咸丰师范学校。真是没有意料到的是,在那样的地方,找到了38张英语的碳精唱片和一台手摇式留声机。这简直是在不毛之地上冒出了绿洲，无法理解啊！原来，教育部向全国每一个地区的重点师范学校配置了全套英语教材上的唱片。既然有了这套东西，便一张一张听，每张唱片少说也是一二十遍。由于我已有了学第一外语的经验，便很自觉地积累音感。我坚信，音感越是清晰、正确与丰富，听说才越有可能准确与流利。当时怎么能让一个人如此明目张胆地听英语唱片？我有一个合法的身份：我在教英语，你怎么能不让我听？那时，还有一个好办法：读英文版的毛泽东选集，你能把我怎么样？为了学英语，先将房门关上，有人敲门，先将英语读物压在《毛泽东选集》下边，再起身开门见人。

1978年初，我调入鄂西大学，即如今的湖北民族学院，教英语。改革开放既行，我的英语学习从"地下工作"变为"地上工作"。我仍然花了相当多的时间，过英语听说关。我给学生上完了英语课，立即转换角色，像一个大学生那样，又开始我自己的听说训练，听了许多录音带。那时的自我感觉是，我就是一个重新开始读大学的英语学生。我的妻子说："我看这个学校，只有你一个人在拼命读书，像个大学生。""拼命读书"的肯定不只是我一人，但说我"像个大学生"那样地搁开一切读书，确也。

以上可以看做我语言学研究的准备阶段，这个过程漫长得令人难以置信。这中间最长的延宕是我本科毕业时（1962年）没有硕士或博士接上，尤其是"文革"十年的荒废。

80年代初，大概是1982年，我才开始了真正意义上的语言学专题学习与研究。这个时候，抓到了两年的脱产进修机会，一是在武汉大学，听两个美国人讲了整整一年的美国文学与文化，这个不算我最大的收获，因为这些内容不脱产也可以得到。最大的收获是我扎扎实实地练习了一番英语写作，而那位美国女教师也认认真真地、毫无敷衍地进行了批改;第二年在复旦大学,把那个不满两百年时间跨度的美国文学又炒了一遍,可是正中下怀的还是读了一些语言学文献。当时,当北外、上外与广外等大城市的外语院校的佼佼者(也是最早沐浴着解执去缚的春风与阳光的幸运儿)出国留洋时,我仍在大山里苦苦挣扎着,在鄂西大学里(1978—1989)一面教着 Advanced English(张汉熙主编),一面苦行僧般地听着录音磁带、读着别人介绍过来的有关英语语言学的文献。第一个办法就是啃三家外语学报(北外、上外与广外)上的介绍与评述国外语言学的文章,一篇不落,一网打尽,同时也是生吞活剥。第二个办法,尽量采集英语原文版文献,记得其中之一是上外的一个教授根据外国语言学的资料编辑而成的小开本,是用英语写就的 *General Linguistics*。印象最深的是,大约在 1984 年,从北外弄到了 Geoffrey N. Leech 写的 *Principles of Pragmatics*,这既是我接触最早的语言学方面的原文版文献,也是我读的第一本语用学方面的文献。一句一句地读,反复咀嚼,其筚路蓝缕之状,其创业之艰,回想起来令自己感喟万端。最人的障碍是不懂术语。术语是一个学科的结晶体,懂得了主要术语,也就进入了那门学科领域。山区冬日的暖暖阳光下,照着一个在阳台上的读书人,昏昏地,他睡着了,醒过来,又捧起书页。记得为了在山区那样的大学(所谓"第三世界大学")里用英语开讲语言学的课程,我使了一个小手法:在向教务处说明开课的必要性时,我说:"有文件规定,副教授必须不断地开新课,不然的话,你们将来就不要罚我不履行副教授的职责。"这一招儿还真灵,开明的领导就让我给英语教师本科进修班的学生开设了 *General linguistics*。这样,我成了鄂西大学第一个用英语开讲语言学的人,这个进修班毕业之后,有没有人继续开这门课,我就不清楚了,因为我于 1989 年调到了广东外语外贸大学,这是后话。

经过了四五年摸索,我决定着手写作正式的语言学论文。在 1986 年完成第一篇论文"语言冗余信息的容忍度",一投不中,于是二投《现代外语》。在等待回音的过程中,我对妻子说:"如果这篇论文不能发表,从此我陪你玩到老。"这话听起来是赌气,其实是自我调侃加上内心里的自信。如果一个人做什么事,全无自信,那还做它干什么?这个打赌是认真的,不是说着玩儿的。因为我的写作是认真的。我一向的观点是:可以让人说我做的工作这儿不成熟,那儿不成熟,但不能让人说我做出来的工作是对前人无价值的重复。我十分尊重严肃的高水平的介绍、引进与评述,不吸收别人的介绍与引进,也没有我的今天,但自己的脾性却宁愿开垦生荒。我自信"语言冗余信息的容忍度"不是无价值的重复,是有自己思想的东西。如果这样的开拓工作不被学界接受,我的前面还有什么希望呢?或者说,一个不理睬开拓的学界还有什么值得我去单相思呢?这个东西后来登在《现代外语》(主编张达三先生)首篇,并没有使我神气十足起来,因为一次成功的偶然性太大。我必须让人再次检验我。第二篇东西"言语假信息:兼论 Grice 合作原则的拯救"(与权威 Grice 的意见正相反)于次年(1987 年)发表在《外国语》(版权页上没有公布编辑部名单)上。这两篇论文的发表,对我个人的"拯救"是不言自明的,否则我真会一玩到老!两篇论文发表这件事说明:第一,社会评价机制对我说话了:你能做语言学这件事;第二,社会评价机制还是肯定创造性工作的。这两点意义影响了我 22 年来的研究思路,导致的直接结果是:在迄今为止的 69 篇文章中,大约有 2/3 以新的思想为主,1/3 是解释别人的东西。四本专著,则完全是自己的理论尝试,当然还有许多不成熟。

检讨四本专著的写作过程,可以清楚地窥见个人素质与社会需要的磨合,偶然与必然关系、输入与输出的配对所发生的决定性作用。

第一本书,《美学语言学:语言美和言语美》的酝酿是在山区开始的(感谢徐盛桓先生校订),得力于徐纪敏著《科学美学思想史》的引发。这是偶然。但是,能不能被激发,并能不能最终输出诸如像《美学语言学:语言美和言语美》(1993年)一类东西,却是由个人的知识结构(此前的积累即输入)决定的,这是必然。这本书中,动用了物理、数学、化学、生物、天文、文学、美学、艺术以及系统论等等门类的知识,当然这一切都寄生在语言学这棵树上。出版之后,逐渐引起反响:《光明日报》主编的《文摘报》1993年某日发表书讯并评论;《外语教学与研究》1994/2发表了 Herman Parrat(国际语用学会研究中心顾问、比利时鲁文大学和布鲁塞尔大学两校哲学兼语言学教授)的短篇评论;在国际语用学会会刊 *Pragmatics*(1993/12)上,国际语用学会中心教授 Yan Nuyts 逐一介绍了本书的大意并有短评;《羊城晚报》1994年7月31日发表介绍文章;广东电视台岭南台1994年12月31日的专栏《每周一书》介绍了此书;广东电视台珠江台1995年1月1日再次介绍;光明日报主编的《书摘》1994/2摘发了本书的第三章"语言交际渠道的审美选择";香港中国语文学会会刊之一的《词库建设通讯》1993/2转载此书一个章节"民族审美观念对外来语的'染色'";美国国会图书馆收藏此书;1994年8月海天出版社荣获中国第七届城市出版社优秀图书评奖一等奖(最高奖);具有权威性的《新华文摘》

1994/10发表摘要"民族审美观念对句段结构的影响";1994年12月5日,笔者在中国英汉对比研究会首届学术年会(长沙)的闭幕式上,应与会者要求和大会执行主席之邀,在会上对美学语言学的构思作了介绍,回答了问题;南京《服务导报》1994年6月4日摘录此书一节:语言交际的审美选择;《外国语》1995/2发表评论文章,拙文"美学语言学说略"先在《外语与外语教学》1996/3期发表,然后又被上海外语教育出版社的《论文选萃》(1997年)收入。出一本书,十年以后有人读算是幸运。十多年来,不断有读者打听寻购,很多汉语界的学者认识我就是通过这本书。现在高教出版社决定再出第二版,这也是笔者的幸运。

第二本书《汉语文化语用学》更是个人素质准备与社会需要的呼应、偶然与必然的关系的调整结果。1992—1993年我在国际语用学会进行合作研究时,查到成千上万的英语文献,就是没有一本以汉语为语料的语用学。这种羞愧式的刺激,是偶然的,这是老天把一个中国学者从老远唤来体验这种羞愧。但是,如果这不合这个人的写作理念(开荒不是这个人喜欢和能做的事),就不会接受这样的挑战。另外,当清华大学出版社同意为我出一本语用学方面的书时,初衷只是把过去发表过的论文整理整理,想不到一上手,便想起在国外的那个见不到中国人写的语用学专著的遗憾,一条主要思路冲撞而出,不吐不快:写一部有独立汉语文化语用学理论框架的书的时机到了。十年的学习与思考(输入),七个月工夫写成(输出)。这当然得力于电脑的便捷。但是,世界需要倾听中国人的声音,中国需要自己的声音被倾听——这就是社会需要,这种需要刚好与自己的知识储备与长期的理念耦合,于是有了这样的产出——《汉语文化语用学》。它逐渐在海内外引起热烈反响:

被教育部研究生工作办公室推荐为研究生教学用书,迅速再版;日本、韩国、中国台湾及香港地区广泛介绍并出了光盘版;美国国会图书馆收录。台北中心大学的语用学教授陈界华先生在邀请我到台湾作学术访问时,在电话中告诉我,是胡壮麟先生对他们推荐了这本书并作了高度评价。有一个时期(大约在2002年前后)国内的网上图书馆推荐的书目中,它不是第一就是第二,在北京大学中文系的语言文字学推荐书目(2297种)中,它在第617号。史封尘与崔建新合著的《汉语语用学新探》上使用了"钱氏语用学"、"三带一理论体系是一种创新的语用学体系"[1]等评价语。这些刚好说明了社会的需要是一种理论出现的推动力。窃以为,此书是西方语用学在中国的转世脱胎,是本土化的开始。在这个问题上,我得感谢季羡林、王宗炎先生对我的直接鼓励,感谢吕叔湘、许国璋先生关于两张皮合成一张皮的论述对我的影响。

　　《语言全息论》更是一件偶然促成的事。写成《汉语文化语用学》以后,我正在写作《家园》,1998年春节期间的某一天,我在武汉归元寺附近一个巷子里的书店里淘书,发现了一本讨论生物全息律的专著。书还未看完便立即猜想地得到了另一个命题:语言结构也是全息的。于是放下手中正在写作的《家园》,完成了《语言全息论》,且在《家园》之先出版。而且,整个写作尝试性地采用了中国语言学学者所不那么熟悉的演绎推理,即证伪法所主张的猜想与被反驳。由商务印书馆出版之后,第一次印刷只用了一年的时间就售罄,立即再次印刷。一种纯理论专著有这么多读者,真是我意外的幸运与安慰,出版社也为之欣然。这本书中所运用的

---

[1]　史封尘、崔建新:《汉语语用学新探》,天津古籍出版社,第9页,2002年版。

其他学科知识比《美》更多,所用的西方语言学的文献更多。由于本书的责任编辑冯华英博士孜孜矻矻,颇花心血,到现在为止,读者尚未指出书中的印刷错讹(暂且不论观点上的不同)。如果不是笔者从学生时代起就注意各科知识平衡发展(输入),就不能胜任其事(输出)。对理论上的拓荒,作者有一种偏爱,但从不敢奢求别人对自己的工作"掌声响起来"。一切由历史评说,个人是微不足道的。

关于《家园》,其写作由头与经历、停顿与完成,我已经在本书的自序中详细地提到了,余不再赘。

一个人的不同阶段的研究成果,内容可以是很不相同的。但是,学术风格、研究特点与学术理念恐怕是有内在联系、一以贯通的。清理学术风格、特点与理念这三项,让自己时时检讨,是必要的。重要的问题在于,清理学术风格、研究特点与学术理念,脱离不了做人。

首先说风格,西方著名文艺理论家布封说:"风格却是本人。"①做人的综合便决定了作文的风格。我们中国人认定其文如其人,是有见地的。为了把这三点(学术风格、特点与理念)与做人的关系梳理清楚,不妨在这里联系一下我们读书人的两位楷模——学问泰斗陈寅恪与钱钟书。这两位人物身上的东西,有些是可学的,有些是难学的(几乎学不到),有些是不必学的。倒过来,先说"不必学的",比如他们学问所达到的高度,你越是比照(想学才会去比照),就越是气馁,学到最后自己就没有心情活在

---

① 转引自吴定宇:《学人魂:陈寅恪传》,第172页,上海文艺出版社,1997年第二版。

世上了,不如做一点力所能及的事也罢;二说"难学的",比如他们的知识之深之厚之宽,他们掌握外语之多之精之活。还有一项最难学的事:1940年3月24日,从不过问政治的陈寅恪,专程到重庆去投票选中央研究院的继任院长,当蒋介石指定他的秘书顾孟余为继任院长时,包括他在内的许多学人大为不满,坚决不投顾的票①。他为学术争自由的硬骨、"柳家既负(一作"自有")元和脚,不采苹花即自由"②的勇气,恐怕是我们难以企及的。伟大的发明与发现无不来源于自由的探索。为学术争自由,不是为了自由而自由,"学校不能追求自由最大化,而应该追求创造知识、为社会贡献最大化。"③另外,钱钟书于抗战胜利后每月要到南京汇报工作,一次回家说:"今天晚宴,要和'极峰'(蒋介石)握手,我趁早溜回来了。"④1974年,钱钟书参加翻译毛主席诗词五人小组,江青两次传话,让钱与杨绛住到钓鱼台去,他们的回应是:两人都呆着脸,一言不发。1975年的国庆日,钱钟书得到国宴的请帖,他请了病假。晚上江青备了小车接两位去游园,钱的回答是:"我国宴都没能去。"⑤中国的文人,历来多有(当然不全是)攀附权贵的心理,权贵偶有青睐,便受宠若惊。这与爱国完全是两码事。知识分子爱国与依靠祖国是光明的心态,只有国家发达与富强了,他们才会获得更多的发展自己的机会,这是不言而喻的。攀附却是自己对自己毫无信心,一方面害怕自己的学问成不了气候,另一方面却又企

---

① 《学人魂:陈寅恪传》,第131页。
② 《陈寅恪诗集:答北客》,第100页,三联书店,2001年版。
③ 张维迎:"学术自由、'官本位'及学术规范",《读书》,第91页,2004(1)。
④ 杨绛:《我们仨》,第121页,三联书店,2003年版。
⑤ 同上书,第152—153页。

求个人的高升、虚荣与金交椅,因而攀附是无骨之耻。"没有研究成就奉献社会,就只能用头衔闯江湖。"①攀附者还口悬种种借口,如"为了学术"云云,好像不攀不附,就做不成自己的学问了。有了这种不自信的心理,就会延伸到崇洋媚外,因为攀权附贵与攀洋附外共享一种心理病根。这些年来,外语界在理论上过多地依傍国外,这还比较易于理解,也易于接受,因为借鉴国外的好东西总是好事(我是首先从介绍与引进得益的,并且自己也写过外国语言学的评述),但是,历史反复证明,如果挟洋理论以自重,甚至挟洋人以自重,不但不能"自重",反而会"自轻"。对比之下,像陈、钱这样,离权贵远远的,甚至躲权避贵像躲灾避瘟一样,这种令人惊异的自尊与自爱,在中国现代的知识分子中,可说无出其右者。这种自尊与自爱实在是中华民族文人太需要的一种高贵了。自尊与自爱,便有了心如止水的平静。平静必仗内刚。没有平静而刚强的心,绝不会有高境界的学问。宁静生智。内心安宁、虔诚、祥和、单纯者,必生刚,亦必生智,陈寅恪与钱钟书式的智慧由此而来。身心空明,感官松弛者最易纳入纷至沓来的讯息。空谷必响,响则必远。人品与学问在这里,实现了高度的统一。最后,我们说说他们身上"可学的"东西。如陈寅恪积之厚厚,从容薄发,尤其是他坚持"独立之精神,自由之思想"的学术态度,都是可以学习的。钱钟书的打通中西的方法,也是多少可以学习的。

现在,我们回到原题:清理学术风格、研究特点与学术理念三个方面脱离不了做人的问题。他们那样做人,便有那样做学问的风格、特点与理念。比如,为了赶上两个月以后评职称的机会而写

---

① 张维迎:"学术自由、'官本位'及学术规范",《读书》,第93页,2004(1)。

东西,我们能做到陈寅恪那样的"积之厚厚,从容薄发"吗?又比如,我们为了一个具体的、立刻要兑现的功利目标而完成一个什么项目,我们能像钱钟书那样,在查阅了浩如烟海的外文、中文与历代古文的资料过后再来一一比较、点点打通、滴滴展开地进行中西对比吗?又比如,我们心中明明想的是尽快凑够篇数赶快参加某项评选的时候,我们还能够耐得住寂寞,静得下心来进行原创性的劳动吗?在如此急急功、蝇蝇利的驱使下,我们还能坚持什么风格,讲究什么特点,主张什么理念呢?这些问题时时都在这22年的过程中,拷问着我(有时是侧点旁敲),撞击着我的心。非分的功利、虚荣以及可以理解的生存欲望为一方,人生的真意与学问的本真为另一方,这些年来,时时在我的心里摆开了战场。当后者战胜前者,或者后者前进一分的时候,我的学问就进步一点。当前者战胜后者,或者前者一时得势时,我的学问就搀了一分假。22年来,让我惊讶不已的是,每当我的人生道路逼仄、不指望天堂对我开门、不得不静下心来读书写作的时候,我做的事就扎实地前进了一步,写的东西也比较经得起时间的推敲与打磨。

如果允许我有自己的研究信条的话,我不过是在努力争取避免重复性劳动,即尝试着创造。创造一般是指创造(新的)知识,创造(新的)概念,创造(新的)范畴,创造(新的)命题,创造价值。坚信新的知识是可以创造出来的。创造当然是非常不容易的。我们不是每天都在享受着前人创造出来的知识吗?如果我们只是重复劳动,那么,我们的后人还能从我们学习到什么呢?

创新的能力,就是无中生有的能力。这里所说的"无",是指你创造某个东西之前"无此东西"或者不曾有过此种东西。无中生有不可避免地吸取前人的成果,创造出世界上不曾有过的东西来。赵元任、罗常培、吕叔湘、王力分别写出了在他们之前"无"的东西。这些都是无中生有。"有中生新"也是创造。J. L. Austin 创造性地提出了 speech act 理论,是无中生有;Searle 改善了 Austin 这一理论,成功地归纳出言语行为分为五大类,这可算是有中生新。

如果允许我有自己的研究理念的话,我比较注意一个"重视"三个"立足":重视学习西方语言学理论,立足理论建设,立足母语语料和立足原创性。上述四本书大约就是这样的试验,当然,我的大部分文章也是这样的尝试。所谓外语学者艰难之三,也就在这里。怎样既借鉴国外的好东西而又不发展到挟洋理论以自重甚至挟洋人以自重?窃以为,如果心里想着"立足理论建设,立足母语语料和立足原创性",就会往本土化上发展。一旦往本土化方面发展,外语学者就会成功地摆脱"二传手"的宿命,成为独立的研究者。虽然这是非常艰难的,却又是能够做到的,也是必须做到的。因为"一个真正强大的国家,不可能是一个没有自身学术传统,从而在精神上仰赖他人的寄生者"[①]。每一个学者不做精神上仰赖他人的寄生者,才会造就出一个国家不做精神上仰赖他人的寄生者。这个问题,无论是由谁提出来,都是一个关系到一个民族、一个国家是否会在精神上真正强大起来的问题。一个外语学者,既要介绍外国的,又要做到有独立自主的研究,必须花双倍的努力。但是,一旦克服了这个双倍的艰难,他就会有重大的发现。只钻研一门语言就会有重大的发现,几乎是不可能的。"任何一

---

① 李猛:"大学改革与学术传统",《读书》,第 101 页,2004(1)。

个孤立的系统中,存在着一种动能不断减少的趋势,这是一种不可逆过程,而且最终导致宇宙趋向死寂。""耗散结构具有与总的死亡相对抗的特异性质。对抗能量从何而来?一是不断地从外界汲取,二是结构自身吐故纳新,这样就完成了与外界交换能量的过程。"[1]一个系统(一门语言)必须和另一个系统(另一门语言)交叉,才能使两个系统都活起来。先精通了外语然后转向汉语研究而对汉语做出顶梁柱式贡献的赵元任、吕叔湘、王力等等,是这方面最有说服力的榜样。他们是西学本土化的榜样,也是克服双重艰难的榜样,当然也是一个重视三个立足的榜样。

一个外语学者的艰难,总结下来是由三个方面导致的。第一,由博(学)到专(外语),需要花很长时间;第二,大学毕业之后,还要花另一段相当长的时间练习外语写作,否则一切思想无以植根;第三,由纯介绍纯引进纯解释到三个"立足",又得花更长的时间。

常常有人问:这样写,这样研究,累不累?如果要让我说出一个不真实的答案,我可以装出一副不容易的样子说:累。如果要真实的回答,我得说:未必累。一个人东抄西摘地凑成一篇东西,永远说别人说过了的话,把写作当成一种包袱,他会感到没兴趣,于是,他感觉累;一个人走上发现之路时,找到一个新命题,创造一个新概念,发现一个新范畴,他只会有不断的惊喜,这是乐趣,窃以为不会有累的感觉。到目前为止(今后更会是如此),我还没有一次为赶写专著或论文而通宵达旦或熬更守夜。相反,我的工作节奏是不紧也不慢,生活有规律,甚至每天散步的时间与路线都会一

---

[1] 钱冠连:《美学语言学》,第52页,深圳:海天出版社,1993年版。

样。而且,越是工作繁重需要动脑子的那一天,反而会增加散步的次数。因为我打定的主意是:这一辈子,工作能做到什么样就是什么样。愿意不断地超越自己,但从不拼命,不垫起脚来充高个儿。如果我头上悬着的葡萄太高,实在是够不着了,我就走开,走开的时候,我也不说葡萄是酸的。我的哲学是:摘取我够得着的葡萄,是酸是甜,我自个儿慢慢品尝吧。

我能够做出一两件事,的确是有"天助我也"的成分。本文开始的时候,说过"个人的素质准备与社会的需要、偶然与必然、输入与输出的状况便是天意之一种"。这是天助之一。

天助之二,是前面提到的那些小学、中学与大学的老师给我的珍贵的教导与训练,那是老天送给我的礼物。

天助之三,我这一辈子碰上了许多帮助过我的人。首先是张达三先生。是他首先采用了我的处女作,让它刊发在《现代外语》的首版位置,使我明白了自己能够做什么,这已经是对我颇有分量的帮助了。不仅如此,他还主动来函邀我调入广东外语外贸大学,这是我一生中生存条件与研究条件的重大改观。在另一个重要转折关头帮助过我的是校长徐真华(博士、教授)和同事王初明教授(博士)。在进入60岁那一年(1999年),我已经为退休做好了准备。校长徐真华坚决地留住了我,为我此后意料不到的发展铺平了道路,准备了必要的条件。就在同时,我校申报国家文科重点基地成功,外国语言学及应用语言学研究中心的领军人物王初明主动邀请我加盟,而且,后来为我做博士生导师工作做了我事先不知情的铺垫与准备,当他告知校外的五个评委鉴定结果一致通过以后,并在我面前长长地松一口气。从此,我的研究条件有了进一步的改善。比这个更有意义的是,学生们不仅会继续我的工作,相信还会超过我,也应该会超过。另外,在我50岁以后困难的时刻,给予我温馨帮助、支持、关心的,还有我的前辈陈楚祥、张后尘先生,同辈人杨自俭先生。出版《美学语言学:语言美和言语美》的海天出版社及责任编辑宋诚先生、出版第二版《美学语言学:语言美和言语美》的高等教育出版社及责任编辑贾巍先生、出版《汉语文化语用学》的清华大学出版社及责任编辑(首版)宁友权、出版《语言全息论》和《语言:人类最后的家园》的商务印书馆及两书的责任编辑冯华英博士,他们的栽培与劳动,终于使我的工作变得对社会小有裨益。要特别一提的是,张达三、宋诚、贾巍、宁友权、冯华英这几位先生,在帮助我之前,都不认识我,我们没有任何私交;其他的几位先生,在帮助我之前,我们没有任何利益交换关系,相交也是淡如水。诚如陈楚祥先生所说,"要说帮助了你,换成别人也得这么做。"我在鄂西山区时期,经常在学术上与之切磋并帮助过我的朋友有刘作焕、孙光耀、汤贤均、张国辅、李植玙等先生,是他们援手相扶,帮我度过了难忘的岁月。正是人间的这些真善美,堆垒出一个值得留恋的世界。

我所谓的天助之四,指的是时代。这有两层含义。一是时代对个人的磨炼,一个人遭遇困境的敲打,总的来说,是他成长过程中的必要"课程"。罗素(Russell)在述及11世纪的教会改革时说得好:"进入天国之前,他可能还要在炼狱中经受一段时期——也许是很长的时期——的煎熬。"[1]我们往往在理论上承认品尝痛苦

---

[1] Russell, B., *A History of Western Philosophy*, New York 10020:Simon and Schuster, 1972:408.

是人生的必要的体验,可是痛苦真的来了,谁也无法平静地接受,总以为是老天惟独对自己不公。二是这个改革开放的时代,给了很多人宝贵的机遇。比如说,正是改革的不断深化,才造成了全国100所重点文科基地出台的必要性与可能性。研究条件与生活条件进一步改观,正是时代发展给我们带来的实惠。我们不断地听到各个高校谁谁谁得到了多少研究项目和相应的资助,这样的好事,也终于降临到中国知识分子的头上,这不能不说是时代的大进步。机遇落到谁头上,天助是不可少的,自助当然也是根本的因素之一。

一个人总是有自己的弱点的。我亦明白自己的短处何在。失败与挫败虽然不必时时挂在嘴上,但是,不能忘记。

做出什么工作,一图现世功利,二图做事的意义,还隐隐约约地图身后留名。可是地球总有不再转动的那一天,一切终归烟灭。可是,有了这种宇宙观的人并不会消极厌世,因为活着并品尝做事过程本身的"意义"还是有意义的。我们不敢说,在科学的道路上,奋斗了就一定会成功;但我们最有把握地说,奋斗了就一定会体味到人生的意义。

摘取我够得着的葡萄,品尝酸甜,也是在品尝摘取本身的意义吧。对于别人,这不是一个精彩的阶段总结或者下一个目标,但对于我来说,这可能是一个既不好高又不骛远的阶段小结与或者下一个目标。

钱冠连

2004年元月10日,午夜初稿,

2004年元月21日,除夕之晨再稿,于羊城,冬收斋。

附录一:主要参考书目

外文参考书目:

Aitchison, J., *The Seeds of Speech: Language origin and evolution*. Cambridge: CUP, 1996.

Arndt, H. & W. J. Richard, The Biological and Cultural Evolution of Human Communication, in Lorscher, W. & R. Shulze, eds., *Perspectives on Language and Performance: Studies in linguistics, literary criticism and language teaching and learning* (Vol. 1), Tubingen: Gunter Narr Verlag, 1987.

Austin, J. L., *How to Do Things with Words*, London: OUP, 1962a.

Austin, J. L., "Performatives and Constatives" (Chapter I) and "Conditions for Happy Performatives" (Chapter II) in *How to Do Things with Words*, Oxford: Clarendon Press, 1962b.

Austin, J. L., Performative Utterances, in J. O. Urmson & G. J. Warnock, eds., *Philosophical Papers*, 2nd ed., Oxford: OUP, 1970, pp. 233—252.

Baghramian, M., *Modern Philosophy of Language*, Counterpoint, P. O. Box 65793, Washington, D. C., 1999.

Blackburn, S., *Oxford Dictionary of Philosophy*, OUP, 1994.

Brown, P. & S. C. Levinson, *Politeness: Some universals in language usage*, Cambridge: CUP, 1987 [1978].

Cameron, D., McAlinden, F. & O'Leary K., Lakoff in Context: the social and linguistic functions of tag questions, in Coates J. & Cameron, D., eds., *Women in Their Speech Communities: New perspectives on language and sex*, London/ New York: Longman, 1988.

Campbell, J., *The Liar's Tale—A History of Falsehood*, W. W. Norton, 2001.

Clark, H. H., *Using Language*, Cambridge: CUP, 1996.

Dummett, M., What is a theory of meaning? (Part 1), in S. Guttenplan, ed., *Mind and language*, OUP, 1975, pp. 97—138.

Dummett, M., What is a Theory of Meaning? (Part 2), in Evans, G. & J. McDowell, eds., *Truth and Meaning*, OUP, 1976, pp. 67—137.

Dummett, M. What do I Know when I Know a Language? in *The Seas of Language*, Oxford: Clarendon Press, 1993.

Duranti, A., *Linguistic Anthropology*, Cambridge: CUP, 1997.

Frege, G., "Letter to Husserl", dated 30 Oct. —1 Nov. 1906, in his *Philosophical and Mathematical Correspondence*, pp. 67, in H. Glock, 1997, p. 53.

Gilsenan, M., Lying, honor and contradiction, in B. Kapferer, ed., *Transaction and meaning*, Philadelphia: Institute for the Study of Human Issues, 1976, pp. 191—219.

Goffman, E., *Strategic Interaction*, Philadelphia: University of Pennsylvania Press, 1969.

Grice, H. P., Meaning, in *Studies in the Way of Words*, Cambridge,

MA: Harvard University Press, 1989. First appeared in *Philosophical Review*, 66 (1957).

Habermas, J., *Communication and the Evolution of Society*, Eng. Tr. by T. McCarthy, Boston: Beacon Press, 1979.

Heidegger, M., *Brief ueber Humanismus*, *Wegmarken*, Frankfurt, Klostermann, 1978, S. 318.

Heidegger, M., *Der Ursprung des Kunstwerks*, *Holzwege*, Frankfurt, Klostermann, 1950, SS. 59—60.

Heidegger, M., *Einfuehrung in die Metaphysik*, Tuebingen, Niemeyer, 1953, S. 88.

Heidegger, M., A Dialogue on Language, in *On the Way to Language*, New York: Harper & Row, Publishers Inc., 1982a. Originally published by Verlag Gunther Neske, Pfullingen, under the title *Unterwegs zur Sprache*, copyright 1959 by Verlag Gunther Neske. Eng. Tr. by Harper & Row Publishers Inc.

Heidegger, M., The Nature of Language, in *On the Way to Language*, New York: Harper & Row, Publishers Inc., 1982b. Originally published by Verlag Gunther Neske, Pfullingen, under the title *Unterwegs zur Sprache*, copyright 1959 by Verlag Gunther Neske. Eng. Tr. by Harper & Row Publishers Inc.

Heidegger, M., The Way to Language, in *On the Way to Language*, New York: Harper & Row, Publishers Inc., 1982c. Originally published by Verlag Gunther Neske, Pfullingen, under the title *Unterwegs zur Sprache*, copyright 1959 by Verlag Gunther Neske.

Heidegger, M., Language, in *Poetry, Language, Thought*, Eng. Tr. by

Heidegger, M. , "... Poetically Man Dwells...", in *Poetry, Language, Thought*, Eng. Tr. by A. Hofstadter, New York: Harper & Row Publishers, Inc. ,1975a. See China Social Sciences Publishing House, Chengcheng Books Ltd. ,Beijing,1999.

Heidegger, M. , "... Poetically Man Dwells...", in *Poetry, Language, Thought*, Eng. Tr. by A. Hofstadter, New York: Harper & Row Publishers, Inc. ,1975b. See China Social Sciences Publishing House, Chengcheng Books Ltd, Beijing,1999.

Hjelmslev, L. , *Prolegomena to a Theory of Language*, (1st ed. ,1943, Tr. from Danish by F. J. Whitfield) ,1943;2nd ed. , University of Wisconsin Press,1961. 参见刘润清编著,《西方语言学流派》,第154页,外语教学与研究出版社,1997年版。

Lakoff, G. , Pragmatics in Natural Logic, in Keenan, E. ed. , *Formal Semantics of Natural Language*, Cambridge: CUP,1975.

Leech, G. N. , *Principles of Pragmatics*, London: Longman,1983.

Levinson, S. C. , *Pragmatics*, Cambridge: CUP,1983.

Levinson, S. C. , Activity Types and Language, *Linguistics* 17,1979, pp. 365—399.

Lewis, D. , General Semantics, in Harman, G. & D. Davidson, eds. , *Semantics for Natural Language*, Dordrecht: Reidel,1972.

Lippard, P. V. , "Ask me no questions. I'll tell you no lies": Situational exigencies for interpersonal deception, in *Western Journal of Speech Communication*,1988.

Luger, H. , Some Aspects of Ritual Communication, in *Journal of Pragmatics*,1983(6), pp. 695—711.

Malinowski, B. , The Problem of Meaning in Primitive Languages, in

Ogden, C. K. & I. A. Richards, eds., *The Meaning of Meaning*, New York: Harcourt, Brace & World, Inc. 1923, pp. 296—336.

Malinowski, B., *Coral Gardens and Their Magic*, vol. 2, London: Allan & Urwin, 1978[1935].

Marcondes de Souza, D., Action-Guiding Language, in *Journal of Pragmatics*, 1983(1), pp. 49—62.

Martinich, A. P. & D. Sosa, *A Companion to Analytic Philosophy*, London: Blackwell Publishers, 2001.

Mey, J. L., *Pragmatics: An introduction*. London: Blackwell Publishers, 2001.

Morris, C., Foundations of the Theory of Signs, in *Foundations of the Unity of Science: Towards an International Encyclopedia of Unified Science*, *1*, *2*, Chicago: University of Chicago Press, 1838.

Morris, C., *Signs, Language and Behavior*, Englewood Cliffs, NJ: Prentice Hall, 1946.

Popper, K. R., *The Logic of Scientific Discovery*, Hutchinson, London, 1968a.

Popper, K. R., *Conjectures And Refutations— The Growth of Scientific Knowledge*, New York, Evanston: Harper & Row Publishers, 1968b.

Rohmann, C., *The Dictionary of Important Ideas and Thinkers*, London: Random House Group Ltd., 2001.

Rorty, M. R., *The Linguistic Turn*, University of Chicago Press, 1967.

Russell, B., *A History of Western Philosophy*, New York 10020: Simon and Schuster, 1972.

Russell, B. , "Descriptions and Incomplete Symbols" from "The Philosophy of Logical Atomism" in *Logic and Knowledge: Essays, 1901—1950*, London: Allen & Unwin, 1956.

Sadock, J. , *Toward a Linguistic Theory of Speech Acts*, New York: Academic Press, 1974.

Sapir, E. , The Status of Linguistics as a Science, *Language* Vol. 5. 1929. *Readings in Linguistics: Seventy-five Years since Saussure*, Vol. 1, 测绘出版社, 1988.

Sbisa, M. , Analytical philosophy, in Jef Verschuren & Jan-Ola Ostman, Jan Blommaert, eds. , *Handbook of Pragmatics Manual*, Amsterdam/Philadelphia: John Benjamins Publishing Company, 1995.

Searle, John R. , What Is a Speech Act? in Max Black, ed. , *Philosophy in America*, Ithaca: Cornell University Press, 1965, pp. 221—239.

Stennius, E. , Mood and Language Game, in D. Hockney, ed. , *Essays in Philosophical Logic*, Dortrecht: Reidel, 1972.

Thompson, J. B. , Universal Pragmatics, in Thompson, J. B. & D. Held, eds. , *Habermas: Critical debates*, London: Macmillan Press, 1982.

van Peurson, C. A. , *Ludwig Wittgenstein: An introduction to his philosophy*, Tr. from Dutch by R. Ambler, New York: E. P. Dutton and Co. , 1970.

Verschueren, J. , *Understanding Pragmatics*, London: Edward Arnold Publishers Ltd. , 1999.

Whorf, B. L. , *Language, Thought and Reality: Selecting Writings of Benjamin Lee Whorf*, J. B. Carroll ed. MIT Press, 1956. Reprinted in the Edinburg Course in Apllied Linguistics, Vol. I. J. P. B. Allen & S. Pit Corder, eds. OUP, 1975. *Readings in Linguistics: Seventy-five Years since Saussure*, Vol. 1, 测绘出版社, 1988.

Wittgenstein, L., *The Blue and Brown Books*, ed. R. Rhees, Oxford: Blackwell, 1958.

Wittgenstein, L., *Philosophical Investigations*, Tr. by G. E. M. Anscombe, Copyright © 1953 by The Macmillan Company. Reprinted from the English Edition by The Macmillan Company, 1964.

Wittgenstein, L., *Philosophical Investigations*, Tr. by G. E. M. Anscombe, Beijing: China Social Sciences Publishing House, Chengcheng Books Ltd., 1999[1964].

Wittgenstein, L., TRACTATUS LOGICO-PHILOSOPHICUS, Tr. by C. K. Ogden, Beijing: China Social Sciences Publishing House, Chengcheng Books Ltd., 1999 [1955].

Wunderlich, D., Sprechakte, in U. Maas/D. Wunderlich, *Pragmatik und Sprachliches Handeln*, Frankfurt (Main), 1972.

Wunderlich, D., *Studien zur Sprechakttheorie*, Frankfurt (Main), 1976.

中文参考书目：

巴莫曲布嫫:"口头传统与书写传统",《读书》,2003(10)。

朝戈金:"口头·无形·非物质遗产漫议",《读书》,2003(10)。

陈嘉映:《语言哲学》,北京大学出版社,2003年版。

陈汝东:《语言伦理学》,北京大学出版社,2001年版。

陈亚平:"情·礼·法:礼治秩序",《读书》,2002(1)。

冯友兰:《中国哲学简史》,北京大学出版社,1996年第二版。

冯友兰:《中国哲学的精神——冯友兰文选》(张海焘主编),国际文化出版公司,1998年版。

海德格尔:《在通向语言的途中》,孙周兴译,商务印书馆,1999年版。

胡适:《中国哲学史大纲》,上海古籍出版社,1997年版,2000年重印。

黄平、汪丁丁:"学术分科及其超越",《读书》,1998(7)。

纪树立:"了却一桩心事",《读书》,1997(1)。

金克木:"历史并未过去",《读书》,1995(2)。

李天命:《李天命的思考艺术》,北京:三联书店,1996年版。

刘宗迪:"文字原是一张皮",《读书》,2003(10)。

钱冠连:《汉语文化语用学》,清华大学出版社,1997年第一版;2002年第二版。

钱冠连:《语言全息论》,商务印书馆,2002年第一版;2003年第二版。

钱冠连:《美学语言学:语言美和言语美》,深圳:海天出版社,1993年版;高等教育出版社第二版,2004年版。

钱钟书:《钱钟书散文》,浙江文艺出版社,1997年版。

徐友渔等:《语言与哲学:当代英美与德法传统比较研究》,北京:三联书店,1996年版。

杨振宁:"近代科技进入中国的历史回顾与前瞻",《中国大学人文启思录》(第二卷),第206—207页,华中理工大学出版社,1998年版。

袁杰:"联邦德国语言学家D. Wunderlich的言语行为理论",《国外语言学》,1989(4)。

张世英:"哲学的新方向",《北京大学学报》,1998(2)。

附录二:钱冠连学术著述目录

专著

1. 《美学语言学:语言美和言语美》,海天出版社,1993年第一版;高等教育出版社,2004年第二版;华东师范大学出版社,2018年第三版。
2. 《汉语文化语用学》,清华大学出版社,1997年第一版(教委推荐全国研究生教学用书,广东省哲学社科三等奖)。
3. 《语言全息论》,商务印书馆,2002年。
4. 《语言:人类最后的家园:人类基本行为的哲学与语用学研究》,商务印书馆,2005年(2007年获广东省哲学社科一等奖,2017年获第二届许国璋外国语言研究奖二等奖)。
5. 《钱冠连语言学自选集》,外语教学与研究出版社,2008年。
6. 《后语言哲学之路》,上海外语教育出版社,2015年。
7. 《命运与欲望》Philosophy of Destiny and Desire(汉英双语版),高等教育出版社,2017年(附:《一语多说》,华中理工大学出版社,1988年)。

论文

1. 对中学外语教学的几点意见,《湖北民院学报》,1982(1)。
2. 两个公式,两个大量:中学外语教学法的探讨,《湖北民院学报》,1982(2)。
3. 培养大学生创新能力的探索,《湖北民院学报》,1983(17)。
4. 语言冗余信息的容忍度,《现代外语》,1986(3)。
5. 言语假信息——兼论 Grice 合作原则的拯救,《外国语》,1987(5)。

6. "不合作"现象,《现代外语》,1989(1)。
7. 《语用学概论》简介,《现代外语》,1989(2)。
8. 面像身势与话语必须和谐:一条会话合作原则,《外语教学》,1989(2)。
9. 语用学在中国的起步与发展,《现代外语》,1990(2)。
10. 论维索尔伦的元语用选择,《外国语》,1990(4)。
11. 音感召唤,《外语学刊》,1990(5)。
12. 语用学:语言适应理论——Verschueren 语用学新论评述,《外语教学与研究》,1991(1)。
13. 语言符号的局限和语用学,《外语研究》,1991(4)。
14. Pragmatics in China, *Pragmatics* (The IPrA), June, 1991.
15. 《理论语言学基础》的两个特色,《现代外语》,1991(3),第一作者。
16. 言语的生命意识,《现代外语》,1991(4)。
17. 从文化共核看翻译等值论,《中国翻译》,1994(4)。
18. 一位西方学者评《美学语言学》,《外语教学与研究》,1994(2)。
19. 论构建语用推理模式的出发点,《现代外语》,1994(3)。
20. The Tolerance of Native Speakers for Pragmatic Failures Committed by Chinese Learners of English in Intercultural Communication, HUST Press, Wuhan, China, July, 1994.
21. 文化共核对翻译的调剂意义,《中国翻译百论》,重庆大学出版社,1994。
22. 新语用机制,新在哪里?《外国语》,1995(1)。
23. 语言学家不完备现象,《外语研究》,1995(2)。
24. 语言功能不完备原则的启示,《外语学刊》,1995(1)。
25. 英汉对比研究的理论目标,《首届英汉对比研讨会论文选》,湖南科学技术出版社,1995。
26. "阅读时尽量不查词典"辨,《外语界》,1995(2)。
27. 粤方言进入普通话,《语文建设》,1995(6)。
28. 词语的"化石"功能,《词库建设通讯》,1996(8)。
29. 美学语言学说略,《外语与外语教学》,1996(3)。
30. 语言理论框架的跨国对比,《第二届英汉对比研讨会论文选》,青岛出版社,1996。
31. 语用学:人文网络言语学,《读书》,1996(11)。
32. 翻译的语用观,《现代外语》,1997(1)。

33. 语言学的非语言现象,《语言学论文集》,华南理工大学出版社,1997。
34. 第五届语用学会:前瞻与后顾,《外语与外语教学》,1998(1)。
35. 方言特权不可鼓励,《语文建设》,1998(8)。
36. 证实或证伪:语言规定思想论,《语言学论文集》,华南理工大学出版社,1998。
37. 语言与文化的全息关系,《语言与文化研究》(第一卷),人民中国出版社,1998。
38. 语言全息律,《外语与外语教学》,1998(8)。
39. 从汉语实际出发,语用学会怎么样?《语用·认知·交际》,东北师范大学出版社,1998。
40. 认知自返现象,《福建外语》,1999(1)。
41. 一个新思路:美学语言学,《外语研究》,1999(2)。
42. 对比语言学者的一个历史任务,《外语研究》,1999(3)。
43. 语用学的哲学渊源——西方语言哲学研究之三,《外语与外语教学》,1999(6)。
44. 哲学轨道上的语言研究(上)——西方语言哲学研究之一,《外国语》,1999(6)。
45. 哲学轨道上的语言研究(下)——西方语言哲学研究之一,《解放军外国语学院学报》,2000(1)。
46. 外语研究创新略论,《外语与外语教学》,2000(1)。
47. Pragmatics 九年首文研究,《现代外语》,2000(3)。
48. 语用学统一理论框架:J. Verschueren 的 *Understanding Pragmatics* 述评,《外语教学与研究》,2000(3)。
49. 为非功利语言理论辩护——兼论语言理论三分类,《外语与外语教学》,2000(10)。
50. 语用学基本原理与选题建议,《外语教学新视角丛书》,广西教育出版社,2001。
51. 外语学者对母语的建树:厦门会议主题报告,《厦门会议论文选》,上海外语教育出版社,2001。
52. 语言的递归性及其根源,《外国语》,2001(3)。
53. 语言的离散性,《外语研究》,2001(1)。
54. 不当交际工具使用的语言——西方语言哲学研究之二,《外语与外语教学》,2001(2)。

55. 中西哲学的不同语言走向——西方语言哲学研究之四,《解放军外国语学院学报》,2001(6)。

56. 外语研究四难与学者个人素质,《福建外语》,2001(4)。

57. 语用学:中国的位置在哪里?《外语学刊》,2001(4)。

58. 西方语言哲学三个问题的梳理——西方语言哲学研究之五,《现代外语》,2001(3)。

59. 有理据的范畴化——语言理论研究中的原创性,《外语与外语研究》,2001(10)。

60. 认知模块的选择与淘汰——"荒谬"句法的语用解释,《暨南大学华文学院学报》,2001(4)。

61. 学派与学派意识——西方语言哲学研究之六,《语言文化教育研究》,2002(2)。

62. 何谓语言全息论?《外语研究》,2002(2)。

63. 证伪论与语言研究——西方语言哲学研究之七,《现代外语》,2002(2)。

64. 语用学的大格局,《外国语言文学》,2003(1)。

65. 从科学走向语言哲学,《语言学:中国与世界同步》,外语教学与研究出版社,2003。

66. 论工具性语言的扩展式——西方语言哲学研究之八,《语言科学》,2003(3)。

67. 语言哲学翻译论——兼论工具性语言扩展式,《中国翻译》,2003(5)。

68. 还是要整合性考试——谈纯分析性考试为何是失误,《外语教学与研究》,2003(5)。

69. 语言哲学修辞论:一个猜想——西方语言哲学系列研究之十,《福建师范大学学报》,2003(6)。

70. 让语用学走向民间,《当代语用学:理论与分析》,苏州大学出版社,2003。

71. 证伪法的改造与语言研究——西方语言哲学研究之九,《外语学刊》,2004(4)。

72. 纠错的一次观念性大转变——"写长法"发现了什么,《以写促学:英语"写长法"的理念与操作》,科学出版社,2004。

73. 外语研究的新阶段的标志,《中国外语》,2004(1)。

74. 以学派意识看汉语研究,《汉语学报》,2004(2)。

75. 外语研究的新阶段的标志(续),《中国外语》,2005(5)。
76. 言语学猜想,《外语学刊》,2006(2)。
77. 西语哲在中国:一种可能的发展之路,《中国外语》,2006(1)。
78. Introducing Philosophy of Language to Chinese Learners: A Dialogue,《中国外语》,2006(4),第一作者。
79. 西语哲在中国:一种可能的发展之路(全文),《外语学刊》,2007(1)。
80. 以学派意识看外语研究,《中国外语》,2007(1)。
81. 西语哲在外语界的传播与未来的发展,《外语学刊》,2008(2)。
82. 学科设置与研究对象的整合与细分,《中国外语》,2008(5)。
83. 研究型读书法,《中国外语》,2008(6)。
84. (西)语言哲学是语言研究的营养钵,《外语学刊》,2009(4)。
85. (西)语言哲学如何被语言研究利用,《解放军外国语学院学报》,2009(3)。
86. 方法决定结果,《中国外语》,2010(1)。
87. 中国修辞学路向何方,《中国社会科学报》,2010年1月5日,第8版。
88. 人自称、人被称与物被称,《外语学刊》,2010(2)。
89. 思在昆仑山下:眼光与定力,《当代外语研究》,2011(10)。
90. 论"反合"及其语迹,《当代外语研究》,2013(1)。
91. 论语言哲学的基本元素——《西方语言哲学经典原著系列》总序,2012年10月,上海外语教育出版社。
92. 模糊指称:无穷递增和无穷递减的跨界状,《外语教学与研究》,2014(1)。
93. From the Classical Analytic Philosophy of Language in the West to the Post-analytic Philosophy of Language in China, *ProtoSociology*, Frankfurt am Main, Erst Auflage Germany, 2014(31).
94. 思在菩提树下——我问学的今生世,《当代外语研究》,2014(6)。
95. 外语教学的基本理念,《外语与翻译》,2015(1)。
96. "马"给不出马的概念——谓项与述谓的哲学含义,《外语学刊》,2015(5)。
97. 外语学习的基本路径假设——兼论外语教育未来,《当代外语研究》,2016(1)。
98. 从西方的分析哲学到中国的后语言哲学,《语言与价值》,江怡,[美]厄内斯特·勒坡主编,中国社会科学出版社,2017年。
99. 后语言哲学参与第二次哲学启蒙,《外语学刊》,2017(1)。

译著

《语用学诠释》(作者:[比]维索尔伦),译者:钱冠连、霍永寿,清华大学出版社,2003 年。

散文集

1. 《摘取我够得着的葡萄》,广东人民出版社,2007 年。
2. 《眼光与定力》,复旦大学出版社,2012 年。

散文、翻译与文学作品

1. 外国绘制地图上的恩施,《恩施报》,1983 年 11 月 30 日。
2. 那条小街呢?——访著名美籍华裔作家聂华玲,《鄂西报》,1984 年 6 月 21 日。
3. 耐看的三形互套图,《艺术世界》,1984(5)。
4. 在美国闪光的一颗小星,《鄂西报》,1986 年 1 月 9 日。
5. 鄂西外语教改的"冲击波",《鄂西报》,1986 年 8 月 15 日。
6. 笛声(翻译小说),《中国少年报》,1986 年 11 月 5 日。
7. 洋人眼里的恩施,《鄂西报》,1987 年 9 月 3 日。
8. 写出影响,让鄂西文学立足,《鄂西报》,1988 年 1 月 7 日。
9. 论秦书田:逆境胜利意识,《鄂西大学学报》,1988(1)。
10. 果然十年磨一剑,《鄂西报》,1988 年 11 月 15 日。
11. 西欧行随想(八篇),广州《现代人报》,1993 年 10 月 19 日,第 381 期起连载。
12. 装修的故事(戚义言),羊城晚报,1994 年 11 月 5 日。
13. 抽烟有害(独幕剧,译自俄),重庆大学《中外金桥》,1995(3)。
14. 智慧地死亡,深圳,《街道》(月刊),1995(7)。

15. 武汉人的脾气,《街道》,1995(10)。
16. 不祥之兆:21世纪的东京,《街道》,1995(11)。
17. 风情浓郁也深情——读甘茂华《龙船调的故乡》,《宜昌日报》,1996年9月23日。
18. 更新季节的祝愿——读甘茂华《龙船调的故乡》,《中国三峡工程报》,1996年11月。
19. 学者:与艺术相关的生活,《艺术明星》,1997(5)。
20. 人品向学品的正负迁移,《外语与外语教学》,1998(2)。
21. "大视野"之"大",《外语与外语教学》,1999(10)。
22. 中药店原则与文化"哥德尔怪圈",《东方文化》,2000(3)。
23. 拙拙,《红树林》,广州出版社,2016年。

图书在版编目(CIP)数据

语言:人类最后的家园/钱冠连著.—北京:商务印
书馆,2005(2019.7重印)
ISBN 978-7-100-04236-9

Ⅰ.语… Ⅱ.钱… Ⅲ.语言学—研究 Ⅳ.H0

中国版本图书馆 CIP 数据核字(2004)第 113515 号

权利保留,侵权必究。

YŬYÁN:RÉNLÈI ZUÌHÒU DE JIĀYUÁN
语言:人类最后的家园
——人类基本生存状态的哲学与语用学研究
钱 冠 连 著

商 务 印 书 馆 出 版
(北京王府井大街36号 邮政编码100710)
商 务 印 书 馆 发 行
北 京 冠 中 印 刷 厂 印 刷
ISBN 978-7-100-04236-9

2005 年 4 月第 1 版	开本 850×1168 1/32
2019 年 7 月北京第 3 次印刷	印张 13⅜ 插页 4

定价:68.00元